MÉMOIRES

DU DUC

DE SAINT-SIMON

PUBLIÉS PAR

MM. CHÉRUEL ET AD. REGNIER FILS

TOME VINGTIÈME

TABLE ANALYTIQUE

RÉDIGÉE PAR L'AUTEUR LUI-MÊME

ET IMPRIMÉE POUR LA PREMIÈRE FOIS

D'APRÈS SON MANUSCRIT AUTOGRAPHE

PARIS

LIBRAIRIE HACHETTE ET Cⁱᵉ

BOULEVARD SAINT-GERMAIN, 79

1877

Tous droits réservés.

PARIS. — IMPRIMERIE ARNOUS DE RIVIÈRE
RUE RACINE, 26.

MÉMOIRES
DU DUC
DE SAINT-SIMON

XX

AVERTISSEMEMT

Quand le roi Louis XVIII a fait rendre au général de Saint-Simon le manuscrit autographe des *Mémoires*, conservé jusque-là dans les archives des Affaires étrangères, la table analytique des matières, composée par l'auteur lui-même, et formant onze cahiers in-folio, également autographes, et semblables à ceux sur lesquels il a écrit tout son ouvrage, n'a pas été rendue en même temps, mais est restée dans lesdites archives. M. le ministre des Affaires étrangères a bien voulu permettre qu'elle nous fût communiquée : il nous a autorisés à en prendre copie et à la faire imprimer pour être jointe à la présente édition.

Nous pensons qu'on saura gré aux éditeurs de terminer par cette table leur exacte et consciencieuse réimpression des *Mémoires*. Il est une raison qui, à elle seule, eût pu suffire pour décider à la faire imprimer : elle est l'œuvre du grand historien, et c'est lui-même qui a voulu qu'ainsi faite, elle fût annexée à son livre.

D'ailleurs, quoique composée, on le voit, avec une grande hâte, elle offre diverses sortes d'intérêt. On y trouve, si nous ne nous trompons, quelques rares additions au contenu de l'ouvrage, des nuances de jugement, de petits faits, des circonstances que l'auteur a laissés sans chiffre de renvoi et que nous avons cherchés en vain. Puis il y a çà et là des traces de cette hardiesse et de cette vigueur de mots, de traits, d'expressive appréciation qui distinguent Saint-Simon entre tous nos écrivains.

Enfin on rencontre, comme on pouvait s'y attendre, mainte curiosité et singularité de langage. Nous pouvons citer, par exemple, p. 449, l'énergique adjectif « abyssal », au figuré, *profond comme l'abîme ;* p. 436, le hardi dérivé : « sa *soubisesque* infamie », tiré du nom propre *Soubise ;* p. 522, « infamement » ; p. 529, « trébuchement » : deux mots dont M. Littré ne donne que des exemples antérieurs au XVII° siècle ; p. 628, « ingratement », dont il ne donne qu'un exemple de Malherbe. On rencontre la métaphore, que notre auteur affectionne, de « bombarder », plusieurs fois (p. 368, 369, 372, 527) ; celles de « tonneler » (p. 511) ; d' « enfourner » (p. 498, 499) ; celle-ci encore, que M. Littré n'a pas, « en unisson de » (p. 627) ; le pluriel, que Saint-Simon n'a pas ailleurs, « conjouissances » (p. 542) ; ces deux, qu'il a ailleurs, « valetages » (p. 370), « cavillations » (p. 537) ; au lieu du tour « autant que possible », que l'Académie n'admet pas encore dans sa dernière édition (de 1835), cet autre : « autant que le possible » ; etc.

Au point de vue, non plus des mots, mais des phrases, la langue de cet index, il faut en convenir et l'on devait s'y attendre aussi, laisse à désirer. Si la clarté parfaite, si l'aisance, toujours nette et dégagée, du tour sont les qualités nécessaires d'une table, ce sont là des mérites, on le sait, dont Saint-Simon se pique peu. Qui l'a pratiqué ne s'étonnera guère que, dans sa rapide analyse, il n'ait point évité toujours les phrases de longue haleine, l'embarras des constructions, l'incertitude et l'amphibologie des rapports.

Pour passer de la forme au fond, une sorte d'intérêt que nous espérions, c'eût été la mise en relief, bien marquée, des faits, des considérations, des jugements, auxquels l'auteur attachait le plus d'importance. On ne peut pas dire que ce caractère manque absolument à sa table ; mais, dans sa précipitation, il ne le lui a pas donné autant qu'on pouvait, avec vraisemblance, se le promettre. Il s'est contenté, non pas toujours, mais le plus ordinairement, de distribuer et ranger dans l'ordre alphabétique (1) les sommaires qu'il a mis à la marge du manuscrit des *Mémoires;* et il lui arrive de les placer sous des chefs de fantaisie sous lesquels on n'est guère tenté de les chercher, tels que AFFAIRE, AFFAIRES, AVIS, BATAILLE, CANONNADE, CASSETTE, CHEFS, CONSIDÉRATIONS, COURSE, COUTUME, MENÉES, NOMS, PERTE, RÉFLEXIONS, etc., etc.

Comme le manuscrit des *Mémoires* a une seule pagination suivie pour tout l'ouvrage, un seul chiffre ou nombre suffit à Saint-Simon pour les renvois. On a, cela va sans dire, remplacé ces chiffres, se rapportant au manuscrit, par l'indication des tomes et des pages de cette édition ; et quand, ce qui lui est arrivé assez souvent, il a omis de marquer les renvois, on a, autant qu'il a été possible, comblé ces lacunes. Il n'est point étonnant qu'on ne l'ait pas pu toujours et qu'il soit resté quelques blancs : sans parler des endroits qui ont pu aisément échapper aux recherches, il y a dans la table quelques rares articles in-

---

(1) L'I et le J ne sont pour lui, selon l'ancien usage, qu'une seule lettre ; de même l'U et le V.

trouvables pour cette bonne raison, qu'ils sont des additions au texte qu'elle résume.

Parmi les écrits de Saint-Simon, non encore publiés, qui sont aux archives des Affaires étrangères, il en est, on le sait, de bien autrement importants que sa table. On nous a promis de les faire paraître prochainement : ai-je besoin de dire que nous hâtons de tous nos vœux l'accomplissement de cette promesse?

Mon fils n'a pu achever sa tâche par la publication de ce vingtième volume. Il terminait la correction du dix-neuvième, quand Dieu l'a enlevé, par une mort prématurée, à un père, à une mère, à qui il eût dû survivre, à sa femme, à ses enfants. Sa veuve, qui l'avait assisté dans le minutieux travail de révision du texte des *Mémoires*, a, sous ma direction, et aidée, à l'occasion, par M. Chéruel pour la recherche des références, collationné le manuscrit inédit, corrigé les épreuves, avec cette attention scrupuleuse dont son mari lui avait donné l'exemple, et ce qu'il y avait à dire au sujet de cette table, je me suis fait un triste et pieux devoir de le dire ici pour lui.

1er juillet 1877.

AD. REGNIER.

TABLE ALPHABÉTIQUE GÉNÉRALE

DES

MÉMOIRES DE SAINT-SIMON

RÉDIGÉE PAR L'AUTEUR LUI-MÊME

ET PUBLIÉE POUR LA PREMIÈRE FOIS D'APRÈS SON MANUSCRIT AUTOGRAPHE

N. B. — Il va sans dire que nous substituons aux renvois que Saint-Simon fait à son manuscrit des renvois aux volumes de notre édition. En maint endroit, il a omis les chiffres ; nous comblerons ces lacunes partout où nous pourrons.

	Tomes.	Pages.
ABRANTÈS (Duc d'). Fait une plaisanterie cruelle à l'ambassadeur de l'Empereur, aussitôt après l'ouverture du testament de Charles II. Caractère de ce duc..............	II	383
ABRANTÈS et LINARÈS, en Espagne, sont cadets d'Aveiro et Alencastro. (*Voir* aux GRANDS D'ESPAGNE, XVIII, 5.)...............	II	458
ACIGNÉ (Comtesse d'). Sa mort.........	XI	123
— Mademoiselle sa fille. Sa mort......	XII	418
Acte d'échange de l'infante d'Espagne et de Mlle de Montpensier : *voir* ROHANS, II, 16..	XVIII	237
ADON (Saint-), capitaine aux gardes. Sa catastrophe...............	IV	395
ADONCOURT, commandant de Bayonne....	XVII	334
— Fort informé................	XVII	338
Affaire de la quête................	IV	42

SAINT-SIMON XX.

Affaire | Tomes. | Pages.
— du rappel des troupes françoises d'Espagne; éclat à Marly sur ce rappel. . VII 3
— de Suisse en deux mots. Renouvellement très-mal à propos de l'alliance des seuls cantons catholiques avec la France. . XI 108
— du nommé Pomereu. . . . . XIII 179
— de Courson, conseiller d'État, intendant de Guyenne. . . . . XIV 87
— du pays de Lalleu. . . . . XIV 199
Affaires ecclésiastiques et feuille des bénéfices. . . . . XI 255
— du dedans du royaume. . . . . XI 266
— de Suède. . . . . XIII 175
— étrangères. . . . . XIV 407
— du Nord. . . . . XV 27
AGENOIS (Comte d'). Épouse Mlle de Florensac. XIV 401
Agiot. Transféré de la rue Quincampoix en la place de Vendôme. . . . . XVII 92
Agiotage. Transféré de la place de Vendôme dans le jardin de l'hôtel de Soissons. . . . XVII 126
AGRÉDA (Couvent de Sainte-Marie d'). Dévotion des nouveaux mystiques en Espagne. . . XVIII 422
AGUILAR (Comte d'). Vient en France persuader le malheureux siége de Barcelone. . . . . IV 326
— Son caractère; sa fortune; ses faits; sa disgrâce : *voir* aux GRANDS D'ESPAGNE. . XVIII 82
AIGNAN (Abbé de Saint-). Le Roi lui donne l'évêché de Beauvais malgré le duc de Beauvillier son frère, qui le trouvoit trop jeune. . X 13
AIGNAN (Duc de Saint-), leur frère. Porte un léger présent du Roi à la reine, 2de femme de Philippe V, à son passage en France. . X 323
— La joint et l'accompagne à Madrid . . . X 343
— Y est déclaré ambassadeur de France. . XI 84
— Se mêle mal à propos de la réforme des troupes en Espagne. . . . . XIII 12

Aignan (Duc de Saint-). | Tomes. | Pages.

— Sa femme l'y va trouver, et lui porte 30,000 francs de gratification. . . . . XIII 192
— Forts propos entre Alberoni et lui. . . . XIV 247
(*Voir le dernier article du duc de Beauvillier.*)
— Reçoit ordre du Régent de revenir subitement. . . . . XVI 117
— Se retire habilement d'Espagne, où on vouloit le retenir par force. . . . . . . XVI 159
— Entre au conseil de régence tout en arrivant d'Espagne. . . . . XVI 190
— Achète du duc de Mortemart le gouvernement du Havre-de-Grâce. . . . . . XVI 206

AIGUILLON (Duchesse d'). Son caractère; sa mort. — Marquis de Richelieu; explication de sa prétention à la dignité de duc et pair d'Aiguillon, rejetée par le Roi. . . . . IV 201

Aire. Assiégé par les ennemis; rendu. . . . . VIII 53

ALARI (Abbé). Quel. Obtient une pension de 2,000 francs. . . . . XVI 344

ALBANO (Cardinal). Élu pape, prend le nom de Clément XI. . . . . II 409
— Annibal et Alexandre, fils du frère de ce Pape. Annibal est fait cardinal. Son sordide intérêt. . . . . XV 240
— Mesures d'Alexandre et ses conseils à Alberoni. . . . . XIII 328
— Les deux frères opposés d'humeur et de partis. Alexandre avait 12,000 francs de pension du feu Roi. . . . . XV 252
— Alexandre passe pour vendu à l'Espagne. XIV 281
— Avidité et dérèglement des deux frères; tracasserie qui éclate à cette occasion; le cardinal del Giudice s'y barbouille. XV 5
— Les deux frères vendus à l'Empereur; l'aîné redoute Aldovrandi, nonce en Espagne. . . . . XIV 255
— Le cardinal Annibal est fait camerlin-

Albano.   Tomes.   Pages.
       gue. XVI   240
— Refuse l'ordre du Saint-Esprit. XVIII   283
— Alexandre, son frère, est enfin fait cardinal. XVII   253

ALBANS (Duc de Saint-). Vient en France, fort peu de temps, de la part du roi d'Angleterre.   II   18

ALBE (Duc d'). Ambassadeur d'Espagne en France. Disgression sur les ducs d'Albe. Singularité étrange du père de l'ambassadeur. Caractère de l'ambassadeur et de la duchesse sa femme. Leur première réception particulière. . . . IV   30
— Sont invités à un bal à Marly; singularités. IV   244
— Le duc est fait sommelier du corps, à la mort du comte de Benavente, qui l'étoit. VI   248
— Perd son fils unique. VII   61
— Meurt lui-même à Paris. Son caractère; sa descendance; ses titres; sa succession. . . . . VIII 442
— Sa veuve retourne en Espagne. IX   368
— Y épouse le duc de Solferino. Meurt sans enfants. . . . . XIII 135
    Voir aux GRANDS D'ESPAGNE, Duc d'Albe. XVIII   5

ALBEMARLE (Duc d'), bâtard de Jacques II. Sa mort. III   361

ALBEMARLE (Comte d'). Sa fortune fatale à celle du comte de Portland. Sa mort. XIV   396
— Son fils pris à Denain; renvoyé sur sa parole. IX   330

ALBERGOTTI. Son caractère. IV   251
— A une forte prise avec le duc de la Feuillade, qui le traite mal dans la chambre de M. le duc d'Orléans, blessé. . . V   32
— Assiégé dans Douay, où il commande. . VIII   36
— Le rend. Est nommé chevalier de l'Or-

Albergotti.   Tomes. Pages.

	Tomes.	Pages.
dre.	VIII	48
— En reçoit le collier.	VIII	168
— Revient d'Italie, où il étoit allé sourdement.	X	357
— Sa mort; son caractère; sa fortune; sa dépouille.	XIII	293
ALBERONI. Commencements de sa fortune.	IV	387
— Obtient 1,000 écus de pension par le duc de Vendôme, auquel il s'étoit attaché.	V	373
— Écrit une lettre publique sur le combat d'Audenarde; examen de cette lettre.	VI	67
— Succès de cette lettre.	VI	88
— Vient, caché de l'armée de Flandres, faire une course à Fontainebleau.	VI	122
— Suit le duc de Vendôme en Espagne; y devient après envoyé de Parme, et s'attache à la princesse des Ursins. Va en Italie pour le mariage du roi d'Espagne avec la princesse de Parme, et l'accompagne en Espagne.	X	311
— Ses manéges pour gouverner seul. Ses projets politiques. Est éloigné de la France, encore plus du Régent. Méprise les bassesses du duc de Noailles. Entretient commerce avec le marquis d'Effiat. Chasse avec éclat le gouverneur du conseil de Castille.	XII	372
— Il gagne peu à peu la première autorité en Espagne. Il en veut chasser le cardinal del Giudice. Son adresse pour parvenir à la pourpre romaine. Veut faire des réformes et établir une puissante marine. Ses vanteries.	XII	383
— Son plan pour la réforme.	XII	388
— Il a seul la confiance du roi et de la reine d'Espagne. Il fait la réforme des troupes.	XIII	3

Alberoni. Tomes. Pages.

— Tient le roi et la reine d'Espagne sous sa clef. Est jaloux du cardinal del Giudice, qu'il veut perdre, et du P. d'Aubanton, qu'il veut éloigner. Pointe au cardinal. Se mêle des différends de l'Espagne avec Rome. . . . . XIII 5

— Il prend un appartement au palais. Bruits fâcheux contre lui et contre la reine. Il se fait rendre compte en premier ministre. Brocards sur lui. . . . XIII 8

— Sa situation et ses ruses. Plaintes et disgrâces causées par la réforme des troupes. . . . . XIII 11

— Ses ombrages. Il promet un grand secours au Pape, qui craignoit une invasion des Turcs en Italie. . . . . XIII 16

— But de ce secours. Il confirme le roi et la reine d'Espagne dans l'esprit de retour au trône de France, le cas arrivant. Ses ombrages; ses manéges; son horrible duplicité. . . . . XIII 18

— Soupçons et discours publics contre lui et contre la reine d'Espagne. Il a des dégoûts sur Hersent. Ses incertitudes au dehors. Son indiscrète réponse aux puissances maritimes. Il trompe Aldovrandi, nonce en Espagne, attrape les décimes et se moque de lui. . . . . XIII 60

— Sa situation; ses inquiétudes. Il se prête un peu à l'Angleterre. Ses vaines fourberies; ses adresses; son insolence. Il veut savoir à quoi s'en tenir sur l'Angleterre; ne tire de Stanhope que du vague, duquel il est dupe, même de Riperda, ambassadeur d'Hollande. Il ne songe qu'au chapeau. . . . . . . XIII 67

Alberoni.
— Il change subitement d'avis, et ne veut
d'aucun traité; il flatte le Pape, montre et promet beaucoup. Envoie subitement Aldovrandi à Rome pour ajus-
ter les différends entre les deux cours,
en effet pour presser son chapeau... XIII 72
— Jalousies en Espagne et craintes d'Alberoni. Il rassure la reine; ce qu'il
pense de son caractère.......... XIII 76
— Son faux et son raffinement de politique
à l'égard des États perdus en Italie
par l'Espagne............... XIII 78
— Ses craintes et ses manéges intérieurs
en Espagne. La peur qu'Alberoni et
Aubanton ont l'un de l'autre les unit. XIII 140
— Fourberie d'Alberoni pour profiter du
mécontentement réciproque de l'Espagne et de l'Angleterre........ XIII 143
— Gagné par l'adresse de Stanhope, il
passe tout aux Anglois, et leur donne
carte blanche pour signer avec eux
une alliance défensive. Ses empresse-
ments et ses bassesses pour les Anglois..................... XIII 144
— Sa crainte des Parmesans, qu'il empêche de venir en Espagne. Ses impostures contre Louville....... XIII 148
— Il éclate contre le cardinal del Giudice;
ouvre ses lettres de la poste; en irrite
le roi d'Espagne. Fait retomber sur ce
cardinal d'étranges bruits sur lui et
sur la reine. Il invente et publie une
fausse lettre du Régent à lui, flatteuse,
et se pare de ce mensonge. Ses inquiétudes et sa jalousie sur les François qui sont en Espagne....... XIII 158
— Amuse son ami Monti; l'empêche de

Alberoni.

quitter Paris pour Madrid. Il veut rétablir la marine d'Espagne. Son extrême dissimulation et ses manéges. Prescrit à Monti ce qu'il doit lui écrire sur la reine, pour le lui montrer et s'en avantager. Son noir manége contre le Régent auprès du roi d'Espagne. XIII 160
— Ses frayeurs; ses mesures contre la venue des Parmesans. Profite des terreurs du Pape sur les Turcs. Redouble de manéges, de menaces, de promesses pour son chapeau. . . . . . . XIII 163
— Aventure de sbires, qui suspend d'abord, puis confirme l'engagement pris pour le chapeau d'Alberoni. . . . . XIII 168
— Raisons de tout ce détail sur Alberoni. Ses promesses, ses menaces, ses manéges à l'égard d'Aubanton, pour presser sa promotion. Invectives atroces d'Alberoni et de Giudice l'un contre l'autre. Fanfaronnades d'Alberoni. Sa frayeur de l'arrivée à Madrid du mari de la nourrice de la reine et de leur fils capucin. . . . . XIII 170
— Craint mortellement la venue d'un autre Parmesan. Écrit aigrement au duc de Parme. . . . . XIII 173
— Compte sur l'appui de l'Angleterre. Reçoit avis de Stanhope d'envoyer quelqu'un de confiance à Hanovre veiller à ce qui s'y traite avec l'abbé du Bois. Il y envoie. Pernicieuse haine d'Alberoni pour le Régent. Esprit de retour en France, surtout de la reine. Sages réflexions d'Alberoni sur le choix de l'une des deux cou-

| Alberoni. | Tomes. | Pages. |

ronnes, le cas en arrivant............	XIII	174
— Continue ses manéges de promesses et de menaces au Pape pour hâter son chapeau; lui fait une offre monstrueuse. Sa conduite avec Aubanton; se le soumet. Fait valoir à Rome[1] son pouvoir et ses menaces.........	XIII	204
— Se fait sacrifier par Aubanton une lettre du Régent. Il en fait un audacieux et pernicieux usage, et une insolence énorme au Régent............	XIII	207
— Consulte Cellamare, ambassadeur d'Espagne à Paris, dans son embarras et son inquiétude des alliances du Régent, et triomphe par ses mensonges.	XIII	209
— Il profite de la peur des Turcs qui a saisi le Pape, et de son embarras sur la constitution *Unigenitus*, pour presser sa promotion par promesses et par menaces....................	XIII	212
— Dupe le cardinal de la Trémoille sur sa promotion, pour laquelle il fait écrire la reine de nouveau. Son sentiment sur les alliances traitées par le Régent. Consulte Cellamare; réponse de cet ambassadeur.........	XIII	215
— Nouveaux artifices pour presser sa promotion. Défiance réciproque d'Alberoni et du Pape, qui arrête tout pour un temps...................	XIII	229
— Insolentes récriminations d'Alberoni, qui est abhorré en Espagne, et qui veut s'y fortifier par des troupes étrangères. Sa crainte et son nouvel éclat contre		

1. Saint-Simon a écrit, par erreur, *à la reine*, pour *à Rome*. Voyez tome XIII, au sommaire du chapitre X.

Alberoni. Tomes. Pages.

  Giudice. Impudents et hypocrites artifices à l'égard du Pape. Ses menaces. XIII 232
— Il veut sacrifier à Stanhope Monteleon, ambassadeur d'Espagne à Londres, et laisser dans les ténèbres et l'embarras Beretti, ambassadeur d'Espagne à la Haye, et traiter avec les Hollandois à Madrid. Fait divers projets sur le commerce et sur les Indes; se met à travailler à la marine et aux ports de Cadix et de Ferrol............ XIII 236
— Il réforme des abus dans les finances et en tire avantage à hâter sa promotion; redouble de promesses, de menaces, de manéges, d'impostures et de toutes sortes d'artifices pour y forcer le Pape; est bien servi par d'Aubanton. Son adresse................. XIII 239
— Ses manéges pour avancer sa promotion. Son pouvoir sans bornes. Dépit et jalousie des Espagnols. Ses vanteries. Il fait de grands changements en Espagne............... XIII 306
— Politique et mesures entre le duc de Parme et lui. Ses vives mesures pour détourner les Hollandois de traiter avec l'Empereur, et les amener à traiter à Madrid avec le roi d'Espagne. XIII 309
— Ses artificieuses impostures contre la France. Il se rend maître de toutes les affaires en Espagne......... XIII 311
— Reçoit des propositions de l'Angleterre, alarmée des bruits d'un traité négocié par le Pape entre l'Empereur et le roi d'Espagne. Sa réponse à Stanhope. Son dessein. Son artifice auprès du roi d'Espagne pour se rendre maître

Albéroni. Tomes. Pages.

— de toute la négociation. . . . . XIII 316
— Craintes d'Albéroni et de la reine. Ses artifices infinis pour hâter sa promotion. XIII 324
— Nouveaux artifices pour hâter sa promotion, ignorant encore celle de Borromée. . . . . XIII 329
— Fait travailler à Pampelune et à la marine ; fait considérer l'Espagne ; se vante et se fait louer de tout. Traite froidement le roi de Sicile. Veut traiter à Madrid avec la Hollande, et avoir des troupes étrangères. Il hait Monteleon. . . . . XIII 331
— Sa conduite à l'égard de la Hollande. . XIII 335
— Son embarras sur une lettre de Beretti ; son raisonnement ; ordres qu'il lui donne. . . . . XIII 337
— Ses vues et ses mesures de commerce intérieur, et de politique au dehors. . . XIII 339
— Nouveaux manéges pour sa promotion. Effet à Madrid de celle de Borromée. Ses vanteries. Il change tout à coup de système ; il en embrasse un fort peu possible, encore avec d'étranges variations ; ses ordres là-dessus à Beretti. XIV 37
— Sa lettre à Beretti, suivant son nouveau système, pour être montrée au pensionnaire d'Hollande. Il parle en même sens à Riperda. . . . . XIV 44
— Esprit continuel de retour à la succession de France. Double friponnerie d'Albéroni et d'Aubanton sur la constitution *Unigenitus*. Artifices du premier sur sa promotion. Ses éclats, ses menaces. XIV 46
— Il élude une proposition étrange des ministres d'Angleterre, d'Hollande et

Alberoni.

de Sicile à Madrid, et fait une découverte curieuse et importante. Sous le nom de la reine, il éclate en menaces contre Rome, ferme l'Espagne au nonce Aldovrandi, fait un reproche au cardinal Acquaviva, chargé des affaires d'Espagne à Rome, et lui donne une leçon avec l'air de le ménager. . . . . XIV 48
— Nouveaux efforts pour sa promotion. Il change de batterie, et veut plaire au Pape pour en obtenir le chapeau. . . XIV 53
— Changement de plus en plus subit dans sa conduite sur sa promotion; ses raisons. . . . . XIV 56
— Sa conduite et ses ordres à Beretti suivant son système. Raisonnements de Beretti. . . . . XIV 57
— Manéges d'Alberoni en France pour son chapeau. Véritables raisons du changement de sa conduite à l'égard du Pape. . . . . XIV 66
— Sa promotion est l'unique affaire. Il se moque de Molinez. Il s'assure du Régent pour sa promotion. Ses vanteries. . . . . XIV 71
— Ses manéges à l'Escurial, où il fait arriver Aldovrandi. . . . . XIV 73
— Scélératesse d'Alberoni. . . . . XIV 80
— Son mépris de la détention de Molinez. Ses réflexions sur la situation de l'Europe. Son dégoût de Beretti. . . . . XIV 125
— Congrégation, consultée à Rome, favorable à Alberoni, qui l'excuse sur la destination de la flotte espagnole. . . XIV 135
— Il se moque d'Aldovrandi et de Mocenigo, ambassadeur de Venise. Ses vanteries. Son impudente fausseté. Son inquié-

	Tomes.	Pages.
tude pour la Sicile. Il ne confie son secret qu'au seul duc de Parme. Curieux conseil de ce duc.	XIV	137
— Alberoni fait enfin cardinal, dans le consistoire du 12 juillet 1717; cris sur sa promotion.	XIV	139
— Sa double hardiesse, sa hauteur, sa sécurité.	XIV	144
— Ses efforts pour exciter toutes les puissances contre l'Empereur. Il veut acheter des vaisseaux qui lui manquent; il en est refusé. Ses bassesses pour l'Angleterre inutiles.	XIV	148
— Ses singulières informations sur Riperda. Ses artifices sur son manque d'alliés. Ses offres à Ragotzi. Ses fureurs contre Giudice.	XIV	149
— Misérables flatteries à Alberoni.	XIV	157
— Il fait ordonner à Giudice d'ôter les armes d'Espagne de dessus la porte de son palais à Rome.	XIV	160
— Opiniâtreté d'Alberoni. Leurres sur la Hollande. Sa colère. Ses étranges vanteries. Ses artifices pour se faire un mérite de se borner cette année à la Sardaigne, sentant l'impossibilité de faire davantage. Son insigne fausseté à Rome. Son embarras, sa conduite, ses artifices. Sa réponse à l'envoyé d'Angleterre.	XIV	167
— Il se fait un bouclier de l'équilibre de l'Europe; flatte bassement la Hollande, n'espère rien de l'Angleterre. Plan qu'il se propose pour objet en Italie. Se confie à Beretti, lui donne ses ordres en conséquence. Ses propos, ses vanteries, ses fourbe-		

Alberoni.   Tomes. Pages.

ries insignes et contradictoires. . . .   XIV   169
— Ses vastes projets. Il sent en même temps et avoue sa foiblesse. Ses propos trompeurs à del Maro, ambassadeur de Sicile. Ses divers artifices.   XIV   175
— Ses idées et ses précautions. La capacité de del Maro lui est odieuse ; il le décrie partout. Ses exhortations et ses menaces au Pape, en faveur d'Aldovrandi.   XIV   216
— Ses manéges et ses chimères. Ses craintes parmi sa fermeté. Son espérance en la Hollande, fomentée par Beretti.   XIV   221
— Aigri contre Stairs. Contenté par Stanhope, en est amusé sur l'affaire principale.   XIV   233
— Il veut ôter toute entrée au marquis de Villena duc d'Escalona, majordome-major du roi, duquel il reçoit des coups de bâton redoublés dans la chambre et à la vue du roi malade et de la reine. Le marquis est exilé mais fort peu de temps.   XIV   236
— Opiniâtreté d'Alberoni contre la paix. .   XIV   240
— Ses mesures militaires et sur la paix, qu'il ne veut point.   XIV   245
— Sa conduite, ses mesures, ses chimères.   XIV   247
— Dons faits au cardinal Alberoni. Il est nommé à l'évêché de Malaga, puis à l'archevêché de Séville. Il montre son éloignement de la paix à del Maro, qui en avertit le roi de Sicile. Le cardinalat avoit été prédit à Alberoni. . . .   XIV   250
— Ses idées. Il s'emporte contre les demandes que l'Empereur fait au Pape, contre celle surtout qui le regarde personnellement.   XIV   270

Alberoni.

— Ses propos, ses sentiments, sa conduite, son profond secret, sa toute-puissance en Espagne. Son souverain mépris pour Rome. Sa conduite sur le bref injurieux au roi d'Espagne. . . . . . . XIV 271
— Ses sentiments et sa conduite sur le refus de ses bulles de Séville. Singulière aventure d'argent entre Bubb et Riperda. . . . . XIV 281
— Ses insolentes vanteries. Ses efforts auprès des Hollandois. Son opinion des Anglois. Ses bravades. Ses propos sur l'Angleterre et la Hollande. Ses mesures militaires. Il veut engager une guerre générale. Les Anglois ne laissent pas de le ménager. . . . . XIV 284
— Ses mesures pour être seul maître de la personne du roi d'Espagne. . . . . . . XIV 287
— Est ennemi de la paix. Ses efforts, ses manéges, sa politique. Il veut gagner le Régent et le roi de Sicile. Sa forte conversation avec le ministre d'Angleterre. Ses plaintes et ses chimères. Il écrit au Régent avec hardiesse. Son espérance frustrée sur le Régent. . . . XIV 415
— Sa folle conduite. Il fait faire une déclaration menaçante aux Hollandois, pour acheter des vaisseaux. Ses visions. . . . . XIV 428
— Son pouvoir sans bornes. . . . . XIV 430
— Son audace, son plan. Ses propos sur le refus de ses bulles de Séville. Il est uni d'attachement et de sentiment au duc de Parme. . . . . XIV 441
— Ses efforts en Hollande. Ses sentiments sur le traité d'Utrecht. Ses vanteries. Il cache bien par où il veut

Alberoni. Tomes. Pages.

attaquer. . . . . XIV 460
— Ses manéges et ceux du Pape sur les bulles de Séville, et sur le neveu d'Aldovrandi. . . . . XV 3
— Ses manéges à Londres et à Paris. Il est résolu à la guerre; il s'ouvre à Cellamare. . . . . XV 12
— Il fait des remises et donne des avis au duc de Parme; se plaint, par Monteleon, à l'abbé du Bois de l'ignorance où on le tient des conditions du traité; fait des reproches. . . . . XV 13
— Sa ruse inutile pour opposer la nation angloise à son roi. Ses efforts auprès du Régent. . . . . XV 24
— Raisonnement d'Alberoni sur le roi de Sicile, sur les Impériaux, sur la France. . . . . XV 37
— Efforts, plaintes, préparatifs d'Alberoni. Il s'imagine de susciter la Suède contre l'Empereur; veut retenir Nancré à Madrid jusqu'à la réponse de Vienne. XV 38
— Ses menaces sur le refus de ses bulles de Séville. Il s'emporte contre le cardinal Albano. . . . . XV 43
— Son secret et scélérat motif pour la guerre. . . . . XV 46
— Menaces, manéges, inquiétudes, fougues d'Alberoni. Ses déclamations et son emportement contre le traité d'Utrecht. . . . . XV 50
— Sa fureur sur les propositions de Nancré, surtout contre la cession de la Sicile à l'Empereur. Proteste que le roi d'Espagne n'acceptera jamais le traité, quoi qu'il en puisse arriver. Ses imprécations. Il ne laisse pas de

	Tomes.	Pages.
Alberoni. traiter Nancré avec beaucoup de distinction et d'apparence de confiance.	XV	52
— Son manége, ses menaces, sa fureur sur le refus des bulles de Séville. Il est dépité sur l'achat de vaisseaux en Hollande. Manéges sur l'escadre angloise.	XV	78
— Plaintes hypocrites d'Alberoni. Il déclame contre le traité de Londres; tâche de circonvenir le maréchal d'Huxelles; menace; veut reculer le traité et gagner les Hollandois.	XV	78
— Il raisonne sainement sur la Sicile et sur le roi Georges, et très-malignement sur le Régent; déclame contre le traité, contre lequel il fait faire partout les déclarations les plus fortes; presse ses préparatifs; secret impénétrable sur la destination de son entreprise; continue à bien traiter Nancré et va conférer avec lui et le colonel Stanhope, cousin du comte Stanhope, ministre d'État du roi d'Angleterre à Londres.	XV	99
— Il répond à une lettre du colonel Stanhope qui le pressoit d'accepter le traité. Plaintes et vanteries d'Alberoni. Forces actuelles de l'Espagne. Crédit de ce premier ministre sur Leurs Majestés Catholiques. Il menace Gallas, ambassadeur de l'Empereur à Rome, les Allemands, le Pape. Ses vanteries.	XV	102
— Il fait étaler les forces d'Espagne aux Hollandois.	XV	112
— Continue ses déclamations contre le traité et contre le Régent, accuse Monteleon, qu'il hait, de lâcheté et de pa-		

Alberoni.

 resse; lui fait d'autres reproches; en fait d'assez justes à l'Angleterre et au Régent.................... XV 113
— Sa fausseté insigne sur la Sardaigne, ainsi qu'il avoit fait sur les garnisons des places de Toscane.......... XV 120
— Sa fourberie, sa fausseté sur la Sardaigne, puis sur les garnisons. Sa fureur contre Monteleon. Il aime la flatterie, écarte la vérité......... XV 127
— Chimères, discours, étalages d'Alberoni. Sa friponnerie sur les garnisons. Il donne au marquis de Lede le commandement de l'armée et se moque du prince Pio. Il est inquiet sur la santé du roi d'Espagne.......... XV 129
— Sa scélératesse à l'égard du roi de Sicile...................... XV 138
— Propos d'Alberoni............. XV 164
— Ses vanteries. Secret du dessein de son expédition. Il déclame contre le roi d'Angleterre et contre le Régent.... XV 166
— Il se loue de Nancré, lui impose silence sur le traité, peint bien l'abbé du Bois. Il menace. Il donne aux Espagnols des louanges artificieuses. Il a un fort entretien avec le colonel Stanhope, lequel avertit tous les consuls anglois de retirer les effets de leurs négocians. XV 167
— Fourberie insigne d'Alberoni....... XV 171
— Il tente de surprendre le roi de Sicile et de le tromper cruellement en tâchant de lui persuader de livrer ses places de Sicile à l'armée espagnole. Ses artificieuses lettres à ce prince....... XV 192
— Il compte sur ses pratiques du Nord, encore plus sur celles qu'il employoit

	Tomes.	Pages.
en France contre le Régent; il les confie en gros au roi de Sicile.	XV	193
— Envoie à Cellamare copie de ses deux lettres au roi de Sicile. Il propose frauduleusement au colonel Stanhope quelques changements dans le traité, pour y faire entrer le roi et la reine d'Espagne ; sur le refus éclate en menaces. Lui seul veut la guerre et a besoin d'adresse pour y entraîner le roi et la reine d'Espagne. Fort tenté d'accepter le traité pour la succession de Parme et de Toscane.	XV	198
— Le cardinal Alberoni s'applaudit au duc de Parme d'avoir empêché la paix ; lui confie le projet de l'expédition de Sicile et sur les troubles intérieurs à exciter en France et en Angleterre. Artifices et menaces sur le refus de ses bulles de Séville.	XV	199
— Devient le plus grand ennemi d'Aldovrandi, quoique ce nonce l'eût toujours infiniment servi. Étranges artifices d'Alberoni sur Rome et contre Aldovrandi.	XV	202
— Sa folie et sa présomption.	XV	218
— Il tombe rudement sur Montelcon. . . .	XV	219
— Il confie à Cellamare les folles propositions du roi de Sicile au roi d'Espagne, qui n'en veut plus ouïr parler. Chimères d'Alberoni. Il renie Cammock au colonel Stanhope.	XV	231
— Il dément le colonel Stanhope sur la Sardaigne.	XV	235
— Partage de la peau du loup avant qu'il soit tué. Secret de l'entreprise demeuré secret jusqu'à la prise de Palerme .	XV	241

Alberoni.   Tomes. Pages

— Sentiment d'Alberoni à l'égard de Monteleon et de Beretti. Il est dégoûté des espérances du Nord. S'applique de plus en plus à troubler l'intérieur de la France ; ne peut se tenir de témoigner sa passion d'y faire régner le roi d'Espagne le cas arrivant. Aventuriers étrangers dont il se défie.   XV   245
— Alberoni de plus en plus irrité contre Aldovrandi. Est déclaré par le Pape avoir encouru les censures. Rage, menaces, réponse d'Alberoni au Pape.   XV   251
— Vanteries et menaces d'Alberoni. Secret de l'expédition poussé au dernier point. Vanité folle d'Alberoni. Il espère et travaille de plus en plus à brouiller la France.   XV   253
— Il fait secrètement des propositions à l'Empereur, qui les refuse et les découvre à l'Angleterre. Alberoni et le roi de Sicile crus de concert et crus de rien partout. Belle et véritable maxime et bien propre à Torcy [1]. Étranges et vains applaudissements d'Alberoni. Son opiniâtreté. Il menace le Régent.   XV   261
— Son ivresse. Il menace le Pape et les siens. Son insolence sur les grands d'Espagne. Son audacieuse déclaration à Nancré.   XV   266
— Son attention à rassurer tous les commerces sur les forces maritimes d'Espagne.   XV   271
— Ses projets. Il se moque des propositions faites à l'Empereur par le roi de Sicile. Il pense à entretenir dix mille hommes

1. C'est la maxime qui est aux lignes 27-32 de la page 262, et que Saint-Simon, non dans son texte, mais dans le sommaire du chapitre XIII, attribue, comme ici, à Torcy.

Alberoni.

	Tomes.	Pages.
de troupes étrangères en Espagne. Il fait traiter par Leurs Majestés Catholiques comme leurs ennemis personnels tous ceux qui s'opposent à lui. Inquiet de l'expédition de Sicile, il introduit à Rome une négociation d'accommodement; son artifice....	XV	275
— Conduite et propos d'Alberoni. Sa scélérate duplicité sur la guerre aux dépens du roi et de la reine d'Espagne. Ses artificieux discours au comte Stanhope, qui n'en est pas un moment la dupe..................	XV	290
— Le cardinal Alberoni et Riperda en dispute sur un présent du roi d'Angleterre au cardinal.............	XV	292
— Alberoni et du Bois............	XV	299
— Fortune et gouvernement d'Alberoni..	XV	301
— Sa chute enfin. Se retire en Italie....	XVI	405
— Arrêté en chemin, en Espagne, emportant l'original du testament de Charles II et autres papiers importants, qu'il ne rendit qu'à force de menaces. Joie publique de sa chute en Espagne et dans toute l'Europe............	XVI	409
Est gardé honnêtement à vue par Marcieu depuis son entrée en France jusqu'à son embarquement à Marseille; ne reçoit nulle part en France ni honneurs ni civilités. Sa conduite dans le voyage. Ses folles lettres au Régent, qui demeurent sans réponses.....	XVI	410
— Reste caché en Italie pendant les risques de son chapeau, jusqu'à la mort de Clément XI, qu'il est appelé au Conclave. Se fixe après à Rome, où il est rétabli. Causes de sa rage......	XVII	222

Alberoni;

	Tomes.	Pages.
— Sa fortune, son règne, sa chute. . . .	XVIII	196

ALBIN (SAINT-) bâtard, non reconnu, de M. le duc d'Orléans. Est fait coadjuteur du prieuré de Saint-Martin des Champs à Paris. XIV 185
— Puis abbé de Saint-Ouen à Rouen et de Saint-Évroul. . . . . XII 413
— Fait évêque-duc de Laon, et en sert au sacre. . . . . XVII 286
— Transféré à Cambray. Pourquoi. . . . XVII 287
— Conserve le rang et les honneurs de Laon. . . . . XIX 155

ALBERT (Comte d'). Cassé pour un combat. . . II 342
— Sort de prison. . . . . III 354
— S'attache à l'électeur de Bavière, qui l'envoie en Espagne. . . . . IV 116
— Et l'y renvoie. . . . . VIII 445

ALBRET, bâtards expliqués. . . . . X 137
ALBRET (Maréchal d') et sa fortune. . . . . . . X 140
— Son extraction, famille et fortune. . . . XII 93

ALBRET (Duc d'). Épouse la fille du duc de la Trémoille. . . . . I 292
— Se brouille avec éclat avec le duc de Bouillon, son père. . . . . II 98
— Trouve le Roi partial pour son père. . . II 213
— Se raccommode avec son père. . . . . IV 398
— Perd son procès contre lui. . . . . V 163
— Est grand chambellan sur la démission de son père. . . . . XII 220
— Devient veuf. . . . . XIII 275
— Veut épouser Mlle de Barbezieux le Tellier; y trouve des obstacles. . . . XIV 10
— Reçoit des grâces et le gouvernement d'Auvergne, sur la démission de son père. . . . . XIV 97 et 326
— Épouse Mlle de Barbezieux. . . . . . . XIV 399
— L'épouse une seconde fois. . . . . . . XVI 240

Alberoni. Tomes. Pages.
— La perd.................... XVI 274
— Épouse Mlle de Gordes-Simiane ; lui obtient une pension du Roi de 10,000 fr. Suite de ses mariages........... XVII 84
ALBUQUERQUE (Duc d'), vice-roi du Mexique, envoie fort à propos une grande somme d'argent à Philippe V........... V 128
— Son extraction et son caractère, etc. : voir aux GRANDS d'ESPAGNE...... XVIII 6
ALCALA DE HENARÈS, etc............ XVIII 422
ALDOBRANDIN. Nonce en Espagne, mort cardinal..................... XVIII 184
— Pouvoir des nonces en Espagne, en particulier à l'Escurial......... XVII 431
— Caractère et fortune de ce nonce.... XVIII 184
ALDOVRANDI mal reçu à Rome, blâmé, pénétré. Avis au Pape sur le chapeau d'Alberoni ; bruits à Madrid fâcheux sur le voyage d'Aldovrandi.......... XIII 75
— D'abord très-mal reçu à Rome, gagne la confiance du Pape. Nuage léger entre Alberoni et lui............... XIII 158
— Avis d'Aldovrandi à Alberoni....... XIII 166
— Conférence entre Aldovrandi et le duc de Parme.................. XIII 314
— Aldovrandi arrive à l'Escurial...... XIV 73
— Congrégation consultée à Rome lui est contraire................... XIV 135
— Il veut persuader que l'entreprise se fait malgré Alberoni ; mouvements partout contre cette entreprise ; opinions diverses..................... XIV 135
— Encore, à Rome et ailleurs, vendu à Alberoni..................... XIV 145
— Sa conduite ; est vendu à Alberoni pour son intérêt personnel........... XIV 172
— Ses manéges.................. XIV 219

Aldovrandi. Tomes. Pages

— Il n'ose présenter au roi d'Espagne un bref injurieux. . . . . XIV 241
— Fait recevoir la constitution *Unigenitus* aux évêques d'Espagne. . . . . XIV 241
— Pensant en cela bien faire, en est tancé à Rome; en reçoit ordre de détruire son ouvrage comme contraire à l'infaillibilité; il est fort mal mené; griefs du Pape contre lui. . . . . XIV 250
— Il est occupé de rapprocher les deux cours, et de se justifier à Rome sur ce qu'il a fait en Espagne, à l'égard de l'acceptation de la Constitution. . . . XIV 274
— Il excite l'Espagne en faveur de la Constitution. . . . . XIV 430
— Son adresse à servir Alberoni. . . . . . XV 9
— Son manége. . . . . XV 74
— Avis contradictoire d'Aldovrandi au Pape, sur Alberoni. . . . . XV 173
— Est mal mené par Alberoni sur le refus des bulles de Séville. Il lui écrit; n'en reçoit point de réponse. S'adresse, mais vaguement, à Aubanton. Sur un courrier du Pape, ferme la nonciature sans en avertir: sur quoi il est gardé à vue. Alberoni devient son plus cruel ennemi, quoiqu'il en eût été toujours infiniment bien servi. . . . . XV 202
— Sagesse et précautions d'Aldovrandi. . . XV 238
— Est désapprouvé du Pape d'avoir fermé la nonciature. Sa sagesse. . . . . XV 267

ALÈGRE (Marquis d'), mort maréchal de France. Rend Bonn. . . . . III 423
— Perd son fils unique. . . . . IV 253
— Nommé ambassadeur en Angleterre, où il n'alla point. . . . . X 336
— Sa femme entre avec le duc de Saint-

Alègre (Marquis d'). Tomes. Pages.
Simon en mystérieux commerce, qui
   dure plus d'un an. . . . . XIV 212
Son sage avis. . . . . XVI 88
Sa mort. . . . . XIX 106
Son mari obtient le gouvernement des
   Trois-Évêchés. . . . . XIX 132
ALENCASTRO. Ducs d'Alveiro. Leur extraction. II 455
   Voir aux GRANDS D'ESPAGNE. . . . . . XVIII 8
ALENÇON (Duc d'), fils de M. le duc de Berry.
   Sa naissance et sa mort. . . . . X 14
ALICANTE et son château rendus à Philippe V. . VI 399
ALINCOURT. 2ᵈ fils du duc de Villeroy, épouse
   Mlle de Boufflers. . . . . XVII 129
ALLEMANS. Quel. Fait un mémoire sur la
   manière de lever la taille, et le lit au
   Régent. . . . . XVI 295
Alliances. Signature de la grande contre la
   France et l'Espagne. . . . . III 192
— Signature de la triple à la Haye; l'Empereur, à qui elle déplaît, refuse de la
   signer . . . . XIII 297 et 323
— De la quadruple à Londres, après à
   Vienne, enfin à la Haye; sa cause.
   Du Bois. . . . . XV 283
Alliés. Contraste étrange de la fortune des
   alliés de Louis XIII et de ceux de
   Louis XIV. . . . . V 208
ALLUYE (Marquise d'). Singularités d'elle. Sa
   mort. . . . . XVII 71
ALMANA (Bataille d'). . . . . V 190
ALPHONSE X. Roi de Castille, etc. Sa catastrophe
   et des fils de son fils aîné et de leur
   postérité. . . . . XVIII 24
ALTAMIRE (Comtesse douairière d'), camarera-
   major de la reine d'Espagne. . . . . XI 84
— Son caractère. . . . . XVIII 157
— Son fils aîné; sa famille; son caractère. XVIII 87

	Tomes.	Pages.

Altamire (Comtesse d').
Voir aux Grands d'Espagne...... XVIII 87.
Altona. Brûlé par Steinbok, victorieux des Danois.................. IX 406
Altesse simple................... VI 362
— Royale.................... VI 363
— Sérénissime................ VI 364
Althan. Cardinal par l'Empereur......... XVI 369
Althan (Comte d'), favori et grand écuyer de l'Empereur, meurt entre ses bras.. XVIII 442
Ambassadeurs. Changements d'ambassadeurs..................... II 250
— Origine de leur conduite à leur première audience par ceux des maisons de Lorraine, de Savoie et de Longueville, et à leur entrée par un maréchal de France................... II 275
— Traitement des ambassadeurs de France à Turin et de Savoie à Paris, après la rupture et l'arrêt des troupes auxiliaires de Savoie dans l'armée de France en Italie................ IV 10
— Usage de faire garder par un gentilhomme ordinaire du Roi les ambassadeurs dans les cas singuliers...... IV 10
— Franchise des ambassadeurs......... IV 94
— Ambassadeurs d'Hollande saluent le Roi après la paix d'Utrecht......... X 130
— Ambassadeur de Perse à Paris plus que douteux; son entrée; sa première audience; magnificence étalée devant lui; sa conduite............. XI 88
Son audience de congé........ XI 284
— Ambassadeur de la Porte à Paris; son entrée.................. XVII 215
Sa première audience......... XVII 217
Son caractère; son traitement; son audience de congé............ XVII 248

Ambassadeurs.   Tomes. Pages.

— Ambassadeur d'Hollande en Espagne. XVIII 185
— Ambassadeurs de Malte en Espagne ne se couvrent point ; sont traités en sujets, mais sont sous le droit des gens comme les autres ambassadeurs. . . XVIII 185

Ambassadrices. Leur première audience. . II 168

AMBRES (Marquis d'). Son caractère. . . . . . . XVII 215
— Marie son fils à une fille du premier président Mesmes. . . . . XVII 215
— Sa mort. . . . . XI 150

AMELOT, conseiller d'État ; ambassadeur en Suisse, puis en Portugal, enfin en Espagne. Son caractère. . . . . IV 246
— Entre dans la junte. . . . . IV 275
— Son 2ᵈ fils est tué à la chasse par le comte de Tonnerre, avec qui il y étoit allé. . . . . V 336
— Est relevé en Espagne par Blécourt envoyé. . . . . VII 1
— Son mérite et sa capacité le font craindre à son retour. . . . . VII 44
— Refusé par le Roi d'une grandesse, pour marier sa fille, que le roi d'Espagne vouloit lui donner, arrive perdu à la cour. VII 57
— Redemandé inutilement en Espagne. . VIII 132
— Obtient, pour le fils qui lui reste, une charge de président à mortier. . . . . VIII 444
— Marie sa fille au comte de Tavannes. . . IX 139
— Est envoyé à Rome pour la tenue d'un concile national en France. . . . . . X 328
— Obtient 30,000 francs pour son voyage. X 337
— Revient de Rome. Conte au duc de Saint-Simon un rare entretien entre le Pape et lui sur la constitution *Unigenitus*. . . . . XII 275
— Exclu de tout, et pourquoi. Mis enfin à la tête du conseil de commerce. . . . XII 276

	Tomes.	Pages.
Amirante de Castille, nommé ambassadeur en France.	II	481
— Se retire en Portugal.	III	293
—. Il tombe dans le mépris,	IV	75
— Meurt en Portugal.	IV	275
— Son extraction.	II	483
— Titre d'amirante supprimé par Philippe V: *voir* aux GRANDS D'ESPAGNE.	XVIII	16
Amirauté de Bretagne, attachée au gouvernement de la province, y est maintenue par jugement contradictoire du Roi dans tous ses droits, et indépendante, comme elle avait toujours été, de l'amirauté de France.	II	358
AMYOT, évêque d'Auxerre, privé par Henri IV de sa charge de grand aumônier de France.	III	439
ANCENIS, 2ᵈ fils du duc de Charost, épouse la fille de George Entragues.	VI	299
ANCEZUNE épouse une fille de Torcy.	XI	86
Anecdote différée sur la Constitution.	XIV	243
ANGENNES. Sa mort.	XIII	132
ANGERVILLIERS, intendant de Dauphiné et de l'armée.	IV	253
ANGLETERRE. Projet avorté sur l'Angleterre. Le roi Jacques à Calais.	I	302
— Succession à la couronne établie dans la ligne protestante.	III	6
— L'Angleterre reconnoît Philippe V roi d'Espagne.	III	18
— Elle déclare la guerre à la France.	III	275
— Mort de la reine d'Angleterre, veuve de Charles II et sœur du roi de Portugal, à Lisbonne, où elle s'étoit retirée. Comte de Feversham.	IV	394
— Union de l'Écosse à l'Angleterre.	V	126
— Prise considérable sur les Anglois en		

Angleterre. Tomes. Pages.

mer....................	V	128
— Projet d'Écosse.............	V	402
— Principaux de la suite du roi Jacques III en Écosse; leur état, leur caractère. Middleton et sa femme; leur fortune, leur caractère. Gacé désigné maréchal de France; son caractère. Officiers françois de l'expédition........	V	409
— Le roi Jacques retenu à Dunkerque par la rougeole. Il met à la voile. Belle action du vieux lord Greffin......	V	412
— Espions à Dunkerque. Jacques battu d'une grande tempête. Attente et désir des Écossois.............	V	413
— Le roi Jacques chassé en mer et combattu par la flotte angloise. Il déclare Gacé maréchal de France, qui prend le nom de maréchal de Matignon et revient à Dunkerque. Middleton et Fourbin causes du retour et très-suspects. Belle action du chevalier de Tourouvre. Prisonniers sur le Salisbury, bien traités. Marquis de Lévy fait lieutenant général. Grandeur de courage du vieux lord Greffin. Époque du nom de chevalier de Saint-Georges et de celui de Prétendant demeurés enfin au roi Jacques III. Entrevue du Roi à Marly et de cette cour débarquée et revenue............	V	414
— Sage conduite de la reine Anne d'Angleterre et de ses alliés..........	V	418
— Le duc de Marlborough dépouillé veut sortir d'Angleterre. Le duc d'Ormond général en sa place. Troupes angloises rappelées de Catalogne........	IX	172
— Trêve publiée entre la France et l'Angle-		

Angleterre. Tomes. Pages.

    terre. . . . . IX 323
— Marlborough retourne en Angleterre, où la reine Anne meurt aussitôt après, et l'électeur d'Hanovre est proclamé roi d'Angleterre sous le nom de Georges Ier. X 246
— Le nouveau roi donne part au Roi de son avénement à la couronne, passe en Angleterre et y fait de grands changements et entiers. . . . . X 313

Anglois. Bombardent Dieppe et le brûlent. . . I 189
— Bombardent inutilement les côtes de Bretagne et autres. . . . . I 259
— Le roi Guillaume perd sa femme. Mort du roi Guillaume. . . . . III 254
— Font inutilement une descente de 10,000 hommes dans l'île de Léon, près Cadix et dans la terre ferme voisine. . . . III 292
— Brûlent, dans le port de Vigo, les gallions arrivant de l'Amérique et 15 vaisseaux françois. . . . . III 294
— Sont ravagés par Chavagnac dans les îles de l'Amérique. . . . . IV 419

Angleterre et Anglois. Mouvements d'Angleterre. Roi d'Angleterre. Anglois. . . . XII 371
— Plaintes de l'Angleterre de la conduite de la France et de l'Espagne à l'égard du Prétendant. . . . . XII 387
— Les Anglois veulent chasser les François des Indes. Leur haine contre la France. Proposent un renouvellement d'alliance aux Hollandois dangereux à la France; y veulent attirer le roi de Sicile. XIII 9
— Ses violents offices partout contre tout. Secours et retraite à donner au Prétendant. Fausses souplesses qu'elle fait à l'Espagne, jusqu'à lui proposer des ligues avec elle pour empêcher

Angleterre.   Tomes. Pages.

l'Empereur de s'étendre en Italie et
pour secourir le roi d'Espagne, le cas
arrivant en France d'y exercer ses
droits. XIII   17
— Propositions très-captieuses contre le
repos de l'Europe, faite (*sic*) par l'Angleterre à la Hollande, qui élude sage-
ment. XIII   22
— Préférence du roi d'Angleterre de ses
États d'Allemagne à l'Angleterre,
cause de ses ménagements pour l'Empereur. XIII   24
— Escadres d'Angleterre et d'Hollande vont
presser le siége de Wismar. XIII   25
— Intérêt des ministres anglois de toujours
craindre la France pour tirer des subsides du Parlement. Continuation d'a-
vances infinies de l'Angleterre à l'Espagne. XIII   25
— Craintes domestiques du ministère anglois, qui veut rendre les parlements
septénaires. XIII   26
— Les puissances maritimes offrent des
vaisseaux à l'Espagne ; leur intérêt.
Offres de l'Angleterre à l'Espagne
contre la grandeur de l'Empereur en
Italie. XIII   62
— L'Angleterre se plaint d'Alberoni et le
dupe sur l'Empereur. Le roi d'Angleterre veut aller à Hanovre. Wismar
rendu. XIII   64
— Parlements d'Angleterre rendus septénaires. XIII   67
— Vues et conduite des ministres anglois
et hollandois à l'égard de la France et
de l'Empereur. Souplesse de l'Angleterre pour l'Espagne. Tâchent [de dé-

Angleterre.

  tourner la guerre d'Hongrie. Artifices contre la France............ XIII 68
— L'Angleterre signe une ligue défensive avec l'Empereur et veulent (*sic*) y attirer la Hollande. Souplesses de l'Angleterre pour calmer l'Espagne sur cette ligue. XIII 71
— Manéges étranges des ministres anglois sur le traité à faire avec la France. Rare omission au projet de ce traité communiqué par les Anglois...... XIII 79
— Fâcheuse situation intérieure de la Grande-Bretagne et de la cour d'Angleterre................. XIII 80
— Intrigues de la cour d'Angleterre..... XIII 81
— Anglois, en peine du chagrin du roi d'Espagne de leur traité avec l'Empereur, le lui communiquent, en même temps les propositions que leur fait la France, et leur réponse. Malignité des Anglois pour brouiller le Régent avec le roi d'Espagne............ XIII 143
— Leur prétention insupportable au commerce, qu'Alberoni ne leur conteste seulement pas. Bassesses et empressement pour les Anglois......... XIII 146
— Traité d'*Assiento* signé avec l'Angleterre, à Madrid. Le roi d'Angleterre à Hanovre................. XIII 154
— Précaution du roi d'Angleterre, peu instruit. Il fait travailler à la réforme de ses troupes et diffère de toucher aux intérêts des fonds publics....... XIII 225
— Artifices des ministres anglois secondés de ceux de Stairs, ambassadeur d'Angleterre à Paris. Le roi d'Angleterre refuse sa fille au prince de Piémont, par ménagement pour l'Empereur... XIII 226

Angleterre.

— Motifs du traité de l'Angleterre avec la France; division en Angleterre, et blâme du traité avec la France. . . . XIII 300
— L'Angleterre, alarmée des bruits d'un traité négocié par le Pape entre l'Empereur et le roi d'Espagne, fait là-dessus des propositions à Alberoni; sa réponse à Stanhope. . . . . XIII 316
— Le roi d'Angleterre de retour à Londres; intérieur de son ministère, ses mesures. . . . . XIII 318
— Les Anglois ne veulent point se mêler des affaires de leur roi en Allemagne. XIII 321
— Dettes et embarras de l'Angleterre. Mesures contre la Suède. . . . . XIII 334
— L'Angleterre entame à Vienne une négociation pour la paix entre l'Empereur et le roi d'Espagne. . . . . XIII 336
— Propos des ministres d'Angleterre et d'Hollande à celui de Sicile à Madrid, en conformité du nouveau système d'Alberoni. Del Maro la laisse sans y répondre, et fait une découverte fort importante et curieuse. . . . . XIV 48
— Agitations intérieures de la cour d'Angleterre. . . . . XIV 57
— Inquiétude du roi d'Angleterre sur le Czar. Il est forcé à réformer dix mille hommes. . . . . XIV 60
— L'Angleterre reprend la négociation entre l'Empereur et l'Espagne. Divisions domestiques en Angleterre. Son inquiétude sur le Czar. . . . . XIV 73
— Différents sentiments sur l'Empereur en Angleterre; manége intérieur de cette cour. Même diversité de sentiments sur l'union établie entre le Régent et

34 TABLE ALPHABÉTIQUE GÉNÉRALE

Angleterre.   Tomes. Pages.

      le roi d'Angleterre ; empressement et
      offres des ministres anglois au Régent
      pour l'unir avec l'Empereur et y faire
      entrer l'Espagne................... XIV   127
— Ministres hanovriens dévoués à l'Empe-
      reur, qui veut tenir le roi d'Angleterre
      dans sa dépendance ; complaisance de
      ce dernier à lui payer un reste de sub-
      sides, qui excite du bruit en Angle-
      terre et dans le Nord............ XIV   131
— Manége des ministres hanovriens pour
      engager le Régent à s'unir avec l'Em-
      pereur. L'Angleterre desire la paix de
      l'Empereur et de l'Espagne ; veut en-
      voyer faire des efforts à Madrid ; ruses
      à Londres avec Monteleon....... XIV   151
— Situation personnelle du roi d'Angleterre
      avec les Anglois. Il choisit le colonel
      Stanhope, cousin du secrétaire d'État,
      pour aller en Espagne. Inquiétude de
      l'Angleterre. Ses soupçons sur le roi
      de Sicile........................ XIV   154
— Artifices de l'Angleterre et de Saint-Sa-
      phorin pour lier le Régent avec l'Em-
      pereur et en tirer des subsides contre
      l'Espagne et le roi de Sicile...... XIV   156
— L'Angleterre, liée avec l'Empereur par
      des traités précis, craint pour son com-
      merce de se brouiller avec l'Espagne,
      y envoie par Paris le colonel Stan-
      hope ; objet de cet envoi, et par Paris.
      Artifices de l'Angleterre pour unir le
      Régent avec l'Empereur. Georges et ses
      ministres en crainte du Czar et de la
      Prusse, en soupçon de la France. Leur
      haine pour Châteauneuf, ambassadeur
      de France à la Haye............ XIV   165

Angleterre.

	Tomes.	Pages.
— Ardeur du roi d'Angleterre et sa cause, pour pacifier l'Empereur et l'Espagne, qui ne s'en éloigne pas.	XIV	180
— Caractère du roi d'Angleterre et de ses ministres.	XIV	181
— Le roi d'Angleterre et le prince de Galles fort brouillés.	XIV	215
— Manéges des ministres du roi d'Angleterre. Ils n'ont point de secret pour Penterrieder, ministre de l'Empereur à Londres.	XIV	220
— Audacieux avis au Régent sur son gouvernement intérieur, qu'ils voudroient changer à leur volonté. Réflexions.	XIV	225
— Objet du roi d'Angleterre dans son desir de moyenner à Londres la paix entre l'Empereur et l'Espagne.	XIV	233
— Cajoleries du roi d'Angleterre à la reine d'Espagne et à Alberoni, en cas de mort du roi d'Espagne.	XIV	261
— Éclat entre le roi d'Angleterre et le prince de Galles. L'Angleterre arme doucement une escadre pour la mer Méditerranée. Plainte de Montelcon, réponse honnête mais claire des Anglois.	XIV	263
— Proposition en l'air de marier le prince des Asturies à une fille du prince de Galles.	XIV	288
— État de la négociation à Londres pour traiter la paix entre l'Empereur et le roi d'Espagne.	XIV	407
— Deux difficultés principales. Toscane.	XIV	408
— Point de la tranquillité de l'Italie pendant la négociation.	XIV	410
— Partialité ouverte des Anglois pour l'Empereur. Leurs hauteurs et leurs menaces au Régent.	XIV	412

Angleterre.

— Le roi d'Angleterre, inquiet sur le Nord, s'assure du Czar; méprise le roi de Prusse. . . . . XIV 413
— Propositions des Anglois sur la Toscane. Inquiétude mutuelle. Division dans la famille royale d'Angleterre, qui retranche 40,000 livres sterling au prince de Galles et fait payer 130,000 livres sterling à l'Empereur, qui est fort recherché. XIV 425
— Plaintes amères contre le Régent des agents d'Angleterre entièrement impériaux; leur audace et leurs impostures. XV 14
— Bruit d'une révolution prochaine en Angleterre, où le ministère est changé. . XV 23
— Double manége des Anglois sur la paix de l'Espagne avec l'Empereur. Le roi d'Angleterre s'oppose formellement au desir du roi de Sicile d'obtenir une archiduchesse pour le prince de Piémont. Les Anglois haïssent, se plaignent, demandent le rappel de Châteauneuf de Hollande. Leur impudence à l'égard du Régent. Guidés par du Bois, ils pressent et menacent l'Espagne. . . . . XV 55
— La nation angloise et la hollandoise partagées pour et contre le traité communiqué à cette république par la France et l'Angleterre. Duplicité des ministres d'Angleterre à l'égard du Régent. . . . XV 83
— Artificieuse conduite des ministres anglois à l'égard du Régent. L'Angleterre s'oppose avec hauteur à ce que l'Espagne conserve la Sardaigne. Ministres anglois plus impériaux que les Impériaux mêmes. . . . . XV 85
— La Sardaigne est achoppement à la paix. XV 93

Angleterre. Tomes. Pages.

— Malignité et insultante partialité la plus entière pour l'Empereur des ministres anglois, sur la Sicile.................. XV 118
— Roideur des Anglois sur la Sardaigne. Leur fausseté sur les garnisons..... XV 125
— Fausseté et pis des ministres d'Angleterre à l'égard de l'Espagne...... XV 140
— Partialité des ministres d'Angleterre pour l'Empereur; leur insigne duplicité à l'égard de l'Espagne........... XV 152
— Ministres anglois pensent juste sur le traité d'Utrecht malgré les Impériaux. L'Angleterre subjuguée par le roi Georges. Ministres d'Angleterre contents de Châteauneuf.......... XV 154
— Départ de l'escadre angloise pour la mer Méditerranée............... XV 163
— Ministres d'Angleterre veulent faire rappeler Châteauneuf de Hollande..... XV 185
— Opinions qu'ont les Anglois du Régent, de ceux qu'il employe et d'Alberoni.. XV 191
— Manége des Anglois pour brouiller toujours la France et l'Espagne, et l'une et l'autre avec le roi de Sicile..... XV 210
— Le traité s'achemine à conclusion (contre l'Espagne)................. XV 214
— Les Anglois veulent la paix avec l'Espagne, et la faire entre l'Espagne et l'Empereur, mais à leur mot et au sien. XV 225
— Déclaration menaçante de l'amiral Bing à Cadix................... XV 243
— Rage des Anglois contre Châteauneuf.. XV 258
— Les Anglois frémissent des succès des Espagnols; veulent détruire leur flotte. XV 263
— Le traité entre la France, l'Empereur et l'Angleterre signé à Londres....... XV 269
— Artifices des Anglois pour alarmer tous

Angleterre.

	Tomes.	Pages.
les commerces par la jalousie des forces maritimes de l'Espagne.	XV	271
— Quadruple alliance signée à Londres, 22 août[1], puis à Vienne, enfin à la Haye; ses prétextes; sa cause. Du Bois.	XV	283
— Considérations sur l'Angleterre; son intérêt et ses objets à l'égard de la France et de la France au sien.	XV	307
— L'Angleterre ennemie de la France à forts titres anciens et nouveaux. Intérêt de la France à l'égard de l'Angleterre.	XV	328
— Le roi d'Angleterre en division avec le prince de Galles, son fils; sa cause; leur apparent raccommodement.	XVII	74
— Sentiment des Anglois sur la naissance à Rome du prince de Galles, fils du roi Jacques III.	XVII	208
— Leur tyrannie marine.	XVI	251
Angoulême (Duchesse d'). Nargonne, veuve du bâtard de Charles IX. Sa mort.	X	69
Anhalt (Prince d'). A la chasse avec le Roi.	XI	149
Anjou (Duc d'). Petit-fils du Roi. Appelé à la couronne d'Espagne par le testament de Charles II et par les vœux de la nation, connu depuis sous le nom de Philippe V.	II	383
Anjou (Duc d'). Arrière-petit-fils du Roi et son successeur. Sa naissance. Succède au titre et au rang de Dauphin, aujourd'hui Louis XV.	IX	238
Annoblissements. Leur origine.	X	368
Annonce à haute voix pour qui se fait dans la chambre funèbre des personnes royales.	IX	233

1. Ainsi dans la *Table*. Il faut lire soit : « 2 août », date française, donnée dans les *Mémoires*; soit : « 22 juillet », date anglaise, ancien style.

	Tomes.	Pages.
Antin (Marquis, depuis duc d'). Quitte solennellement le jeu, et le reprend dans la suite.	II	363
— Sa hardiesse.	III	199
— Son avarice. Il supprime le testament de sa mère Mme de Montespan.	V	275
— Caractère et conduite de d'Antin.	V	269
— Prodiges de courtisan où le Roi passe.	V	337
— Obtient le gouvernement d'Orléanois, à la mort de Sourdis.	V	339
— Et fort singulièrement les bâtiments, à la mort de Mansart, dont la place est fort diminuée.	V	465
— Sa situation; ses vues; ses manéges.	VI	102
— Son embarras entre Mme la duchesse de Bourgogne et Madame la Duchesse; se conserve bien enfin avec toutes les deux.	VI	111
— Ses vues et ses menées contre Chamillart.	VI	421
— Est chargé par le Roi, à la mort de Monsieur le Duc, du détail de ses charges, pendant la première jeunesse de Monsieur le Duc son fils.	VII	286
— Il pousse Livry, premier maître d'hôtel du Roi, sur les réformations que le Roi fait. Hauteur avec laquelle le duc de Beauvillier soutient Livry son beau-frère. Le sauve.	VII	306
— Souplesse d'Antin.	VII	448
— Prétend la dignité de duc et pair d'Espernon; obtient la permission du Roi d'en intenter le procès, et l'intente. Ruse et artifice de son discours au Roi.	VIII	176
— Sa souplesse. Le Roi inutilement fort partial pour lui.	VIII	488
— Reprise de l'affaire d'Espernon. Force prétentions semblables prêtes à éclore.		

Antin (Marquis, depuis Duc d'). Tomes. Pages.

— Impression qu'elles font sur les parties de l'affaire d'Espernon..... VIII 313
— Fait, en parlant de son procès au Roi, le trait hardi et raffiné du plus délié courtisan................. VIII 337
— Devient enfin duc et pair, à l'occasion de son procès, non d'Espernon, mais d'Antin par grâce nouvelle. Est reçu au Parlement............. VIII 393
— Son adresse et son impudence à l'égard du maréchal de Boufflers........ VII 108
— Quel fut d'Antin sur[1] la mort de Monseigneur................. VIII 408
— Et à l'égard de M. le duc d'Orléans.... XI 223
— Est fait à la mort du Roi chef du conseil des affaires du dedans du royaume................. XII 238
— Sa capacité singulière........... XIV 204
— Obtient pour son fils aîné[2] la survivance de son gouvernement, et pour le cadet celle de sa lieutenance générale d'Alsace................. XIV 405
— Obtient la permission de M. le duc d'Orléans de n'opiner point au conseil de régence et n'assister point au lit de justice qui le suivit immédiatement aux Tuileries, le 26 août 1718, à cause du duc du Maine............ XVI 35
— Obtient la survivance de sa charge des bâtiments pour son 2ᵈ fils....... XVII 228
— Et pour son autre fils l'évêché de Langres.[3]

Apanages. Ce que c'est............ X 385
— Question d'apanages jugée en leur fa-

---

1. Saint-Simon a écrit *sur* au-dessus de *à* non biffé.
2. Il s'agit, non du fils aîné, qui était mort, mais des deux fils qu'avait laissés cet aîné.
3. En 1724, plusieurs mois après l'époque où s'arrêtent les *Mémoires*.

	Tomes.	Pages.
Apanages.		
veur¹ au conseil de régence. Absences singulières de ce conseil.	XV	343
Appartement. Ce que c'est.	I	21
— Du Roi à Marly.	VIII	179
— De Monseigneur donné, à sa mort, à M⁵ʳ le duc de Bourgogne; à la sienne, à M. et à Mᵐᵉ la duchesse de Berry.	IX	276
Appel de la Sorbonne, et des quatre évêques avec elle, de la constitution *Unigenitus*.	XIII	343
Apophthegmes du premier maréchal de Villeroy.	VIII	341
— Du Roi sur M. le duc d'Orléans.	X	341
Aquaviva², cardinal chargé des affaires d'Espagne à Rome.	XIII	144
— Sa bassesse et son art.	XIII	169
— Transfuge par ordre d'Espagne à la constitution *Unigenitus*.	XIII	170
— Fait suspendre la promotion de Borromée au moment qu'elle s'alloit faire, et tire une nouvelle promesse pour Alberoni, dès qu'il y aura trois chapeaux vacants.	XIII	230
— Ses mesures et ses conseils à Alberoni.	XIII	328
— Veut gagner le cardinal Ottobon.	XIV	53
— Adresse hardie d'Acquaviva.	XIV	134
— Reproches entre lui et le prélat Alamanni, que le Pape lui envoie. Est bien informé par l'intérieur du palais du Pape, qui veut se mêler de la paix entre l'Empereur et l'Espagne.	XIV	253
— Mémoire, propos, protestation forte, lutte par écrit entre lui et le Pape sur le refus des bulles de Séville.	XV	5
— Il a une querelle avec le gouverneur		

---

1. En faveur de Madame et de M. le duc d'Orléans.
2. D'ordinaire dans les mémoires *Acquavira*.

Aquaviva. Tomes. Pages.

de Rome.	XV	8
— Embarrasse le Pape par une demande forte et très-plausible.	XV	44
— Il appuie en Espagne un projet du Prétendant.	XV	112
— Sa malice contre les Giudice.	XV	177

ARANDA (Comte): *voir* aux GRANDS D'ESPAGNE. XVIII 88

ARANJUEZ, maison royale de plaisance en Espagne. Sa courte description. XVIII 351
— Amusement de sangliers. Haras de buffles et de chameaux. Lait de buffle exquis. XVIII 352

Archevêque de Rouen, frère bâtard d'Henri IV. Sa distinction unique. III 444

Archiduc déclaré roi d'Espagne sous le nom de Charles III, par l'Empereur Léopold, son père. IV 6
— Arrive en Hollande. N'est point reconnu par le Pape. IV 19
— Passe par l'Angleterre, arrive à Lisbonne; est mal secouru. IV 75
— Va par mer devant Barcelone et l'assiége. IV 303
— La prend, et la garnison prisonnière. IV 322
— Son mariage arrêté avec une princesse de Wolfenbuttel. Facilité des princes protestants à se faire catholiques; sa cause. V 52
— Épouse la princesse de Brunswick-Blankenbourg-Wolfenbuttel. VI 42
— Entre dans Madrid; y est tristement reçu et proclamé. VIII 118
— Se retire à Barcelone et quitte son armée. VIII 121
— En part pour l'Italie et l'Allemagne, sur la mort de l'Empereur, son frère, sans enfants mâles. Laisse l'archiduchesse et Staremberg, son général, à Barcelone. IX 133

Archiduc.   Tomes. Pages.
— Voit le duc de Savoie dans la Chartreuse
  de Pavie. .... IX 136
— Est élu Empereur. Reçoit à Milan les
  ambassadeurs et le légat Imperiali;
  quel était ce cardinal. Étiquette sur
  les attelages, prise d'Espagne. Arrive
  à Inspruck. .... IX 136
— Est couronné à Francfort. .... IX 172
— Et roi d'Hongrie à Presbourg. ..... IX 317
Arco (Comte d'), feld-maréchal de Bavière,
  commande nos lieutenants généraux,
  obéit aux maréchaux de France, en a
  presque tous les honneurs militaires. IV 110
Arco (Comtesse d'). Sa belle-sœur, mère du
  comte (sic) de Bavière. Sa mort. Paris
  égout de toutes les voluptés de l'Eu-
  rope. .... XIII 252
Arco (Don Alonzo Manrique, duc del), favori
  et grand écuyer de Philippe V. Son
  caractère et sa fortune : voir aux
  Grands d'Espagne. .... XVIII 9
Arcos (Duchesse d'), héritière d'Aveiro. .... II 458
Arcos et de Baños (Ducs d'). Ses deux fils à
  Paris, puis en Flandres; cause singu-
  lière de ce voyage forcé : voir aux
  Grands d'Espagne. .... XVIII 11 et 12
Arcos (Comtes los): voir aux Grands d'Espagne. XVIII 88
Arcy (Marquis d'). .... I 29
Arellano. Grandeur de cette maison. .... XVIII 82
Argenson. Lieutenant général d'Angoulême,
  puis maître des requêtes et lieutenant
  de police à Paris après la Reynie, et
  conseiller d'État. .... I 394
— Son adresse à l'égard de M. le duc d'Or-
  léans sur le cordelier amené d'Es-
  pagne à Paris par Chalais. ...... IX 309
— Son caractère. .... XIV 314

Argenson.   Tomes. Pages.
— Il a les finances et les sceaux. . . . . . XIV 317
— Désordres de ses heures. Law et lui sont
   seuls maîtres des finances. . . . . . . XIV 368
— Obtient le tabouret pour sa femme, à
   l'instar de celui de la chancelière, dont
   Chauvelin a su profiter depuis. . . . . XIV 369
— Lecture de ses lettres de garde des
   sceaux au conseil de Régence qui
   précède le lit de justice des Tuileries. . . . . XVI 15
— Son discours au même conseil. . . . . . XVI 18
— Est bien averti de ce qui se passe alors
   au Parlement et en informe le Régent. . . . . XVI 30
— Son maintien au lit de justice des Tuileries ; lecture de ses lettres de garde
   des sceaux s'y fait ; on les y enregistre.
   Son discours au Parlement sur la conduite et les devoirs de cette compagnie. . . . . XVI 48
— Il obtient l'archevêché de Bordeaux pour
   son frère. . . . . XVI 246
— Marie son 2ᵈ fils ; perd sa femme ;
   pousse ses deux fils. . . . . XVI 275
— Quitte les finances. Obtient pour ses enfants des grâces singulières. . . . . . XVI 435
— Sa malice sur les finances, surtout de-
   puis les avoir quittées. . . . . XVII 88
— Les sceaux lui sont redemandés et
   rendus au chancelier Daguesseau. . . XVII 101
— Sa retraite fort singulière, mais en très-
   bon ordre. . . . . XVII 102
— Emplois de ses enfants. . . . . XVII 112
— Sa mort. Abrégé de son caractère. . . . XVII 237
— Son 2ᵈ fils fait lieutenant de police,
   puis chancelier et surintendant de
   M. le duc d'Orléans. . . . . XIX 153

	Tomes.	Pages.
ARGENTON (Mlle de Sery, comtesse d'), fille d'honneur de Madame, parente proche de la duchesse de Ventadour lors sa dame d'honneur, devient maîtresse publique de M. le duc d'Orléans. Fait légitimer le fils qu'elle en a, depuis grand prieur de France.	IV	438
— Obtient de M. le duc d'Orléans la terre d'Argenton, et par son autorité des lettres patentes enregistrées qui lui permettent de s'appeler Madame et comtesse d'Argenton.	IV	459
— Va furtivement, accompagnée de Mme de Nancré, voir à Grenoble M. le duc d'Orléans, blessé à la bataille de Turin.	V	40
ARGOUGES, fait lieutenant civil après le Camus.	VIII	105
ARIAS (Don Manuel), conseiller d'État. Son caractère.	II	370
— Eut grand part au testament de Charles II.	II	381
— Fut un des principaux de la junte du gouvernement.	II	393
— Expulsé par la princesse des Ursins. Fait archevêque de Séville et nommé au cardinalat. Expectoré cardinal. . .	IX	418
— Mort.	XIV	210
ARIZZA (Marquis d'): *voir* aux GRANDS D'ESPAGNE. . . . . , ...	XVIII	61
ARMAGNAC. Mlle d'Armagnac refuse d'épouser le cardinal de Médicis, qui se vouloit marier de la main du Roi et que le Roi lui vouloit donner.	IV	416
— Mort de Mme d'Armagnac Villeroy. Son caractère.	V	365
— Mort de l'abbé d'Armagnac, son fils. . .	IX	377
— Le Roi donne à Mlle d'Armagnac dix mille écus de pension.	IX	415

	Tomes.	Pages.

ARMAGNAC (Comte d'), grand écuyer de France, appelé Monsieur le Grand tout court; obtient 120,000 francs du Roi. . . . . II 92
— Mot étrangement marqué échappé à Monsieur le Grand à qui Madame la grande-duchesse donna un coupe-gorge au lansquenet à Marly. . . . . . V 221
— Son digne et rare procédé. . . . . VI 386
— Prétend toute supériorité sur la petite écurie et sur le premier écuyer du Roi, et la dépouille de la petite écurie. Son caractère, ses raisons. . . . . . . XII 292
— Perd contradictoirement toutes ses prétentions au conseil de Régence. . . . XII 301
— Obtient du Régent la permission de protester; en abuse; obtient l'affaire comme non jugée. Continuation des mêmes démêlés, qui, après la mort de Monsieur le Grand, tuent Monsieur le Premier et qui subsistent entre leurs enfants, qui ont leurs charges, jusqu'à ce que le Roi majeur décide enfin, et de la même façon qu'avoit fait le conseil de Régence. . . XII 310
— Disputes encore entre eux, que le grand écuyer perd. . . . . XIV 186
— Le grand écuyer perd de nouveau toute prétention sur le premier écuyer et la petite écurie. . . . . XIX 213
— Fait d'humeur et de dépit une faute dont le grand maître de France profite pour sa charge. . . . . XIX 214
Armées. Leur distribution. . . . I 179, 247, 321, 432
— Celles du Danube et de Flandres en quartier d'hiver. . . . . IV 15
ARMENDARIZ. Lieutenant général et lieutenant-colonel du régiment des gardes espagnoles. Son caractère. . . . . XVIII 152

	Tomes.	Pages.
ARMENONVILLE. Conseiller d'État. Intendant, puis directeur des finances.	III	52
— Obtient la capitainerie de la Muette et du bois de Boulogne seulement en vendant Rambouillet au comte de Toulouse.	IV	308
— Sa chute.	V	394
— Marie sa fille à Gassion.	V	420
— Obtient une charge de secrétaire d'État supprimée, mais sans en rétablir les fonctions, en payant 400,000 francs au chancelier Voysin de la sienne, qui avoit le département de la guerre, qui demeura supprimée.	XII	425
— Il perd sa femme.	XIII	188
— Obtient la survivance de sa charge de secrétaire d'État pour son fils Morville.	XVII	264
— Est fait garde des sceaux.	XVIII	443
— Obtient un râpé de l'ordre.	XIX	219
ARMENTIÈRES. D'Armentières sort de prison avec Pertuis, contre qui il s'étoit battu.	III	354
— Épouse une fille de Mme de Jussac. Fortune de lui et de ses frères.	VI	187
— Mort et caractère de Mlle d'Armentières; sa famille; sa fortune; sa maison.	IX	292
— Mme d'Armentières succède à Mme de Coettenfao à une place de dame de Mme la duchesse de Berry.	XI	126
— Perd son mari.	XIII	365
Armes. Danger de badiner avec des armes.	I	15
ARNAULD, abbé, sa mort. Il étoit frère[1] du célèbre Arnauld et de l'évêque d'Angers.	II	445
ARQUIEN (Cardinal d'). Sa mort; sa famille; sa fortune.	V	287

---

1. On voit dans les *Mémoires* que ce n'est pas *frère*, mais *neveu* que Saint-Simon aurait dû écrire.

	Tomes.	Pages.

Arouet dit depuis Voltaire, poëte exilé, puis à la Bastille................ XIV 10
Arrouy. Sa mort à la Bastille.......... II 257
Aragon. Différence du gouvernement de la Castille de celui de l'Aragon, le premier plus despotique que celui de la France, l'autre plus libre que celui de l'Angleterre; explication curieuse... V 199
— Perd enfin tous ses priviléges, omis par Philippe V, entièrement comme la Castille.................. V 204
Arras bombardé................. IX 285
Arrêt tristement du 22 mai 17[20]........ XVII 88
— Qui le révoque sans fruit. .... XVII 90
— Qui proscrit inutilement les pierreries. XVII 113
Arsenal. Il s'y tient à Paris une chambre ou commission extraordinaire contre les faussaires................. V 84
— Puis une autre pour achever de juger les conspirateurs de Bretagne....... XVII 62
Artagnan emporte Warneton........... VII 77
— Est fait maréchal de France, le dernier du feu Roi................ VII 109
— Sa famille, sa fortune, son caractère; il prend le nom de sa maison et s'appelle le maréchal de Montesquiou...... VII 110
— Sa rare aventure de deux lettres contradictoires qui le brouillent avec le maréchal de Villars............. VIII 35
— Avale sans bruit un faux démenti net que lui donne impudemment en public le maréchal de Villars....... IX 109
— Prend Marchiennes et tous les dépôts des ennemis qui y étoient....... IX 327
— Demeure à commander en Flandres... IX 375
Artagnan. Parent éloigné du précédent. Devient par monter capitaine de la pre-

Artagnan.   Tomes. Pages.
    mière compagnie des mousquetaires. .   XII   427
— Assiste l'arrêt du maréchal de Villeroy,
    et le garde en chemin et à Villeroy. .   XIX   4
Artillerie (Règlement sur l').   III   438
Artois. Sous contribution.   VI   117
— Désolé et délivré.   VI   192
Assassinats et vols.   XIV   211
Asturies (Prince des). Sa naissance.   V   321
— Est juré par *las Cortes* ou états généraux.   VI   398
— Singularité à l'occasion du collier du
    Saint-Esprit qui lui est envoyé. . . .   XIII   243
— Son mariage, etc. *Voir* Saint-Simon.
— Cède par tout à l'Infante sa sœur depuis
    la déclaration de son futur mariage
    avec le Roi.   XVII   376
Asturies (Princesse des). Sa conduite étrange
    à l'égard de Leurs Majestés Catholi-
    ques.   XVIII   322
— Son mariage consommé.   XIX   153
Atarez (Comte) : *voir* aux Grands d'Espagne. ‑ XVIII   88
Atocha (Notre-Dame d'). Est la grande dévotion
    de Madrid.   XVII   399
— Pompe de Leurs Majestés Catholiques en
    y allant en cérémonie.   XVIII   221
— Leurs Majestés Catholiques en céré-
    monie à Notre-Dame d'Atocha. . . .   XVIII   330
Athi (duc).   } *voir* l'un et l'autre aux Grands
Atrisco (duc).} d'Espagne.   XVIII   12
Aventure plaisante d'un Suisse à la mort de
    Monseigneur.   VIII   255
— Deux autres petites risibles à la séance
    des renonciations.   IX   463
Avaray. Sa fortune.   VI   393
— Ambassadeur en Suisse.   X   335
Avaux. Conseiller d'État, prévôt et maître des
    cérémonies de l'Ordre, va ambassadeur
    en Hollande en la place de Briord, fort

Saint-Simon xx.   4

	Tomes.	Pages.
malade.	II	431
— De retour de Hollande.	III	71
— Sa fâcheuse méprise à l'adresse de deux lettres.	III	361
— Son cordon bleu abuse les Suédois pendant son ambassade à Stockholm; y est reconnu très-nuisiblement aux affaires.	III	455
— Mort, emplois et caractère d'Avaux.	VI	264

AUBANTON, jésuite. Confesseur, à deux différentes reprises, de Philippe V, et, entre deux, assistant du général des jésuites à Rome. . . . . II 494
— Lui et le cardinal Fabroni quels. Ils dressent seuls et en secret la constitution *Unigenitus*. . . . . X 25
— Quel ce bon jésuite. . . . . XIII 7
— Sa souplesse. Se soumet à Alberoni. Baise le fouet qui le frappe. Fait valoir à la reine son pouvoir et ses menaces. . . . . XIII 205
— Raffermit le Pape, dont il a la confiance, en faveur de la promotion d'Alberoni. XIII 212
— Son adresse. Seconde bien Alberoni auprès du Pape. . . . . XIII 240
— Double friponnerie d'Aubanton et d'Alberoni sur la constitution *Unigenitus*. XIV 46
— Aubanton reçoit un rare bref du Pape. XIV 51
— Aldovrandi et lui excitent l'Espagne en faveur de la Constitution. . . . . XIV 430
— Son ambition vers la pourpre romaine. XV 251
— Ses représentations au nonce Aldovrandi pour l'intérêt du Pape. . . . . XV 267
— Ses tentatives inutiles auprès du duc de Saint-Simon pour faire rendre le confessionnal du Roi aux jésuites. . . . . XVII 421
— Sa jalousie du P. d'Aubrusselle. . . . XVIII 178

Aubanton.

— Sa rage contre le cardinal du Bois et contre la France. Sa mort. . . . . . . XIX 132

AUBERCOURT, jésuite sorti de la compagnie, condamné avec les jésuites sur les successions de famille prétendues par ceux qui sont renvoyés des jésuites après leurs trois vœux. . . . . III 278

AUBETERRE (Chevalier, fils du maréchal d'). Sa mort. . . . . V 158

AUBETERRE (Comte d'), son neveu. Sa fortune, son caractère. Leur extraction. . . . . V 158

AUBIGNÉ, frère de Mme de Maintenon. Son caractère. Sa singulière retraite. . . . . I 478

— Sa fille unique élevée chez Mme de Maintenon, épouse le comte d'Ayen, fils aîné du maréchal duc de Noailles. . . II 37

— Mort d'Aubigné. . . . . III 417

AUBIGNY. Sa fortune. Fait évêque de Noyon. II 439

— Transféré à l'archevêché de Rouen avec le rang et les honneurs du siége de Noyon, qui est l'époque de la conservation du rang et des honneurs aux évêques pairs transférés en autres siéges, dont c'est lui le premier exemple, si on en excepte le cardinal d'Estrées, qui fit passer à son neveu son évêché de Laon, étant lors cardinal, et ne passa point à un autre siége. . . . . V 363

— Le fils du frère d'Aubigny obtient tout jeune le gouvernement de Saumur à la mort de Cominges. . . . . IX 315

— Épouse la fille de Villandry. . . . . . . X 17

AUBIGNY, écuyer plus que favori de la princesse des Ursins. Son extrême progrès, son extrême licence. Il règne par sa maîtresse. III 469

— Bien traité à Madrid en l'absence de la princesse des Ursins. . . . . IV 149

Aubigny.   Tomes. Pages.
— Bâtit pour elle une maison superbe près d'Amboise, qui lui demeure avec de grands biens.   IX   117
AUBRUSSELLE, jésuite françois, précepteur des infants. Son caractère.   XVIII   178
AUDENARDE (Combat d').   VI   55
AVEIRO[1] (Ducs d'). Maison.   II   458
— Duchesse. Sa mort.   XI   85
(*Voir* aux GRANDS D'ESPAGNE.)
AVERSBERG (Comte d'), ambassadeur de l'Empereur en Espagne après les comtes d'Harrach, père et fils. Renvoyé avant l'arrivée de Philippe V à Madrid. . . .   II   496
Aveu surprenant du Roi.   VI   237
Aveuglement étrange de souffrir dans le gouvernement aucun ecclésiastique, pis encore des cardinaux.   XVI   412
AUGICOURT, personnage curieux. Sa mort . . .   IV   113
AUGSBOURG pris par l'électeur de Bavière. . . .   IV   15
Avis de la Grange, intendant de l'armée d'Allemagne, préféré par la cour à celui de M. le maréchal de Lorges, général de l'armée, dont elle a incontinent lieu de se bien repentir.   I   190
— Célèbre en Espagne sur les renonciations de la Reine, épouse de Louis XIV.   II   374
— Énorme du P. de la Chaise au Roi. . .   VI   238
— Au Dauphin et à la Dauphine sur le poison par Boudin et par l'Espagne. .   IX   176
AUMONT (Duchesse douairière, la Mothe d'). Sa mort; son caractère; sa famille. . .   VIII   229
— Mort de son mari, fils du maréchal d'Aumont.   IV   68
AUMONT (Duc d'), son fils aîné, obtient son gouvernement de Boulogne.   IV   68

1. Nous gardons l'ordre du manuscrit, où le v est mêlé à l'u.

Aumont (Duc d').
— Gagne, devant le Roi, une affaire piquante, sur son gouvernement, contre le duc d'Elbœuf, gouverneur de Picardie. . . IV 236
— Marie son fils à la fille de Guiscard. . . VI 42
— Va ambassadeur en Angleterre. Est grandement traité. Est fait seul et hors de temps chevalier de l'Ordre avant son départ. . . . . IX 367
— Sa maison à Londres est brûlée. Son caractère. L'incendie coûte 550,000 fr. au Roi. . . . . IX 429
— Son retour. . . . . X 113
— Obtient les survivances de sa charge et de son gouvernement pour son fils. . XII 268
— Son effrontée infamie sur Law et le Parlement. . . . . XV 452
— Fait un étrange personnage entre les pairs et le Parlement. . . . . XI 36
— Sa mort. . . . . XIX 106
— Mort de sa belle-fille Guiscard. . . . . XIX 131
— Mort de sa femme Brouilly. . . . . . XIX 158
— Mort du duc d'Aumont leur fils. Sa dépouille. . . . . XIX 159

Avocat (L'), maître des requêtes fort connu. Sa mort. . . . . II 293
Avrincourt. Épouse Mlle d'Osmont. . . . . . IV 238
Autriche. Perspective de l'extinction de cette maison, nouveau motif à la France de conserver la paix et de se mettre en état d'en profiter. . . . . XV 306
Auvergne. Dauphiné d'Auvergne et comté d'Auvergne, simples dénominations de terres entièrement ordinaires et rien moins que la province d'Auvergne. I 208
— Le fils aîné du comte d'Auvergne se bat contre Caylus. Ils (sic) le font chevalier de Malte. . . . . I 395

Auvergne.

	Tomes.	Pages.
— Comte d'Auvergne et M. de Soubise s'excluent de l'Ordre en la promotion de 1688.	II	81
— Colère du Roi éludée..	II	82
— Mort de la comtesse d'Auvergne.	II	144
— Comte d'Auvergne épouse Mlle de Wassenaer.	II	182
— Mort de son fils aîné, chevalier de Malte, en Hollande, où il s'étoit retiré.	III	247
— Prince d'Auvergne déserte[1] en plein camp aux ennemis, est pendu en effigie en Grève.	III	297
— Artifices inutiles des Bouillons.	III	298
— Il épouse la sœur du duc d'Aremberg.	V	349
— Abbé d'Auvergne gagne son procès pour sa coadjutorerie de Cluni.	III	402
— Conversion, puis mort de la comtesse d'Auvergne.	IV	164
— Procès jugé devant le Roi, sur l'arrêt du grand conseil, sur la coadjutorerie de Cluni.	IV	272
— Époque du nom d'Auvergne ajouté à celui de la Tour.	V	107
— Cartulaire de Brioude. Histoire de la maison d'Auvergne par Baluze. De Bar arrêté pour faussetés.	V	109
— Convaincu. S'avoue en plein tribunal fabricateur du cartulaire de Brioude, qui est déclaré faux, lui faussaire, etc.	V	112
— Mort du comte d'Auvergne.	V	349
— Baluze publie son histoire généalogique de la maison d'Auvergne, toute fondée sur le faux cartulaire de Brioude, dont le faussaire de Bar se tue à la Bastille.	VI	27
— Baluze chassé et destitué, son livre can-		

1. Dans le manuscrit : *destre*.

Auvergne.

	Tomes.	Pages.
cellé. Arrêt de cette condamnation (bon à voir)...............	VIII	79
— Mort du prince d'Auvergne. Le Roi défend à sa famille d'en prendre le deuil. Oblige le frère de l'abbé d'Auvergne à se défaire d'un canonicat de Liége. .	VIII	94
— Desire inutilement de faire tomber la coadjutorerie de Cluni.........	VIII	95
— Abbé d'Auvergne fait archevêque de Tours, presque aussitôt après transféré à l'archevêché de Vienne.........	XVI	347
— Sa friponnerie insigne pour escroquer au cardinal de la Trémoille son archevêché de Cambray...........	XVI	445
— Comment enfin arrivé à l'épiscopat. . .	XVI	456
AUVERKERKE, général en chef des Hollandois. Sa mort..................	VI	486
Auxiliis (De). Fameuse congrégation à Rome.	VII	133
AYDIE (Mme d'). Obtient la place de dame de Mme la duchesse de Berry, remise par la comtesse douairière de Brancas, et meurt tôt après............	XII	439
AYEN (Comte, puis duc d'), enfin duc de Noailles, épouse Mlle d'Aubigné.....	II	37
— Passe en Espagne avec Philippe V. . . .	II	435
— Tombe dans une maladie singulière et est singulièrement visité........	III	418
— Duc et pair par démission de son père.	IV	61
AYETONE (Marquis) : *voir* aux GRANDS D'ESPAGNE...............	XVIII	61
Azafata. Ce que c'est..............	II	477

Dans la lettre A { Noms propres ... 112
{ Autres .... 26 [1]

En tout 138

[1]. On peut voir ici et ailleurs, en refaisant les additions, que Saint-Simon ne se pique pas de grande exactitude dans ces relevés.

	Tomes.	Pages.
Bachelier. Sa fortune et son mérite.	III	401
	X	122
Bacqueville. Quel. Épouse une fille du marquis de Châtillon.	X	197
Badajoz. Les ennemis en lèvent le siége.	IV	322
Baden (Prince Louis de), général des armées impériales. Ses mouvements et ses dispositions.	I.	360
— Assiége Landau défendu par Mélac et le prend en présence du roi des Romains.	III	300
— Le prend une seconde fois, défendu par Laubanie.	IV	142
— Sa mort.	V	116
Baden (Congrès de).	X	184
Badie (La). Rend le Quesnoy; est mis à la Bastille.	IX	324
Bart (Jean). Quel. Conduit par mer M. le prince de Conti à Dantzick et l'en ramène.	I	448
— Sa mort.	III	259
Bagatelles qui caractérisent.	III	227
Baglioni (Comte). Quel. Sa mort.	III	258
Bailleul (Le). Président à mortier. Sa mort.	III	51
— Mort de son fils, à qui il avait cédé sa charge, qui est obtenue par le fils de ce dernier. Leur caractère.	X	165
Balbazès (Marquis de los). Quel. Se fait prêtre; raison de cette dévotion assez ordinaire en Espagne.	IX	287
Voir aux Grands d'Espagne.	XVIII	63
Ballet du Roi aux Tuileries, qui l'en dégoûte pour toujours.	XIV	329
— Autre.	XVII	437
Bals. Force bals à la cour. Chez Monsieur le Prince, où un masque à quatre visages naturels fit grand bruit.	II	297
— Fête et bal superbes à la chancellerie à Versailles.	II	301
— A la cour.	III	200

Bals. Tomes. Pages.
— A Marly.................... IV 244
—. Force bals tout l'hiver à Versailles et à
 Marly.................... IV 351
— A la cour................... V 134
— Force bals à la cour........... V 374
— Force bals à la cour, à Paris, à Sceaux. X 117
— A Lerma, le soir du mariage du prince
 des Asturies, où la princesse des Astu-
 ries dansa fort mal........... XVIII 263
— Bal superbe chez le roi d'Espagne, à
 Madrid. Leurs Majestés Catholiques
 dansèrent à l'un et à l'autre et y firent
 danser le duc de Saint-Simon..... XVII 388
— Bal à Madrid de l'intérieur du palais. XVIII 329
— Bals de l'Opéra a Paris........... XII 391
BALSAÏM. Reste de maison royale brûlée sous
 Charles II, où le roi et la reine d'Espagne alloient quelquefois. Ils y font
 un voyage fort court et fort solitaire.
 Leur étrange hardiesse dans ces che-
 mins de montagnes de la Guada-
 rama................ XVIII 381 et 415
BALUZE. Quel. Compose frauduleusement son
 histoire de la maison d'Auvergne... V 109
— Destitué et chassé. Son histoire généa-
 logique de la maison d'Auvergne con-
 damnée au pilon par arrêt du conseil
 du 1ᵉʳ juillet 1710 (bon à voir ici)... VIII 77
BAÑOS (Duc de): voir ci-devant Arcos...... III 85
 Voir aux GRANDS D'ESPAGNE..... XVIII 12
BAÑOS (Comte): voir aux GRANDS D'ESPAGNE. . XVIII 88
Banqueroute des trésoriers de l'extraor-
 dinaire des guerres............ III 20
— De Samuel Bernard............. VI 318
Banquillo du capitaine des gardes en quar-
 tier du roi d'Espagne. Ce que c'est... III 148
— Affaire du banquillo............ IV 306

	Tomes.	Pages.
BAR. Duché vérifié. Succession femelle à ce duché.	V	225
BAR (De). Arrêté pour faussetés.	V	111
— Convaincu, en plein tribunal, fabricateur du cartulaire de Brioude; il l'avoue en pleine séance. Sa pièce y est déclarée fausse, et lui faussaire en la chambre de l'Arsenal. Cause et singularité de la peine infligée à de Bar, 10 juillet 1704.	V	112
— Ce faussaire des Bouillons se tue à la Bastille.	VIII	78
BARAIL (Du). Fait colonel du régiment d'infanterie du Roi, par la destitution de Surville.	IV	352
BARBANÇON. Quel. Sa mort.	I	245
BARBARIGO. Fait cardinal. Quel.	XVII	149
BARBEZIÈRES, lieutenant général à l'armée d'Italie. Pris déguisé. Sa ruse heureuse.	III	400
— Relâché.	IV	5
— Rendu à Casal.	IV	102
BARBEZIEUX, secrétaire d'État de la guerre, veuf d'une fille du duc d'Uzès, épouse une fille d'Alègre.	I	288
— Éclate contre elle et s'en sépare.	II	150
— Sa mort. Son dangereux caractère.	II	447
— Sa veuve a une querelle qui la jette dans un couvent.	IV	396
Sa mort.	V	47
BARCELONE (Actions devant).	X	246
BARILLON, évêque de Luçon. Sa mort.	II	195
BARIN. Quel. Sa mort.	II	283
Barons (Hauts). Leur origine, leur usage, leur état, leur différence essentielle des pairs de France.	X	366
Baronnies de Languedoc, réelles, non personnelles.	IV	449
BARRE (La), capitaine aux gardes. Son fâcheux		

Barre (La).   Tomes. Pages.

    démêlé avec Surville. Leur état, leur
        caractère.................... IV   304
— Sont accommodés. Surville demeure
        perdu.................... V   53
— Mort de la Barre.............. V   122
BARREAU. Distinction et préférence du barreau
        de la cheminée sur l'autre........ X   432
BARTET. Quel il étoit. Sa mort.......... V   339
BARTILLAT. Quel. Sa mort............ III   51
BASLEROY. Épouse une sœur de MM. de Matignon, malgré eux............ XVII   52
Bassette et pharaon défendus.......... XIII 367
— Teneurs de jeux de hasard en prison.. XIV   211
Bâtarde, non reconnue, de feu Monseigneur,
        mariée. Sa mort sans enfants..... XIII   98
Bâtards. Prétention de la première ancienneté de Vendôme, désistée aussitôt
        que formée, est l'origine de leur rang
        intermédiaire............. I   162
— Avantages nouveaux des principaux domestiques des bâtards sur ceux des
        princes du sang............ I   349
— Le nonce Delphin fait cardinal, s'en va
    sans audience de congé et sans présent
    pour n'avoir pas voulu visiter les bâtards.................. II   286
— Avantages des bâtards en Espagne et
    leurs différences............ III   110
— Bâtards des rois d'Espagne........ III   154
— Bâtards obtiennent d'être visités, sur la
    mort de Monseigneur, comme les fils
    de France................ VIII   304
— Bâtards et leur postérité, princes du
    sang en plein, et rendus capables de
    succéder à la couronne......... X   213
— La nouvelle s'en publie à Marly; effet
    qu'elle y produit............ X   215

Bâtards.

— Enregistrement de l'édit. Ils sont traités précisément comme les princes du sang au Parlement. . . . . X 243
— Leur contenance aux deux séances pour la régence, au Parlement, aussitôt après la mort du Roi. . . . . XII 200
— Attaqués sur leurs usurpations, particulièrement sur leur prétendue qualité de princes du sang et de capacité de succéder à la couronne, osent prétendre de ne reconnoître d'autres juges que le Roi majeur ou les états généraux du Royaume, et par là s'attirent un jugement péremptoire contre leur qualité de princes du sang et contre leur prétendue habilité à la couronne. . . XVI 8
— Venus en manteau aux Tuileries, ils se retirent du cabinet du conseil de régence avant qu'il commence, et ne paroissent point au lit de justice tenu aux Tuileries immédiatement après, où ils furent réduits au rang de leurs pairies et destitués de l'éducation du Roi. XVI 54
— Leur conduite. . . . . XVI 78
— Sont rétablis dans les rangs et honneurs qu'ils avoient obtenus du feu Roi, avec des exceptions perceptibles, non[1] dans la qualité de princes du sang ni à l'habilité de succéder à la couronne, dont ils osent n'être pas contents. . . XIX 102

BASVILLE, conseiller d'État, intendant de Languedoc. Son caractère, sa puissance dans cette province. . . . . III 404

1. Saint-Simon avait d'abord écrit : *non à l*; il a changé *l* en *d* et a laissé *a*.

Basville.   Tomes.   Pages.

— Devenu vieux et fort sourd, il quitte son intendance et se retire à Paris, avec une pension du Roi de 12,000 livres.   XIV   299

Bataille gagnée par les Espagnols sur les Portugais, qui sont entièrement défaits. .   VI   399

Battants. Les deux battants des portes, chez les fils et filles de France, ne s'ouvrent que pour les fils et filles de France. . .   VIII   292

Baudry est fait lieutenant de police. XVII   112

Bavière (Prince électoral de). Déclaré héritier de la monarchie d'Espagne et meurt presqu'aussitôt après.   II   173

— L'électeur, son père, passe des Pays-Bas, dont il est gouverneur, à Munich.   III   4

— Se déclare pour la France et l'Espagne.   III   499

— Mort et deuil d'un de ses fils.   IV   70

— Bon et sage avis de l'électeur après la bataille d'Hochstedt méprisé. Il passe par Strasbourg et par Metz à Bruxelles.   IV   128

— Y arrive.   IV   168

— La Bavière en proie à l'Empereur. . . .   IV   190

— Mort et deuil du duc Maximilien de Bavière.   IV   252

— Duretés et cruautés en Bavière. L'électrice à Venise.   IV   270

— Les électeurs de Bavière et de Cologne, frères, mis sans formes au ban de l'Empire.   IV   420

— Mort de la sœur du duc de Bouillon, veuve sans enfants du duc Maximilien de Bavière.   IV   446

— Usurpations de rang de l'électeur de Bavière.   V   40

— Va sur le Rhin, avec le maréchal de Berwick sous lui.   V   437

— Retourne sur le Rhin.   VI   51

— Se retire à Compiègne. Manque triste-

Bavière (Prince électoral de).   Tomes. Pages.
— ment Bruxelles.   VI   155
— Perd un enfant; deuil qu'on en porte. .   VI   298
— Électeur à Compiègne.   VII   86
— Vient incognito à Paris, voit le Roi et
  Monseigneur; ses prétentions de rang
  surprenantes.   VII   118
— Dire l'électeur au lieu de Monsieur l'élec-
  teur; courte réflexion. VII   121
— Il fait une course à Marly. . . . . VIII 441
— Et une autre à Fontainebleau.   IX   368
— S'établit à Suresne. Voit le Roi. IX   433
— Le voit plusieurs fois. X   15
— Le voit à Marly. X   74
— Le voit en particulier. X   143
— Et à la chasse à Marly. X   170
— Va deux fois à Marly. X   204
— Et encore à Marly. X   244
— Va à Fontainebleau.   X   312
— Voit le Roi en particulier et retourne à
  Compiègne. X   319
— Voit le Roi à Marly. X   335
— Voit le Roi en particulier. X   357
— Va à Versailles et à Blois voir la reine
  douairière de Pologne, sa belle-mère.
  Fait à Compiègne la noce de Mlle de
  Montigny, sa maîtresse déclarée depuis
  longtemps, avec le comte d'Albert.
  Prend congé du Roi à Versailles et s'en
  retourne dans ses États. XI   93
— Est rétabli. . . . . XIII 4
— Perd un de ses fils, élu évêque de Munster. XVI 206
— Le prince Clément, son autre fils, est élu
  évêque de Munster et de Paderborn. .   XVI   240
— Il marie le prince électoral à une archi-
  duchesse Joséphine.   XIX   58
— Le comte de Bavière, bâtard de l'électeur,
  est fait grand d'Espagne.   XIX   97

Bay. Son extraction, sa fortune. Est fait chevalier de la Toison d'or.	V	348
Beauffremont (Mlle de). Son caractère. Sa mort. IV	181 et	252
Beauffremont (Marquis de). Fait chevalier de la Toison d'or.	VIII	200
— De concert avec ceux qui prenoient d'eux-mêmes le nom collectif de la noblesse, il insulte les maréchaux de France impunément, qui en essuient la mortification entière et publique. Son caractère.	XIV	374
— Il se moque après, aussi publiquement et aussi impunément, de Monsieur le Duc. . . . . ?	XIV	376
Beaujolois (Mlle de). Déclaration de son futur mariage avec l'infant don Carlos. . .	XIX	57
— Signature de ce contrat de mariage. . .	XIX	80
— Son départ pour Madrid et son accompagnement.	XIX	81
— Conduite par la duchesse de Duras et remise à la frontière par le duc de Duras au duc d'Ossone. Reçue par Leurs Majestés Catholiques à une journée de Madrid, où il se fait de belles fêtes. . .	XIX	96
Beaumanoir (M. de). Épouse une fille du maréchal de Noailles. . , ...	III	396
— Est tué, sans enfants, le dernier de sa maison, à la bataille de Spire, la campagne suivante.	IV	21
Beaune. Obtient une pension du Roi, de 10,000 livres.	XVI	206
Beauvais (dit le baron de). Quel. Sa mort. . . .	I	468
Beauvau, évêque de Bayonne, puis de Tournay. Sa digne conduite en ce siége. .	VII	81
— Transféré à l'archevêché de Toulouse. .	X	71
— Puis à Narbonne.	XVI	271

	Tomes.	Pages.

BEAUVAU (MM. de). Obtiennent de draper à la mort de Monseigneur. . . . . VIII 303
BEAUVAU (Comte de). Marie ses deux filles aux marquis de Beauvau et de Choiseul. . VIII 313
BEAUVAU (Marquise de). Obtient une place de dame de Mme la duchesse de Berry qu'avoit Mme de Pons. . . . . XII 221
— Elle la remet. . . . . XIV 121
— Fortune prodigieuse de M. et de Mme de Beauvau-Craon, par le duc Léopold de Lorraine. . . . . XVII 85
BEAUVILLIER (Duc de). Perdu auprès de Mme de Maintenon et comment. . . . . I 409
— Orage contre lui et contre tout ce qui étoit attaché à Fénelon, son plus intime ami, archevêque de Cambray. . II 45
— Sainte magnanimité du duc. . . . . . . II 47
— Sa belle réponse au Roi. . . . . II 186
— Il prend, à la grande direction, la place du chancelier absent, comme chef du conseil des finances. . . . . II 207
— Seul en chef et en commandement accompagne les trois princes, fils de Monseigneur, en leur voyage. . . . . II 399
— Revient fort malade de la frontière d'Espagne à Saint-Aignan. . . . . II 436
— Arrive à Versailles. . . . . II 446
— Est fait grand d'Espagne. . . . . III 19
— Marie sa sœur, du second lit, à Marillac. III 369
— Et sa fille au duc de Mortemart. . . . . IV 33
— Obtient un brevet de retenue, de 500,000 livres, sur sa charge de premier gentilhomme de la chambre du Roi. . . . . IV 97
— Perd ses deux fils en moins de huit jours. Piété du duc et de la duchesse de Beauvillier. . . . . IV 328
— Se démet de son duché, en faveur de son

Beauvillier.

frère. Le marie à la fille unique de Besmaux. Conduite admirable de la duchesse de Beauvillier................ V 55
— Péril secret et imminent du duc de Beauvillier. Comment il en sort....... VI 292
— Il donne au duc de Mortemart sa charge de premier gentilhomme de la chambre du Roi................... VII 278
— Union la plus intime et la plus entière des ducs et duchesses de Chevreuse et de Beauvillier.............. VII 390
— Nœud intime de leur liaison avec le P. Tellier, confesseur du Roi....... VII 393
— Duc de Beauvillier, comme gouverneur des princes fils de Monseigneur, préféré par le Roi, pour lui présenter la chemise de ces deux princes, le soir de leurs noces, au duc de Bouillon présent, qui le lui disputoit comme grand chambellan............ I 487 et VIII 27
— Inquiétude qu'il eut à la réception du duc de Saint-Aignan, son frère, au Parlement.................. VIII 196
— Il emporte l'autorité et le soin de la garde-robe du nouveau Dauphin, comme il l'avoit auparavant, comme ayant été son gouverneur, sur le duc de la Rochefoucauld, qui le lui disputoit, comme grand maître de la garderobe du Roi................ VIII 300
— Quel à la mort de Monseigneur...... VIII 418
— Sa conduite................. VIII 428
— Sa splendeur pendant la vie du nouveau Dauphin.................. IX 1
— Son état à la mort de ce prince..... IX 242
— Obtient la survivance de ses gouvernements du gros pour son gendre, du

Beauvillier.

petit pour son frère, à qui il avoit donné sa charge de premier gentilhomme de la Chambre de M. le duc de Berry, au mariage de ce prince. . . . X 185
— Dernière marque de la confiance du Roi au duc de Bauvillier. . . . . X 271
— Sa mort. . . . . X 275
— Quel il étoit sur le cardinal de Noailles, et sur Rome, Saint-Sulpice, les jésuites. X 282
— Sa grandeur d'âme et sa vertu. . . . . . X 288
— Comparaison des ducs de Chevreuse et de Beauvillier; mot là-dessus plaisant et vrai du chancelier de Pontchartrain. Caractère de la duchesse de Beauvillier. . . . . X 291
— Épreuve et action héroïque de la duchesse de Beauvillier. . . . . X 298
Sa mort. . . . . X 300
— Le Roi donne l'évêché de Beauvais au frère du duc de Beauvillier, malgré toutes les représentations et même les supplications du duc, qui le croyoit trop jeune. Triste éclat de cet évêque après la mort du duc de Beauvillier, qui le fit enfin se démettre et être renfermé dans un monastère pour le reste de ses jours. . . . . XIV 402

(Cet article doit être mis à la suite de Saint-Aignan. *Note de Saint-Simon.*)

BECHAMEIL. Sa fortune; son caractère; sa mort. III 409
BEDMAR (Marquis de). A Marly. . . . . II 403
— Capitaine général des Pays-Bas espagnols par intérim. . . . . III 5
— Conseiller d'État en Espagne. . . . . . . III 424
— Grand d'Espagne. . . . . XVIII 64
— Sa femme à Versailles. . . . . IV 65
— Vice-roi de Sicile. . . . . IV 216
— Chevalier du Saint-Esprit. . . . . IV 217

Bedmar.
- Retourne en Espagne. Président du conseil de guerre et de celui des ordres. Sa mort. .... XIX 130
- *Voir* aux Grands d'Espagne. ..... XVIII 64
Bejar (Duc): *voir* aux Grands d'Espagne. ... XVIII 12
Belesbat. Quel. Sa mort. .... IV 395
Bellefonds. Mort de la jeune marquise de Bellefonds. .... V 472
- De son mari gouverneur de Vincennes. VIII 106
- De la maréchale. .... XIII 57
Belle inconnue et très-connue (Mme de Soubise). .... XII 89
Bellegarde, lieutenant général. Sa mort. Histoire singulière. .... IV 354
Bellegarde, 2^d fils du duc d'Antin et son survivancier des bâtiments, épouse la fille unique de Vertamont, premier président du grand conseil. .... XII 420
- Sa mort, sans enfants, presque aussitôt après celle de sa femme. .... XVI 336
Belle-Isle, fils du 2^d fils du surintendant Foucquet, achète d'Hautefeuille la charge de mestre de camp général des dragons. VI 393
- Son premier mariage avec une Durfort. VIII 441
- Obtient 400,000 livres sur les états de Bretagne. Quel il fut et sa famille. .... XII 278
- Caractère des deux frères. .... XII 282
- Sa famille. Son île. .... XVI 162
- Son caractère. .... XVI 166
- Caractère du chevalier de Belle-Isle, son frère. .... XVI 167
- Union intime et entière des deux frères; leur conduite domestique. Ils font avec le Roi l'échange de Belle-Isle. ..... XVI 168
- L'aîné commence à pointer. .... XVI 170
- Raison de s'être étendu sur les deux frères. XVI 172
- Belle-Isle s'accommode lestement, avec

Puysieux mourant, de son gouvernement d'Huningue. . . . . XVI 210
— Son adroit manége dans l'affaire du duc du Maine. . . . . XVI 231
— Sa liaison plus qu'intime avec le Blanc et Law; et se dévoue au cardinal du Bois, qui s'en sert. . . . . XVII 256
— Toujours mal voulu de M. le duc d'Orléans. . . . . XIX 56
— Devient intime des Rohans et des maréchaux de Berwick et de Besons; et fort mal voulu des maréchaux de Villeroy, de Villars et d'Huxelles.. . . . . XVI 170
— Sa liaison intime avec Mme de Plénœuf, comme avec le Blanc, leur attire la haine, puis la persécution de Mme de Prie et de Monsieur le Duc, à qui le cardinal du Bois l'abandonne. . . . . XIX 78
— Il est interrogé sur l'affaire de le Blanc et de la Jonchère. . . . . XIX 120
BELLUGA, fait cardinal, après l'avoir refusé. Sa sainte et double magnanimité. . . . . XVI 374
BELSUNCE, évêque de Marseille. Sa conduite plus qu'épiscopale pendant la peste. . VI 325
— Bon mot là-dessus du duc de Lauzun, son oncle, à M. le duc d'Orléans. . . . XIX 190
— Il refuse saintement l'évêché de Laon. . XIX 157
BENAVENTE (Comte de), sommelier du corps du roi d'Espagne, chevalier du Saint-Esprit. Sa mort. . . . . VI 248
Voir aux GRANDS D'ESPAGNE. . . . . . XVIII 89
BENOIST, contrôleur de la bouche du Roi, homme dangereux. . . . . VIII 161
BENTIVOGLIO, nonce en France. Son caractère, ses mœurs. . . . . XI 145
— Sa scélératesse temporelle et ecclésiastique. . . . . XIII 67

Bentivoglio.
— Il avertit sa cour du détail de la ligue traitée entre la France et l'Angleterre, en y ajoutant les couleurs les plus noires. .... XIII 73
— Sa scélératesse contre la France. .... XIII 227
— Ses manéges avec les Impériaux pour empêcher le traité entre la France et l'Angleterre. .... XIII 242
— Sa méchanceté à l'égard de la France et du Régent. .... XIII 304
— Étranges impressions prises à Rome sur la triple alliance. .... XIII 313
— Bentivoglio veut faire signer aux évêques de France que la constitution *Unigenitus* est règle de foi. .... XIII 343
— Sa scélératesse. .... XIV 77
— Il donne au Pape des conseils enragés. . XIV 184
— Redouble au Pape ses conseils furieux et fous contre la France. .... XIV 242
— Ses fureurs dégoûtent les siens mêmes; il donne au Pape, sur les affaires temporelles, des conseils extravagants. .... XIV 281
— Ses nouvelles scélératesses. .... XIV 440
— Autres nouvelles scélératesses de Bentivoglio. .... XV 67
— Son caractère exécrable. .... XV 267
— Près d'être cardinal, prend congé et part; ses horreurs. .... XVI 338
— Est fait cardinal. .... XVI 372
Béranger, tué dans Aire. .... VIII 53
Berchère (La), archevêque de Narbonne. Sa fortune; son caractère; sa mort. ... XVI 270
Bercy. Épouse une fille de Desmarets. .... IV 307
— Devenu intendant des finances, est chassé, à la mort du Roi, avec son beau-père. XII 253
Beretti Landi, ambassadeur d'Espagne à la

Beretti Landi.

 Haye, a une conférence importante. Son caractère; ses peines. . . . . . . XIII 210
— Ses mesures contre l'union de la Hollande avec l'Empereur, et pour celle de l'Espagne avec cette république. . XIII 297
— Lettre de Beretti à Alberoni. Embarras de Beretti; ordres qu'il reçoit; raisonnement d'Alberoni. . . . . XIII 337
— Beretti propose à l'Espagne de lui attacher plusieurs membres principaux des états généraux, qu'il nomme, moyennant des pensions. . . . . XIV 44
— Applaudissements et avis de Beretti. Son intérêt personnel. . . . . XIV 141
— Il fomente l'espérance d'Alberoni en la Hollande. Fait une découverte sur le roi de Sicile. Raisonne faux sur les Hollandois. . . . . XIV 223
— Trompé par de faux avis, il compte avec grande complaisance sur les Hollandois, dont il écrit merveilles en Espagne et de la partialité des Anglois pour l'Empereur. . . . . XIV 265
— Ses vanteries et ses bévues. . . . . . . XV 32
— Il se trompe de plus en plus. . . . . . XV 53
— Son caractère. Embarras des ministres d'Espagne au dehors. Sa conduite. Son avis à Alberoni. Sa jalousie de Monteleon ambassadeur d'Espagne en Angleterre. . . . . XV 81
— Erreur de Beretti; Cadogan le détrompe (intérêt personnel de l'abbé du Bois). Ils vont, l'un après l'autre, travailler à Amsterdam, pour mettre cette ville dans leurs intérêts. . . '. . . . . XV 96
— Efforts de Beretti pour détourner les Hollandois de souscrire au traité. Ses avis

Beretti Landi. Tomes. Pages.

— contre la France et ses plaintes. . . . XV 122
— Il est appliqué à décrier Monteleon en Espagne. . . . . XV 129
— Fait une forte déclaration en Hollande. . XV 138
— Ses vanteries; ses conseils; son orgueil. XV 142
— Mesures, fanfaronnades, avis, embarras de Beretti, qui tombe sur Cellamare. . . . . XV 144
— Ses manéges, son bas intérêt; il veut perdre Monteleon. . . . . XV 147
— Sa conduite et ses manéges. . . . . . . XV 155
— Ses forfanteries. . . . . XV 183
— Ses efforts à la Haye. . . . . XV 230
— Sa conduite. . . . . XV 285

BERGHES (Prince de). Son extraction, sa fortune, il épouse une fille du duc de Rohan. . . . . VIII 95
— Sa mort, sa famille[1]. . . . . XVII 50

BERGHEYCK, à Versailles. Son emploi; son caractère; sa fortune. . . . . V 57
— Projette de faire révolter les Pays-Bas espagnols contre l'Empereur. . . . . V 407
— Derechef à Paris. Passe en Espagne, d'où il est bientôt renvoyé par la princesse des Ursins. . . . . VIII 202
— Revient à Paris; se retire tout à fait des affaires. Son éloge. . . . . X 169
— Sa retraite. Vient à Marly. . . . . X 198
— Prend congé pour sa retraite. . . . . . X 357

BERINGHEN, père, premier écuyer. Sa fortune. I 67
BERINGHEN, fils, obtient 400,000 livres de brevet de retenue sur sa charge de premier écuyer du Roi. . . . . IV 372
— Enlevé entre Paris et Versailles par un parti ennemi, et recous. . . . . V 159

1. Saint-Simon renvoie aux GRANDS D'ESPAGNE, mais nous ne voyons pas que le prince de Berghes y soit mentionné.

Beringhen.

	Tomes.	Pages.
— Quel sur la mort de Monseigneur. . . .	VIII	409
— Son caractère.	IX	21
— Quel à l'égard de M. le duc d'Orléans. . .	XII	240
— Ses raisons contre le grand écuyer. . .	XII	293

(*Voir* à Armagnac.)

	Tomes.	Pages.
— Est mis dans le conseil des affaires du dedans du royaume, avec le département des ponts, chaussées, grands chemins, pavé de Paris.	XII	240
— Conserve ce département à la cassation des conseils.	XVI	104
— Obtient, pour son fils aîné, la survivance de sa charge de premier écuyer, et de son gouvernement des tours de Marseille.	XVII	228
— Sa mort.	XIX	106
— Mort de son fils aîné. Fortune du cadet, qui obtient très-singulièrement toute la dépouille de son frère.	XIX	215
Bermudez, jésuite, prédicateur du roi d'Espagne, à qui le P. d'Aubanton mourant, outré contre le cardinal du Bois, le donne pour confesseur. Ses liaisons; son caractère.	XIX	133
Bernaville, gouverneur de la Bastille. Quel. .	VI	169
Berry (M. le duc de). Reçoit le collier de l'ordre du Saint-Esprit.	II	152
— Accompagne le roi d'Espagne jusqu'à la frontière, avec Mgr le duc de Bourgogne, puis font un grand tour par le royaume et reviennent à Versailles. .	III	11
— Reçoit le collier de l'ordre de la Toison d'or.	III	54
— Est délivré de ses gouverneurs.	IV	331
— Part avec Mgr le duc de Bourgogne pour l'armée de Flandres, sans y avoir de commandement.	VI	29

Berry (Duc de). Tomes. Pages.
— Ils reçoivent ordre d'en revenir. . . . . VI 200
— Leur retour à la cour. . . . . VI 201
— Réception de M. le duc de Berry par le
   Roi et Monseigneur. . . . . VI 206
— Il ne sort plus de la cour. . . . . VI 300
— Premiers pas directs pour son mariage. VII 302
— Intrigue de son mariage avec la fille
   aînée de M. le duc d'Orléans. Obsta-
   cles contre elle. . . . . VII 378
— Raisons et mesures pour presser son ma-
   riage. . . . . VII 401
— Il épouse Mlle d'Orléans. . . . . VIII 23
— Apanage et maison. Rare méprise. . . VIII 158
— Est extrêmement bien avec Monseigneur. VIII 277
— Sa situation à l'égard de la mort de ce
   prince. . . . . VIII 290
— Sa douleur de la mort du Dauphin, son
   frère. . . . . IX 239
— Son intérêt sur la solidité des renonciations et de leurs formes. Ses sentiments à l'égard du duc de Beauvillier. . . . . IX 342
— Il entre au conseil des dépêches et obtient 400,000 livres d'augmentation
   de pension. . . . . IX 376
— Son embarras pour répondre au compliment du premier président, le jour
   de la séance de l'enregistrement des
   renonciations ; comment levé. Il va,
   avec M. le duc d'Orléans, de Versailles
   au Parlement. . . . . IX 454
— Entend la messe à la Sainte-Chapelle ;
   marche de la Sainte-Chapelle à la
   grand'chambre. . . . . IX 455
— Demeure court à répondre au premier
   président. . . . . IX 459
— Dîner au Palais-Royal ; retour à Versail-

Berry (Duc de). | Tomes. | Pages.
les. | IX | 466
— Y reçoit, en arrivant, un indiscret compliment de Mme de Montauban ; son désespoir et ses réflexions. | IX | 467
— Il entre au conseil des finances. | X | 131
— Tombe malade empoisonné. | X | 170
— Sa mort; son caractère. Quel avec sa famille. | X | 172
— Lui et Mme la duchesse de Berry comment ensemble. Ordres du Roi. Le corps très-promptement porté à Paris aux Tuileries. Eau bénite. | X | 174
— Deuil drapé six mois. . . . ? | X | 177
— Ses obsèques à Saint-Denis. | X | 207

Berry (Mme la duchesse de). Est bien avec Monseigneur. | X | 174
— Souper de Saint-Cloud, et ses commencements. | VIII | 107
— Sa situation à l'égard de la mort de Monseigneur. | VIII | 290
— Orage tombé sur elle. Elle avoue à la duchesse de Saint-Simon ses étranges projets, avortés par la mort de Monseigneur. Exhortée par elle à ne rien oublier pour se raccommoder avec la nouvelle Dauphine. | VIII | 293
— S'y raccommode. Service à M. et à Mme la Dauphine par M. le duc de Berry et par elle. | VIII | 296
— Son étrange procédé sur la charge de premier écuyer de M. le duc de Berry par la mort de Razilly. | IX | 187
— A la musique du Roi à sa messe. | IX | 376
— Joue cruellement le maréchal de Besons sur la place de gouvernante de ses enfants pour sa femme. | IX | 396
— Mange en robe de chambre, au grand

Berry (Duchesse de). | Tomes. | Pages.
couvert, pendant sa grossesse..... | X | 117
— Visitée plusieurs fois par le Roi à la mort de M. le duc de Berry....... | X | 177
— Se blesse d'une fille............ | X | 189
— Reçoit un grand présent du Roi..... | X | 244
— Obtient quatre dames pour la suivre, qui sont Mme de Coettenfao, femme de son chevalier d'honneur, les marquises de Brancas et de Clermont Gallerande et Mme de Pons. Bout de l'an de M. le duc de Berry.................. | XI | 125
— Fait, à la mort du Roi, Mme de Pons sa dame d'atour, par la mort de Mme de la Vieuville................. | XII | 221
— Est logée à Luxembourg avec sa cour, après avoir passé quelque peu de temps à Saint-Cloud.......... | XII | 268
— Obtient une compagnie de gardes, en fait capitaine le chevalier de Roye, et Rion lieutenant............. | XII | 340
— Usurpe des honneurs, qu'elle ne conserve pas. Elle a un démêlé avec M. le prince de Conti.................. | XII | 435
— S'abandonne à Rion. Quel est Rion, qui la maîtrise fort durement....... | XII | 436
— Contraste d'elle avec elle-même, et dans le monde et aux Carmélites du faubourg Saint-Germain.......... | XII | 438
— Elle fait murer les portes du Jardin de Luxembourg. Fait abréger les deuils. Est la première fille de France qui ait souffert dans sa loge aux spectacles les dames d'honneur des princesses du sang. Fait la Haye gentilhomme de la manche du Roi............. | XIII | 42
— Achète la Muette d'Armenonville, qui est bien récompensé............ | XIII | 43

Berry (Duchesse de).
— Fait Mme de Mouchy sa seconde dame d'atour, et Rion son premier écuyer en second, avec le chevalier d'Hautefort, qui l'étoit. Changement parmi ses dames, dont Mmes de Beauvau et de Clermont se retirent. . . . . XIV 121
— Donne, à Luxembourg, une fête à M. et à Mme la duchesse de Lorraine. . . . . . XIV 331
— Parle fort mal à propos au maréchal de Villars. . . . . XIV 386
— Se hasarde à faire sortir Mme de Clermont de l'opéra. . . . . XIV 387
— Se raccommode, quelque temps après, avec elle et avec Mme de Beauvau. . . XIV 388
— Elle est en reine à l'Opéra, une seule fois. Donne audience à l'ambassadeur de Venise sur une estrade de trois marches ; force plaintes ; cela ne se réitère pas. . . . . XVI 119
— Son étrange conduite. Sa scandaleuse maladie à Luxembourg. . . . . XVI 233
— Épouse secrètement Rion, conduit par le duc de Lauzun, son grand-oncle. . . . XVI 239
— Va demeurer à Meudon, qu'elle s'étoit fait donner. Sa maladie y empire et sa volonté augmente de déclarer son mariage. Rion reçoit ordre de partir sur-le-champ pour l'armée du maréchal de Berwick en Navarre. . . . . . XVI 260
— Déjà considérablement mal, se fait porter à la Muette. . . . . XVI 277
— Raccourci de Mme la duchesse de Berry. XVI 279
— Reçoit superbement les sacrements ; fait après à Mme de Mouchy présent d'un baguier de deux cent mille écus ; M. le duc d'Orléans le prend à la Mouchy, qui demeure perdue. . . . . XVI 281

Berry (Duchesse de). Tomes. Pages.
— Reçoit, une seconde fois, les sacrements, mais pieusement............ XVI 283
— Sa mort regrettée de personne que de M. le duc d'Orléans, et encore peu de jours.................. XVI 287
— Ses courtes obsèques........... XVI 288

Berwick (Duc de), bâtard du roi Jacques II et de la sœur du fameux duc de Marlborough, passé en France avec le roi Jacques, tout jeune, après avoir fait ses premières armes en Hongrie. Fait quelques campagnes en Flandres volontaire, puis fait lieutenant général tout d'un coup. Avoit eu la Jarretière peu de jours avant la révolution... I 302
— Se marie, à Saint-Germain, à une belle Angloise, dont il a un fils; la perd... II 118
— Épouse Mlle Bulkley, que l'usage fait prononcer Bockley, fille de la dame d'atour de la reine d'Angleterre...... II 319
— Passe en Espagne, avec Puységur; motifs de ce voyage.............. IV 78
— Succès de ce voyage.......... IV 107
— Rappelé, aux instances de la reine d'Espagne................. IV 149
— De retour............... IV 198
— Va commander en Languedoc, au lieu du maréchal de Villars.......... IV 205
— Prend Nice et retourne à Montpellier.. IV 353
— Est fait maréchal de France, à 35 ans. Retourne en Espagne.......... IV 393
— Est foible contre les Portugais...... IV 419
— Est joint par le roi d'Espagne, de sa personne seulement............ IV 440
— Reste en Espagne sous M. le duc d'Orléans.................. V 135
— Gagne la bataille d'Almanza, la veille

Berwick (Duc de).

	Tomes.	Pages.
que M. le duc d'Orléans arrivât à l'armée.	V	190
— Prend Lerida d'assaut (punit la ville par le pillage).	V	195
— Et le château par capitulation.	V	196
— Est fait chevalier de la Toison d'or et grand d'Espagne, avec les duchés de Liria et de Xerica en don, et des grâces sans exemple en grandesse.	V	197
— Obtient le gouvernement de Limousin, vacant par la mort du comte d'Auvergne.	V	349
— Son éloge, grand, rare et vrai par M. le duc d'Orléans.	V	193
— Commande l'armée du Rhin sous l'électeur de Bavière.	V	438
— Mène en Flandres une partie de l'armée de l'électeur.	V	451
— Lequel retourne sur le Rhin.	VI	121
— Prend par force, une seule fois, l'ordre du duc de Vendôme, et dépose tout commandement.	VI	124
— Est replâtré avec le duc de Vendôme, par Chamillart venu à l'armée, mais sans reprendre de commandement.	VI	139
— Retourne de sa personne sur le Rhin, où l'armée se sépare, et revient à la cour.	VI	215
— Va en Dauphiné.	VI	300
— Est envoyé examiner ce qui se passe à l'armée de Flandres. Fortune rapide de Berwick, qui, à son retour de Flandres, est fait duc et pair; clause étrange mise en ses lettres, et sa cause; nom étrange imposé à son duché-pairie et pourquoi; usage d'Angleterre.	VIII	38
— Reçu duc et pair; étrange absence d'esprit de Caumartin, au festin de cette		

Berwick (Duc de).	Tomes.	Pages.
réception................	VIII	40
— Berwick va commander aux Alpes....	IX	312
— Puis en Roussillon............	IX	394
— Délivre et ravitaille Girone, et revient à la cour................	IX	416
— Est choisi pour faire le siége de Barcelone...................	X	416
— Y mène 28 bataillons françois.......	X	188
— Part pour s'y rendre...........	X	197
— Y ouvre la tranchée, le 12 juillet.....	X	208
— La prend à discrétion, etc., et soumet toute la Catalogne...........	X	314
— Arrive à la cour, avec une épée de diamants, que le roi d'Espagne lui avoit envoyée................	X	336
— Il établit son fils du premier lit en Espagne, qui y épouse la sœur du duc de Veragua, et prend le nom de duc de Liria..................	XIII	120
Voir aux GRANDS D'ESPAGNE....	XVIII	22
— Berwick va commander en Guyenne, au lieu du maréchal de Montrevel; fait réformer sa patente et n'est aux ordres de personne, malgré les tentatives du duc du Maine.............	XIII	45
— Obtient la survivance de son gouvernement de Limousin, pour le fils aîné de son second lit.............	XVI	95
— Accepte le commandement de l'armée contre le roi d'Espagne........	XVI	117
— Officiers généraux et particuliers nommés pour cette armée.........	XVI	184
— Après avoir pris des places, etc., il va finir la campagne en Roussillon, où il prend la Sceu d'Urgel...........	XVI	340
— Revient à Paris.............	XVI	357

BESONS. Origine de l'amitié de M. le duc d'Or-

léans pour lui. Ce prince le demande, au sortir de la bataille de Turin; Besons, employé lors sur les côtes de Normandie, và le trouver en Dauphiné. . V 34
— Est fait maréchal de France. . . . . . . VI 410
— Commande l'armée en Espagne. Faute qu'il commet. Le Roi ne lui permet pas d'accepter la Toison d'or. . . . . VII 75
— Mesures pour faire Besons gouverneur de M. le duc de Chartres avortées. . . VII 244
— Sert sur le Rhin. . . . . IX 312
— Sur la Moselle. . . . . X 17
— Son caractère. . . . . XII 243
— Entre adroitement dans le conseil de régence, où il n'étoit pas destiné. . . . . XII 243
— Échoue dans sa tentative de se faire un département des placets. . . . . . . XII 274
— Son frère archevêque de Bordeaux; son caractère. Est chargé des économats et mis dans le conseil de conscience. . . . . XII 230
Passe à l'archevêché de Rouen. . . . . XVI 246
A la chute des conseils, entre dans celui de régence, lors tout à fait tombé. XVI 340
Sa mort et son caractère. . . . . XVII 287
BÉTHUNE. Duchesse de Béthune, amie principale de Mme Guyon. . . . . II 56
— Marquise de Béthune, entreprend vainement de baiser la princesse, future duchesse de Bourgogne, comme ayant été dame d'atour de la Reine en survivance, honneur qui n'a jamais appartenu à cette charge ni à pas une autre non-office de la couronne.. I 384
— Son fils épouse une sœur du duc d'Harcourt. . . . . V 419
La perd. . . . . X 245

Béthune. Tomes Pages.

Se remarie à une fille du duc de Tresmes. .... XII 267

Obtient 4,000 livres de pension. ..... XVI 118

— Béthune Orval épouse une fille de Desmarets. .... VI 187

Achète du duc de Beauvillier une des deux charges de premier gentilhomme de la chambre de M. le duc de Berry. VIII 160

Se trouve en année à sa mort. Reporte en Espagne le collier de la Toison d'or de ce prince; l'obtient pour soi. ... .X 323

— Mort de la duchesse de Béthune Foucquet; son état. .... XIII 39

— Mort du duc de Béthune. .... XIII 365

— Béthune, chef d'escadre, obtient 6,000 livres de pension. .... XVI 368

BEUVRON (M. de). Refuse le *Monseigneur*, écrivant au maréchal de Choiseul, et le lui donne par ordre du Roi. .... I 180

— Sa mort. .... IV 252

BEUVRON (Comtesse de), sa belle-sœur. Quelle. Son intime liaison avec Madame. . . III 245

— Sa mort; son caractère. .... VI 172

BEUVRON (Comte de). Le duc d'Harcourt perd le comte de Beuvron, son fils. ...... XIII 131

— Et Mlle de Beuvron, sa sœur. ...... XIII 246

Bibliothèque de feu M. Colbert achetée par le Roi. .... XVI 202

BIGNON. Deux frères. L'aîné conseiller d'État beau-frère du chancelier de Pontchartrain, l'autre premier président du grand conseil. .... I 392

— Abbé, fils de l'aîné, comment fait conseiller d'État d'Église. .... II 438

Est à la tête de toutes les académies, et bibliothécaire du Roi à la mort de l'abbé de Louvois. .... XVI 116

SAINT-SIMON XX.   6

	Tomes.	Pages.

BILLARDERIE (La). Lieutenant des gardes du corps, officier général et conducteur de la duchesse du Maine à Dijon, et au retour obtient une pension. . . . XVI 267
BING, amiral de la flotte d'Angleterre, fait à Cadix une déclaration menaçante. . . XV 243
BIRKENFELD (Prince palatin de), père. Sa mort chez lui, en Alsace. . . . . XIV 10
BIRON (Marquis de). Perd son père. . . . . . II 294
— Vient à Fontainebleau, après le combat d'Audenarde, par congé des ennemis, dont il étoit prisonnier. . . . . VI 63
— Quel à l'égard de la mort de Monseigneur. VIII 410
— Perd un bras devant Landau, dont il obtient le gouvernement. . . . . X 73
— Marie son fils aîné à la fille aînée du duc de Guiche, et une de ses filles au second fils du même. . . . . XII 392
— Obtient pour un de ses fils l'abbaye de Moissac. . . . . XII 413
— Et l'abolition de Bonneval en épousant sa fille. . . . . XIII 198
— Les Birons, la Raquette et du Noyer. . XIV 298
— Biron est mis dans le conseil de guerre. XII 235
— Conserve ses appointements à la chute de ce conseil, et pendant quelque temps le département du détail de l'infanterie qu'il y avoit[1]. . . . . . . XVI 105
— Est premier écuyer de M. le duc d'Orléans à la mort d'Effiat. . . . . XVI 266
— Est fait duc et pair, et cède sa place de premier écuyer de M. le duc d'Orléans au chevalier de Biron, son fils. . . . . XIX 93
— Monstrueuse ingratitude de sa femme à

---

1. Voyez le sommaire du chapitre V. C'est là seulement, et non dans les *Mémoires* mêmes, que Biron est nommé à l'occasion de la chute des conseils.

Biron (Marquis de).   Tomes. Pages.

l'égard de M. le duc d'Orléans dès qu'il fut mort, et à l'égard de la duchesse de Lauzun. . . . .

Bisaccia (Duc de). Sa mort. . . . . XVI 336
Bisignano (Prince de). . . . . XVIII 50
 Voir l'un et l'autre (Bisaccia et Bisignano) aux Grands d'Espagne[1].
Bissy. Evêque de Toul, fort brouillé avec le duc de Lorraine, refuse l'archevêché de Bordeaux. . . . . II 12
— Accepte après l'évêché de Meaux. . . . . IV 74
— Mort de son père. Sa prophétie très-singulière sur ce fils. . . . . III 198
— Lui et la Chétardie, curé de Saint-Sulpice, succèdent à Godet, évêque de Chartres, dans toute la confiance de Mme de Maintenon. . . . . VII 127
— Ses sourdes et profondes menées. . . . . X 19
— Est nommé au cardinalat. . . . . X 21
— Obtient l'abbaye de Saint-Germain des Prés. . . . . X 357
— Fait cardinal. Son extraction. . . . . . . XI 144
— Trois autres cardinaux italiens. . . . . . XI 144
— Veut dominer par la Constitution; son insigne duplicité; sa violence. . . . . XI 444
— Est employé par le cardinal du Bois pour le raccommoder avec le maréchal de Villeroy, duquel ils reçoivent ensemble un affront. . . . . XVIII 459
Blainville. Défend Keiserswerth. Le rend. . . III 275
— Est fait lieutenant général pour sa belle défense. . . . . III 277
— Est tué à la bataille d'Hochstedt. . . . . IV 129
Blamont, président d'une chambre des enquêtes, enlevé avec deux conseillers du

1. Nous n'y trouvons que Bisignano.

Blamont.

	Tomes.	Pages.
Parlement, et conduits (*sic*) en diverses îles du royaume.	XVI	84
— N'est point rappelé lorsque les deux conseillers le sont.	XVI	114
— Obtient après permission de se retirer dans une de ses terres.	XVI	191
— Enfin rappelé. Devient l'espion du Régent et le mépris et l'horreur du Parlement.	XVI	255

BLANC (Le), maître des requêtes, neveu des Besons, intendant d'Auvergne et de basse Flandres.. . . . . IV 116
— Est mis dans le conseil de guerre. . . . XII 237
— A sa suppression, est fait secrétaire d'État avec le département de la guerre. . . XVI 104
(*Voir* sur lui l'article de BELLE-ISLE.)
— Sa charge de secrétaire d'État lui est ôtée ; il est exilé. Son caractère. . . . XIX 106
BLANCHEFORT. Sa mort. . . . . I 305
BLANCMESNIL, avocat général. Obtient une pension de 6,000 livres. . . . . XIV 11
— Sa capacité et sa présence d'esprit au lit de justice des Tuileries. . . . . XVI 50
— Fait misérablement sa cour au maréchal de Villeroy, par une iniquité publique, mais inutile. . . . .
BLANSAC (Comtesse de). Chassée. . . . . I 340
— Rappelée. . . . . II 150
— Retirée à Saint-Maur. . . . . VII 452
BLÉCOURT. Laissé en Espagne par Harcourt. . . II 323
— Y est relevé par Bonac. . . . . VIII 440
Blés. Cruel manége sur les blés. Grande mortification donnée, à cette occasion, aux parlements de Paris et de Dijon. . . . VI 311
— Étranges inventions perpétuées. Manéges de blés imités plus d'une fois. . VI 316
BLOIN, premier valet de chambre du Roi, dont le vrai nom est Blouin. Obtient le

Bloin.	Tomes.	Pages.
gouvernement et capitainerie de Versailles et de Marly............	II	430
— Et 12,000 livres d'appointements sur la Normandie pour son gouvernement de Coutances............	X	87
BOCHARD DE SARON, évêque de Clermont, et son neveu le trésorier de la Sainte-Chapelle [de] Vincennes. Aveuglement de l'oncle. Scélératesse du neveu et du P. Tellier mise à découvert......	IX	162
BOCKLEY, dont le vrai nom est Bulkeley, frère de la maréchale de Berwick, apporte le détail de la bataille d'Almanza, et est fait brigadier...............	V	192
BOILEAU, prédicateur. Sa mort..........	IV	98
BOILEAU DESPRÉAUX. Sa mort..........	VIII	213
BOIS (Du). Son origine. Ses premiers commencements.................	I	18
— Fait consentir M. le duc de Chartres, depuis régent, à son mariage.......	I	19
— En est récompensé en bénéfices. Se perd avec le Roi, à qui il ose demander le cardinalat.................		
— Ministre des plaisirs de son maître, va de sa part en Espagne, lors de son rétablissement dans l'ordre de la succession à cette couronne..........	III	370
— Exclu de la place de secrétaire des commandements de M. le duc d'Orléans à la mort de Thésut, qui est donnée à l'abbé de Thésut, frère du mort....	V	399
— Folie qui le perd auprès du Roi pour toujours.................	XI	172
— Son caractère.................	XI	175
— Anciennement lié avec Effiat et avec le duc de Noailles.............	XI	237
— Et de débauche à Paris avec Stanhope,		

Bois (Du).   Tomes. Pages.
   depuis secrétaire d'État d'Angleterre.   XII   455
— N'est de rien au commencement de la
   régence. Se lie de nouveau avec le duc
   de Noailles, et Canillac par lui, et avec
   Stairs par Rémond. Conçoit de percer
   par l'Angleterre, et tous trois en affo-
   lent M. le duc d'Orléans, comme de la
   seule ancre solide personnellement
   pour lui, et reprend par là auprès de
   son maître.   XII   369
— Obtient une place de conseiller d'État
   d'Église.   XII   410
— Arrache de son maître d'aller chercher à
   la Haye le colonel Stanhope, secrétaire
   d'État d'Angleterre, allant à Hanovre.
   Revient sans avoir rien fait, repart
   aussitôt pour Hanovre, où il fait un
   traité et ne s'oublie pas pour soi. . . . XIII   155
— Obtient une charge de secrétaire du ca-
   binet du Roi; avec la plume. Procure
   une visite de M. le duc d'Orléans au
   maréchal d'Huxelles, et entre dans le
   conseil des affaires étrangères par un
   rare *mezzo-termine* qui finit sa liaison
   avec Canillac.   XIII   277
— Repasse en Angleterre, s'y rend pour le
   cardinalat par le crédit de Londres sur
   Vienne, et l'autorité de l'Empereur
   sur le Pape, qu'il faisoit trembler. . .   XIV   123
— Revient pour peu de jours, ôte sa cor-
   respondance à Nocé, qui l'avoit eue
   jusqu'alors, la donne à Nancré, c'est-
   à-dire qu'il lui adressoit ses lettres
   pour le Régent et reçoit par lui ses
   réponses secrètes. Il repasse en Angle-
   gleterre, y trouve le roi et le prince de
   Galles fort brouillés.   XIV   215

Bois (Du). Tomes. Pages.
— S'établit à Londres............... XIV 224
— Sa friponnerie. Avoit amené Chavigny avec lui................ XIV 258
— Fait une course à Paris ; mande en Angleterre la résolution du Régent sur le traité.................... XIV 260
— Liaison de l'abbé du Bois avec Law ; sa cause.................... XIV 294
— Ils se lient de plus en plus contre le duc de Noailles ; double intérêt de du Bois. XIV 312
— Du Bois retourné à Londres. Ses langages à Monteleon ; il lui envoie avec précaution le modèle d'un billet à écrire par lui à Alberoni, en faveur de Nancré et de sa négociation, qu'Alberoni méprise, averti par Monteleon. . XIV 450
— Singulières ouvertures de du Bois à Monteleon.................... XV 17
— Ses propos à Monteleon.......... XV 55
— Sa friponnerie angloise sur les garnisons à mettre dans les places de Toscane. . XV 119
— Du Bois bien connu par Penterrieder, ministre de l'Empereur à Londres... XV 148
— Et bien peint par Alberoni........ XV 168
— Ses vues, ses artifices, son peu de ménagement pour M. le duc d'Orléans. . XV 290
— Court pinceau de l'abbé du Bois, et des degrés de sa fortune........... XV 305
— Sa folle ambition, ses premiers pas pour se faire cardinal.............. XV 309
— Ses artifices pour se rendre seul maître du secret et de la négociation d'Angleterre ; son perfide manége à ne la traiter que pour son intérêt personnel ; aux dépens de tout autre........ XV 310
— Du Bois vendu à l'Angleterre et à l'Empereur pour une pension secrète de

Bois (Du).

40,000 livres sterling, somme monstrueuse, et pour un chapeau, aux dépens comme éternels de la France et de l'Espagne. Avantages que l'Angleterre en tire pour sa marine et son commerce, et le roi d'Angleterre pour s'assurer de son parlement.	XV	312
— Du Bois, Argenson, Law et Monsieur le Duc de concert, chacun pour son intérêt personnel, d'ouvrir les yeux au Régent. Ils le tirent de sa léthargie sur le Parlement.	XV	351
— Du Bois tout changé là-dessus et vacillant.	XV	357
— Ruine le conseil des affaires étrangères et est fait secrétaire d'État des affaires étrangères. Fait venir son frère, médecin en son pays, et lui donne sa charge de secrétaire du cabinet du Roi, avec la plume et les ponts et chaussées, à la mort de Beringhen.	XVI	104
— Sa perfidie extrême envers M. le duc d'Orléans, sur la conspiration du duc et de la duchesse du Maine.	XVI	153
— Son adresse et sa toute-puissance sur M. le duc d'Orléans à lui faire déclarer la guerre à l'Espagne; en fait composer le manifeste par Fontenelle. Le manifeste est examiné dans un conseil secret au Palais-Royal, passé après au conseil de régence, suivi aussitôt de la publication de la quadruple alliance et de la déclaration de guerre à l'Espagne, le tout fort mal reçu du public.	XVI	177
— Obtient l'abbaye de Bourgueil.	XVI	206
— Son secret et son manége sur les prisonniers d'État; sa scélérate et personnelle		

		Tomes.	Pages.
Bois (Du).	nelle politique sur le duc et la duchesse du Maine et les leurs.	XVI	214
—	Empêche l'établissement d'un conseil secret.	XVI	343
—	Entre au conseil de régence.	XVI	346
—	Rare et insigne friponnerie de lui et de l'abbé de la Fare Lopis à l'égard l'un de l'autre.	XVI	395
—	Son manége sur le cardinalat de Mailly, archevêque de Reims.	XVI	397
—	Obtient impudemment l'archevêché de Cambray.	XVII	20
—	Refusé par le cardinal de Noailles du territoire pour les ordres, l'obtient de Besons, archevêque de Rouen. Les reçoit tous à la fois de Tressan, évêque de Nantes, dans une église de village près de Pontoise. Assiste le même jour, à Paris, au conseil de régence; s'y compare à saint Ambroise.	XVII	22
—	Singulière anecdote de son pouvoir sur M. le duc d'Orléans, à l'occasion de son sacre.	XVII	25
—	Est sacré pompeusement par le cardinal de Rohan.	XVII	30
—	Sa conduite à l'égard de Law.	XVII	89
—	Étrange trait sur le chapeau de du Bois entre M. le duc d'Orléans et Torcy.	XVII	296
—	Conclut la paix avec l'Espagne au mot de l'Angleterre.	XVII	241
—	Puis le double mariage du Roi et du prince des Asturies avec un secret surprenant et de durée.	XVII	241
—	Raisons de la facilité du traité de ces mariages.	XVII	242
—	Dupe étrangement le cardinal de Rohan.	XVII	221
—	Est fait cardinal; sa conduite en cette		

Bois (Du).   Tomes. Pages.

    occasion. Sort à merveilles de ses audiences, et en recevant des mains du Roi la calotte rouge, ôte sa croix pectorale, et embarrasse au dernier point l'évêque de Fréjus, en le priant de la recevoir et de la porter, parce qu'elle lui porteroit bonheur. XVII   252

— Ravit à Torcy la surintendance des postes avec hauteur et la dernière impudence. XVII   327

— Fait entrer et précéder le cardinal de Rohan au conseil de régence; s'en fait un pont pour soi; ducs et officiers de la couronne en sortent. Du Bois présente à M. le duc d'Orléans un périlleux fantôme de cabale sur cette retraite. XVIII   382

— Nullité évidente de la prétendue cabale. XVIII   384

— Second usage de ce fantôme de cabale pour isoler totalement M. le duc d'Orléans. XVIII   386

— Sa friponnerie sur la restitution du confessionnal du Roi aux jésuites. . . . XVIII   433

— Façon plus que singulière dont l'officier dépêché d'Espagne avec le contrat de mariage du Roi fut enfin expédié de tout ce que le duc de Saint-Simon avoit demandé pour lui. XVIII   437

— Ses bassesses inutiles pour gagner le maréchal de Villeroy, dans la vue de ranger cet obstacle à se faire premier ministre. . . , ... XVIII   454

— Son extrême embarras. Ne pouvant perdre le maréchal, il tente de se le ramener par le cardinal de Bissy. . . XVIII   458

— Comptant y avoir réussi, il reçoit chez lui l'affront le plus signalé du maré-

Bois (Du). | Tomes. | Pages.

chal de Villeroy, en présence du cardinal de Bissy, qui l'y avoit mené. . XVIII 460
— Accourt hors de soi chez M. le duc d'Orléans, où la perte du maréchal est résolue. . . . . , . XVIII 462
— La mécanique s'en résoud chez le cardinal du Bois. . . . . XVIII 472
— Du Bois n'est plus occupé que de ranger ce qui peut rester d'obstacles, et de se faire brusquement premier ministre. XIX 14
— Est enfin déclaré premier ministre. . . XIX 47
— Fort avancé par divers exils dans son projet d'élaguer entièrement M. le duc d'Orléans, se propose de perdre le Blanc et Belle-Isle. Conduite qu'il y tient. . . . . XIX 54
— Fait chez le Roi une nouveauté importante sur les entrées, pour s'en avantager. . . . . XIX 97
— Éclate sans mesure contre le P. d'Aubanton. Cause singulière de cet éclat sans retour. . . . . XIX 103
— Préside à l'assemblée du clergé. . . . . . XIX 106
— Fait la fortune de Breteuil par une étrange cause. . . . . XIX 107
— Mène la cour demeurer à Meudon pour sa convenance d'être plus près de Paris pour les secours de sa santé périssante. . . . . XIX 119
— Sa mort. . . . . , . XIX 133
— Ses richesses; ses obsèques; son esquisse. XIX 136
— Sa conduite à s'emparer de M. le duc d'Orléans, ses négociations à Hanovre et en Angleterre. Son énorme grandeur. XIX 139
— Sa négociation en Espagne; causes de sa facilité. Son gouvernement. Ses folles incartades. . . . . XIX 142

Bois (Du).   Tomes. Pages.

— N'étoit point du tout aimé du Roi, et sa mort fut d'un grand soulagement à M. le duc d'Orléans. . . . . XIX 149
BOISDAUPHIN (Marquise de). Sa mort. . . . . . . IV 62
BOLINGBROCKE à Paris. Sa catastrophe. . . . . . XI 119
— Secrètement rentré en grâce auprès du roi Georges. . . . . XIV 166
BOISGUILBERT. Exilé pour ses livres sur la dîme royale. . . . . V 150
BOYSSEUIL. Sa mort. Son caractère. . . . . . . VI 269
Bombardement de nos côtes. . . . . I 259
BONAC. Relève Blécourt à la cour d'Espagne. . VIII 440
— Ambassadeur à Constantinople. . . . . X 18
BONAMOUR, gentilhomme breton et sept membres du parlement de Bretagne exilés, puis quatre encore. . . . . XVI 108
BONIVET. Son extraction. Se fait maître de la garde-robe de Mme la duchesse de Berry. XIV 209
Bonnet. Origine du bonnet que MM. de Brissac et depuis MM. de la Trémoille et de Luxembourg ont mis à leurs armes. . . . . I 73
— Affaire du bonnet au Parlement. . . . . X 423
BONNEVAL, brigadier, déserte de l'armée d'Italie aux ennemis, où il prend le service de l'Empereur. Est pendu en grève en effigie. . . . . IV 408
BONREPAUS. Sa fortune. . . . . I 474
— Obtient 100,000 francs du Roi. . . . . . XI 92
— Sa mort; son caractère. . . . . XVI 276
BONTEMPS, premier valet de chambre du Roi, etc. Sa fortune, son caractère, sa mort. . . . . II 428
— Ingratitude et indignité de son fils[1]
BONZI, cardinal. Son extraction; son caractère;

---

1. Ceci est en contradiction avec les *Mémoires* (tome I, p. 58).

Bonzi.   Tomes.   Pages.

      sa fortune; sa mort. III   425

BORDAGE. Trait étrange de lui. IV   448

BORGIA, cardinal, et sa bulle d'Alexandre VI. . III   261

BORGIA, neveu du précédent, fait cardinal. Quel. XVII   149

— Son caractère. XVIII   151

— Sa rare et plaisante ignorance en célébrant le mariage du prince des Asturies. XVIII   252

— Idem en baptisant l'infant don Philippe. XVIII   377

Bossu, archevêque de Malines, frère du prince de Chimay, fait cardinal, *motu proprio*. Est mal mené par l'Empereur. Il prend effrontément le nom de cardinal d'Alsace. XVI   372

BOSSUET, célèbre évêque de Meaux, etc.

— Son instruction sur les états d'oraison, etc. I   407

— Fait conseiller d'État d'Église. I   420

— Il consulte le célèbre abbé de la Trappe, sur sa dispute de doctrine avec Fénelon, archevêque de Cambray. La réponse est publiée à leur insu et les brouille pour toujours avec cet archevêque et avec ses amis. II   54

— Mort de Bossuet, évêque de Meaux. . . . IV   74

BOSSUET, neveu du précédent, évêque de Troyes. XII   412

BOUCHAIN, rendu aux ennemis par Varennes, la garnison prisonnière. IX   375

BOUCHERAT, chancelier. Ferme sa porte à tous les carrosses qui n'ont pas les honneurs du Louvre[1]. Cris des évêques. I   276

— Sa fortune et sa mort. II   217

BOUCHU, conseiller d'État. Son caractère. Singularité de ses dernières années. . . . IV   253

BOUDIN, premier médecin de Monseigneur, puis

---

1. Voyez tome III, p. 117 et note 1.

Boudin.

    de Madame la Dauphine, sa belle-fille.
— Son état; son caractère; ses recherches de la pierre philosophale. . . . . VIII 165

BOUFFLERS, gouverneur de Luxembourg, puis de Lorraine, est fait maréchal de France. I 37
— Mène, sous Monseigneur, une partie de l'armée que le Roi commandoit en Flandres, joindre l'armée de M. le maréchal de Lorges sur le Rhin. . . . I 82
— Épouse la fille du duc de Gramont. . . I 112
— Obtient le gouvernement de Flandres et de Lille, à la mort du maréchal d'Humières. . . . . I 197
— Se jette dans Namur, qu'il défend admirablement contre le prince d'Orange. I 260
— Le rend enfin. Arrêté contre la capitulation et pourquoi. Bien traité, relâché. Est fait duc vérifié. . . . . I 267
— Confère plusieurs fois avec le comte de Portland, favori du prince d'Orange, entre les deux armées. . . . . I 461
— Commande le fameux camp de Compiègne avec une magnificence inouïe. II 105
— Obtient 150,000 fr.[1] de gratification. . . II 117
— Commande l'armée de Flandres. . . . . III 8
— La commande sous Mgr le duc de Bourgogne. . . . . III 250
— Obtient encore 150,000 fr. de gratification, et pourquoi. . . . . III 273
— Gagne le combat d'Eckeren et est fait chevalier de la Toison d'or. . . . . . . III 423
— Obtient 200,000 livres d'augmentation de brevet de retenue sur sa charge de colonel du régiment des gardes. Ne sert point. . . . . IV 67

1. Les *Mémoires* portent 100,000 fr.

Boufflers.	Tomes.	Pages.

— Le régiment des gardes lui est arraché par ruse, et il est fait en même temps capitaine des gardes du corps, par la mort du maréchal de Duras. . . . . . IV 184

— Il éclaircit et lève tout à fait les soupçons que Chamillart avoit mal à propos conçus contre Bergheyck. . . . . V 406

— Se jette presque malgré le Roi dans Lille, qu'il défend merveilleusement contre le prince Eugène de Savoie et contre le duc de Marlborough. Remet à flot Surville et la Freselière, disgraciés. . VI 119

— Ses dispositions dans Lille. . . . . VI 121

— Son éloge. Ses soins à Lille. Sa grande défense. . . . . VI 151

— Il capitule. N'est en rien subordonné au duc de Vendôme. Il entre dans la citadelle de Lille. . . . . VI 160

— Reçoit un ordre de la main du Roi de capituler. . . . . VI 199

— Rend la citadelle de Lille, reçoit des honneurs infinis des ennemis. . . . . VI 208

— Son retour à la cour, sa réception triomphante. Son extrême modestie. Il est fait pair de France, son fils enfant survivancier de son gouvernement de Flandres, etc.; le Roi lui donne toutes les entrées des premiers gentilshommes de sa chambre. . . . VI 211

— Est renvoyé en Flandres. . . . . VI 217

— Perd les deux fils de son frère aîné. . . . VI 221

— Revient à la cour, hors d'état de servir. VI 299

— Est reçu pair de France au Parlement. . VI 319

— Est fait évangéliste de Voysin. . . . . . VI 452

— S'aigrit contre le duc de Chevreuse. . . VII 8

— Apaise deux tumultes dans Paris; y devient le dépositaire de l'autorité royale.

Boufflers.	Tomes.	Pages.
Sa modestie.	VII	72
— S'offre d'aller en Flandres seconder Villars sans commandement. Est remercié, puis accepté.	VII	82
— Leur conduite ensemble.	VII	85
— Belle retraite de Boufflers, quoique fort inférieure à celle de M. le maréchal de Lorges à Altenheim. Ses lettres pitoyables.	VII	106
— Ses dégoûts. Sa chute.	VII	112
— Spectacle de Boufflers, d'Harcourt et de Villars.	VII	261
— Éclat de Boufflers sur les lettres de pairie de Villars.	VII	263
— Quel sur le mariage de M. le duc de Berry.	VII	395
— Perd son fils aîné, dont les survivances passent au cadet.	VIII	213
— Sagesse et dignité de Boufflers à l'égard de l'adresse et de l'impudence de d'Antin.	VIII	393
— Quel à l'égard de la mort de Monseigneur.	VIII	409
— Sa mort et son caractère.	IX	92
— Triste fin de sa vie. Horreurs des médecins. Générosité de la maréchale de Boufflers, qui accepte à peine 12,000 livres de pension du Roi.	IX	93
Elle marie une de ses filles au fils unique du duc de Popoli.	XIII	370
Son fils à une fille du duc de Villeroy.	XVII	252
Et sa dernière fille au second fils du duc de Villeroy.	XVII	129
Bougeoir. Ce que c'est.	III	227
Bouillon. Acquis par MM. de la Marck. Rang personnel du duc obtenu par le maréchal de Floranges, seigneur de Sedan et de Bouillon.	V	88

Bouillon.

	Tomes.	Pages.
— Bouillon, son état. Point duché. Mouvant de Liége, auparavant de Reims. MM. de Bouillon seigneurs de Bouillon plus que très-précaires.	V	92
— Comte de Maulevrier, oncle paternel de l'héritier de Sedan, de droit son héritier et qui l'a toujours prétendu, précède partout, sa vie durant, le maréchal de Bouillon la Tour, veuf sans enfants de sa nièce, mais possesseur, par violence, de tous ses biens, passés à sa postérité d'une autre femme.	V	93
— Comtes de Braine, marquis de Mauny, seigneurs de Lumain, comtes de la Marck : sommaire jusqu'à Messieurs de la Tour.	V	94
(*Voir* ci-après FLORANGES et LA MARCK.)		
— La Tour, maison qui se dit présentement communément de Bouillon, et se voudroit dire Auvergne.	V	85
— Mlle de Limeuil.	V	85
— Maréchal de Bouillon la Tour. Titres qu'il prend. Ses deux prétentions infructueuses. Duc de Bouillon son fils. Son échange.	V	103
— Qualité de prince absolument refusée aux Bouillons dans le contrat de mariage du duc d'Elbœuf avec Mlle de Bouillon.	V	106
— Duc de Bouillon la Tour, frère du cardinal et du comte d'Auvergne. Sa prétention de la première ancienneté d'Albret et de Château-Thierry l'empêche de se joindre aux ducs opposants à M. de Luxembourg.	I	139
— Est moqué là-dessus par Harlay, premier président; son repentir. Chimère de		

SAINT-SIMON. XX. 7

Bouillon. Tomes. Pages.

 cette ancienneté............ I 158
— Bouillons sollicitent tous et publiquement pour leur faussaire de Bar, par qui ils avoient fait fabriquer leur cartulaire de Brioude. Le duc de Bouillon en fait l'aveu au Roi, et l'abbé d'Auvergne aux juges, pour tâcher d'arrêter l'affaire................ V 112
— Duc de Bouillon reçoit un grand dégoût. VI 343
— Est bien avec le Roi; sa femme, ses fils, ses neveux mal. Il parle au Roi, voit le chancelier de Pontchartrain. Écrivant au Roi, n'avoit jamais signé sujet; ne peut encore être induit à s'avouer l'être................. VIII 82
— Articles proposés au Roi à faire porter de sa part au Parlement, sur la maison de la Tour Bouillon........ VIII 86
— Justice et usage de ces articles...... VIII 88
 (*Voir* les pièces[1].)
— Finesses continuelles. Rature énorme dans les registres du Parlement. Daguesseau, procureur général, reçoit ordre du Roi de porter ces articles au Parlement et d'y procéder. Il élude, et sauve la maison de la Tour Bouillon. VIII 90
— Duchesse de Bouillon Mazarini Mancini. Son grand sens, son adresse...... VI 90
— Adresse des Bouillons............ VI 94
— Mort, extraction, famille et caractère de la duchesse de Bouillon.......... X 191
— Chevalier de Bouillon obtient 30,000 livres de gratification........... XVI 274
— Épouse une aventurière angloise, et prend le nom de prince d'Auvergne. . XVI 358

1. Voyez tome I, p. 420, note 1.

Bouillon.   Tomes. Pages.

— Mort du duc de Bouillon. Son caractère. XVII   263
— Mort de la duchesse de Bouillon Simiane.............................. XVIII 457
— Cardinal de Bouillon fait faire le cartulaire de Brioude par le faussaire de Bar, et composer dessus, puis publier l'histoire de la maison d'Auvergne par Baluze........................... V   109
— Sa folie à l'égard du dauphiné d'Auvergne, et son insolence à l'égard de Monsieur, à qui le Roi avoit défendu de le lui vendre............. I   208
— Il va relever le cardinal de Janson, à Rome, chargé des affaires du Roi. Il obtient, en partant, la coadjutorerie de son abbaye de Cluni pour l'abbé d'Auvergne, son neveu.......... I   410
— Découverte de son étrange et hardie tentative de faire ce neveu cardinal, en trompant le Pape et le Roi....... II   33
— Est le premier qui, étudiant en Sorbonne, ait eu en licence les distinctions de prince étranger. Il eut le chapeau par le hasard des coadjutoreries de Langres, puis de Reims, tombées sur l'abbé le Tellier........... II   85
— Sa conduite à Rome ; il y ouvre la porte sainte pour le grand jubilé... II 186 et 447
— Sa conduite et sa disgrâce........ II   314
— Ses ruses ; son opiniâtre désobéissance. Il devient doyen du sacré collége. Il est dépouillé par le Roi......... II   332
— Dépouillé aussi par arrêt du conseil, à faute de mieux. Sa conduite..... II   346
— Vient à Cluni exilé ; il est restitué en ses revenus................ II   447
— Perd un grand procès devant le Roi.

Bouillon.

	Tomes.	Pages.
contre les religieux réformés de Cluni.	V	424
— Va à Rouen et deux fois à la Ferté. Sa vanité; ses misères.	VI	20
— Rapproché à trente lieues de Paris, et des lieux où se trouve la cour.	VI	415
— Sa situation.	VIII	55
— État de sa famille; idées bâties dessus. Furieux de la perte d'un procès contre les moines de Cluni, passe à Montrouge et à Ormesson.	VIII	56
— Son évasion; il est conduit par le prince d'Auvergne, son neveu, à l'armée des ennemis, où il reçoit toutes sortes d'honneurs. Sa lettre folle au Roi.	VIII	59
— Analyse de cette lettre.	VIII	62
— Son temporel est saisi. Ordre au Parlement de lui faire son procès. Conduite de sa maison. Lettre du Roi au cardinal de la Trémoille.	VIII	74
— Est décrété de prise de corps par le Parlement, qui après s'arrête tout court, et les procédures tombent.	VIII	77
— Collations de ses bénéfices commises aux ordinaires des lieux. Le Roi fait ôter tout monument de principauté des registres des curés, de la cour, des abbayes de Saint-Denis, de Cluni, etc.	VIII	80
— Le cardinal de Bouillon commet de nouvelles félonies à Tournay.	VIII	82
— Se fait élire abbé de Saint-Amand contre les bulles obtenues par le cardinal de la Trémoille sur la nomination du Roi.	VIII	95
— Il a l'infamie, par un sordide intérêt, de faire le mariage de la veuve du prince d'Auvergne, son neveu, avec Mésy, son écuyer.	IX	178

Bouillon.   Tomes. Pages.
— Essuie publiquement un plaisant tour de Wartigny sur une branche effective de la maison de la Tour, que celle de Bouillon ne vouloit pas reconnoître. . . . . X 43
— S'achemine des Pays-Bas à Rome. . . . X 74
— Y arrive; sa conduite à Rome; y est méprisé. . . . . X 182
— Sa mort à Rome. Précis de sa vie. Cause et genre de sa mort. Son caractère. XI 94 et 99
— Méprisé et délaissé à Rome. Il imagine la distinction pour les cardinaux de conserver leur calotte sur leur tête, en parlant au Pape, lesquels lui en donnent le démenti, en plein consistoire. La rage le saisit; il en crève. . . . . . XI 98
— Disgression sur les alliances étrangères du maréchal de Bouillon la Tour et de sa postérité. . . . . XVI 450
— Personnel du cardinal de Bouillon. . . . XI 100
BOULAINVILLIERS. Quel il étoit. Son caractère; ses prédictions vraies et fausses. . . . . . XI 153
BOULAYE (La), gouverneur d'Exilles, mis à la Bastille pour l'avoir rendu. . . . . . . VI 221
BOULDUC. Quel. Juge Boudin trop bien averti. Persuadé de même sur M. le duc de Berry. . . . . IX 207
BOULIGNEUX et WARTIGNY tués devant Verue. Singularité arrivée à des masques de cire. . . . . IV 200
BOURBON. Monsieur le Duc, Madame la Duchesse, Monsieur le Duc fils.
— Monsieur le Duc, gendre du Roi et de Mme de Montespan, obtient pour son fils aîné, enfant, une pension de cent mille francs. . . . . II 241
— Et l'ordre pour le même à seize ans. . . VI 165
— Son étrange emportement contre son

Bourbon.

	Tomes.	Pages.
ami le comte de Fiesque.	III	194
— Aigreur hardie de Monsieur le Duc.	VI	138
— Sa trop orgueilleuse adresse découverte et vaine, et ses entreprises inutiles. Il est forcé de donner des fauteuils aux ducs, au service solennel de M. le prince de Conti.	VI	283
— Ne change point de nom à la mort de Monsieur le Prince son père.	VI	348
— Monsieur le Duc. Nom singulier tout court.	VI	350
— Extinction de ce nom tout court.	VI	353
— Féroce éclat de Monsieur le Duc sur le nom de Montesquiou pris par Artagnan dès qu'il fut maréchal de France, qui ne s'en émut pas le moins du monde..	VII	110
— Fait des enrôlements forcés de tout ce qu'il peut, pour solliciter pour lui contre Mesdames ses sœurs. Le Roi défend aux enfants de Monsieur le Prince de se faire accompagner au Palais par qui que ce soit..	VII	250
— Se brouille avec l'Académie françoise pour une élection, laquelle l'accable de chansons et de brocards.		
— Sa mort regrettée de personne.	VII	283
— Son nom singulier. Sa charge de grand maréchal de France. Son gouvernement de Bourgogne donné à Monsieur son fils aîné.	VII	286
— Son caractère.	VII	287
— Ses obsèques..	VII	305
— Madame la Duchesse. Le Roi paye ses dettes.	II	197
— Et encore une fois celles du jeu.	II	304
— Sa haine et celle de Monsieur le Duc pour M. le duc d'Orléans. Sa cause.	VI	44

Bourbon.   Tomes.   Pages.

— Caractère, vues, manéges de Madame la Duchesse. Son éloignement de Mme la duchesse d'Orléans et de Mme la duchesse de Bourgogne. VI   109

— Sa conduite à l'égard de Mme la duchesse de Bourgogne. VI   105

— Sa conduite à la mort de Monsieur le Duc. VII   285

— Son manége. Obtient du Roi une pension de 90,000 livres. VII   306

— Suit la cour, dès le premier temps de son veuvage, à Marly. Obtient d'y avoir Mesdemoiselles ses filles. . . . . VII · 400

— Quelle à l'égard de Monseigneur. . . . VIII   406

— Donne aux ducs de la Rochefoucauld, de Villeroy et d'Antin sa parole positive d'être en tout favorable aux ducs sur le bonnet au Parlement, et la tient exactement. XI   8

— S'enrichit monstrueusement par Law, elle et les siens. XVII   174

— Entre en récente et secrète mesure avec M. le duc d'Orléans, régent, en haine des bâtards, ses frères et neveux. . . XII   208

— Enlève étrangement une loge à l'Opéra à la maréchale d'Estrées. XIV   299

— Sa disposition sur ses frères, toute différente de celle de Mme la duchesse d'Orléans. XV   421

— Monsieur le Duc fils perd en plein son procès contre Mesdames ses tantes, avec des queues fâcheuses. VIII   210

— Est malheureusement éborgné à la chasse par M. le duc de Berry. IX   190

— Épouse Mlle de Conti. X   64

— Conduit, avec le duc de la Trémoille, le corps de M. le duc de Berry à Saint-Denis. X   179

Bourbon.

— Est déclaré chef du conseil de régence en la première séance au Parlement pour la régence............. XII 208
— Entreprend de faire monter le chevalier de Dampierre, son écuyer, dans le carrosse du Roi, avec lui, au convoi du feu Roi, de Versailles à Saint-Denis, chose sans exemple............... XII 219
— Dispute au duc du Maine et au comte de Toulouse le traversement du parquet.................... XII 399
— Il a la petite vérole............ XIII 58
— Prétend que, lorsque le conseil de guerre ne se tient pas au Louvre, il doit se tenir chez lui, à l'hôtel de Condé ; est condamné par le Régent........ XIII 293
— Il donne une fête à M. et à Mme la duchesse de Lorraine, à l'hôtel de Condé. XIV 331
— Son marché à l'occasion du lit de justice à tenir aux Tuileries, moyennant une nouvelle pension de cinquante mille écus.................... XV 360
— Il propose la réduction des bâtards au rang de leurs pairies parmi les autres pairs.................... XV 377
— Veut avoir l'éducation du Roi, sans faire semblant de s'en soucier........ XV 378
— Il demande l'éducation du Roi au conseil de régence qui précède immédiatement le lit de justice des Tuileries, et l'obtient.................. XVI 27
— Son maintien au lit de justice...... XVI 47
— Son discours au lit de justice, pour demander l'éducation du Roi ; sa lourde faute d'attention en parlant ; il obtient sa demande............... XVI 55
— Il est mis en possession de l'éducation

Bourbon.   Tomes. Pages.

— du Roi. XVI   88
— Il donne, à Chantilly, une fête de plusieurs
  jours à Mme la duchesse de Berry. . . XVI   105
— Est visité en manteaux sur la mort de
  Madame sa femme. XVII   42
— Il donne au Roi, revenant de son sacre,
  des fêtes à Chantilly XIX   78
— Madame la Duchesse Conti. Change-
  ment de dame d'honneur chez elle,
  pourquoi raconté. XVI   429
  Sa mort. Brusquement enterrée. Son
  testament. XVII   41
— Mme de Bourbon religieuse de Fonte-
  vrault. Quelle. Est faite abbesse de
  Saint-Antoine à Paris. XVI   368

BOURCK (Chevalier). Son caractère; son état;
  ses aventures; sa chétive fortune. . XVIII 180

BOURG (Comte du). Est attaqué à Versailles. . . IV   399
— Sa bassesse. V   115
— Défait Mercy. Est fait chevalier de l'Ordre. VII   89
— Obtient le commandement en chef d'Al-
  sace. VII   266
— Reçoit le collier du Saint-Esprit. VIII   168
— Perd son fils unique. Son caractère. . . IX   330

BOURGOGNE (Mgr le duc de). Préparatifs de son
  mariage. I   483
— Son mariage. I   486
— Les mariés mis ensemble. II   251
— Ce prince entre au conseil des dépêches. II   256
— Argent de ce prince. II   334
— Son départ avec le roi d'Espagne et
  M. le duc de Berry. II   405
— Continuation de son voyage avec M. le
  duc de Berry. II   496
— Son retour avec M. le duc de Berry. . . III   11
— Va commander l'armée de Flandres avec
  le maréchal de Boufflers et le marquis

Bourgogne (Duc de). — Tomes. Pages.
- de Bedmar sous lui. . . . . III 250
- Son accompagnement honteux. Son passage par Cambray. . . . . III 271
- Son retour. . . . . III 276
- Il entre dans tous les conseils. . . . . . III 354
- Déclaré général sur le Rhin, avec le maréchal de Tallart sous lui et Marsin près de lui. . . . . III 411
- Arrive sur le Rhin. . . . . III 456
- Prend Brissac. Revient à la cour. . . . . III 431
- Sa piété. . . . . V 49
- Singulier et transcendant éloge de sa piété. . . . . V 363
- Secrètement destiné à commander l'armée de Flandres, avec le duc de Vendôme sous lui. . . . . V 436 et 439
- Déclaré général de l'armée de Flandres. V 451
- Il part avec M. le duc de Berry ; passe à Cambray. . . . . VI 28
- Son armée. . . . . VI 31
- Il essuie une insolence du duc de Vendôme. . . . . VI 57
- Et du même une parole énorme. . . . . VI 58
- Mesures pour Mgr le duc de Bourgogne. . VI 91
- Faute de ce prince. . . . . VI 118
- Dévotions mal interprétées. . . . . VI 126
- Inquiétude de la cour. Flatteries misérables. . . . . VI 127
- Position des deux armées. . . . . VI 132
- Audacieux et calomnieux fracas contre Mgr le duc de Bourgogne. . . . . VI 143
- Déchaînement contre lui incroyable. . . VI 147
- Fautes personnelles de ce prince, dont avantages pris contre lui avec éclat. . VI 195
- Position des armées. Ordres aux princes de revenir à la cour. L'armée est séparée. VI 199

Bourgogne (Duc de).   Tomes.   Pages.

— Leur retour à la cour.   VI   201
— Réception du Roi et de Monseigneur, à Mgr le duc de Bourgogne et à M. le duc de Berry. Mgr le duc de Bourgogne parle longtemps au Roi et bien. . . .   VI   204
— Est destiné à commander l'armée du Rhin, avec le maréchal d'Harcourt sous lui.   VI   300
— Cela se change; il ne sort plus de la cour.   VI   410
— Crayon de ce prince pour lors.   VII   370
— Quel Mgr et Mme la duchesse de Bourgogne sur le mariage de M. le duc de Berry avec la fille de M. le duc d'Orléans. . . . . ?   VII   385
— Mgr le duc de Bourgogne, fâché de l'imposition du dixième, fait une sortie sur les financiers.   VIII   144
— *Devenu Dauphin.* — Fait à M. et à Mme la duchesse de Berry, qu'il va voir le premier, les plus grandes avances d'amitié, et les plus soutenues.   VIII   297
— Sa soumission au Roi et sa modération. Veut être appelé *Monsieur* en lui parlant, non *Monseigneur.*   VIII   301
— Il visite, en manteau long, la reine d'Angleterre, à Saint-Germain. . . .   VIII   308
— Est traité de *Monseigneur* par le Parlement, qui le harangue par ordre du Roi.   VIII   309
— Quel à l'égard de la mort de Monseigneur.   VIII   431
— Ministres vont travailler chez lui. . . .   VIII   435
— Il est montré par le Roi au clergé. . .   VIII   447
— Va au service de Monseigneur à Notre-Dame, et fait merveilles à Paris. . . .   VIII   448
— Belles et justes espérances.   IX   35

Bourgogne (Duc de).   Tomes. Pages.
— Ses admirables sentiments sur les bâtards.   IX   44
— Occupe à Versailles l'appartement qu'avoit Monseigneur.   IX   122
— N'approuve pas la nouvelle érection de Chaulnes, quoiqu'il aimât fort le duc de Chevreuse et assez son fils.   IX   126
— Ne se cache pas d'être d'avis que le P. Tellier, confesseur du Roi, fût chassé sur l'aventure du paquet de l'abbé de Saron.   IX   163
— Ses judicieux présents à ce qui approchoit le plus de Monseigneur.   IX   175
— Il reçoit, et Madame la Dauphine aussi, des avis de poison par Boudin et par le roi d'Espagne..   IX   176
— Demeure à Versailles la nuit d'après la perte de Madame la Dauphine; va le matin à Marly; son état; tombe malade.   IX   204
— Il croit Boudin bien averti. Sa mort admirable. Éloge, traits, caractère de ce prince.   IX   206
— Le Pape lui fait des obsèques pontificales. Époque de leur cessation à Rome et à Paris pour nos rois et pour les papes, qui dure encore.   IX   228
— Son corps porté sans cérémonie à Versailles auprès de celui de Madame la Dauphine, et les deux cœurs sans cérémonie au Val-de-Grâce. Les deux corps portés en cérémonie ensemble à Saint-Denis.   IX   235
— Singularité des obsèques jusqu'à Saint-Denis.   IX   239
— Deuil aussi singulier que ces obsèques.   IX   242
— Le prince est mort empoisonné.   IX   251

BOURGOGNE (Mme la duchesse de). Arrive au pont

Bourgogne (Duchesse de). Tomes. Pages.

— Beauvoisin................ I 372
— Ses grâces charment le Roi et Mme de Maintenon................ I 374
— Présentations.............. I 374
— Tombe dangereusement malade. Spectacle singulier chez elle, au commencement de sa convalescence...... III 66
— Comment elle étoit sur le maréchal de Tessé................. III 389
— Anecdote curieuse. Son état brillant... IV 169
— Elle fait une étrange découverte sur la princesse d'Espinoy........... V 213
— Se blesse................ V 431
— Quelle sur la campagne de Lille...... VI 92
— Époque de sa haine pour Chamillart.. VI 98
— Fait, à Meudon, un affront au duc de Vendôme, dont il ne se relève pas...... VI 371
— Son adresse en faveur du mariage de M. le duc de Berry avec la fille de M. le duc d'Orléans........... VII 396
— Le Roi la fait seule maîtresse indépendante de sa maison........... VIII 163
— *Devenue Dauphine.* — Fait, à la mort de Monseigneur, les plus grandes avances d'amitié et les plus soutenues à M. et à Mme la duchesse de Berry, qu'elle va voir la première............ VIII 296
— Avis singulier qu'elle reçoit de Mme de Maintenon................ VIII 299
— Visite, en mante, la reine d'Angleterre, à Saint-Germain, qui la reçoit elle et sa cour sans mantes ni manteaux..... VIII 308
— A la musique du Roi à sa messe..... IX 79
— Reçoit par Boudin, en son dernier voyage de Marly, et par la reine d'Espagne, avis qu'on la veut empoisonner.... IX 176
— Retourne à Versailles. Tabatière très-sin-

Bourgogne (Duchesse de).   Tomes.   Pages.

gulièrement perdue. Madame la Dauphine tombe malade; change de confesseur; reçoit les sacrements.   IX   191.

— Sa mort; son éloge; traits d'elle; son caractère..................   IX   194

— Appareil funèbre dans son appartement; garde par les dames, et quelles.....   IX   232

— Est morte empoisonnée.............   IX   246

— Mort du petit Dauphin, empoisonné aussi; son cœur et son corps portés, sans cérémonie, près de ceux de Monsieur et Madame la Dauphine......   IX   239

— 230,000 livres de pensions et 20,000 livres de gratifications distribuées dans la maison de Monsieur et de Madame la Dauphine...................   IX   274

Bourlemont (C. de). Sa mort............   IV   443

Bourlie (La). Sort du royaume pour de vilaines et criminelles actions............   II   303

— Lui et l'abbé son frère; leur extraction et leur fin misérable...........   IV   112

— Fortune de l'abbé de la Bourlie en Angleterre....................   IV   451

— Son étrange fin à Londres........   VIII   227

Bournonville Luynes (Mme de). Sa mort.....   III   17

— Mort, caractère, famille de son mari. ..   IV   307

— Son fils épouse la 2de fille du duc de Gramont.....................   XVI   207

— Fortune, caractère, bassesse du duc de Bournonville................   X   2

— Nommé en Espagne à l'ambassade de France.....................   XVIII   311

Voir aux Grands d'Espagne......   XVIII   13

— En est exclu par la France.......   XVIII   311

Bout de l'an de Monseigneur à Saint-Denis.   IX   302

— De Monsieur et Madame la Dauphine à Saint-Denis.................   IX   430

	Tomes.	Pages
BOUTHILLIER CHAVIGNY, ministre et secrétaire d'État. Ses trahisons; sa perfidie; sa séleratesse; son étrange mort.	I	60
— Son fils évêque de Troyes. Sa famille; sa vie mondaine; sa retraite.	I	423
Entre au conseil de régence.	XII	246
S'enfuit à Troyes pour n'être point juge de Monsieur le Grand et de Monsieur le Premier.	XII	298
Obtient l'archevêché de Sens pour le fils de son frère.	XII	412
BOUTEVILLE (Mme de), mère du maréchal, duc de Luxembourg. Sa mort.	I	332
BOUZOLS. Quel. Épouse une sœur de Torcy.	I	293
BRACCIANO (Duchesse de), si connue depuis son veuvage sous le nom de princesse des Ursins, sous lequel se trouvera ce qui la regarde.	I	236
— Son mari, grand d'Espagne et prince de Soglio à Rome, renvoie au Roi l'ordre du Saint-Esprit en 1688, qu'il avoit reçu à Rome en 1675 par les mains du duc de Nevers, avec le duc de Sforze, gendre de Mme de Thianges, et le prince de Sonnino Colonne, et prend l'ordre de la Toison pour s'attacher à la maison d'Autriche.	II	14
BRAGELOGNE, major du régiment des gardes. Sa mort.	X	130
BRAGADINO, ambassadeur de Venise à Madrid.	XVIII	185
BRANCAS (Marquis de), brigadier, assiégé dans Keiserswerth sous Blainville, en sort avec lui.	III	277
— Le même et Bay servant en Espagne.	V	127
— Fait gouverneur de Gironc.	VIII	200
— Chevalier de la Toison d'or. Ambassadeur en Espagne.	IX	416

Brancas (Marquis de). Tomes. Pages.
— Sa situation en Espagne. Raisons qui le déterminent à demander d'aller passer quinze jours à Versailles ; il l'obtient. Court après le cardinal del Giudice et le devance. . . . . X 155
— Arrive à Marly devant lui. Ne retourne pas en Espagne. . . . . X 156
— Son caractère. . . . . XII 240
— Obtient, à la mort de Simiane, la lieutenance générale de Provence. . . . . XIV 328
— Entre au conseil des affaires du dedans du royaume. . . . . XII 240
— Conserve, à la chute de ce conseil, son département des haras, avec 20,000 livres d'appointements. . . . . XVI 104
— Conseiller d'État d'épée, entre au conseil des parties. . . . . XVI 240
— Obtient la survivance de sa lieutenance générale de Provence, pour son fils aîné, âgé de neuf ans, et 4,000 livres de pension pour Céreste, son jeune frère. . . . . XVI 344

BRANCAS BRANCAS (Duchesse de). Son caractère ; ses malheurs. Se fait, pour son pain, dame d'honneur de Madame. . . . . . III 412

BRANCAS (Duc de), père, marie son fils aîné à la fille de Moras ; quel étoit Moras et quelle sa fille. . . . . VII 260
— Obtient des grâces pécuniaires. . . . . . XVI 368
— Duchesse de Brancas, sa belle-fille, nommée pour accompagner la princesse de Modène jusqu'à Antibes ; remarques sur le cérémonial, le voyage, l'accompagnement. . . . . XVII 8
— Duc de Brancas père obtient 20,000 livres de rente sur les Juifs de Metz. . . XII 344
— Son caractère ; sa vie. . . . . XIII 121

Brancas (Duc de).	Tomes.	Pages.
— Caractère de son fils et de sa belle-fille.	XIII	123
— Desirent de nouvelles lettres de duc et pair à faire enregistrer au parlement de Paris. État de leur dignité.	XIII	124
— Le père trompé par Canillac, à qui il s'étoit adressé, s'en venge par de bons mots.	XIII	126

(*Voir* le reste à Saint-Simon, sur ces lettres nouvelles.)

— Sa retraite à l'abbaye du Bec. Son caractère.	XVII	284
— Mort de l'abbé de Brancas, son frère.	XIII	130
Brandebourg (Électeur de). Se déclare roi de Prusse. Prusse comment entrée dans sa maison.	IX	433
— Sa mort.	IX	432
— Mort de l'électrice.	IV	237
Brassac. Épouse la fille du maréchal de Tourville, qui devient dame de Mme la duchesse de Berry.	X	205
Bréauté. Sa naissance; son caractère; son état; sa mort.	VI	182
— Mort de son neveu dernier de son nom.	XIII	89
Brefs des papes à l'Empereur et aux rois de France et d'Espagne ne sont point reçus sans que leurs copies aient été vues par leurs ministres, qui les admettent ou les rejettent.	XIV	433
Brégy (Mme de).	IV	395
Bressé (Baron de). Sa mort.	IV	61
Brest.	IV	95 et 329
Bretagne (Mgr le duc de). Sa naissance.	IV	119
— Contraste des fêtes continuées pour cette naissance avec la douleur et l'abattement de la perte de la bataille d'Hochstedt.	IV	140
— Mort de ce prince. Son deuil.	IV	252

Bretagne (Le duc de). Tomes. Pages.
— Naissance du 2ᵈ duc de Bretagne..... V 118
BRETAGNE et BRETONS. États de Bretagne orageux et rompus............. XIV 211
— Mouvements en Bretagne......... XIV 270
— Mouvements, lettres, députations du parlement de Bretagne......... XIV 301
— Incidents sur le maréchal de Montesquiou, commandant en Bretagne et tenant les États............ XIV 301
— Gentilshommes bretons mandés, puis exilés.................. XIV 302
— Lettres de cachet à des Bretons..... XIV 355
— Députation et conduite du parlement de Bretagne................ XIV 355
Il écrit au Régent en faveur des membres du parlement de Paris arrêtés, et fort séditieusement au parlement de Paris. XVI 98
— Menées en Bretagne. Ses États veulent faire compter Montaran, leur trésorier, et lui ôter cet emploi......... XVI 100
— Nouveaux exilés bretons......... XVI 108
— Commission de juges envoyée à Nantes. Bretons arrêtés, d'autres en fuite. .. XVI 339
— Vaisseaux espagnols aux côtes de Bretagne. Autres Bretons arrêtés, autres en fuite................ XVI 357
— Nouveaux prisonniers d'État à Nantes, 26 présidents ou conseillers choisis dans le parlement de Bretagne supprimés ou remboursés.......... XVII 19
— Jugements et exécutions à Nantes. .. XVII 48
— La commission revenue de Nantes s'assemble à Paris, à l'Arsenal...... XVII 62
BRETEUIL, introducteur des ambassadeurs après Bonneuil. Sa fatuité et sa rare ignorance.................. II 145
— Mort de son frère, conseiller d'État, inten-

	Tomes.	Pages.
Breteuil. dant des finances, père du secrétaire d'État.	IV	153
— L'introducteur vend sa charge à Magny.	XII	269
— L'abbé, son neveu, achète du cardinal de Polignac sa charge de maître de la chapelle de musique du Roi.	XII	269
Paroît comme tel en tabouret, rochet et camail près du prie-Dieu du Roi. Le camail et le tabouret lui sont ôtés comme n'étant pas évêque.	XIII	186
Son frère, maître des requêtes, obtient l'intendance de Limoges.	XIV	357
Achète de le Camus, premier président de la cour des aides, la charge de prévôt et maître des cérémonies de l'ordre du Saint-Esprit.	XVII	240
Est fait secrétaire d'État de la guerre à la place de le Blanc. Cause singulière et curieuse de sa fortune. Son caractère.	XIX	107
Son frère, dans le régiment des gardes, est tué en duel dans la rue Saint-Honoré par Gravelle[1], aussi du régiment des gardes.	XVII	240
BRIAS, archevêque de Cambray. Sa mort.	I	271
BRIENNE LOMÉNIE, autrefois secrétaire d'État. Sa mort.	II	29
BRIFFE (La), maître des requêtes, fait procureur général.	I	139
— Sa mort.	II	345
BRIGAULT, abbé. Quel. Mis à la Bastille.	XVI	144
BRIHUEGA. Prise et combat gagné par les troupes d'Espagne.	VIII	125
BRILLAC, premier président du parlement de		

1. Les *Mémoires* portent rue de Richelieu.

Brillac.

	Tomes.	Pages.
Bretagne...	III	361

Brionne (Comte de). Chargé par le Roi de recevoir la future duchesse de Bourgogne au pont Beauvoisin. Son étrange prétention dans l'acte avec le duc de Savoye. .... I 373
— Son caractère; sa dépouille; sa mort. . IX 286
— Mort de sa femme............. X 344
Briord, ambassadeur à Turin quoique premier écuyer de Monsieur le Prince...... I 400
— Puis en Hollande............. II 250
— Y tombe fort malade et revient...... II 431
— Fait conseiller d'État d'épée........ III 50
— Sa mort................. IV 36
Brissac (Duc de). Mort sans enfants. Difficultés de succéder à sa dignité........ II 152
— Deux sortes de difficultés d'y succéder. . IV 333
(*Voir* le reste à Saint-Simon.)
— Sa mort................. VI 398
— Duc de Brissac obtient une pension de 10,000 livres................ XIV 11
Brissac, abbé. Son infortune, sa mort, son mérite...................
Brissac, major des gardes du corps. Traits de lui. Sa retraite............ V 422
— Sa fortune; son caractère; sa mort. . . IX 423
— Plaisant tour qu'il fit aux dames dévotes de la cour................ IX 423
Broglio. Maréchaux............... V 344
Broglio (Marquis). Épouse une fille du chancelier Voysin................ VII 278
— La perd.................. XVIII 438
— Obtient le gouvernement de Graveline. IX 376
— Apporte le détail de la prise de Barcelone.................. X 316
— Est exilé................. XVIII 444
Broglio (Comte), emporte l'Écluse....... IX 285

Broglio (Comte).   Tomes. Pages.

— Défait dix-huit cents chevaux. . . . . . IX 324
— Obtient le gouvernement du Mont-Dauphin et fait dans la suite la plus haute fortune. . . . . IX 376

BROGLIO (Chevalier). Sa fortune. Sa mort. . . . XVII 129

BRUE (La), évêque de Mirepoix. Sa mort; son caractère. . . . . XVII 132

BRUGES. Bombardé. . . . . IV 111
— Surpris par les troupes du Roi. . . . . . VI 50

BRUN (Le), empirique provençal, mandé pour le Roi dans l'extrémité de sa vie, malmène fort Fagon, premier médecin. . XI 450

BRÛLART SILLERY, évêque de Soissons. Sa famille ; sa mort singulière ; son caractère. . . . . X 331

BRUXELLES, fort bombardé. . . . . I 266
— Projet sur Bruxelles rejeté. . . . . VI 49

BRUYÈRE (La). Quel. Sa mort. . . . . I 309

BUBB, secrétaire et alors seul ministre d'Angleterre à Madrid. Son embarras et ses craintes. . . . . XIII 144

BUEN-RETIRO. . . . . XVIII 336

Bulles. Opiniâtrément refusées par rapport à la Constitution. Cinq commissaires sont nommés du conseil de régence pour examiner les moyens de s'en passer. La peur en prend à Rome, qui les accorde tout aussitôt, et sans condition. XIV 393
— Bulle trop fameuse : *Vineam Domini Sabaoth*. . . . . VII 139
— Bulle qui condamne de nouveau très-fortement les jésuites sur les usages de la Chine. . . . . VIII 157

BULLION. Obtient 200,000 livres de brevet de retenue sur son gouvernement du Perche, Maine et Laval. . . . . IV 450
— Perd sa femme. Sa famille (d'elle) et son

Bullion.   Tomes.   Pages.
    caractère. Carrosse de Madame. . . .   X   320
    — Mort de Bullion. XVII   239
Buono (Prince de Santo-), ambassadeur d'Espagne à Venise, vice-roi du Pérou. . .   IX   119
    Voir aux Grands d'Espagne. XVIII   50
Burlet, premier médecin du roi d'Espagne, chassé pour ses scandaleux propos sur les enfants de la feue Reine. Depuis médecin de Mme la princesse de Conti, fille du Roi, et de Mme de la Vallière. .   XIII   325
Burnet, célèbre évêque de Salisbury. Sa mort.   XI   124
Bussy, évêque de Luçon.   XIX   158
But de tout ecclésiastique, ministre d'État, même seulement employé dans les affaires.   XVI   413
Butera (Prince) : *voir* aux Grands d'Espagne.   XVIII   52
Busanval. Quel. Sa mort.   XIV   84

    Dans la lettre B { Noms propres. 169
                         { Autres. 19

                  En tout.   188

Cabales. Trois espèces de cabales à la cour.
    ·   Des seigneurs ; des ministres.   VI   458
    — De Meudon.   VI   461
    — Cabale.   VIII   402
    — Cabales dévotes.   XII   140
    — Cabale opposée au Régent. Son projet, ses discours, sa rage, son abattement. XVII   304
    — Cabales nationales à la cour d'Espagne. XVIII 194
Cadaval. Branche de la maison de Portugal qui y est demeurée. D'où sortie.   II   455
Cadenas à table.   X   351
Caderousse. Naissance ; caractère du mari et de la femme. Mort de celle-ci. . . .   VIII   104
    — Les Caderousses.   XI   86
Cadix. Les ennemis y manquent leur entreprise. IV   145

DES MÉMOIRES DE SAINT-SIMON. 119

	Tomes.	Pages.

Cadogan, créature du duc de Marlbourough, et sous lui l'âme et le plus principal officier général de son armée. Ambassadeur d'Angleterre à la Haye. . . . . XIII 211
— Son sentiment sur l'Empereur. Sa conduite à la Haye. . . . . XIV 176
— Il détrompe Beretti. Intérêt de l'abbé du Bois. . . . . XV 98
— Efforts de Cadogan et de Beretti, l'un pour entraîner, l'autre pour détourner les Hollandois d'entrer dans le traité. Tous deux avouent que le Régent seul peut emporter la balance. . . . . XV 122
— Succès et menées de Cadogan en Hollande. . . . . XV 144
Chaos étrange de noms et d'armes en Espagne, et sa cause. . . . . III 108
Calcinato (Combat de). . . . . IV 414
Caillières, troisième ambassadeur plénipotentiaire à Ryswick. . . . . I 380
— Quel. A la plume. Sa mort. . . . . . . II 423
Camarera Mayor et camaristes de la reine d'Espagne. . . . . II 474
Cambray (Évêque de). Fait duc par l'Empereur. X 80
Camille de Lorraine, fils de Monsieur le Grand, se fixe en Lorraine. Son caractère. . . III 246
— Se trouve mal à son aise en Lorraine. . V 243
— Sa mort. . . . . XII 396
Campistron, secrétaire du duc de Vendôme. Quel. Sa lettre. . . . . VI 87
Campoflorido, vice-roi de Valence. . . . . . XVIII 162
(*Voir* aux Grands d'Espagne.)
Campoflorido, introducteur des ambassadeurs à Madrid, fort différent du précédent.
Campoflorido. Un troisième, surintendant des finances, mort à Madrid en 1723, tout différent des deux autres. . . . . . . XVIII 162

		Tomes.	Pages.

CAMPS (Abbé de). Sa fortune; son caractère; sa mort. . . . . XVII 284

CAMUS (Cardinal le), évêque de Grenoble. Sa folie sur sa dignité. . . . . II 496

— Ses démêlés avec le duc de la Feuillade. . V 44

— Sa conduite; sa fortune; son caractère; sa mort. . . . . V 340

— Mort et caractère de son frère lieutenant civil à Paris. . . . . VIII 105

— Leur neveu, premier président de la cour des aides, achète de Pontchartrain la charge de prévôt et maître des cérémonies de l'Ordre. . . . . XI 123

Canal de Mardick. . . . . { X 184 / XIII 66 }

CANAPLES. Quel. Épouse Mlle de Vivonne. . . . . III 303

— Devient duc de Lesdiguières. . . . . . . IV 4

— Sa mort, qui éteint ce duché-pairie. . . IX 88

Candidats pour la couronne de Pologne. . . I 383

— Pour la charge de chancelier de France. II 219

— Pour la place de premier président. . . V 172

CANILLAC. Son caractère. . . . . XI 233

— Étroitement lié avec l'abbé du Bois, puis brouillé avec lui sans retour. . . . . . XIII 278

— Est d'abord du conseil des affaires étrangères. . . . . XII 234

— A la chute de ce conseil, entre en celui de régence. . . . . XVI 105

— Conseiller d'État d'épée, entre au conseil des parties. . . . . XVI 240

— Obtient pour rien une des lieutenances générales de Languedoc, à la mort de Peyre. . . . . XVII 70

— Est exilé. . . . . XVIII 388

— Rappelé. . . . . XIX 155

Canonnade de Nimègue. . . . . III 276

CANTELMI, cardinal-archevêque de Naples, frère

Cantelmi. Tomes. Pages.
du duc de Pépoli. Sa mort. . . . . . III 361
CANTIN (Mme). Femme de mérite. Première
femme de chambre de Mme la duchesse
de Bourgogne. Sa famille. . . . . . . I 499
Cantons suisses catholiques, battus par les
cantons suisses protestants, font la
paix. . . . . IX 329
Capitaine des hallebardiers de la garde
du roi d'Espagne. . . . . II 473
Capitaines généraux des armées d'Espa-
pagne. Six nouveaux. . . . . VIII 120
— Existants en avril 1722. Leur état en Espagne. . . . . XVIII 134
Capitaines des gardes du corps et les
deux colonels des deux régiments des
gardes, prêtent seuls serment entre les
mains du roi d'Espagne. . . . . . XVIII 139
Capitation. A qui due. Son établissement. . I 218
Capitation. . . . . III 4
Capitulaires de nos Rois. . . . . X 368
Caractère de quelques-unes des *señoras* de
honor de la reine d'Espagne. . . . . XVIII 158
CARAMAN. Son extraction. Sa belle action et sa
récompense. . . . . IV 288
— Assiégé dans Menin, le rend. . . . . . V 13
CARAVAS. Quel. Sa mort. . . . . VIII 313
Cardinaux, commandeurs de l'Ordre, avoient
usurpé un ployant aux cérémonies de
l'Ordre. Le Roi le leur ôta, à la réception dans l'Ordre de l'évêque comte de
Noyon Tonnerre et de Guiscard, 1er janvier 1696, et les réduisit au banc des
évêques commandeurs de l'Ordre, ce
qui a subsisté jusqu'à ce que le cardinal Fleury, premier ministre de son
successeur, leur ait fait reprendre le
tabouret. . . . . I 287

Cardinaux. Tomes. Pages.
— Origine de leur fauteuil et où seulement
 ils l'ont devant le roi d'Espagne. . . . V   181
— Leur état en Espagne. . . . . XVIII 338
— Cardinaux chanoines de Tolède sont mêlés avec les autres chanoines de Tolède
 suivant leur rang d'ancienneté de chanoines, tant au chœur qu'aux processions, sans queue portée ni accompagnement, et s'y trouvent sans
 difficulté. . . . . XVIII 417
— Raison pour laquelle les cardinaux ne
 drapent plus en France. IV   281
— Cardinal de Noailles, officiant à Notre-
 Dame, au service de Monsieur le Prince,
 se retire à la sacristie après l'Évangile,
 pendant l'oraison funèbre, parce qu'il
 fut décidé que la parole seroit adres-
 sée à Monsieur le Duc, non à lui. . . VI   345
— Cardinaux officient en violet en toutes
 obsèques. Après celles de Monseigneur
 à Notre-Dame, le cardinal de Noailles
 donna un grand repas à l'Archevêché
 au nouveau Dauphin et à la Dauphine
 qui le firent mettre à table avec eux.
 M. et M*****la duchesse de Berry en usè-
 rent de même aux obsèques de Monsieur et Madame la Dauphine. IX   303
— Foiblesse du Roi pour les cardinaux. Il
 leur marque lui-même, de concert avec
 eux, une place fort distinguée dans sa
 chapelle, pour les sermons où il assiste. IX   420
— Cardinaux présentent à la messe l'Évangile à baiser au Roi, en absence du
 grand et du premier aumônier, mais
 de préférence à tous autres. X   115
— Disputent aux évêques d'avoir des car-

Cardinaux.   Tomes.   Pages.

reaux au sacre de Massillon, évêque
    de Clermont, dans la chapelle des Tui-
    leries, où le Roi, par curiosité, étoit, in-
    connu derrière des vitres en haut dans
    la tribune. Les cardinaux cèdent. Rai-
    son de leur prétendue complaisance.   XVI   146
— Privilége de la vie des cardinaux.....   X   31
— Poison très-dangereux du cardinalat..   XV   292
CARDONE, manqué par nos troupes.......   IX   172
— Soumis enfin................   X   317
Carreaux. A qui donnés aux obsèques roya-
    les...................   X   179
— Les évêques en prétendent inutilement
    à l'anniversaire du feu Roi.......   XIV   116
— Ils n'en peuvent même obtenir au ser-
    vice de M. le prince de Conti; y de-
    meurèrent sans en avoir........   VI   285
Carême, fort fâcheux dans les Castilles...   XVIII   344
CARETTI, empirique, devient grand seigneur.   II   59
CARIATI (Prince) : *voir* aux GRANDS D'ESPAGNE.   XVIII   52
CARIGNAN (Prince de). Sa famille. Son éton-
    nante singularité ; sa mort ; son deuil.   VI   394
— Prince et princesse de Carignan bâtarde
    du duc de Savoie et de la comtesse de
    Verüe Luynes, se fixent incognito à
    Paris..................   XIV   401
— Leur avidité sans pareille.........   XVII   126
CARLOS (Don), fils de Philippe II. Genre de sa
    mort...................   XVII   434
CARLOS (Don), fils de Philippe V. Sa naissance.   XII   452
— Danger et absurdité de son passage ac-
    tuel, en 1722, en Italie, sans aucun
    fruit à en pouvoir espérer......   XVIII   300
— Son futur mariage déclaré avec Mlle de
    Beaujolois................   XIX   57
CARLOWITZ (Paix de), entre l'Empereur, la Po-
    logne, Venise et les Turcs........   II   173

	Tomes.	Pages.
Carpi (Combat de).	III	64
Carte (La). Quel. Épouse une fille de la duchesse de la Ferté.	II	91
Carteret (Lord). Est fait secrétaire d'État en Angleterre. Son caractère.	XVII	209
Cas de conscience. Ce que ce fut. Brûlé par arrêt du Parlement.	II	170
Casal (Traité de).	I	259
Casanata, cardinal. Sa mort.	II	296
Cassan (Combat de).	IV	294
Cassart. Prend, pille, brûle, rase Santiago au cap Vert.	IX	329
Casse (Du). Sa fortune; son caractère. Marie sa fille unique au marquis de Roye.	IV	34
— Est fait lieutenant général des armées navales.	V	369
— Ramène les galions.	VI	150
— Son extraction; sa fortune; son mérite; est fait chevalier de la Toison d'or.	IX	285
— Est chargé de mener une escadre à Barcelone pour le siége.	X	149
— Revient malade; est remplacé par Bellefontaine.	X	189
— Sa mort.	XI	138
Cassette du général Mercy, battu en haute Alsace par du Bourg. Pièce importante de cette cassette.	VII	90, 91 et 93
Cassini, astronome célèbre. Sa mort.	IX	334
Castel Blanco.	XIII	320
Castellar, secrétaire d'État de la guerre en Espagne. Sa fortune. Son caractère et celui de sa femme.	XVIII	175
Castel dos Rios. Sa fortune. Ambassadeur d'Espagne en France lors de la mort de Charles II.	II	256
— Est fait grand d'Espagne de la première classe par Philippe V, encore à Ver-		

	Tomes.	Pages.
Castel dos Rios.		
sailles.	II	404
— Castel dos Rios.	II	414
— Fait vice-roi du Pérou; part de Paris pour s'y rendre.	IV	116
— Y meurt.	IX	119
Voir aux Grands d'Espagne.	XVIII	66
Castelmoron. Épouse la fille de Fontanieu.	XI	125
Castel Rodrigo (Marquis), ambassadeur d'Espagne à Turin pour le premier mariage de Philippe V. Est fait grand écuyer de la reine.	III	78
Voir aux Grands d'Espagne.	XVIII	67
Castille, dit Jeannin de Castille. Quel.	XII	280
Castillon[1] (Abbé). Quel. Épouse la duchesse d'Albe. Sa fortune.	IX	368
Voir aux Grands d'Espagne.	XVIII	54
Castries. Se prononce Castre. Sa femme Vivonne est mise dame d'atour de Mme la duchesse d'Orléans.	I	388
— Lui après chevalier d'honneur de la même.	II	28
— L'abbé, son frère, premier aumônier de Mme la duchesse de Berry. Leur caractère et leur fortune.	IX	432
— Il marie son fils unique.	XII	418
— Perd sa belle-fille sans enfants, et son fils incontinent après.	XIII	98
— Perd sa femme ; son caractère.	XIV	391
— Caractère de l'abbé. Il est mis dans le conseil de conscience, sacré archevêque de Tours, par le cardinal de Noailles, incontinent transféré à Alby.	XIII	250
— Son frère obtient 12,000 livres d'augmentation d'appointements à son gouvernement de Montpellier, avec celui		

1. Au tome IX Saint-Simon écrit *Castillon;* au tome XVIII, *Castiglione.*

Castries. Tomes. Pages.
  du port de Cette............ XVI 259
— Se remarie à la fille du duc de Lévy. XVIII 442
Castrillo (Pr.) : *voir* aux Grands d'Espagne.. XVIII 90
Castromonte (Marquis) : *voir* aux Grands d'Espagne................ XVIII 69
Casuistes................... VII 136
Catalans révoltés se saisissent de Lerida et de Tortose............... IV 322
Catinat (Maréchal). Général en Italie, y gagne deux batailles, prend Ath.... { I 433 / III 7 }
— Revient................... III 219
— Son sage et curieux éclaircissement avec le Roi et Chamillart. Va sur le Rhin................... III 250
— Sa situation................ III 316
— Son retour et sa retraite......... III 321
— Retiré. Ne sert plus........... III 354
— Refuse l'ordre du Saint-Esprit, faute de preuves................. IV 209
— Cause de sa brouillerie avec Chamillart. Le Roi les réconcilie et admire la modération et la sagesse de Catinat..... V 346
— Sa mort et son éloge.......... IX 188
Cavalier. Un des principaux chefs des fanatiques des Cévennes. Ses demandes. Voit le maréchal de Villars en précautions égales. Ce que devient cet aventurier................... IV 101
Caudelet (Abbé), fait et défait évêque de Poitiers................... II 25
Caumartin, intendant des finances, fait conseiller d'État, gagne sa prétention contre les conseillers d'État de passer parmi eux de l'ancienneté de sa date d'intendant des finances........ I 393
— Est sur les rangs pour la charge de chancelier de France............. II 219

	Tomes.	Pages.

Caumartin.
— Son étrange absence d'esprit, au repas de la réception au Parlement du duc de Berwick, chez le duc de Tresmes. . VIII 41
— Sa mort et son caractère. . . . . XVII 154
— Son frère fait évêque de Blois. . . . . . XIV 122

Cavoye. Sa fortune. . . . . I 299
— Bon mot de lui sur Chamillart. . . . . . VI 426
— Veuvage de sa femme respectable et prodigieux. . . . . XII 417

Causes majeures. . . . . X 401

Cauvisson fait lieutenant général de Languedoc par la protection du duc du Maine. . II 330
— Sa mort et sa dépouille. . . . . V 115

Cayeux épouse la fille de Pompone. . . . . XI 125

Célébration du mariage du prince et de la princesse des Asturies au château de Lerma l'après-dînée du 10 janvier 1722. . . . . XVIII 252

Céli (Harlay de), intendant de Pau puis conseiller d'État, obtient 6,000 livres de pension. Son caractère. . . . . XI 55

Cellamare, neveu du cardinal del Giudice, frère du duc de Giovenazzo, son père, et grand écuyer de la reine d'Espagne, accompagne en France le cardinal son oncle, et s'en retourne avec lui. . . . XI 109
— Revient avec le caractère d'ambassadeur d'Espagne, arrive à Paris, trouve le Roi pour la dernière fois, et pour longtemps, vient incontinent s'y établir. . XI 150
— Perd sa femme, qui étoit en Italie, mère, en premières noces, du duc de la Mirandole. . . . . XII 344
— Sagesse de Cellamare. . . . . XIII 67
— Avertit sa cour, en ministre sage, du détail de la ligue traitée entre la France et l'Angleterre. . . . . XIII 73

Cellamare. Tomes. Pages.

— La peur lui prend des noirceurs qu'Alberoni fait au cardinal, son oncle. Il l'abandonne. .... XIII 159
— Est consulté par Alberoni sur les alliances du Régent. .... XIII 211
— Sa basse politique, et de ses frères, à Rome. .... XIII 214
— Est de nouveau consulté par Alberoni sur les alliances et les traités du Régent. Sa réponse à Alberoni. ..... XIII 215
— Vague déclaration de Cellamare au Régent. .... XIV 149
— Ses sages-pensées sur l'Italie. Ses tentatives pleines d'illusion. Il découvre avec art les dispositions du Régent sur les affaires présentes. .... XIV 269
— Il presse inutilement le Régent d'augmenter son infanterie et d'envoyer un ministre à Vienne. .... XIV 419
— Fait des reproches à la France, et sort peu content de l'audience du Régent. XIV 420
— Se trompe grossièrement pour vouloir trop penser et approfondir les causes de la conduite du Régent. .... XIV 421
— Son sage avis au roi d'Espagne. Il est inquiet du prétendu mariage du prince de Piémont avec une fille du Régent, dont les deux pères sont aussi éloignés l'un que l'autre. .... XIV 423
— Concert entre lui et Provane, ministre du roi de Sicile à Paris. Ils découvrent le mariage proposé de M. le duc de Chartres avec une fille du roi de Portugal, sans succès par les difficultés de rang. .... XIV 445
— Sentiment de Cellamare sur l'état de la négociation de Londres, dont le Régent

Cellamare.	Tomes.	Pages.
s'étoit ouvert à Provane.	XIV	447
— Plaintes et mouvements de Cellamare.	XIV	457
— Ses propos publics. Il retient sagement Provane; dit à Nancré qu'il ne réussira pas en Espagne.	XIV	462
— Plus au fait que Stairs, ambassadeur d'Angleterre à Paris. Il s'explique nettement sur l'escadre angloise.	XV	24
— Sa conduite publique et ses sourdes cabales. Il cherche d'ailleurs à remuer le Nord contre l'Empereur.	XV	26
— Sa conduite en conséquence du secret et scélérat motif d'Alberoni pour la guerre.	XV	48
— Il déclare que l'Espagne n'acceptera point le traité de Londres.	XV	49
— Ses sages réflexions; son adresse à donner de bons et de pacifiques avis en Espagne.	XV	64
— Sa conduite; son avis; son attention aux affaires de Bretagne.	XV	93
— Déclare, tant qu'il peut, que l'Espagne n'acceptera point le projet du traité.	XV	97
— Se fait bassement, gratuitement et mal à propos l'apologiste d'Alberoni à Rome sur l'accusation de l'Empereur; il en reçoit de justes reproches du cardinal son oncle.	XV	106
— Fait des pratiques secrètes pour soulever la France contre le Régent.	XV	130
— Son sentiment sur le roi de Sicile. Il confie à son ministre l'ordre qu'il a de faire une étrange déclaration au Régent.	XV	137
— Son manége et sa forte déclaration. Il se sert de la Russie. Il s'applique tout entier à troubler intérieurement la		

Cellamare.

	Tomes.	Pages.
France.	XV	209
— Il présente, et répand un peu, un excellent mémoire contre le traité, et se flatte vainement.	XV	216
— Embarras de Cellamare et de Provane. Bruits; raisonnements vagues; instances et menées inutiles.	XV	227
— Cellamare travaille à unir le Czar et le roi de Suède pour rétablir le roi Jacques.	XV	270
— Négociation secrète entre Cellamare et le duc d'Ormond caché dans Paris. Cellamare continue soigneusement ses criminelles pratiques contre le Régent, que ce prince n'ignore pas. Avis, vues, conduite de Cellamare.	XV	280
— Il est de plus en plus appliqué à plaire en Espagne par ses criminelles menées à Paris.	XV	294
— Son travail contre le Régent. Ses précautions pour pouvoir parler clairement à Madrid et prendre les dernières mesures.	XVI	130
— Ses dépêches, envoyées avec tant de précautions, arrêtées à Poitiers, et envoyées à l'abbé du Bois.	XVI	131
— Cellamare arrêté. Sa conduite.	XVI	139
— Il écrit inutilement aux ministres étrangers résidents à Paris.	XVI	148
— Il est conduit à la frontière d'Espagne; arrive en Espagne; est fait aussitôt vice-roi de Navarre. Perd son père, prend le nom de duc de Giovenazzo.	XVI	249
— Disgracié aussitôt après, puis rappelé à la cour d'Espagne, rétabli dans ses charges et bien traité.	XVII	129

Cendres. Cérémonie du mercredi des cendres,

	Tomes.	Pages.

Cendres.
    à la cour d'Espagne. . . . . III 146

Cercles. . . . . IV 198

CERDA (Maison de la). D'où sortie, où fondue. La Cerda seigneur de Medina Celi : *voir* aux GRANDS D'ESPAGNE . . . . . XVIII 24

Cérémonies extérieures du mariage, différentes en Espagne. . . . . XVIII 252

CÉRESTE, frère du marquis de Brancas, obtient une audience du roi d'Espagne. . . . XVII 397

CETTE. Tentative de la flotte ennemie sur ce port de mer et sur Agde, sans succès. VIII 107

CHAISE (La), capitaine des gardes de la porte du Roi. Sa fortune ; sa mort ; sa charge donnée à son fils. . . . . I 468

— La femme de ce dernier menée enfin à Marly, un voyage que Madame étoit à Saint-Cloud, et que Mme la duchesse de Bourgogne étoit restée incommodée à Versailles, parce que Mme de la Chaise ne pouvoit manger avec elle. . . . . . V 48

CHAISE (La), jésuite confesseur du Roi, frère et oncle des précédents. Sa mort ; son caractère. . . . . VI 234

— Donne, très-peu avant sa mort, un énorme avis au Roi, mais d'un honnête homme. . . . . VI 238

— Mort de son neveu. . . . . XIX 164

CHALAIS. Quel. Va trouver la princesse des Ursins en Espagne, veuve en premières noces, sans enfants, du frère aîné de son père. . . . . IX 116

— Vient d'Espagne arrêter un cordelier en Poitou ; ce qu'ils deviennent. . . . . . IX 308

— Va trouver la princesse des Ursins à Bagnères. . . . . IX 375

— Reconduit son cordelier prisonnier en Espagne. . . . . IX 427

halais.   Tomes. Pages.

— Est mandé de l'armée à Madrid.   X   169
— Vient à Paris.   X   187
— Voit le Roi en particulier.   X   189
— Donne part au Roi, en particulier, du
    mariage du roi d'Espagne avec la
    princesse de Parme.   X   198
— Est fait grand d'Espagne, mais avec
    exclusion du Roi de jouir en France
    du rang et des honneurs.   X   323
— Lui et Lanti se trouvent en France ; ont
    défense de retourner en Espagne. . .   XI   109
— Fortune de Chalais. Obtient de M. le duc
    d'Orléans de jouir en France du rang
    et des honneurs de grand d'Espagne. XVIII 52
— S'y fixe ; épouse la sœur du duc de Mor-
    temart, veuve, avec plusieurs enfants,
    de Cani, fils de Chamillart.   XIX   86
CHALMAZEL. Perd Chalmazel, son oncle.   XIII   89
— Épouse une sœur du maréchal d'Har-
    court.   XIV   117
— La perd.   XIV   399
— Se remarie à Mlle de Bonneval. XVII   51
CHAMANT (Saint-). Sa mort.   X   149
CHAMARANDE. Père. Son état. Sa mort.   II   170
— Fils, lieutenant général. Demandé et ac-
    cordé à Toulon pour y commander. .   VI   400
    Perd son fils unique devant Turin. . .   XIII   131
    Perd sa femme. Éclaircissement sur
    sa naissance à elle.   XIII   368
Chambellan de France (Grand). Origine de
    sa séance au lit de justice, couché sur
    les marches du trône du Roi.   X   442
CHAMBONAS, capitaine des gardes du duc du
    Maine, comme gouverneur de Lan-
    guedoc ; et sa femme dame d'honneur
    de Mme la duchesse du Maine.   III   242
CHAMBONAS, son frère, évêque de Viviers. Sa

Chambonas. Tomes. Pages.
— mort. Sa singularité. . . . . IX 426
Chambre de justice contre les financiers. . XII 432
— Sa fin et ses effets. . . . . XIII 295
— Autre établie à l'Arsenal. (*Voir* Arsenal). XVII 62
— Autre établie aux Grands-Augustins, pour vider force procès demeurés en arrière. XVII 156
CHAMILLART. Origine et suite de sa fortune. Est fait contrôleur général des finances. . II 230
— Belle action de Chamillart. Il marie sa fille aînée à Dreux. . . . . II 234
— Est fait ministre d'État. . . . . II 410
— Puis secrétaire d'État avec le département de la guerre. . . . . II 420
— Sa situation. . . . . III 57
— Marie singulièrement sa 2de fille au duc de la Feuillade. . . . . III 196
(*Voir* CATINAT[1].)
— Marie sa 3me fille au duc de Lorges. . . . III 361
— Obtient de doubler jusqu'à 600,000 livres le brevet de retenue qu'il avoit sur sa charge. . . . . III 424
— Origine de son intimité avec les Matignons. . . . . IV 12
— Le Roi lui propose le duc de la Feuillade pour faire en chef le siége de Turin. . IV 320
— Il fait une course en Flandres, après la bataille de Ramillies. . . . . IV 427
— Demeure brouillé pour toujours avec le maréchal de Villeroy. . . . . V 8
— Est grand trésorier de l'Ordre à la mort de Saint-Pouange. . . . . V 47
— Obtient la survivance de sa charge de secrétaire d'État pour Cani son fils unique. V 115
— Visites de compliment chez lui, fort

---

1. Nous reproduisons ce renvoi, sans en voir le motif, non plus que celui de la page suivante.

Chamillart.

	Tomes.	Pages.
inusitées...............	V	115
— Est accablé de vapeurs et de travail. Ses instances pour être soulagé et déchargé. Sa manière d'écrire au Roi et du Roi à lui. Réponse du Roi étonnante................	V	144
(*Voir* encore CATINAT.)		
— Obtient 150,000 livres de retenue sur sa charge de l'Ordre...........	V	373
— Est fort languissant. Songe à être soulagé et à marier son fils.......	V	379
— Le marie à la sœur du duc de Mortemart.................	V	383
— Remet à Desmarets sa place de contrôleur général.............	V	386
— Va trouver l'électeur de Bavière en Flandres................	V	437
— Éclat entre lui et Bagnols, qui en quitte l'intendance de Flandres, et met Chamillart en danger...........	VI	1
— Va faire un tour en Flandres, après le combat d'Audenarde, et conseille mal M⁶ʳ le duc de Bourgogne pour tous deux.................	VI	96
— S'attire la haine de Mᵐᵉ la duchesse de Bourgogne..............	VI	98
— Retourne à l'armée de Flandres, pendant le siége de Lille; s'y mécompte fort; se trouve brouillé avec Monsieur le Duc.	VI	137
(*Voir* BERWICK.)		
— Revient à Versailles...........	VI	141
— Va trouver l'électeur de Bavière à Compiègne................	VI	155
— Retourne encore à l'armée de Flandres.	VI	191
— Se perd héroïquement avec Mᵐᵉ de Maintenon.................	VI	216
— Sa conduite à l'égard des autres mi-		

	Tomes.	Pages.
Chamillart. nistres, dont il emble le ministère. Il s'en désiste enfin à l'égard de Torcy et en signe un écrit............	VI	302
— Affaire fort poussée entre lui et Desmarets, dont ce dernier a tout l'avantage.	VI	306
— Chamillart fort ébranlé, apparemment raffermi..................	VI	403
— Rudement attaqué.............	VI	403
— Dangereuses audiences..........	VI	409
— Ses fautes à l'égard de Monseigneur...	VI	417
— Grandes réunions contre lui.......	VI	420
— Bruits fâcheux. Grands sentiments et réponse admirable de Chamillart...	VI	425
— Il essuie de durs propos de Monseigneur. Ce prince achève de le perdre. Le nonce Cusani en comble la mesure..	VI	428
— Sa disgrâce.................	VI	433
— Sa magnanimité..............	VI	434
— Son caractère. Celui de sa famille....	VI	439
— Le Roi l'aime toujours, lui donne une pension de 60,000 livres; fait lui-même avec Cavoye le marché de la survivance de sa charge de grand maréchal des logis pour Cani, et s'attendrit en lui parlant...........	VI	448
— Spectacle de l'Estang...........	VI	447
— Poursuivi par Boufflers..........	VI	453
— Louable, mais grande faute de Chamillart....................	VI	454
— Chassé de Paris par Mme de Maintenon.	VI	455
— Calomnie sur lui..............	VII	81
— Il achète Courcelles............	VII	145
— Essuie une aventure fortuite à la Flèche, et un étrange sermon de la Toussaint à la Fontaine-Saint-Martin, abbaye de filles près de Courcelles.........	VII	146
— Revoit le Roi par les derrières.......	IX	395

Chamillart.

— Après publiquement, qui lui donne ensuite un appartement à Versailles... X 163
— Perd son frère, évêque de Senlis ; son caractère... X 162
— Son autre frère épouse une fille de Guyet. Époque d'un usage ridicule... III 257
— Perd son fils, en 1716, à 27 ans ; en obtient la charge pour son petit-fils... XIII 97
— Sa mort. Raccourci de sa fortune et de son caractère. Il mourut à Paris en avril 1721 à 70 ans... XVII 235
— Sa veuve, quelque temps après, se retira à Courcelles, y mena une vie fort honorable et fort chrétienne, et y mourut, en juillet 1731, à 73 ans. Elle fut la première femme de contrôleur général qui ait été admise à entrer dans les carrosses et à manger avec Mme la duchesse de Bourgogne, qui est comme avec la Reine avant que son mari fût secrétaire d'État, comme Mme Colbert a été la première femme de secrétaire d'État qui ait eu cet honneur... II 338

CHAMILLY. Va commander en chef à la Rochelle, Poitou, etc... III 50 et 250
— Est fait maréchal de France... III 371
— Sa mort ; son caractère ; sa dépouille... XI 56
— Mort et caractère de la maréchale de Chamilly... XIX 166

CHAMILLY, neveu du maréchal, va ambassadeur en Danemark... I 474
— En revient. Sa fâcheuse méprise en l'adresse de deux lettres... III 360
— Obtient le commandement de la Rochelle, etc., sur la démission de son oncle... XVIII 438

CHAMLAY. Quel. Son état ; son caractère. Fait

Chamlay.	Tomes.	Pages.
une grande action.	XII	36
— Tombe à Marly en apoplexie, va aux eaux de Bourbon. Sa mort ; son caractère.	XVI	273

CHAMPFLOUR. Fait évêque de la Rochelle. . . . III 361
Champs *de mars* puis *de mai*. . . . . X 363
Chancelier de France.
 — Tabouret de sa femme ; son époque et ses
   étroites bornes. . . . . II 238
  Cours de sa maison. . . . . II 244
 — Est le seul officier de la Couronne qui
   soit aux bas siéges aux lits de justice,
   le seul qui parle au Roi découvert et à
   genoux, le seul qui ne soit point traité
   de cousin ; il est aussi le seul homme
   de robe qui parle au lit de justice assis
   et couvert. Raisons de toutes ces choses. . . . . X 399 et 414
 — Siége unique et comment fait, aux *Te
   Deum* et aux lits de justice, pour le
   chancelier et, en son absence, pour le
   garde des sceaux quand il y en a un ;
   en ce dernier lieu, ce siége singulier
   est aux bas siéges, et comment couvert. . . . . X 441
 — Inhérence de la partie de légiste jusque
   dans le chancelier. . . . . X 471
 — Comparaison du chancelier, qui se découvre au conseil pour prendre l'avis
   des ducs avec le premier président. . XI 52
CHANDELEUR (Cérémonies de la). Comment se
   font à la cour d'Espagne. . . . . . . III 145
CHANDENIER (Marquis de). Sa disgrâce. . . . . I 333
Chanoines de l'église de Tolède, mêlés au
   chœur et en procession avec les évêques qui sont chanoines, suivant leur
   ancienneté entr'eux de chanoines,
   sans préférence ni distinction quel-

Chanoines.   Tomes. Pages.
conque. . . . . XVIII 348
Chapeau. Origine du chapeau aux audiences
 de cérémonie des ambassadeurs, qui
 ne s'étend nulle part ailleurs, non pas
 même à ces mêmes audiences des ambassadeurs de la Porte, ou autres, dont
 l'habillement ou l'usage est de ne paroître jamais que la tête couverte. . .   II 278
Chapelle. Dispute du grand aumônier avec
 l'archevêque de Paris sur sa croix à la
 chapelle du Roi ; le cardinal de Noailles l'y a eue quand il y reçut l'ordre
 du Saint-Esprit. . . . .   II 286
— Même dispute avec le cardinal de Janson, grand aumônier, et lui, à qui des
 deux feroit la bénédiction de la chapelle neuve de Versailles ; le cardinal
 de Noailles l'emporta et la bénit en
 présence de Mgr le duc de Bourgogne. VIII 42
— Cérémonie fréquente à la cour d'Espagne de tenir chapelle ; ce que c'est ;
 séance et plan d'icelle. . . . . III 139
Chapitre de STRASBOURG.
— Adoucissement sur les preuves pour y
 entrer ; sa triste cause ; bévue à l'égard
 des ducs. . . . . IX 421
Charge. Charges qu'on appelle en Espagne les
 trois charges tout court, et pourquoi.   II 467
— Époque et nature de la charge de chef
 du conseil royal des finances que le
 duc de Beauvillier accepte difficilement. . . . .   X 280
CHARLES XI, roi de Suède. Sa tyrannie. Sa mort
 étrange. Son palais brûlé pendant que
 son corps y étoit exposé. Charles XII
 lui succède enfant. . . . .   I 428
CHARLES II, roi d'Espagne. Sa mort ; son testa-

	Tomes.	Pages.
Charles II. ment.	II	382
CHARLUS (Comtesse de). Son aventure. Sa mort.	XVI	190
— Mort de son mari.	XVI	191
CHARMEL. Sa fortune; sa retraite; sa piété.	II	120
— Son exil, ressorts d'icelui.	IV	379
— Sa mort. Dureté du Roi.	X	141
CHARMOIS, envoyé du Roi, chassé de Ratisbonne.	III	354
CHARMONT. Quel. Ambassadeur de France à Venise, y abuse des franchises des ambassadeurs. Est protégé contre les plaintes de la République.	IV	94
CHARNACÉ. Accusé pour fausse monnoie, etc. Quel. Déplace plaisamment une maison de paysan qui l'offusquoit.	II	92
CHAROLOIS (Mlle de). Obtient un brevet pour être appelée tout court *Mademoiselle*.	VI	358
CHAROLOIS (M. le comte de). Conduit, avec le duc de la Trémoille, le corps de M. le duc de Berry à Saint-Denis[1].	X	179
— Obtient une pension de 60,000 livres.	XVI	338
— Part furtivement pour la guerre d'Hongrie, passe par Munich; ne voit point l'Empereur ni l'Impératrice, quoique le prince de Dombes les eût vus; Monsieur le Duc en est fort piqué. Personne ne tâte de la comédie de ce départ.	XIII	372
— M. le comte de Charolois est comblé d'argent et de grâces pécuniaires. Le Roi achète pour lui, de Dangeau, le gouvernement de Touraine et le met sur le grand pied.	XVI	338
— Il revient de ses voyages.	XVII	62

1. Dans les *Mémoires* le duc de Charolois porte le cœur au Val-de-Grâce; c'est Monsieur le Duc et le duc de la Trémoille qui vont à Saint-Denis.

Charolois (Comte de). Tomes. Pages.
— Entre au conseil de régence et n'y vient
presque point. . . . . XVII 86
Charost. Abbé de Charost. Sa mort. . . . . . . II 241
— Marquis de Charost, son neveu. Épouse
Mlle Brûlart, depuis duchesse de Luynes
et dame d'honneur de la Reine. . . . IV 199
— Est tué, sans enfants, à la bataille de
Malplaquet. . . . . VII 105
— Duc de Charost et sa mère. . . . . VIII 425
— Est par le Dauphin capitaine des gardes
du corps, à la mort du maréchal de
Boufflers, de la compagnie qu'avoient
eu (*sic*) son grand père et son père. . . IX 96
— Fortune des Charost. Cause curieuse de
leur charge, de leurs mariages, du pont
d'or qui leur est fait pour leur ôter la
charge où celui-ci rentre. . . . . IX 97
— Importante habileté du vieux Charost.
Cause qui fait son fils duc et pair, qui
prend le nom de duc de Béthune. . . IX 100
— Il démontre les ruses de Harlay, archevêque de Paris, fait en même temps
duc et pair, et le précède. . . . . . . : IX 103
— Fortune du tout complète. . . . . IX 105
— Duc de Charost perd sa femme. . . . . . IX 393
— Il fait réparer la négligence de la cessation de dire la messe dans la cham-
bre du Roi mourant. . . . . XI 452
— Obtient pour son fils la survivance de sa
charge de capitaine des gardes du
corps, puis celle de la lieutenance gé-
nérale de Picardie et de son gouvernement de Calais. . . . . { XII 390
{ XVI 95
— Mis en mue pour être gouverneur du
Roi. . . . . XVIII 475
— Déclaré gouverneur du Roi. . . . . XIX 9

	Tomes.	Pages.
CHARTRES (M. le duc de). Son mariage.	I	17
— Ne sert plus.	I	432
— Refusé sur le service.	III	9
— Reçoit des mains du Roi, avec M. le duc de Berry, le collier de l'ordre de la Toison d'or, envoyé par le roi d'Espagne. Raison de le desirer.	III	54
— Reçoit du Roi, à la mort de Monsieur, des traitements prodigieux et prend le nom de duc d'Orléans.	III	40
— Naissance de M. le duc de Chartres, son fils unique.	III	437
Ce fils a la petite vérole.	XIII	134
Entre sans voix au conseil de régence et en celui de guerre.	XIV	327
Son mariage traité avec une sœur du roi de Portugal. Rompu sur les difficultés du rang.	XIV	446
A voix aux conseils.	XVI	182
Est fait grand maître de l'ordre de Saint-Lazare et de Notre-Dame du Mont-Carmel.	XVII	145
Gouverneur de Dauphiné.		
Colonel général de l'infanterie françoise.	XVII	226
Ses lourdises à la mort de Monsieur son père.	XIX	202
CHARTREUSE superbe près de Saint-Ildephonse, extrêmement riche.	XVIII	412
CHASEAUX, premier président du parlement de Metz par la mort de la Porte.	XIII	90
— Obtient des abbayes.	XIII	90
CHASTELLIERS (Abbé des). Qui et quel il étoit.	IV	84
CHASTELUX. Épouse la fille du chancelier Daguesseau, sur le point de son exil. Son caractère. Cruel bon mot de M. le duc d'Orléans.	XVIII	444

	Tomes.	Pages.

CHATEAUNEUF Phéypeaux, secrétaire d'État.
 Sa mort. . . . . II 328
— Mort de sa femme. Sa famille. . . . . . . VIII 230
CHATEAUNEUF CASTAIGNÈRES, savoyard, abbé.
 Quel. Va en Pologne redresser les fautes de l'abbé de Polignac, ambassadeur de France. . . . . IV 148
— Mort de l'abbé de Châteauneuf. . . . . . VI 184
CHATEAUNEUF, son frère, ambassadeur en Portugal, s'arrête en Espagne en revenant. Arrive à Paris. Fortune et caractère des deux frères. . . . . IV 148
— Ambassadeur à la Haye. Sa visite et son singulier conseil à Beretti. . . . . XIV 154
— Sa conduite en Hollande. . . . . XV 83
— Est très-suspect aux Anglois, qui gardent là-dessus peu de mesures. . . . . XV 221
— Est en tout subordonné aux Anglois en Hollande. . . . . XV 230
— Rage des Anglois contre lui. . . . . . . XV 258
— Fait prévôt des marchands. . . . . . . XVII 106
CHATEAURENAUD, vice-amiral. . . . . III 18
— Échoue malheureusement à Vigo. . . . III 294
— Est fait maréchal de France. . . . . . . III 377
— Lieutenant général de Bretagne. . . . . IV 71
— Marie son fils à une sœur du duc de Noailles, avec la survivance de sa lieutenance générale. . . . . IX 417
— Sa mort. Son caractère. . . . . XIII 188
— Mort de sa belle-fille. : . . . . XIX 106
CHATEAUTHIERS, fille. Dame d'atour favorite de Madame. Refuse Monsieur le Grand qui la veut épouser. Son caractère et sa fin. V 368
— Obtient 800,000 livres. . . . . XVI 344
CHATELET (Marquise du), dame du palais de Mme la duchesse de Bourgogne, fille du maréchal de Bellefonds. . . . . I 351

	Tomes.	Pages.

Châtelet (Marquise du).
— Obtient à son mari le gouvernement et capitainerie de Vincennes. . . . . . . VIII 106
— Marie son fils à la fille du duc de Richelieu, avec la survivance de Vincennes. X 166

CHATILLON (Marquis de), premier gentilhomme de la chambre de Monsieur. . . . . . III 34
— Puis de M. le duc d'Orléans. . . . . . . XIII 380
— Est mis quelques jours à la Bastille, et pourquoi. . . . . XIII 422
— Quitte M. le duc d'Orléans, bientôt après Paris, et se retire pour toujours chez lui en Poitou. . . . . XIII 425
— Marie une de ses filles à Bacqueville et l'autre à Goesbriant. . . . . X 197 et 357
— Famille, conduite et caractère de sa femme, première dame d'atour de Madame; la quitte, et toutefois y demeure. V 54
— Le comte de Châtillon, fils de son frère aîné, qui a, longtemps depuis, fait une si grande fortune, épouse une fille de Voysin. . . . . VIII 170
Obtient de draper au deuil de Monseigneur. . . . . VIII 302
Est fait brigadier. . . . . IX 375
Obtient le bailliage d'Haguenau. . . . X 4
Est mestre de camp général de cavalerie. . . . . XII 424
Perd sa femme. . . . . XIX 132

CHATRE (La). Épouse la fille aînée du marquis de Lavardin. . . . . I 179
— Ses accidents et son caractère. . . . . . VI 229
— Mort et caractère de l'abbé, son frère. . II 201

CHAVAGNAC. Ravage les îles angloises de l'Amérique. . . . . IV 419

CHAVIGNY ou les deux frères CHAVIGNARD. Leur extraction; leur imposture reconnue, châtiée. Ce qu'ils devinrent depuis. . VII 274

Chavigny.

(*Voir* le voyage de Chavigny en Espagne, à l'article de Saint-Simon.)

Chaulieu (Abbé de). Quel. Sa conduite; sa mort; son caractère. . . . . XVII 87

Chaulnes (Duc de). Sa capacité, ses grandes ambassades. Négocie sans succès l'assemblée de toutes les chambres du Parlement, avec le premier président Harlay, dans le procès de préséance de M. de Luxembourg. . . . . I 170

— Est forcé par le Roi d'échanger avec le comte de Toulouse son gouvernement de Bretagne pour celui de Guyenne. . I 232

— Courtin et Harlay, conseillers d'État, [ce dernier] gendre du chancelier Boucherat, et le duc de Chaulnes; histoires singulières. . . . . I 377

— Il meurt de douleur de l'échange de son gouvernement. . . . . II 103

— Et sa femme tôt après sans enfants. . . II 169

Sa famille, son premier mari. . . . . . I 72

Chausseraye (Mlle de). Son extraction; sa fortune; son caractère. . . . . VII 222

— Obtient mille écus de pension. . . . . IX 416

— Curieuse anecdote sur elle. . . . . . . XVII 4

Chauvelin, avocat général et grand trésorier de l'Ordre. Sa mort; son caractère; sa dépouille. . . . . XI 157

— Riche mariage de son frère, longtemps depuis si haut et si bas. . . . . XIV 30₀

— Mort de leur père, conseiller d'État. . . XVI 275

Chefs des conseils entrent dans celui de régence en conservant leurs places dans les leurs. . . . . XIV 366

Cherbert à la Bastille. . . . . V 162

Chesne (Du), premier médecin des enfants de France. Sa mort. . . . . V 147

	Tomes.	Pages.
CHÉTARDIE (La), curé de Saint-Sulpice, succède en tout à Godet, évêque de Chartres en la direction et la confiance de Mme de Maintenon; son caractère...	VII	127
CHEVERNY, menin de Mgr le duc de Bourgogne. Ses emplois; sa singulière aventure à Vienne	II	251 et 254
— Sa femme exclue d'être dame d'atour de Mme la duchesse de Berry; pourquoi..	VIII	9
— Est du conseil des affaires étrangères.	XII	234
— Gouverneur de M. le duc de Chartres *ad honores*.	XII	434
— Sa femme gouvernante des filles de M. le duc d'Orléans.	XIII	181
— Fait conseiller d'État d'épée.	XVI	210
— Sa mort.	XVIII	439
CHEVIGNY (P. de), de l'Oratoire. Sa mort...	II	7
CHEVREUSE (Duc de). S'entête de la prétention de la première ancienneté de Chevreuse, en prend prétexte de se mettre à part des ducs opposants à celle du maréchal duc de Luxembourg de la première ancienneté de Piney...	I	137
— Chimère de cette prétention de Chevreuse.	I	159
— Marie le duc de Montfort, son fils aîné, à la fille de Dangeau.	I	178
— Est survivancier du gouvernement de Guyenne, en même temps de l'échange du comte de Toulouse avec le duc de Chaulnes de ce gouvernement pour celui de Bretagne.	I	233
— Perdu auprès de Mme de Maintenon... (*Voir* à l'article de BEAUVILLIER plusieurs choses qui ne se répéteront point ici.)	I	409
— Orage contre lui et contre tout ce qui		

Chevreuse (Duc de).

— étoit attaché à Fénelon, archevêque de Cambray... II 45
— Mène Helvétius à Saint-Aignan, qui tire le duc de Beauvillier de la mort... II 445
— Donne à son fils aîné sa charge de capitaine des chevau-légers de la garde... III 199
— Le perd d'un coup de mousquet près de Landau... IV 143
— Fait passer sa charge des chevau-légers au vidame d'Amiens, son 2^d fils, et le marie à la 2de fille du marquis de Lavardin... IV 56
— Est incognito, mais pleinement, ministre d'État, sans entrer publiquement dans le conseil... V 403
— Ducs et duchesses de Chevreuse et de Beauvillier sur le mariage de M. le duc de Berry avec la fille de M. le duc d'Orléans... VII 390
— Duc de Chevreuse, de concert secret avec d'Antin, gagne le chancelier de Pontchartrain pour un règlement à faire sur un ancien projet de règlement sur les duchés-pairies de 1694... VIII 316
— Chimères de Chevreuse et de Chaulnes. VIII 331
— Duc de Chevreuse... VIII 430
— Ses chimères et sa conduite mettent en péril l'érection nouvelle de Chaulnes pour son 2^d fils... IX 122
— Ce 2^d fils est fait duc et pair de Chaulnes par une nouvelle érection... IX 126
— Sa rare réception au Parlement... IX 127
— Mort et caractère du duc de Chevreuse, anecdotes sur lui, sur sa famille, sur la duchesse sa femme... IX 378
— Aventure de cette duchesse dans le carrosse du Roi... XII 130

Chevreuse (Duc de). Tomes. Pages.
— Sa vertu; sa piété; sa conduite; son digne veuvage. Devient le patriarche de sa famille.............. IX 388
— Son fils, le duc de Chaulnes, obtient pour son fils la survivance de sa charge de capitaine des chevau-légers de la garde, avec jusqu'à 400,000 livres de brevet de retenue dessus............ XIII 275
— Mort de la duchesse de Montfort, mère du duc de Luynes............ XIV 399
Chevry (Mme de). Épouse la Noue. Quelles gens c'étoient.................XVII 65
Chiaous à Marseille.............. XIV 82
Chiari (Combat de)............... III 75
Chimay (Prince de). Perd sa femme, fille du duc de Nevers, sans enfants: *voir* aux Grands d'Espagne............XVIII 53
Et à Saint-Simon.
Chimère d'arrière-petit-fils de France avortée................... VI 353
Chirac, premier médecin de M. le duc d'Orléans, à la mort d'Humbert....... XII 343
— Son caractère et son infamie......... XIV 379
— Son insigne scélératesse impunie.... XVI 284
Chivas. Assiégé par nos troupes......... IV 293
— Le siège achevé par la Feuillade..... IV 303
Choin (Mlle), fille d'honneur de Mme la princesse de Conti, fille du Roi, et de Mme de la Vallière, chez qui Monseigneur passoit sa vie. Des lettres interceptées de l'armée de Flandres outrent Mme la princesse de Conti, qui la chasse avec éclat, et l'intrigue et la cabale en désarroi. I 200
— Elle devient la Maintenon de Monseigneur................... VIII 263
— Se réunit avec Mme de Maintenon contre Chamillart, et Monseigneur par

Choin (Mlle).

	Tomes.	Pages.
elle. Refuse une pension considérable et des logements à Versailles et à Marly qui lui sont offerts.	VI	418
— Refuse tout commerce avec M. et Mme la duchesse d'Orléans.	VII	438
— Est fort vraie et fort désintéressée.	VIII	269
— Gêne de sa vie. Bien traitée à la mort de Monseigneur. Accepte 12,000 livres de pension et n'en veut pas davantage. Sagesse de sa conduite après cette perte; n'est point abandonnée.	VIII	286

CHOISEUL (Duc de). Raison étrange qui l'exclut d'être maréchal de France. . . . . . . I 39
— Otage à Turin pour le mariage de Mgr le duc de Bourgogne. . . . . I 335
— Perd sa femme, sœur de la Vallière. . . II 104
— Épouse la veuve de Brûlart, premier président du parlement de Dijon. . . II 196
— Sa mort, qui éteint son duché-pairie. IV 251

CHOISEUL (Comte de). Fait maréchal de France. I 37
— Commande en Normandie. Le marquis de Beuvron et le comte de Matignon, tous deux chevaliers de l'Ordre et lieutenants généraux de Normandie, refusent de lui écrire *Monseigneur;* il les y oblige par un ordre du Roi. . . . . . . I 179
— Commande l'armée du Rhin. Projets des Impériaux. Il se met sur le Spirebach. Raisons de ce camp. . . . . I 354
— Ses dispositions. Mouvements et dispositions du prince Louis de Baden. . . I 360
— Retraite des Impériaux; fin de la campagne. . . . . I 361
— Le maréchal commande encore l'armée du Rhin; le passe. . . . . I 435
— Sa belle retraite. . . . . I 438
— Inondations générales. Beau projet du

Choiseul (Comte de). | Tomes. | Pages.

— maréchal avorté sur le point de l'exécution par un ordre du Roi de repasser le Rhin. . . . . I 442
— Situation des deux armées; le prince Louis de Baden prend Éberbourg. Suspension d'armes qui finit la campagne, prélude de la paix de Ryswick. I 456
— Perd sa femme, sœur du marquis de Renti. . . . . VIII 46
Caractère de cette dame. . . . .
— Mort du maréchal. Son éloge. . . . . . . VIII 212
CHOISY, maison de plaisance léguée à Monseigneur par Mademoiselle, fille de Gaston. I 41
— Échangé pour Meudon avec Mme de Louvois à qui le Roi donne un grand retour. . . . . I 246
CIENFUEGOS, jésuite. Confesseur de l'amirante de Castille et son conseil, qui passa avec lui en Portugal au lieu de venir en France ambassadeur. . . . . . . III 293
— Fait cardinal à la nomination de l'Empereur, et chargé de ses affaires à Rome. Quel. . . . . XVII 149
CIFUENTÈS. . . . . IV 418
CILLY apporte au Roi la nouvelle de la bataille d'Almanza. . . . . V 191
— Est fait lieutenant général. . . . . V 197
— Prend le port du Passage, brûle toute la marine d'Espagne renaissante. . . . . XVI 252
CÎTEAUX (Abbé général de). Maintient son fauteuil aux états de Bourgogne, par jugement contradictoire du Roi, contre l'évêque d'Autun, qui le lui disputoit. . II 181
CLARAFUENTE, marquis: *voir* aux GRANDS D'ESPAGNE. . . . . XVIII 69
Classes des GRANDS D'ESPAGNE : *voir* aux GRANDS D'ESPAGNE.

Classes des Grands d'Espagne. — Tomes. Pages.
	Tomes.	Pages.
CLÉMENT XI, Albano. Sa mort.	XVII	222
Clergé. Obtient le premier salut, au bout de l'an de Monseigneur, à Notre-Dame.	IX	303
— Son commerce à Rome et avec le Nonce à Paris.	XI	262
— Donne au Roi 12 millions.	XII	344
CLÉREMBAULT. Sa fortune; son caractère; sa mort à près[1] de cent ans.	X	7
CLÉREMBAULT (Maréchale de). Perd l'abbé son fils.	X	246
— Et son fils aîné noyé dans le Danube à la bataille d'Hochstedt.	IV	125
— Famille, caractère, mort de la maréchale.	XIX	82
CLERMONT CHATTES, cassé, exilé, perdu sans ressource. Son caractère. (*Voir* CHOIN et CONTI).	I	200
— Fait capitaine des Suisses de M. le duc d'Orléans.	XVI	300
— Mort de son frère, évêque, duc de Laon; ses deux premiers successeurs.	XVII	286
CLERMONT TONNERRE, évêque comte de Noyon, étrangement moqué par l'abbé de Caumartin, en le recevant à l'Académie françoise.	I	203
— Grande action de ce prélat sur cet abbé qui néanmoins en demeure perdu.	I	208
— Mort de ce prélat.	II	437
— Trait de lui chez le cardinal d'Estrées au festin qu'il donna à la réception au Parlement de son neveu, évêque duc de Laon, et autres traits du même prélat. Son caractère.	X	351
— Modestie de l'abbé de Tonnerre, son neveu, nommé à l'évêché duché de Langres.	I	283
— Mort et caractère du comte de Tonnerre, frère du dernier.	IV	320

1. Dans les *Mémoires* il y a *plus*.

Clermont Tonnerre.   Tomes. Pages.

	Tomes.	Pages.
Son fils tue à la chasse le fils aîné d'Amelot, lors ambassadeur en Espagne; ce qui en arrive.	IV	336
Le même épouse une fille de Blansac.	VI	190
— Marquis de Clermont, fait commissaire général de la cavalerie (longtemps depuis maréchal de France).	XII	424
CLOCHE (Le père), général des Dominicains. Sa mort; son caractère.	XVII	40
COËHORN, le Vauban des Hollandois. Sa mort.	IV	72
COETTENFAO. Fait chevalier d'honneur de Mme la duchesse de Berry.	XI	126
— Obtient une pension.	XVI	267
— Mort de son frère, évêque d'Avranches.	XVI	336
— Sa mort.	XVII	214
— Sa femme est dame de Mme la duchesse de Berry. Sa mort.	XI	126
COETLOGON, vice-amiral, depuis maréchal de France. Belle anecdote de lui.	XIII	189
COETQUEN LA MARSELIÈRE. Sa mort singulière; son caractère.	I	15
COETQUEN obtient le gouvernement de Saint-Malo.	XIII	402
— Mort de sa mère. Curiosités sur elle.	XVII	86
— Mort de sa femme, sœur du duc de Noailles.	XIX	106
COIGNY, qui longtemps depuis fit une si grande fortune, épouse Mlle du Bordage.	II	281
— Son père et sa mère; leur nom, extraction; leur fortune.	IV	12
— Le père refuse de passer en Bavière, et par là, sans le savoir, le bâton de maréchal de France qu'eut Marsin.	IV	13
— Sa mort.	IV	179
— Son fils est fait colonel général des dragons.	IV	191
— Mort de sa mère, sœur des Matignons. Extraction de son mari.	XVI	337

Coigny.   Tomes. Pages.

— Son fils se bat avec le duc de Mortemart. Est mal avec M. le duc d'Orléans; est refusé d'entrer au conseil de guerre; veut tout quitter et se retirer chez lui. Le duc de Saint-Simon le raccommode avec le Régent; il entre au conseil de guerre, et ne l'oublie jamais. . XIII 113

Coislin (Duc de). Son caractère; sa mort; ses singularités. . . . . III 305

— Traite fort mal le premier président de Novion, à la thèse du 2ᵈ fils du duc de Bouillon, et en a tout l'avantage. . . III 309

— Mort de la duchesse, sa femme. . . . . . IV 274

— Mort du chevalier de Coislin, son frère. Son caractère. . . . . II 176

— Mort du duc de Coislin, son fils, sans enfants. Son caractère. . . . . III 305

Coislin, évêque d'Orléans, premier aumônier du Roi, frère et oncle des deux ducs, nommé au cardinalat sans y avoir songé. . . . . I 278

— Éclate contre le duc de la Rochefoucauld, sur sa place accoutumée au sermon, que le Roi lui donne comme grand maître de la garde-robe. . . . . I 309

— Est de nouveau durement condamné. . I 424

— Obtient pour sa charge une autre place au sermon derrière le Roi, qui le réconcilie avec le duc de la Rochefoucauld. I 426

— Est cardinal. . . . . I 467

— Est grand aumônier. . . . . II 346

— Sa mort et son éloge. . . . . IV 366

Coislin (Abbé), fils et frère des deux ducs et premier aumônier du Roi en survivance de son oncle. . . . . I 426

— Sa fortune. Est fait évêque de Metz. . . I 426

— Commandeur de l'Ordre. . . . . III 16

	Tomes.	Pages.
Coislin (Abbé).		
— Premier aumônier du Roi en titre. . . .	II	347
— Son étrange aventure.	IV	331
— A la mort de son frère, sans enfants, le Roi lui fait un hocquet sur sa succession à la dignité de duc et pair qu'il savoit bien être inepte; occasion, cause et fin de ce hocquet.	VII	330
— Son habit au Parlement. Sa manière de signer.	VII	334
— Il a le choix des deux côtés, au lit de justice, et préfère le droit.	X	446
— Lui et quelques autres pairs mécontents du rétablissement du comte de Toulouse au lit de justice des Tuileries. .	XVI	54
COLANDRE. Fait colonel, mais avec choix. . . .	III	242
COLBERT, archevêque de Rouen. Son caractère; sa mort.	V	363
COLBERT MAULEVRIER perd sa mère.	II	293
— Épouse la fille du maréchal de Tessé. .	II	208
— Sa femme et lui. Son caractère; sa conduite; son énorme audace.	IV	172
— Va singulièrement en Espagne avec son beau-père; passent par Toulouse, y voient la princesse des Ursins exilée. Ce qu'il s'y brasse.	IV	175
— Conduite et faveur de Maulevrier à Madrid.	IV	219
— Sa conduite; son audace. Succès avortés; rage. Est rappelé en France.	IV	264
— Sa curieuse catastrophe.	IV	402
— Mort du chevalier son frère. Leur famille.	IX	90
Colloques artificiels des ennemis sur le point de la bataille de Malplaquet. . . .	VII	96
— Curieux dans le cabinet du conseil de régence avant qu'on y fût en place, qui précéda immédiatement le lit de justice des Tuileries, entre le duc du		

Colloques.　　　　　　　　　　　　　　　Tomes.　Pages.

    Maine et le comte de Toulouse, puis du comte de Toulouse avec le Régent, après du comte de Toulouse avec le duc du Maine. . . . . XVI　9
COLMENERO. Quel. A Versailles. . . . . II　413
— Sa trahison. . . . . V　229
COLOGNE (Électeur [de]), réfugié à Lille. . . . . IV　168
— Mis au ban de l'Empire. . . . . IV　420
— Incognito à Paris et à Versailles. . . . . V　45
— Est sacré. . . . . V　118
— A Paris et à la cour sans prétentions, comme l'électeur son frère. Dit la messe à Mme la duchesse de Bourgogne. Son étrange poisson d'avril. . VIII　170
— Est à Paris; voit le Roi. . . . . IX　433
— Le voit plusieurs fois après souper, avec les princesses. . . . . X　15
— Le voit à Marly. . . . . X　335
— Mange à Meudon avec Monseigneur et le suit par tout le château, qu'il lui fait voir sans la plus légère prétention. . . VIII　170
— Est rétabli, prend congé du Roi, et retourne dans ses États. . . . . XI　55
— Sa mort. . . . . XIX　166
COLONNE (La connétable) Mancini arrive en France et près de Paris, où elle reçoit défense du Roi d'entrer. S'y arrête fort peu et s'en retourne. . . . . IV　297
    Voir COLONNE aux GRANDS D'ESPAGNE. XVIII　54
Combat naval, fête donnée dans la place Major à Madrid. . . . . XVIII　333
COMBE (La), barnabite. Mis à la Bastille. Pourquoi. . . . . II　44
Comédies chez Mme de Maintenon et chez Mme la princesse de Conti douairière. III　200
— Comédies. . . . . IV　183
— Autres chez Mme la duchesse du Maine à

Comédies.	Tomes.	Pages.
Sceaux, à Clagny, etc.	V	134
— Comédiens italiens chassés. Pourquoi.	I	427
COMINGES. Son extraction; sa famille; son caractère; sa mort.	IX	313
Comité de finances.	XIV	3
COMMERCY (Prince de), tué au combat de Luzzara.	III	290
— État de la seigneurie de Commercy.	V	232
Commotion de la découverte de la conspiration du duc et de la duchesse du Maine et de Cellamare.	XVI	175
Compagnies (Quatre) et quatre capitaines des gardes du corps établies (*sic*) en Espagne.	IV	30
Compagnie d'occident. Quelle. Édit en sa faveur.	XIV	297
Compagnie d'Ostende.	XIX	152
Comparaison du gouvernement des premiers ministres de France et d'Espagne et de leurs conseils, avec le gouvernement des conseils de Vienne, de Londres et de Turin.	XIII	75
Comptabilité enfin trouvée par un rare expédient, entre les ordres lucratifs d'Espagne et les trois grands Ordres de l'Europe.	XVIII	371
Compétence en Espagne entre les deux majordomes-majors, uniquement aux audiences publiques de la reine, qui en exclut celui du roi; et entre les mêmes et les deux grands écuyers, uniquement dans les carrosses du roi et de la reine, qui en exclut les deux majordomes-majors.	II	469
COMPIÈGNE. Camp de paix résolu à Compiègne.	II	43
— Superbe et ruineux.	II	105
— La cour au camp.	II	109

Compiègne.

	Tomes.	Pages.
— Spectacle singulier..............	II	113
— Retour et fin du camp............	II	117

Comte (Le), jésuite, confesseur de Mme la duchesse de Bourgogne. Renvoyé; pourquoi.................... II 336

Conches. Quel.................... XIX 47
— Est interrogé.................. XIX 120

Condé. Monsieur le Prince. Déclaré premier prince du sang à la mort de Monsieur; pourquoi................... III 41
— Donne à Mme la duchesse de Bourgogne un bal et une fête dans son appartement de Versailles; un masque à quatre visages connus de cire y fait beaucoup de fracas, demeure inconnu. Monsieur le Prince fait une cruelle malice au duc de Luxembourg à un bal en masque à Marly.......... II 297
— Obtint un ordre du Roi au parlement de Bourgogne, de baisser ses baguettes chez lui à Dijon, allant le complimenter en corps................ IV 449
— Sa misère sur le deuil d'un des enfants du duc du Maine............ VI 150
— Son caractère et sa mort........... VI 326
— Son corps, conduit à Valery par l'évêque de Fréjus, depuis cardinal Fleury, y est [reçu par] la Hoguette, archevêque de Sens, diocésain, en présence de Monsieur le Duc et des seuls domestiques de la maison........... VI 344
— Son testament est porté en justice par sa famille, dans laquelle il cause de grands procès et une division éclatante.................... VII 250
— Mouvements des procès de sa succession. XII 264
— Supériorité de Monsieur son père sur

Condé.

— don Juan d'Autriche par tout dans les Pays-Bas. Il lui apprend à vivre avec Charles II, roi fugitif d'Angleterre, qui y étoit retiré, par le grand respect qu'il lui rend. . . . . III 154
— Malheur et mort de Madame la Princesse, sa femme, Maillé Brezé, héritière. . . . IV 268
— Progression des biens de la maison de Condé. . . . . VI 346
— Mort de Mlle de Condé. . . . . II 359
— Madame la Princesse douairière obtient quelques adoucissements à Mme la duchesse du Maine, sa fille, et permission à son médecin et à Mme de Chambonas, sa dame d'honneur, de l'aller trouver. XVI 175
— Elle-même la va voir à Chamlay. . . . XVI 314
— Mort, famille, caractère, obsèques de Madame la Princesse. . . . . XIX 92

Conférence très-singulière. . . . . III 213
— Sur la paix refusée par les alliés. . . . . V 53
— A Rastadt, entre le prince Eugène de Savoie et le maréchal de Villars, qui y traitent et y concluent la paix entre l'Empereur, l'Empire et la France. . X 108
(*Voir* les pièces [1].)
— Barbouillée, puis recommencée et heureusement terminée. . . . . X 133
— A Saint-Cloud. . . . . VII 440
— A Sceaux, entre la duchesse du Maine et les ducs de la Force et d'Aumont. . . XI 36
— Au Palais-Royal, singulière sur les finances. . . . . XVII 103

Confession (La), étrangement gênée dans la famille royale. . . . . IV 257

CONFLANS. Sa mort. . . . . XVI 356

---

1. Voyez tome I, p. 420 et note 1.

	Tomes.	Pages.
CONFLANS (Chevalier de). Mène Law sonder et persuader le chancelier; réussissent, le ramènent de Fresnes à Paris par cette condition.	XVII	100
Confusion à Marly, à la mort de Monseigneur.	VIII	260
CONGIS. Quel. Sa mort.	IV	446
Congrès de Cambray inutile.	XVII	162
CONNELAYE (La). Quel. Sa mort.	XIII	89
Connétable de Castille, ambassadeur d'Espagne en France.	II	434
— Sa folle prétention.	IV	93
— Est fait majordome-major du roi d'Espagne.	IV	306
— Sa mort.	IX	427
— Titre de connétable héréditaire de Castille est supprimé par Philippe V.	XVIII	16
(*Voir* aux GRANDS D'ESPAGNE.)		
Conseillers. Conseillers d'État en Espagne. Ce que c'est.	II	466
— Conseillers d'État en France. Époque de leur première prétention de ne céder qu'aux gens titrés.	X	143
— Conseillers. Origine de ce nom.	X	369
— Conseillers.	X	395
— Adresse des conseillers d'État dans leur prétention de ne céder qu'aux ducs et aux officiers de la couronne.	XII	255
— Et l'obtiennent pour ceux qui entreront extraordinairement au conseil de régence pour quelque affaire particulière.	XII	260
— Prétendent, contre Armenonville, que les charges de secrétaire d'État ne sont pas compatibles avec leurs places, et perdent contradictoirement leur procès.	XII	425
— Sont pointilleux et moqués.	XVI	110

Conseillers. Tomes. Pages.
— Grâces accordées aux conseillers du
    grand conseil............... XIV 97
Conseils. Conseils d'État. En Espagne et quelques autres............... II 367
— Deux conseils d'État tenus en deux jours, chez Mme de Maintenon, à Fontainebleau.................. II 385
— Conseil de guerre à Vienne. Sa grande sévérité.................. IV 65
— Conseil et justice d'Aragon. Conseil de Castille, son président ou son gouverneur.................. II 460
— Conseil de guerre tenu devant Turin, déplorable.................. V 19
— Conseils devant le Roi. Personnes qui y assistent assises ou debout...... V 146
— Conseil de guerre devant le Roi fort orageux, l'unique qu'il ait jamais tenu dans sa cour............. VI 405
— Conseil de finances, explication d'icelui. VIII 139
— Conseil des parties. Court parallèle de ce conseil avec le Parlement....... X 473
— Conseils à l'ordinaire........... XII 215
— Conseils, d'où pris, comment pervertis. . XII 224
— De conscience............... XII 230
— De finances................. XII 232
— Des affaires étrangères, de guerre.... XII 234
— De marine, des affaires du dedans du royaume.................. XII 338
— De régence................. XII 243
— Personnages des conseils......... XII 250
— Lieux, appointements, règlements particuliers des divers conseils...... XII 253
— Forme des conseils du feu Roi adoptée au conseil de régence......... XII 258
— Premier conseil de régence. Conseils prennent forme............. XII 272

Conseils. Tomes. Pages.
— Foiblesse du conseil de régence...... XII 294
— Conseil de régence où les prétentions des grand et premier écuyers sont jugées toutes en faveur du dernier....... XII 301
— Conseils de Vienne et de Constantinople divisés chacun entre eux sur la guerre. XIII 24
— Conseil de commerce........... XII 413
— Conseil de régence où la triple alliance et la proscription des jacobites en France sont approuvées........ XIII 271
— Conseil de régence extraordinairement composé et assemblé pour l'affaire entre les princes du sang et les bâtards; son jugement est enregistré au Parlement; aussitôt après, deux adoucissements accordés aux bâtards, contre la teneur de l'arrêt, par M. le duc d'Orléans, au scandale de tout le monde. XIII 423
— Misère du conseil de régence sur les avantages, tant utiles qu'honorifiques, accordés au duc de Lorraine par M. le duc d'Orléans.......... XIV 341
— Conseil de régence par rapport à la monnoie............... XV 340
— Conseil de régence qui précède immédiatement le lit de justice tenu aux Tuileries le même matin du vendredi 26 août 1718, avec la pièce et la séance dessinée pour mieux entendre ce qui s'y passa............. XVI 13
— Remarques sur la séance. Tableau du conseil................ XVI 14
— Conseil de régence sur l'arrêt de Cellamare, ambassadeur d'Espagne, où deux de ses lettres à Alberoni sont lues................... XVI 140
— Conseils sur leur fin par l'intérêt de

	Tomes.	Pages.
Conseils.		
l'abbé du Bois et de Law. Tous sont [cassés] hors celui de régence et celui de marine.	XVI	102
— Conseil de régence entièrement tombé.	XVI	340
— Petit conseil tenu au Palais-Royal.	XVII	119
— Le grand conseil enregistre la constitution *Unigenitus*, le Régent, pairs et maréchaux de France y séants. Nullité de cet enregistrement.	XVII	128
— Conseil de régence curieux sur les finances et la sortie de Law du royaume.	XVII	166
— Conseil de régence où le mariage futur du Roi est déclaré avec l'Infante d'Espagne.	XVII	297
— Conseils d'Espagne.	XVIII	161
— Conseil d'État et conseillers d'État nuls en Espagne.	XVIII	165
Considérations diverses.	XIII	75
Constitution *Unigenitus*. Le détail de cette immense affaire, qui pourroit seul former une bibliothèque avec les ouvrages qu'elle a produits, ne peut entrer dans ces mémoires. Source de cette affaire et commencement de celle qui l'a produite.	VIII	214
— Remise par le Roi au Dauphin; causes de ce renvoi.	IX	73
— Éclat du paquet de l'abbé de Saron.	IX	162
— Le Dauphin ne se cache pas d'être d'avis de chasser le P. Tellier. Faute énorme du cardinal de Noailles; son affaire renvoyée en total au Dauphin pour la finir.	IX	163
— Est portée à Rome.	X	24
— Le Pape engagé de parole positive au cardinal de la Trémoille de ne donner		

Constitution.

	Tomes.	Pages.
sa Constitution qu'après qu'il l'auroit examinée et qu'il en seroit content, comme étant chargé des affaires de France, et au sacré collége qu'après qu'il l'auroit examinée par pelotons de quatre, de cinq, de six ensemble et que tous lui en auroient dit leur avis en particulier.	X	26
— Subtilement fabriquée à Rome par le jésuite Aubanton, assistant françois alors du général de la Compagnie et par le cardinal Fabroni, affichée tout de suite à l'insu du Pape et sans la lui avoir montrée. Colère du Pape, du sacré collége, du cardinal de la Trémoille. Soulèvement général difficilement arrêté.	X	89
— Soulèvement général contre la Constitution à son arrivée en France.	X	92
— Commencement de la persécution en faveur de la Constitution.	X	129
— Scélératesse de ses chefs.	XI	444
— Époque singulière de l'entier silence gardé au conseil de régence sur tout ce qui a trait à la Constitution.	XVI	110

(Cette matière se retrouve encore par-ci par-là sous d'autres lettres.)

— Constitution.	XVIII	163
CONTADES. Son extraction; sa fortune; son caractère. Est fait major du régiment des gardes.	IV	442
— Fait une course de l'armée à la cour.	IX	111
— Le maréchal de Villars le dépêche à la cour sur les difficultés qui l'avoient fait quitter Rastadt et le prince Eugène et revenir à Fribourg.	X	107
— Revient de Rastadt à la cour, y retourne,		

	Tomes.	Pages.
Contades.		
en apporte enfin la signature de la paix.	X	134
CONTEST (Saint-), maître des requêtes, intendant de Metz. Va, troisième ambassadeur plénipotentiaire, signer à Baden la paix de l'Empire avec la France, au refus de la Houssaye, conseiller d'État, intendant de Strasbourg.	X	144
— Est mis dans le conseil de guerre.	XII	237
— Est fait conseiller d'État, quitte le conseil de guerre.	XIII	191
— Nommé rapporteur de l'affaire des princes du sang et des bâtards devant un bureau de six commissaires, puis devant le conseil de régence extraordinairement composé pour la juger; temps court fixé aux deux parties pour lui remettre leurs papiers.	XIII	414
— Il travaille chez le Régent avec les six commissaires, où fut arrêté le jugement qui suivit.	XIII	422
— Caractère de Saint-Contest. Il est chargé de faire le traité proposé par le duc de Lorraine, venu exprès à Paris, et de le passer à son mot, ainsi qu'il fit.	XIV	340
— Il va, ambassadeur plénipotentiaire, au congrès de Cambray.	XVII	162
CONTI (Mme la princesse de), douairière, fille du Roi et de Mme de la Vallière. Sa triste aventure. Chasse de chez elle Mlle Choin. Clermont demeure entièrement perdu; cabale en désarroi. La Choin et Monseigneur.	I	199
— Ses filles d'honneur mangent à table à Marly.	I	330
— Elle conserve sa signature, que Mme la duchesse d'Orléans et Mme la duchesse		

Conti (Princesse de).

	Tomes.	Pages.
filles du Roi et de Mme de Montespan changent.	I	331
— Elle drape de sa mère, quoique carmélite.	VIII	44
— Elle achète Choisy de la succession de Mme de Louvois.	XIII	43
— Obtient pour la Vallière, son cousin germain, la maison et terre de Champ, confisqués sur le financier Bourvalais, à sa déroute, par la chambre de justice.	XIV	118

Conti (Prince de) père, gendre de Monsieur le Prince et beau-frère de la précédente.

	Tomes.	Pages.
Son procès pour les biens de Longueville contre la duchesse de Nemours.	I	219
— Le gagne.	I	288
— Candidat pour la couronne de Pologne.	I	383
— Sa froideur et pis encore pour cette couronne ; les causes.	I	431
— Son élection est déclarée par le Roi à Versailles. Il refuse modestement le rang de roi de Pologne que le Roi lui offre. Il part par mer. Mouvements divers sur ce départ.	I	446
— Arrive à la rade de Dantzick ; trouve peu d'accueil, et la ville contre lui ; n'ose mettre pied à terre.	I	451
— Revient. Voit incognito le roi de Danemark à Copenhague.	I	454
— Perd un enfant, dont le Roi prend le deuil. Pourquoi.	II	40
— A une querelle avec le grand prieur qui est châtié.	II	95
— Gagne définitivement son procès contre la duchesse de Nemours.	II	150
— Va à Neuchâtel, et les autres prétendants aussi.	II	172
— Le Roi les fait tous revenir.	II	201

DES MÉMOIRES DE SAINT-SIMON. 165

Conti (Prince de). Tomes. Pages.

— Étrange embarras de M. le prince de Conti avec le duc de Luxembourg à Meudon. . . . . II 342
— Reçoit du Roi un don pécuniaire et une pension de 40,000 livres pour Monsieur son fils, enfant. . . . . : . . IV 187
— Retourne à Neuchâtel; y trouve un ministre du roi de Prusse qui a l'audace de prétendre le précéder. Revient. . . V 282
— Est desiré pour commander l'armée de Flandres, demandé pour celle d'Italie. VI 114
— Sa mort. Son caractère. . . . . VI 271
— Deuil du Roi et ses visites. . . . . VI 280
— Pensions à la princesse, sa veuve, et au prince, son fils. . . . . VI 280
— Elle n'est visitée par le Roi qu'à Versailles. . . . . VI 346

Conti (Princesse de), fille du Roi. Veut inutilement se raccommoder avec Mlle Choin. VIII 288
— Quelle, et sa conduite à la mort de Monseigneur. . . . . VIII 401
— Achète l'hôtel de Lorges à Paris. . . . . X 16

Conti (Prince de) fils. Reçu chevalier de l'Ordre. Singularités à son égard. . . VIII 168
— Épouse Mlle de Bourbon, sœur de Monsieur le Duc. . . . . X 61
— Scènes étranges entre eux. . . . . XIII 41
— Il a la petite vérole. . . . . XIII 58
— Se fait acheter par le Roi le gouvernement de Poitou de la Vieuville, et le fait mettre sur le grand pied. Entre au conseil de régence et en celui de guerre. XIII 292
— Mort et deuil d'un de ses fils. . . . . . XIV 87
— Naissance de M. le prince de Conti, son fils. . . . . '. . . . XIV 98
— Reçoit d'immenses grâces pécuniaires. XIV 405
— Compté pour rien en affaires, et sur le

Conti (Prince de). Tomes. Pages.

 lit de justice des Tuileries. . . . . . . XV 421
— Ne laisse pas d'obtenir de monstrueuses gratifications. Va servir de lieutenant général à l'armée du duc de Berwick en Navarre; y commande la cavalerie. XVI 184
— Y reçoit une folle lettre anonyme. . . . XVI 269
— Retire Mercœur sur Lassay. . . . . . . XVI 345
— Va malicieusement, avec force gens, au Parlement ouïr plaider un procès contre l'abbé Tencin, en confidence; y est témoin de sa conviction et des affronts que cet abbé y reçoit en public. XVI 354
— Son extrême avidité. Fortement tancé par M. le duc d'Orléans pour avoir fort mal traité Law. . . . . XVI 436
— Il le débanque. . . . . XVI 175
— Madame sa mère obtient une nouvelle pension de 20,000 livres. . . . . XVI 299
— Mlle de Conti sa sœur conduit des propositions de mariage entre Monsieur son frère et une fille de M. le duc d'Orléans. . . . . X 54
 Accusée d'avoir fait manquer le mariage pour son intérêt, demeure irréconciliablement brouillée avec Mme la duchesse de Berry. . . . . X 58
 Épouse Monsieur le Duc à la même messe du Roi que Monsieur son frère épouse la sœur de Monsieur le Duc, qui tous quatre s'en repentent bien après. X 61
Cordelier de Chalais, enfermé pour toujours au château de Ségovie. . . . . XVIII 406
Cordeliers de Tolède. Leurs contes. Leur sorte de forfait. . . . . XVIII 342
Cornuel (Mme). Quelle. Son bon mot en mourant à M. de Soubise, sur le mariage qu'il faisoit de son fils. . . . . I 178

	Tomes.	Pages.
Corrégidors en Espagne. Leur état; leurs fonctions.	II	463
Corruption des premiers présidents du parlement de Paris, successeurs de Bellièvre.	IV	310
Corsini, neveu du cardinal Corsini, pape Clément XII en 1730, qui le fit cardinal, mais laïc alors et envoyé du grand-duc en France. Quel. Il passe à Londres pour y faire des représentations inutiles.	XIV	446
— Ouvertures, plaintes, avis, réflexions du grand-duc confiées à Londres par Corsini à Monteleon, pour le roi d'Espagne. Foible supériorité impériale sur les états de Toscane.	XV	123
Cortès (Las). États généraux en Espagne; leur forme; leur être.	III	150
Cosnac, archevêque d'Aix, nommé à l'ordre du Saint-Esprit; traits curieux de lui.	III	12
— Sa mort.	V	364
Cossé. Sa fortune; est reçu duc et pair de Brissac.	II	295
— Son ingratitude; son embarras.	IV	333
— Son repentir. Sa mort.	VI	398
— Sa maison.	VII	335
Coulanges. Quel. Sa mort. Son caractère et celui de sa femme.	XII	416
Cour de Saint-Germain à Fontainebleau.	IV	4
— Ses ondes.	XI	355
— Démêlé des cours de Rome et de Turin sur le tribunal de Sicile dit *la monarchie*.	XII	447
— Cour d'Espagne déplorable.	XIII	75
— Politique odieuse de la cour de Vienne.	XIV	432
Sa conduite.	XV	85
Son esprit.	XV	108

Cour. Tomes. Pages.

- Son génie et de ses ministres. . . . . XV 180
- Garnisons. . . . . XV 181
- Situation de la cour d'Espagne. . . . XVIII 192
- Politique terrible de la cour de Rome sur le cardinalat. . . . . XVII 38
- La Cour retourne se fixer pour toujours à Versailles. . . . . XVIII 449

Cour des monnoies obtient la noblesse. . XVI 274

COURCELLES (Chevalier de). Son état; sa mort; sa parenté. . . . . IV 443

COURCILLON. Épouse la fille unique du marquis de Pompadour. Leur caractère; leur situation. . . . . VI 5

- On lui recoupe la cuisse, qu'il avoit déjà perdue à la bataille de Malplaquet. Ses bouffonneries. Déplorable politique de courtisan. . . . . VII 279
- Sa mort. . . . . XVI 335

COURLANDE. . . . . II 411

Couronnes. Les trois grandes ont le choix des nonces que Rome leur envoie, sur cinq ou six qu'elle leur propose. . . . II 288

- Couronnes aux armes des particuliers; leurs abus. . . . . III 454

Couronnement. Il n'y en a point en Espagne. . . . . III 157

Course d'un gros parti en Champagne. . . . IX 323

COURSON, conseiller d'État, intendant de Bordeaux. Son étrange affaire avec la ville de Périgueux. . . . . XIV 87

COURTAUMER (M*me* de), sœur du duc de la Force. Sa mort. . . . . XIII 56

COURTEBONNE. Quel. Sa mort. . . . . IV 237

COURTENAY. Princesse de Courtenay. Sa mort. Le Roi montre plus d'une fois être persuadé que les princes de Courtenay sont une branche de la maison royale, comme il

	Tomes.	Pages.
Courtenay (Princesse de). | | |
est certain............... | X | 110 |
— Font, selon leur coutume à toutes mutations de rois, leur protestation pour la conservation de leurs état et droits et la présentent au Régent. Malheur et extinction de cette branche de la maison royale................ | XII | 265 |
— Grâces pécuniaires considérables au prince de Courtenay. Sa mort..... | XIX | 104 |
COURTENVAUX. Marie son fils à la dernière sœur du duc de Noailles en obtenant pour lui sa charge de capitaine des Cent-Suisses de la garde du Roi....... | XII | 422 |
— Mort de ce fils laissant un fils tout petit enfant; la charge lui est donnée, et l'exercice au frère cadet de son père, jusqu'à ce qu'il ait un certain âge. . | XVIII | 449 |
COURTIN, conseiller d'État, distingué par ses emplois et ses ambassades, refuse d'aller premier ambassadeur plénipotentiaire à Ryswick........... | I | 376 |
— Refuse une des deux places de conseiller au conseil royal des finances. Raison de ces refus. Devient doyen du conseil. | I | 395 |
— Candidat de la charge de chancelier... | II | 220 |
— Sa mort; ses emplois; son caractère.. | IV | 36 |
Coutume étrange d'Espagne et de Portugal en faveur des Juifs et des Maures qu'on tient sur les fonts de baptême..... | III | 115 |
Couvertures des grands d'Espagne. Heures où elles se font............. | XVIII | 202 |
CRAGGS. Fait secrétaire d'État en Angleterre. Sa hauteur à l'égard du ministre de Sicile. | XV | 84 |
— Sa mort.................. | XVII | 209 |
Crayon de la cour............... | VI | 462 |
— De Mgr le duc de Bourgogne pour lors. | VII | 370 |
— De Mme la duchesse de Berry et projets. | VIII | 277 |

Crayon. — Tomes. Pages.
— De M. le duc d'Orléans. Son intérêt... IX 257
— D'Effiat.................. IX 267
Création de rentes à 2 ½ p. cent enregistrée. XVII 104
Crécy Verjus. Sa fortune; ses emplois; son ca-
    ractère; sa mort............. VII 128
Crémone (Journée de)............... III 230
Crenant. Tué en cette journée......... III 233
Crequy (Marquis de). Chassé du royaume;
    pourquoi................. I 181
— Revient à grand'peine, et sert. Tué, lieu-
    tenant général, à la bataille de Luzzara.
    Son caractère.............. III 290
— Caractère de la maréchale de Crequy, sa
    mère................... V 293
Crequy (Duchesse de). Obtient la charge de
    premier gentilhomme de la chambre
    pour le duc de la Trémoille, son petit-
    fils, à la mort du duc de la Trémoille,
    son gendre................ VI 397
— Mort de la duchesse de Crequy....... VII 59
— Admirable conversion de la marquise de
    Crequy.................. XIV 360
Creuilly. Épouse une Spinola.......... X 197
Croissy, ministre et secrétaire d'État. Sa mort. I 331
Croissy (Chevalier de). Son cadet, pris pour la
    seconde fois devant Leffinghen.... VI 160
— Se marie et prend le nom de comte de
    Croissy.................. IX 139
— Va ambassadeur auprès du roi de Suède. X 342
— Mort de sa mère. Son caractère..... XVI 334
Crosat. Quel. Achète, à la mort de l'avocat gé-
    néral Chauvelin, sa charge de grand
    trésorier de l'Ordre, en considération
    d'avances faites au Roi.......... XII 223
— Vend, à grand regret, cette charge à Do-
    dun, contrôleur général des finances.
    Obtient, à toute peine, de conserver les

	Tomes.	Pages.
Crosat. marques de l'Ordre.	XIX	219
Croy. Origine de cette maison.	X	77
— Comte de Croy, fils aîné du comte de Solre, épouse en Flandres Mlle de Millandon et s'y retire. Hardie et nouvelle prétention de sa veuve et de son fils.	XIII	98
— Absurdité de cette nouvelle chimère de princerie.	XIX	158
Crussol (Marquis de). Sa mort.	XVI	336
Cruz (Marquis de Santa-), majordome-major de la reine d'Espagne. Chargé par le roi d'Espagne de l'échange des princesses.	XVII	409
— Sa fortune.	XVIII	69
— Se moque du prince de Rohan à l'échange, et le force, dans l'acte de l'échange, à céder toutes ses chimériques prétentions.	XVIII	238
Voir aux Grands d'Espagne.	XVIII	69
Cucurani, un des quatre majordomes du roi d'Espagne, gendre de la nourrice de la reine. Son caractère.	XVIII	144
Curé de Seurre, ami de Mme Guyon, brûlé à Dijon.	II	99
Curiosités sur le vêtement des gens de robe et de plume.	IV	38
Cusani, nonce en France, depuis cardinal. Comble la mesure pour la disgrâce de Chamillart.	VI	428
Cyr (Filles et maison de Saint-).	IV	238
Czar (Le) Pierre I. Ses voyages.	II	15
— Il défait le comte de Lewenhaupt.	VI	175
— Défait le roi de Suède sans ressource à Pultawa.	VII	117
— Il l'est lui-même entièrement entièrement et sa (*sic*) sans ressource sur le Pruth. Ne		

Czar (Le) Pierre I.

— s'en sauve que par le conseil de la Czarine, avec ce qui lui reste, en corrompant l'avare grand-vizir, qui se laisse aller à faire avec lui un traité qui coûte après la tête à cet infidèle ministre … IX 114
— Le Czar vient en France. Ce voyage importune. … XIV 15
— Origine de la haine personnelle de ce prince pour le roi Georges d'Angleterre … XIV 16
— Ses mesures et ses motifs. Il veut, puis ne veut plus, être catholique. … XIV 17
— Il est reçu à Dunkerque, qu'il fût (sic) comme incognito, par les équipages du Roi, à Calais par le marquis de Nesle et défrayé lui et sa suite de tout. On lui rend partout les mêmes honneurs qu'au Roi. On lui prépare des logements au Louvre, et l'hôtel de Lesdiguières, près l'Arsenal, qu'il choisit. Le maréchal de Tessé est nommé pour être auprès de lui et va l'attendre à Beaumont. … XIV 20
— *Journal du séjour du Czar à Paris*. Verton, maître d'hôtel du Roi, chargé de ses tables et de sa suite, gagne ses bonnes grâces. … XIV 22
— Grandes qualités de ce monarque. Sa conduite à Paris. Sa figure; son vêtement; sa nourriture. Il est toujours traité de *Sire* et de *Majesté*. A des gardes du corps avec leurs officiers, des pages, des valets de chambre et de garde-robe du Roi, etc. … XIV 21
— Le Régent le visite. … XIV 24
— Le Roi le visite le premier et en cérémonie. … XIV 24

Czar (Le) Pierre I.   Tomes.   Pages.

— Et en est visité après en toute égale, pareille et même cérémonie. XIV   25
— Le Czar voit les places du Roi en relief. XIV   25
— Visite Madame qui l'avoit envoyé complimenter, puis va à l'Opéra avec le Régent dans sa grande loge, qui là lui sert à boire. XIV   26
— Va voir les Invalides. XIV   26
— Mme la duchesse de Berry et Mme la duchesse d'Orléans perdant enfin l'espérance d'ouïr parler du Czar, envoient enfin le complimenter. Le Czar ne distingue en rien les princes du sang et trouve fort mauvais que les princesses du sang prétendissent qu'il les visitât. Il visite Mme la duchesse de Berry. . . XIV   27
— Dîne avec le Régent à Saint-Cloud. Visite après Mme la duchesse d'Orléans, au Palais-Royal. XIV   28
— Voit le Roi, comme par hasard, aux Tuileries, où il étoit allé voir les pierreries de la couronne chez le maréchal de Villeroy. XIV   28
— Va à Versailles. XIV   28
— Dépenses pour le Czar. XIV   29
— Il va à Petit-Bourg et à Fontainebleau. XIV   29
— Voit, en revenant, Choisy, et par hasard Mme la princesse de Conti, qui y étoit demeurante. XIV   30
— Il va passer plusieurs jours à Versailles, à Trianon, à Marly; voit Saint-Cyr et fait à Mme de Maintenon une visite insultante. XIV   30
— Il va de fort bonne heure souper chez d'Antin et voir sa maison à Paris. . . XIV   30
— Madame la Duchesse l'y va voir par curiosité; il en est averti; il passe devant

Czar (Le) Pierre I.

	Tomes.	Pages.
elle, la regarde, ne fait semblant de rien, ni la moindre civilité, en fait en même temps à d'autres dames.	XIV	31
— Présents.	XIV	32
— Le Régent va dire adieu au Czar.	XIV	33
— Ce monarque va dire adieu au Roi sans cérémonie, et reçoit de même chez lui, sans cérémonie, la visite du Roi.	XIV	33
— Il visita le Régent. Personnes présentées au Czar. Le maréchal de Tessé commande à tous les officiers et livrée du Roi servant le Czar.	XIV	33
— Départ du Czar. Il ne veut être accompagné de personne. Il va trouver la Czarine à Spa.	XIV	33
— Il s'attendrit, en partant, sur la France et sur son luxe.	XIV	33
— Refuse tacitement le Régent qui, à la prière du roi d'Angleterre, desiroit qu'il retirât ses troupes de Meckelbourg.	XIV	34
— Il desire ardemment de s'unir sincèrement et étroitement avec la France, sans y pouvoir réussir, à notre grand dommage, par l'intérêt personnel de l'abbé du Bois et par l'infatuation pour l'Angleterre, funestement transmise à ses successeurs.	XIV	34
— Attention générale sur le voyage du Czar à Paris.	XIV	59
— Liaison entre lui et le roi de Prusse. Union et traité ensemble.	XIV	60
— Mesures du Czar avec la France et avec le roi de Pologne, sur le séjour de ses troupes dans le Meckelbourg.	XIV	63
— Elles en sortent.	XIV	74
— Le Czar veut traiter avec la France. Ob-		

Czar (Le) Pierre I. Tomes. Pages.
stacles au traité. . . . . : XIV 75
— Il est en mesure avec l'Empereur, à cause
  du Czaréwitz. . . . . XIV 76
— Le Czar plus que froid aux propositions
  de l'Angleterre, laquelle rappelle ses
  vaisseaux de la mer Baltique. . . . . . XIV 153
— Sèche réponse des ministres russiens
  aux propositions de l'Angleterre. . . . XIV 158
— Il part de Berlin sans y avoir rien fait
  ni voulu écouter sur la paix du Nord. XIV 178
— Son projet à l'égard de la Suède. Ceux
  du roi de Prusse. Offres à la Suède. . XIV 228
— Le Czar prend la protection du duc de
  Meckelbourg. Il rassure le roi de
  Prusse sur un traité particulier avec
  la Suède. . . . . XIV 290
— La Czarine veut s'assurer de la Suède,
  pour la transmission de la succession
  de la Russie à son fils. Agitation
  et reproches du Czar sur cette affaire. XIV 413
— Il s'offre à l'Espagne. . . . . XV 142
— Projet du Czar. Son ministre parle au
  Régent et lui fait inutilement des repré-
  sentations sur la quadruple alliance. XV 211
— Conspiration contre le Czar découverte. XVI 180
Czaréwitz. Épouse la sœur de l'impératrice
  régnante Brunsweigg-Wolfenbuttel. . IX 133
— La perd sans enfants. . . . . XII 395

Dans la lettre C { Noms propres. . 209
                  { Autres. 48
                  En tout . . 257

Dacier. Quel. Sa mort. Érudition profonde et
  modestie de sa femme. . . . . XIX 59
Daguesseau, avocat général. Conclut pour les
  ducs opposants au maréchal duc de

Daguesseau. . Tomes. Pages.
— Luxembourg... I 316
— Procureur général... II 345
— Candidat pour la place de premier président... V 172
— Sauve étrangement la maison de la Tour Bouillon... VIII 91
— Perd son père conseiller d'État et au conseil royal des finances. Son éloge. XIII 190
— Le procureur général Daguesseau lit au cardinal de Noailles et au duc de Saint-Simon un mémoire qu'il venoit de faire transcendant contre la Constitution par rapport à l'État et aux règles... XIII 248
— Est bombardé chancelier et garde des sceaux à la mort de Voysin... XIII 254
— Singularité de son frère... XIII 255
— Famille et caractère de ce chancelier. . XIII 258
— Son étrange réponse à une très-sage question du duc de Gramont aîné... XIII 264
— Anecdote singulière de l'étrange indécision de Daguesseau... XIV 203
— Manéges du chancelier Daguesseau avec le duc de Noailles contre Law... XIV 312
— Les sceaux lui sont ôtés; il est exilé en sa maison de Fresnes... XIV 319
— Courte disgression sur ce chancelier. . XIV 321
Dais. Nulle autre marque de dignité aux maisons en Espagne. Nulle aussi aux armes ni aux carrosses... III 116
Dalmont (Comtesse), favorite de la reine d'Angleterre. Sa mort à Saint-Germain. . III 408
Dalon. Quel. Chassé de sa place de premier président du parlement de Bordeaux. X 106
Dames s'entassent pour Compiègne... II 107
— Dames d'atour. Époque d'appeler *Madame* les dames d'atour filles... I 55

Dames.	Tomes.	Pages.
— Dames du palais en Espagne.	II	476
— Dames données à Madame.	III	42
— Puis à Mme la duchesse de Berry : ce sont les premières filles de France qui en aient eu.	XI	126
— Mme la duchesse d'Orléans en prend aussi après ; enfin les princesses du sang s'en donnent.	XII	344
— Celles de Mme la duchesse de Berry conservent, après sa mort, leurs logements et leurs appointements.	XVI	289
DANEMARK. Le Roi refuse de prendre le deuil d'un fils de ce monarque ; sa raison.	II	145
— Le Roi en est traité de *Majesté*, ne lui donne que de la *Sérénité*.	II	217
— Voyage oublié du prince royal de Danemark en France, qui pensa perdre Broglio qui commandoit en Languedoc.	VI	225
— Mort, à Londres, du prince George de Danemark.	VI	225
— Mort de la reine mère de Danemark.	X	162
— Danemark inquiet sur le Nord, éprouve le mécontentement de la Russie.	XIV	75
— Mort de la reine de Danemark Meckelbourg. Dix-huit jours après, le roi de Danemark épouse publiquement la Rewenclaw, sa maîtresse.	XVII	221
DANGEAU. Fait grand maître de l'ordre de Notre-Dame du Mont-Carmel et de Saint-Lazare.	I	112
— Chevalier d'honneur de Mme la duchesse de Bourgogne, et sa femme dame du palais.	I	343
— Cède à son fils son gouvernement de Touraine.	IX	376
— Disgression sur la fausseté d'un endroit, entre autres, de ses mémoires.	XIII	417

Dangeau.   Tomes. Pages.

— Sa mort; sa fortune; son extraction; sa famille; son caractère; ses mémoires; raison de s'y étendre. . . . . XVII 135
— Mort de l'abbé, son frère. . . . . XIX 90

Daniel, jésuite. Son histoire de France. Son objet; son succès; sa prompte chute; sa récompense. . . . . X 38

Daquin[1], premier médecin du Roi. Chassé. . . I 104
— Sa mort. . . . . I 310

Darmstadt (Prince de Hesse). Fait grand d'Espagne, et pourquoi. . . . . I 476
— Tué devant le mont Jouy à Barcelone. . IV 322
— Autre à la chasse du Roi. . . . . XI 119

Dates des grandesses d'Espagne. Leur mystère, difficultés, comment la plupart reconnues. . . . . XVIII 110

Davisard. Quel. Est mis à la Bastille avec d'autres gens attachés au duc et à la duchesse du Maine. . . . . XVI 157
— Est mis en liberté. . . . . XVI 344

Débourage et surbourage des places près du coin du Roi à la grand'chambre, usurpation aussi singulière que plus qu'indécente. . . . . X 434

Déclaration du Roi pour le rang intermédiaire des bâtards. . . . . I 164
— Pour le rang, l'état et habilité de succéder à la couronne de princes du sang. . . . . X 231
— Déclaration du Régent pour le leur ôter. . . . . XVI 22
— De guerre à la France par la Hollande et l'Angleterre. . . . . III 275
— De la France contre l'Espagne. . . . . XVI 178
— Pour recevoir la constitution *Unige-*

---

1. Saint-Simon, dans ses Mémoires, écrit ordinairement d'*Aquin*.

| Déclaration. | Tomes. | Pages. |

nitus, lue au conseil de régence sans y prendre l'avis de personne. . . . . . XVII 128
— Du mariage du Roi avec l'infante d'Espagne. . . . . XVII 293
— Du prince des Asturies avec une fille de M. le duc d'Orléans. . . . . XVII 302
DEINSE et DIXMUDE pris. . . . . I 266
Délibération à Fontainebleau sur l'acceptation ou non du testament du roi Charles II d'Espagne. . . . . II 385
— Sur le voyage de Philippe V en Italie. . III 206
DELPHINI, nonce en France. Son bon mot sur l'Opéra. Est fait cardinal. . . . . . . II 280
— S'en va, sans audience de congé et sans présent, pour n'avoir pas voulu visiter les bâtards du Roi. . . . . II 286
Démêlé de Feriol, ambassadeur de France à Constantinople. . . . . VI 180
DENAIN (Combat de). . . . . IX 326
DÉNONVILLE. Obtient permission de venir se justifier sur son étrange reddition du village de Pleintheim à la bataille d'Hochstedt. . . . . IV 205
Dépôt violé et emblé, par le premier président d'Harlay, d'argent, à lui fait par Ruvigny. . . . . I 397
— De papiers d'État aux Invalides et aux Petits-Pères. . . . . VIII 30
DES ALLEURS. Quel. . . . . I 475
— Envoyé du Roi auprès du prince Ragotzi. . . . . IV 189
— Ambassadeur de France à Constantinople. . . . . VIII 173
DES MARAIS, grand fauconnier. Obtient, pour son fils enfant, la survivance de sa charge. XIII 274
— Mort du père. . . . . XIV 328
DESMARETS après sa triste aventure et un très-

Desmarets. Tomes. Pages.

— dur et long exil. . . . . II 324
— Est enfin présenté au Roi. . . . . IV 2
— Est fait l'un des deux directeurs des finances. . . . . IV 3
— Marie une de ses filles à Bercy, maître des requêtes. . . . . IV 307
— Devient contrôleur général des finances. V 379
— Ministre d'État. . . . . V 389
— Quel à l'égard de la mort de Monseigneur. . . . . VIII 415
— Obtient le râpé de grand trésorier de l'Ordre. . . . . X 105
— Sa conduite étrange. . . . . X 302
— Singularité étrange de son frère, archevêque d'Auch. . . . . IX 426
— Caractère de sa femme. . . . . X 164
— Desmarets congédié, avec une gratification de 350,000 francs. Catastrophe de sa femme. . . . . XII 250
— On lui suscite une cruelle affaire, dont il se tire bien. . . . . XII 400
— Il reçoit une mortification, puis un don, aussi peu à propos l'un que l'autre. . XII 433
— Sa mort. Abrégé de son caractère. . . . XVII 236

Désordre des carrosses aux obsèques de Monsieur. . . . . III 43
— Dans Paris. Billets fous; placards insolents. . . . . VI 407
— Par la chèreté du pain. . . . . VII 71
— Désordres de la Loire. . . . . IX 316
— Des loups dans l'Orléanois. . . . . IX 336
— Désordre et gens étouffés à la banque en conséquence de l'arrêt du 22 mai 17[20]. Le Palais-Royal menacé. . . . . XVII 114

Despacho. Tombé entièrement en Espagne. III 470

Deuil (Voir Danemark). Le Roi ne prend point le deuil du roi Guillaume d'An-

Deuil.	Tomes.	Pages.
gleterre et défend aux parents de ce prince de le porter. Même chose s'étoit faite à la mort de l'épouse de ce même prince.	III	256
— Deuil d'enfants et leur cause.	IV	59
— Tardif et abrégé de l'empereur Léopold.	IV	269
— Du duc de Mantoue.	VI	43
— De M. le prince de Conti.	VI	281
— De Monsieur le Prince.	VI	342
— Du prince de Carignan, le célèbre muet.	VI	394
— De Monseigneur, drapé pour la cour.	VIII	289
— De la reine d'Espagne Savoie.	X	133
— De M. le duc de Berry, drapé six mois pour la cour.	X	177
— De Mme la duchesse de Berry, prolongé de six semaines au delà de celui du Roi.	XVI	288
— Douleur du feu Roi d'un enfant du duc du Maine, qui cause un dégoût aux princesses.	II	135
Dezzeddes. Quel. Tué.	IV	291
Directeurs et inspecteurs des troupes en titre.	I	212
Directeurs des finances abolis.	V	393
Discrédit du cardinal d'Estrées et Portocarrero en Espagne.	III	464
Disgression sur l'Espagne.	II	451
— Sur les officiers de l'Ordre.	III	439
— Sur les ducs d'Albe.	IV	30
— Sur les noms de distinction singuliers. Leur origine.	VI	348
— Curieuse sur un prélat devenu cardinal et maître du Royaume.	V	306
— Sur la chimère de Naples des la Tremoille.	V	350
— En raccourci et nécessaire sur la dignité de pair de France, sur le parlement		

	Tomes.	Pages.

Disgression.
    de Paris et autres Parlements..... X 360
— Conclusion de toute la longue disgression. X 473
— Disgression courte sur le grand capitaine................. XVIII 365
Dîner chez d'Antin engagé à Paris pour l'affaire du bonnet; convives; le Roi y envoie les ducs de son service et s'en passe pour la première fois de sa vie; est servi par Souvré maître de la garde-robe; répète cela, deux autres fois, pour deux conférences à Paris, sans succès................ XI 19
Dispute. Disputes sur la grâce......... VII 131
— Dispute sur la place dans le carrosse du Roi entre le précepteur et le sous-gouverneur, qui le perd, et dans lequel aucun des deux ne devoit entrer..... XIV 9
— Entre les grands officiers de la maison du Roi et le maréchal de Villeroy qui, comme gouverneur du Roi, prétend faire leur service, et le perd...... XIII 199
— Entre le maréchal de Villeroy et le duc de Mortemart, premier gentilhomme de la chambre en année, qui le perd. Autres disputes de premiers gentilshommes de la chambre........ XIV 190
Distinction du *pour;* ce que c'est...... II 108
— Des traits d'attelage en Espagne.... III 136
(Voir Barreau.)
Dixième. Étrange impôt établi, inventé par Basville, intendant de Languedoc... VIII 135
Dodart, premier médecin du Roi par la mort de Poirier................ XIV 379
— Son caractère et celui de son père.... XIV 379
Dodun. Quel. Fait contrôleur général des finances à la place de la Houssaye... XVIII 444
— Achète de Crozat la charge de grand

	Tomes.	Pages.
Dodun. trésorier de l'ordre du Saint-Esprit.	XIX	219
DOGE de Gênes. Le roi d'Espagne Philippe V, passant à Gênes, lui donne de l'*Altesse* et fait couvrir quelques-uns des principaux sénateurs à l'exemple de Charles V.	III	293
DOMBES (Prince de), fils aîné du duc du Maine. Visité comme les princes du sang par les ambassadeurs.	XI	136
— Va voir la guerre d'Hongrie. Plusieurs jeunes gens y vont séparément.	XIII	292
— Son retour et le leur les uns après les autres.	XIV	122
— Est exilé, avec son frère le comte d'Eu à Eu, et leur sœur conduite en l'abbaye de Montbuisson, lorsque le duc et la duchesse du Maine furent arrêtés.	XVI	158
Domestiques principaux des enfants de France attachés à l'archevêque de Cambray leur précepteur, et son frère, exempt des gardes du corps, chassés, et ce dernier cassé.	II	50
DOMINGUE. Quel. Son propos à la Dauphine sur le duc de Charost.	IX	96
Don pécuniaire du Roi au maréchal de Duras et de Monseigneur à Sainte-Maur.	II	343
DONAWERTH (Combat de).	IV	110
DONGOIS, greffier en chef du Parlement, fort connu et fort distingué. Sa mort.	XIV	87
DONZI. Épouse Mlle Spinola, héritière sûre d'une grandesse d'Espagne.	VI	387
DORSANNE. Quel. Son caractère; sa fin.	XII	232
DORIA (Prince) : voir aux GRANDS D'ESPAGNE.	XVIII	55
DOUCIN, jésuite. Chassé de Paris.	XII	392
DOUGLAS, obscur misérable fugitif.	XIV	385

(*Voir* JACQUES III.)

Drapeau blanc attaché au plus haut en dehors

Drapeau.
du clocher de l'église métropolitaine de Tolède pour chaque archevêque ou chanoine de cette église qui devient cardinal, qui n'en est ôté qu'à sa mort. XVIII 348

Draper les carrosses. Nouveauté pour la magistrature de draper pour les plus grands deuils de famille, et de porter des pleureuses. . . . . XII 219

DREUILLET, évêque de Bayonne. Quel. . . . . . XVII 335

DREUX, conseiller de la grand'chambre, y lit, à haute voix, le testament du Roi, en la première séance pour la régence. . . XII 202

— Caractère de son fils, gendre de Chamillart, qui lui fait acheter de Blainville la charge de grand maître des cérémonies. . . . . XII 318
Ce dernier obtient la survivance de sa charge pour son fils et le marie malheureusement. . . . . XVII 68

DROMESNIL. Quel. Évêque d'Autun, puis de Verdun. . . . . VIII 102

Ducs. Louis XIII réprimande publiquement M. de Saint-Simon, lors premier gentilhomme de sa chambre et son premier écuyer, chevalier de l'Ordre, de n'avoir pas écrit *Monseigneur* au duc de Bellegarde, lors exilé et pleinement disgracié. M. de Saint-Simon étoit son favori alors et fut peu de temps après fait duc et pair. . . . . I 54

— Ducs non vérifiés improprement appelés ducs à brevet. . . . . I 124

— Misère des ducs opposants à la prétention du maréchal duc de Luxembourg de la première ancienneté de Piney. . I 314

— Époque des ducs maréchaux de France de porter le nom de maréchal. . . . . I 470

Ducs.	Tomes.	Pages.
— Ducs couplés à Compiègne lors du camp.	II	107
— Ducs à l'eau bénite de Monsieur, non les duchesses ni les princesses et princes étrangers...	III	42
— L'adoration de la croix ôtée aux ducs..	IV	68
— Leur traitement dans les pays étrangers.	V	10
— Service de la communion du Roi ôté aux ducs avec les princes du sang...	V	323
— Ducs et duchesses, princes et princesses étrangères font, pour la première fois, leurs visites sur la mort de Monsieur le Prince en manteaux et en mantes, par ordre exprès du Roi, et l'exécutent d'une manière ridicule.........	VI	340
— Parents de Monsieur le Prince, ducs et autres, invités à son service à Notre-Dame auquel les cours supérieures assistèrent...............	VI	343
— Ducs discoles à l'égard de la prétention de d'Antin à la dignité de duc et pair d'Espernon................	VIII	335
— Aversion du Roi pour les ducs. Sa cause.	VIII	346
— Nul duc ne se trouve au service de Monseigneur à Saint-Denis ni à Notre-Dame, quoique le Roi l'eût désiré... (Voir des pièces.¹.)	VIII	448
— Raison qui fit renouveler les ducs vérifiés sans pairie............	IX	101
— Règlement du Roi en forme et contradictoire sur plusieurs chefs, entre le gouverneur ou commandant en chef de Guyenne et le gouverneur de Blaye, qui étoient lors le comte d'Eu, tout nouvellement gouverneur, le duc du Maine, présent au règlement dans le cabinet		

---

1. Voyez tome I, p. 420 et note 1.

Ducs.

du feu Roi, le maréchal de Montrevel, commandant en chef, lors dans Versailles par congé, et le duc de Saint-Simon, dont un chef porte [que] les contendants étant tous deux officiers de la couronne, celui des deux de la plus grande dignité précédera l'autre par tout dans la province de Guyenne, comme il le précède par tout ailleurs. IX 433
— Querelle du duc d'Estrées et du comte d'Harcourt, mort depuis sous le nom de prince de Guise. Prétentions des maréchaux de France. Tentatives de juridiction sur les ducs avortées... X 46
— Court abrégé de l'absurdité, de la nouveauté, du peu de succès des prétentions d'autorité des maréchaux de France sur les ducs, et de la manière d'accommoder et de terminer leurs querelles. X 47
— Le premier maréchal d'Estrées commissaire du Roi sur l'insulte faite à Madame, veuve de Gaston, par Mademoiselle, fille de Gaston et de la princesse de Montpensier, sa première femme. X 52
— Ducs vérifiés. Bar. X 389
— Ducs non vérifiés. X 390
— Ducs non vérifiés en compétence continuelle avec les officiers de la couronne. X 392
— Ducs d'Avignon ou du Pape sans rang ni aucun honneur. Ce que c'est... VIII 104
— Misère des ducs. XI 404
— Leur conduite et leur parfaite tranquillité sur les mouvements de la prétendue noblesse. XIII 399
— Ducs s'absentent tous du sacre de

	Tomes.	Pages.
Ducs. Louis XV.	XIX	62
Duchesses ôtoient le service de la chemise et de la sale à la dame d'honneur de la Reine et la préférence dans son carrosse.	IV	16
— Première garde du corps de Madame la Dauphine comment réglée par le Roi entre les duchesses et la maison de Lorraine.	IX	234
Duel entre deux capitaines aux gardes; Saint-Paul tué, Seraucourt cassé et en fuite.	V	336
Duels réveillés.	XII	389
Duras (Duc de), fils aîné du maréchal. Sa mort; ne laisse que des filles.	I	469
— Bon et cruel mot au maréchal de Villeroy du maréchal de Duras derrière le Roi.	III	65
Il perd, contre le maréchal de Noailles, une prétention de service de leurs charges de capitaines des gardes du corps.	III	280
Sa mort; sa fortune; son caractère.	IV	179
— Son fils épouse Mlle de Bournonville.	IV	330
— Mort de la maréchale de Duras Ventadour.	XIV	290
— Et de la duchesse de Duras veuve de son fils aîné. Sa famille.	XIII	367

Dans la lettre D { Noms propres... 41
Autres. 20

En tout 61

Eau bénite de M. le prince de Conti.	VI	281
— De Monsieur le Prince.	VI	342
— De Madame la Dauphine; de peu du sang royal, du comte de Toulouse, et point d'autres.	IX	232
— De Monseigneur le Dauphin, son mari;		

Eau bénite.　　　　　　　　　　　　　　　　Tomes. Pages.

　　　de M. le duc d'Orléans unique en cé-
　　　　rémonie.. . . . . IX　235
　— De M. le duc de Berry. . . . . X　179
Échange des princesses, 9 janvier 1722, dans
　　　l'île des Faisans. . . . . XVIII　245
Eckeren (Combat d'). . . . . III　423
Écosse. Mouvements en Écosse. . . . . V　400
　— Efforts peu heureux en Écosse. . . . . . XVI　251
Écuyer. Grand et premier du roi et de la
　　　reine d'Espagne ; ces charges bien
　　　différentes de celles de France. . . . . II　467
　— Indépendance du grand écuyer de
　　　France jugée, puis confirmée, en fa-
　　　veur du premier écuyer. . . . . XIX　213
　— Le grand écuyer de France fait une
　　　faute, par humeur et par dépit, dont le
　　　grand maître de France profite. . . . XIX　214
　— Oubli réparé d'une des fonctions des
　　　grand et premier écuyers du roi d'Es-
　　　pagne.. . . . . XVIII　219
Éclipse du soleil. . . . . XI　125
Édit de 1711 sur les duchés pairies, etc.. . . . VIII　386
　— Qui fait les bâtards du Roi et leur posté-
　　　rité princes du sang et habiles à suc-
　　　céder à la couronne. . . . . X　213
　— La nouvelle s'en publie à Marly ; effet
　　　qu'elle y produit. . . . . X　215
　— Enregistré solennellement au Parlement,
　　　où les princes du sang et les bâtards
　　　sont traités également. . . . . X　243
　— Remarquable sur le testament du Roi. . X　265
　— De Nantes ; sa révocation. . . . . XII　106
　— Arrêt, en forme d'édit, rendu au conseil
　　　extraordinaire de régence, enregistré
　　　tout de suite au Parlement, qui pro-
　　　nonce sur l'affaire des princes du
　　　sang et des bâtards, adouci par le

	Tomes.	Pages.

Édit.

Régent, et aussitôt après adouci encore de sa seule autorité contre la teneur de l'arrêt... XIII 423
— Édit en faveur de la compagnie d'Occident. Quelle cette compagnie... XIV 297
— Édit de réduction des intérêts des rentes. XVII 59
— Édit pour rendre la compagnie des Indes, connue sous le nom de Mississipi, compagnie de commerce exclusif. Effets funestes de cet édit... XVII 114

EFFIAT (Abbé d'). Quel. Sa mort... II 144
EFFIAT (Marquis d'), son neveu. Avertit M. le duc d'Orléans, etc. et lui donne un pernicieux conseil que ce prince se hâte de suivre... IX 266
— Crayon d'Effiat... IX 267
— Vient à Marly. Crayon de ce personnage. XI 130
— Sa liaison avec le duc de Noailles; ses autres liaisons. Son extraction; son caractère. Est bien traité du Roi, fort considéré de M. le duc d'Orléans... XI 237
— Fait vice-président du conseil des finances... XII 258
— Quitte le conseil des finances et entre en celui de régence... XIII 181
— Ses manéges... XIII 305
— Sa mort. Singularité étrange de sa dernière maladie... XVI 265

Égalité de rang et d'honneurs réglée en France et en Espagne réciproquement entre les ducs de France et les grands d'Espagne... III 19
— Égalité des rois du cardinal Mazarin (*sic*). X 194

Église métropolitaine de Tolède. Beauté admirable des stalles du chœur... XVIII 345

EGMONT (Comte d'). Épouse Mlle de Cosnac à qui le Roi donne un tabouret de grâce. I 405

Egmont. Tomes. Pages.

— Sa mort; son caractère; sa succession. Il étoit le dernier mâle de la maison d'Egmont éteinte en lui.......... V 342

Voir aux Grands d'Espagne...... XVIII 90

Egmont (Comtesse d'), en Flandres. Sa famille. Sa mort................. XIII 56

Egmont Cosnac (Comtesse d'). Sa mort..... XIII 368

Elbœuf (Duc d')................ I 228

— Va à l'adoration de la croix après le duc de Vendôme et le grand prieur, son frère................... I 235

— Revient de Lorraine mal avec le duc de Lorraine................. II 43

— Il obtient du Roi 80,000 livres...... II 296

— Perd son fils unique, tué en Italie. ... IV 293

— Son seul frère passe aux Impériaux. Est pendu en Grève en effigie....... IV 408

— Leur père épousant leur mère, nièce de M. de Turenne vivant, et sœur des duc et cardinal de Bouillon, ne passe point aux Bouillons la qualité de prince dans le contrat de mariage ni dans aucun acte. Mort de leur frère aîné du premier lit dit le Trembleur, et pourquoi.................... VI 247

Elbœuf Navailles (Duchesse douairière d'). Sa mort.................. XIV 11

Elbœuf (Prince d'). Quel. Obtient son abolition et revient en France.......... XVI 346

Électeur. Dire *l'électeur* au lieu de dire *Monsieur l'électeur;* courte réflexion.... VII 121

Électorat IX°, reconnu............. II 175

Emo. Ne peut raccommoder la république de Venise avec le Roi............ IX 324

Emplois au dehors.............. I 474

Empereur. Léopold. Sa mort. Son caractère. IV 269

— Joseph. Sa mort. Son caractère...... VIII 311

Empereur.   Tomes. Pages.

— Traité de la Barrière signé à Anvers
   entre l'Empereur et les États généraux;
   soupçons qu'il cause; favorable au
   Prétendant.   XII   385
— CHARLES VI. Il lui naît un fils.   XIII   66
— Signe une ligue défensive avec l'Angle-
   terre, en laquelle ils veulent attirer la
   Hollande.   XIII   71
— Sa dure hauteur sur les Pays-Bas à l'é-
   gard de l'Espagne et de l'électeur de
   Bavière.   XIII   75
— Prend Temeswar. Perd son fils.   XIII   192
— Refuse d'entrer dans la triple alliance. .   XIII   297
— Ses motifs de desirer la paix du Nord. .   XIII   301
— Fait au Pape des demandes énormes; le
   fait trembler par son incroyable hau-
   teur.   XIV   251
— Son étrange hauteur sur le comte de
   Peterborough.   XIV   132
— Fait une vaine tentative pour obtenir
   en France de nouveaux honneurs à
   son ambassadeur.   XIV   156
— Sa hauteur et ses menaces sur la paix,
   qui déplaisent à la Hollande.   XIV   257
— Il chasse la nonciature de Naples. . . .   XIV   279
— Sa roideur. Soutenu des Anglois contre
   l'Espagne.   XIV   288
— Ses fortes démarches, et ses menaces
   terribles au Pape.   XIV   431
— Répond, appuyé par l'Angleterre, par de
   fortes demandes, aux demandes préliminaires de l'Espagne.   XIV   448
— Veut les successions de Toscane et de
   Parme pour le duc de Lorraine; en
   leurre le duc de Modène.   XV   18
— S'oppose aux bulles de Séville pour le
   cardinal Alberoni; l'accuse à Rome

Empereur.   Tomes. Pages.
   de traiter avec les Turcs. Prétendues
    preuves de cette accusation.   XV   44
— Consent à tous les points du traité de
    Londres.   XV   46
— Accepte le projet de paix et ménage
    enfin la Hollande.   XV   58
— Superbe de ce prince. XV   152
— Il conclut trêve ou paix avec la Porte. . XV   270
— Il fait une nombreuse promotion de che-
   valiers de l'ordre de la Toison d'or.. .   XVII 423
Enlèvements faits pour peupler le pays dit
   Mississipi; leurs tristes effets. . . . .   XVII 61
ENTRAGUES, abbé. Son extraction; son singu-
   lier caractère; ses aventures.   XVI   431
Entrées. IX   103
— Explication des diverses sortes d'entrées
   chez le Roi, des changements et des
   nouveautés qui s'y firent, leur impor-
   tance.   XIX   97
Entrevues étranges.   V   118
Envois. IV   60
Épisode nécessaire.   XIX   50
Époque de l'obéissance des maréchaux de
   France par ancienneté les uns aux
   autres.   I   44
— Des dames d'atour filles appelées Ma-
   dame.   I   55
— Des ducs maréchaux de France de porter
   le nom de maréchal.   I   470
— De la cessation successive des visites
   du Roi, de la Reine, des filles de
   France.   IV   56
— Du changement de style des secrétaires
   d'État et avec les secrétaires d'État. .   V   104
— De l'admission de leurs femmes dans les
   carrosses et à table.   II   338
— Du nom d'Auvergne ajouté à celui de la

Epoque.		Tomes.	Pages.
	Tour..................	V	108
—	De la conservation du rang et des honneurs aux évêques pairs transférés en d'autres siéges............	V	364
—	De ce que les princesses du sang ont quitté la housse.............	V	187
—	De ce qu'elles vont à deux carrosses..		
—	De ce qu'elles vont à six chevaux sans sortir de Paris..............		
—	De ce que les princes du sang ont quitté le manteau à leurs armes.........		
—	De visiter les princes et les princesses du sang, en manteau long et en mante, pour les deuils respectifs de famille..	V	366
—	Du nom de chevalier de Saint-Georges et de Prétendant demeurés enfin au roi Jacques III d'Angleterre.......	V	416
—	De l'implacable haine de la princesse des Ursins et de Mme de Maintenon pour M. le duc d'Orléans........	VI	45
—	De la haine de Mme la duchesse de Bourgogne pour Chamillart.........	VI	98
—	De la charge de surintendant de la maison de la Reine, et ses suites. IV 17 et VI		184
—	De l'entrée des principaux domestiques des princes du sang dans les carrosses du Roi.....................	VI	342
—	De l'admission d'évêques non pairs à manger avec le Roi...........	XIX	72
—	De l'entrée du précepteur du Roi dans son carrosse, et de celle de son sous-gouverneur sans nécessité de son service, c'est-à-dire le gouverneur y étant.....................	XIV	8
—	Du rang de prince étranger........	VIII	73
—	De la cessation des obsèques de nos rois à Rome, et de celles des papes à Paris.	IX	228

SAINT-SIMON XX.   13

Époque. Tomes. Pages.
— De la prétention des conseillers d'État
de ne céder qu'aux ducs et aux officiers de la couronne............ X 143
— Des magistrats de s'habiller de velours
en habit court............... XVII 155
— Du traversement du parquet des princes
du sang au Parlement, et son origine. V 187
— De la conduite des ambassadeurs, à leur
entrée, par un maréchal de France; et
à leurs audiences de cérémonies, par
un prince des maisons de Lorraine,
Savoie ou Longueville.......... II 275
— De la charge de chef du conseil royal
des finances, et de sa nature...... X 280
— De la prétention du Parlement de se
mêler du gouvernement et d'affaires
d'État............................. X 403
D'y faire les régences........... X 404
— Du tiers état................. X 467
Érections. Pour quelles personnes ont été
faites celles des duchés de Pastrane,
de Lerma et de l'Infantade, et comment
tombés au duc de l'Infantade de la
maison de Silva............. XVII 426
(*Voir* aux Grands d'Espagne.)
Erskin, anglois de qualité, premier médecin du
Czar. Écrit au duc de Marr une lettre
importante sur un projet conçu par
lui, mais inconnu au Czar, pour
opérer une révolution en Angleterre
en faveur du roi Jacques III...... XIII 221
Escadre angloise dans la Méditerranée contre
l'Espagne; manéges sur cette escadre. XV 54
— Son départ pour la Méditerranée.... XV 163
— Elle bat et détruit entièrement celle
d'Espagne................. XV 293
Escurial. Appartement où Philippe II est mort. XVII 431

	Tomes.	Pages.
ESPAGNE. Mort de la reine mère.	I	310
— Mesures sur l'Espagne.	II	353
— Traité de partage de la monarchie d'Espagne.	II	320
— Conseil d'Espagne et quelques autres seigneurs.	II	367
— Seigneurs espagnols principaux. Leurs réflexions sur la mort prochaine de leur roi.	II	371
— Reine d'Espagne. Sa chute.	II	376
— Charles II, roi d'Espagne, consulte secrètement sur son héritier le pape Innocent XII Pignatelli, suit son avis, fait son testament en faveur de M. le duc d'Anjou.	II	378
— Mort de Charles II. Ouverture de son testament, et M. le duc d'Anjou demandé par l'Espagne.	II	382
— Deux grandes délibérations là-dessus à Fontainebleau, où on ne s'attendoit à rien moins.	II	385
— M. le duc d'Anjou déclaré à Versailles roi d'Espagne, sous le nom de Philippe V. Son traitement. Surprise et embarras du comte de Zinzendorf, envoyé de l'Empereur.	II	396
— Le nouveau roi est harangué par le Parlement et par tous les corps; le nonce et l'ambassadeur de Venise félicitent les deux rois.	II	403
— Philippe V proclamé en Espagne, à Milan, en Sicile, en Sardaigne. Prend l'ordre de la Toison d'or; manière de le porter. Part avec les deux princes, ses frères, et un nombreux accompagnement. Mange toujours seul pendant le voyage. Salué, dès Versailles et sur la route, par		

Espagne.

  plusieurs seigneurs partis exprès d'Espagne.................. II 404
— Arrive à Bayonne, dit adieu aux princes ses frères au bord de la Bidassoa et passe en Espagne............ II 435
— Obtient des lettres patentes enregistrées pour la réservation de son droit de succession à la couronne de France.. II 436
— Il est reconnu par toute l'Europe, excepté l'Empereur................. II 437
— Il arrive à Madrid. Disgression sur l'Espagne.................... II 448
— Changements en la cour d'Espagne à son arrivée. Autres conseillers d'État en Espagne................... II 480
— Il reçoit, en cérémonie, l'ordre de la Toison d'or; en envoye le collier à M. le duc de Berry et à M. le duc d'Orléans. III 54
— Est proclamé aux Indes. Va en Aragon et à Barcelone................ III 82
— Envoye le marquis de Castel Rodrigo à Turin demander et conclure son mariage avec la sœur cadette de Mme la duchesse de Bourgogne......... III 77
— Castel Rodrigo et la princesse des Ursins, grand écuyer et camarera mayor de la nouvelle reine, la lui amènent. Il l'épouse près de Barcelone........ III 83
— Son voyage en Italie fort délibéré à Versailles et consenti............ III 206
— Il part de Barcelone pour Naples, et la reine pour Madrid, régente avec un conseil. Il fait plusieurs grâces..... III 260
— Arrive à Naples, où il reçoit un légat... III 262
— Conspiration découverte contre sa personne. Il part pour la Lombardie. Son entrevue avec la cour de Toscane dans

Espagne.

	Tomes.	Pages.
le port de Livourne, et avec le duc de Savoie à Alexandrie. Fauteuil prétendu et manqué par le duc de Savoie, que le roi d'Espagne ne voit que debout et sans fauteuil.	III	265
— Arrive à Milan.	III	269
— Puis à Crémone. Échappe en chemin à une conspiration contre sa personne, dont le prince Eugène se tire fort mal.	III	288
— Philippe V se trouve au combat de Lazzara.	III	289
— Revient à Milan, va à Gênes, repasse en Espagne.	III	292
— Changement entier en Espagne.	III	458
— Caractère de Philippe V.	III	462
— Se met à la tête de son armée en Portugal.	IV	85
— Conspiration en Espagne.	IV	276
— Va faire le siége de Barcelone.	IV	417
— Forcé d'en lever le siége. Gagne Pampelune par le pays de Foix, puis Madrid. Obligé d'en sortir, joint de sa personne le duc de Bervick, qui avoit une petite armée. Dispersion de sa cour.	IV	436
— Rentre dans Madrid revenu à son obéissance.	IV	441
— Succès et réparation des armées en Espagne. Secours d'argent arrivé à l'Archiduc.	V	52
— Manquement de toutes choses à Philippe V.	V	194
— Se relève. Abolit les lois et les priviléges de l'Aragon et de ses dépendances, et les soumet aux lois et au gouvernement de Castille.	V	203
— Indigence et négligence de l'Espagne.	VI	44
— Petits succès en Espagne.	VI	46

Espagne.

— Succès qui terminent la campagne en Espagne. .... VI 175
— Changements en Espagne. Campagne d'Espagne. .... VII 56
— Philippe V va en Aragon se mettre à la tête de son armée, ayant Villadarias sous lui à la commander. Situation de l'Espagne. .... VIII 109
— Petits exploits de cette armée. Le roi se retire à Saragosse, d'où il voit défaire son armée. .... VIII 114
— Il se retire, avec sa cour, à Villadolid. . VIII 117
— Éloge des Espagnols. Ils dressent une nouvelle armée, le roi la va joindre. . VIII 119
— Repousse ses ennemis, va passer trois jours à Madrid, remis avec grande joie sous son obéissance. .... VIII 121
— La cour d'Espagne passe presque tout l'hiver à Saragosse. .... VIII 131
— Philippe V donne à l'électeur de Bavière tout ce qui lui reste aux Pays-Bas. . . VIII 445
— Douleur de la cour d'Espagne de la mort de Mgr et de Madame la Dauphine. ... IX 239
— Le roi d'Espagne renonce, en plein Cortès, à la couronne de France ; écrit là-dessus à M. le duc de Berry une lettre fort nette et fort tendre. .... IX 377
— Perd la reine sa femme, et se retire dans l'hôtel du duc de Medina Celi dans Madrid. .... X 132
— Fait enfin signer la paix d'Espagne, sans plus y mettre d'obstacle, pour obtenir une souveraineté à la princesse des Ursins. .... X 189
— Conclut son mariage, à l'insu du Roi, son grand-père, avec la princesse de Parme. .... X 198

Espagne. Tomes. Pages.

— La reine d'Espagne, princesse accomplie et charmante. Va par terre en Catalogne, y épouse le roi, de nouveau, à Figuères. Scène fâcheuse de ses dames. III 83
— Part pour l'Aragon............ III 260
— Arrive à Madrid............. III 270
— S'y fait garder, ce qui étoit sans exemple. III 295
— Son caractère.............. III 459
— Son admirable adresse......... IV 224
— Va à Burgos sur la levée du siége de Barcelone. Envoie au Roi, à Versailles, les pierreries de la couronne d'Espagne, celles du roi d'Espagne et les siennes, pour les garder ou les mettre en gage, par Vaset, valet de chambre françois du roi d'Espagne, de toute confiance; puis retourne à Madrid......... IV 440
— Se retire à Valladolid, après la perte de la bataille de Saragosse. Merveilles de cette princesse et des peuples..... VIII 116
— Vient jusqu'à Victoria........... VIII 120
— Va trouver le roi à Saragosse...... VIII 131
— Est attaquée des écrouelles....... VIII 440
— Retourne avec le roi à Madrid. Y accouche d'un prince qui n'a pas vécu... IX 317
— Prend des dames du palais........ IX 321
— Naissance de don Ferdinand qui a succédé au roi son père.......... X 88
— Malade à l'extrémité; congédie son confesseur jésuite, en prend un dominicain et meurt, au désespoir de toute l'Espagne, où sa mémoire est encore présente et adorée........... X 132
— La princesse de Parme. Épouse, à Parme, le roi d'Espagne par procureur; part; sa suite.......... X 311.
— Débarque à Monaco. Va par terre, inco-

Espagne.

		Tomes.	Pages.
gnito, en Espagne. Sa dot. Sa réception par la France		X	322
— La reine Douairière, reçoit ordre du roi d'Espagne de se retirer à Tolède. Il va l'y visiter		II	437
Elle est conduite de Tolède à Bayonne. Son entrevue avec la nouvelle reine, sa nièce, passant à Bayonne allant en Espagne		X	342

(*Voir* des URSINS.)

> NOTA. — Que ces trois reines, qui devoient être entièrement ici, sont transportées, pour la plus grande partie, et fort mal à propos, ci-après sous le mot *reine*. (Note de SAINT-SIMON.)

— Succès de la reine auprès du roi. Elle donne toute préférence aux Italiens et s'aliène les Espagnols pour toujours.		XI	84
— Changements en Espagne		XI	109
— Conduite de l'Espagne		XII	372
— Pensées de l'Espagne		XII	386
— Elle se désiste, par un traité fort avantageux aux Anglois, des articles ajoutés au traité d'Utrecht		XII	387
— Naufrage de la flottille, revenant richement chargée		XII	383
— Mesures de l'Espagne avec la Hollande pour le commerce		XII	388
— Triste opinion générale de l'Espagne		XIII	16
— But du secours de l'Espagne au Pape		XIII	19
— Le roi et la reine ne perdent point l'esprit de retour, si malheur arrivoit en France		XIII	19
— Soupçons et discours publics contre la reine et Alberoni		XIII	60
— Demandes du roi au Pape		XIII	77
— Vues et mesure de l'Espagne sur ses anciens États en Italie		XIII	78

		Tomes.	Pages.

Espagne.
- Son attention pour l'Angleterre, sur le départ de la flotte pour les Indes. . XIII 162
- Esprit de retour en France, surtout de la reine. . . . . XIII 176
- Triste situation de l'Espagne. . . . . . XIII 207
- Étrange réponse du roi d'Espagne au Régent, dictée par Alberoni, qui triomphe de ses mensonges. . . . . XIII 211
- La reine altière le fait sentir au duc et à la duchesse de Parme. . . . . XIII 241
- Fort propos du roi d'Espagne à l'ambassadeur d'Hollande, sur les traités avec lui et avec l'Empereur. . . . . XIII 317
- L'Espagne, à tout hasard, conserve des ménagements pour le Prétendant. . . XIII 320
- Mauvaise santé du roi d'Espagne ; crainte de la reine et d'Alberoni. . . . . . . XIII 324
- Journées uniformes et clôture du roi et de la reine. . . . . XIII 332
- Esprit continuel de retour à la succession de France. . . . . XIV 46
- Mauvais état des finances d'Espagne. . XIV 48
- Le roi parle trois fois à Riperda, suivant le système d'Alberoni. . . . . XIV 51
- La cour à l'Escurial, malgré la reine. . . XIV 73
- Secret profond de l'entreprise sur la Sardaigne. . . . . XIV 133
- L'entreprise de l'Espagne, au-dessus de ses forces, et sans alliés, est généralement blâmée et donne lieu à beaucoup de raisonnements divers, colorée de l'enlèvement de Molinez. . . . . . . XIV 136
- L'Espagne publie un manifeste contre l'Empereur. Le roi d'Espagne défend à ses sujets de voir, à Rome, le cardinal del Giudice et tout commerce, avec lui. XIV 148
- Mouvements partout contre l'entreprise

Espagne. Tomes. Pages.
— de l'Espagne. Opinions diverses. . . . XIV 150
— La flotte d'Espagne en Sardaigne. . . . XIV 158
— Grande maladie du roi d'Espagne. Solitude de sa vie. . . . . XIV 233
— Il fait son testament. . . . . XIV 239
— Avis à l'Espagne; raisonnement sur Naples. . . . . XIV 244
— Foiblesse d'esprit du roi, quoique guéri. XIV 246
— Sa déclaration sur la paix. Il est inaccessible. . . . . XIV 271
(*Voir* ALBERONI sur tout cet article.)
— Son triste état personnel, quoique rétabli. XIV 287
— L'Espagne ne pense qu'à se préparer à la guerre. Déclare au roi d'Angleterre qu'elle regardera comme une infraction tout envoi d'une escadre angloise dans la Méditerranée. . . . . . XIV 415
— Mauvais état de la personne du roi d'Espagne. . . . . XIV 430
— Objet des ministres d'Espagne. . . . . . XIV 446
— État personnel du roi d'Espagne. . . . . XV 3
— Sa hauteur et sa foiblesse à l'égard de Rome. . . . . XV 9
— Menaces de l'Espagne méprisées en Angleterre. Protestations et déclarations fortes de l'Espagne à Paris et à Londres. . . . . : . XV 39
— Grands préparatifs hâtés en Espagne. Marquis de Lede et don Joseph Patiño mandés à Madrid. . . . . XV 42
— Menaces de l'Espagne au Pape. . . . . . XV 70
— Fortes démarches de l'Espagne sur les bulles de Séville. . . . . XV 73
— L'Espagne voudroit au moins conserver la Sardaigne. Mal servie par la France. XV 87
— Ministres espagnols protestent, dans toutes les cours, que l'Espagne ne

Espagne.		Tomes.	Pages.
	consent point au traité.	XV	89
—	Le roi d'Espagne rejette avec hauteur le projet du traité, communiqué enfin par Nancré, et se plaint amèrement.	XV	91
—	La Sardaigne est achoppement à la paix.	XV	93
—	Forces actuelles de l'Espagne.	XV	103
—	Forces de l'Espagne en Sardaigne; dispositions de la Sicile.	XV	109
—	Le roi d'Espagne veut demander compte aux états généraux du royaume de France de la conduite du Régent. Ne se fie point aux protestations du roi de Sicile.	XV	116
—	Divers faux raisonnements.	XV	117
—	Riche prise des contrebandiers de Saint-Malo par les Espagnols, dans la mer du Sud.	XV	133
—	Foiblesse singulière du roi d'Espagne, abus qui s'en fait.	XV	134
—	Maladie et guérison du roi d'Espagne. Ministres d'Espagne au dehors déclarent que le roi d'Espagne n'acceptera point le traité. Détail des forces d'Espagne fait en Angleterre avec menaces.	XV	164
—	Forte et menaçante déclaration de l'Espagne aux Hollandois.	XV	172
—	La flotte espagnole arrivée en Sardaigne, crue aller à Naples. Triste état du royaume de Naples pour l'Empereur.	XV	207
—	Efforts de l'Espagne à détourner les Hollandois de la quadruple alliance.	XV	218
—	Éclat entre Rome et Madrid. Raisons contradictoires. Vigueur du conseil d'Espagne.	XV	236
—	Partage de la peau du lion avant qu'il soit tué; secret de l'entreprise demeuré entier jusqu'à la prise de Pa-		

Espagne. Tomes. Pages.

— lerme. . . . . XV 241
— Rupture éclatante entre le Pape et le roi d'Espagne. Raisonnements. . . . . . . XV 247
— Soupçons mal fondés d'intelligence entre le roi d'Espagne et le roi de Sicile. . . . . XV 248
— Les Espagnols dans Messine. Court exposé depuis 1716. . . . . XV 278
— Projets de l'Espagne avec la Suède contre l'Angleterre. . . . . XV 288
— Les Espagnols défaits ; leur flotte détruite par Bing. . . . . XV 293
— Sages et raisonnables desirs. Galions arrivés à Cadix (t. XIII, p. 131). Demande du roi d'Espagne à l'Empereur impossible. XV 294
— Riche flotte d'Amérique arrivée à Cadix. XVI 101
— Politesse et dignité des Espagnols. . . XVIII 229

Espèces. Leur valeur augmentée. . . . . . XII 403
— Leur diminution. . . . . XVI 251
— Refonte et diminution. . . . . XVI 345
— Autre diminution. . . . . XVII 104

Épée aux prisons. . . . . XII 429

ESPERNON. Tentative de la chimère de la dignité d'Espernon échouée. . . . . I 159

ESPERNON (Duchesse d'), carmélite. Sa mort. . . III 70

ESPERNON (Duc d'), fils du duc d'Antin. Épouse la 2de fille du duc de Luxembourg. . XVIII 443

ESPINAY. Épouse une fille d'O. . . . . IV 240
— Sa femme devient dame d'atour de Mme la duchesse d'Orléans par la mort de la première femme de Castries. . . XIV 391

ESPINOY. Princesse d'Espinoy, douairière, Chabot R[ohan]. Sa mort. . . . . II 99
— Sa belle-fille Lorraine et Mlle de Lislebonne sa sœur; leur éclat solide. (*Voir* t. V, p. 212.) . . . . III 58
— Mort et caractère du prince d'Espinoy. IV 165

Espinoy. Tomes. Pages.

— Son père, chevalier de l'ordre en 1661, reçu sans nulle difficulté parmi les gentilshommes. Cause du tabouret de grâce qu'il obtint.............. IX 99
— Le dernier avoit obtenu une pension de 12,000 livres sur les biens confisqués, en France, au prince de Carignan... IX 122
— Sa sœur aînée, demeurée fille, obtient 6,000 livres de pension du Roi..... XVI 118

Esprit (Ordre du Saint-). Fausseté insigne sur les registres de l'ordre, à l'égard du prince de Soubise et du comte d'Auvergne, sur la promotion de 1688... II 81
— Disgression sur les charges de l'ordre; grand aumônier pourquoi sans preuves, et attaché à la charge de grand aumônier de France........... III 439
— Grands officiers de l'ordre sont les seuls des grands ordres qui en portent les marques ordinaires sur eux comme les chevaliers............... III 440
— Différences des grands officiers d'avec les chevaliers, et des grands officiers entre eux.................. III 440
— Abus du titre de commandeur, d'où venu. III 441
— Origine de l'espèce d'honneurs du Louvre et de la singulière distinction du chancelier de l'ordre............. III 444
— Vétérans grands officiers. Abus comment introduit. Rapés de l'ordre, étrange abus.................. III 447
— Abus du collier de l'ordre aux armes des grands officiers............. III 453
— Abus des grands officiers représentés en peinture, et sur leurs tombeaux en statues avec le collier de l'ordre qu'ils n'ont point et le grand manteau de

Esprit (Ordre du Saint-).   Tomes. Pages.

l'ordre pareil à celui des chevaliers. Plaisante question d'une bonne femme.   III   455
— Abus et suites de la promotion de l'ordre que le Roi fit, en 1705, des seuls et de tous les maréchaux de France, et sa cause.   IV   206
— Remarques sur les cérémonies de leur réception.   IV   214

Estaing (Comte d'). Défait les miquelets en Catalogne.   VI   175
— Vend sa charge de la gendarmerie. Chimère de ce corps sur l'ordre du Saint-Esprit.   IX   276
— Marie sa fille au marquis de Saint-Sulpice Crussol.   XI   125
— Obtient le gouvernement de Douay, par la mort de Pomereu.   XVI   96
— En obtient la survivance pour son fils, en le mariant à la fille unique de Mme de Fontaine Martel.   XIII   198

Estaires (Comte d'). Obtient l'ordre de la Toison d'or.   VIII   200

Estampes. Promu par Monsieur à l'ordre du Saint-Esprit. Plaisante anecdote.   IX   283
— Sa mort; son caractère; sa famille.   XIII   192

Estampille. Ce que c'est en Espagne.   II   479 / XVII   318

États en Catalogne.   III   260
— d'Aragon.   III   270
Tiers état en France. Son époque.   X   465
États divers des Grands d'Espagne :
Voir aux Grands d'Espagne depuis.   XVIII   112
jusqu'à.   XVIII   128
Este. Disgression sur la maison d'Este.   XVI   320
— Bâtards d'Este, ducs de Modène et de Reggio jusqu'à aujourd'hui.   XVI   323
Estevan de Gormaz (San). Belle action de lui.   VIII   127

	Tomes.	Pages.
Estevan de Gormaz (San).		
Voir aux GRANDS D'ESPAGNE.	XVIII	92
ESTEVAN DEL PUERTO (San), majordome-major de la reine d'Espagne Savoie.	III	78
Voir aux GRANDS D'ESPAGNE.	XVIII	92
ESTOUBLON.		
ESTRADES. Abbé d'Estrades, fils du maréchal. Ses emplois; son malheur; son mérite; sa mort.	XI	124
— Chevalier, son frère. Sa mort.	VIII	175
— Leur frère aîné, sa mort; sa naissance; son caractère.	VIII	175
Son fils lieutenant général se laisse engager par le duc du Maine d'accompagner le prince de Dombes, son fils, en Hongrie.	XIII	365
Il y est tué. Sa mairie perpétuelle de Bordeaux donnée à son fils.	XIV	120 et 121
ESTRÉES (Duc d'). Sa mort.	II	103
— Son fils unique obtient son gouvernement de l'Ile-de-France.	II	103
Épouse une fille du duc de Nevers.	V	175
Vend son gouvernement au comte d'Évreux.	XVI	338
(*Voir* aux ducs, t. XIX, p. 132, ce qui le regarde.)		
Sa mort sans enfants.	XIX	132
Sa sœur aînée déclare son mariage avec d'Ampus.	XVIII	443
L'autre sœur épouse après du Laurent frère d'Ampus et n'ont point d'enfants.		
ESTRÉES (Cardinal d'). Sa distraction sur un festin.	II	24
— Va de Rome à Venise, de la part du Roi. Suit le roi d'Espagne à Milan, à Gênes, en Espagne.	III	292
— S'y retire des affaires avec le cardinal Portocarrero, brouillés tous deux à		

Estrées (Cardinal d').   Tomes. Pages.

— l'excès avec la princesse des Ursins. .   III   470
— Revient en France.   IV   26
— Est pourvu de l'abbaye de Saint-Germain des Prés, à Paris.   IV   85
— Sa mort; son extraction; sa famille; son mérite; son caractère.   X   344
— Il avoit le premier obtenu, quoique alors cardinal depuis dix ans, un brevet de continuation du rang et honneurs de duc et pair, en se démettant de son évêché de Laon en faveur du fils de son frère aîné, sans avoir eu depuis d'autre évêché en France; on dit en France parce qu'il passa dans l'ordre des cardinaux évêques en optant l'évêché d'Albano par son ancienneté dans le sacré collége. Ses rares distractions.   X   350
— Plaisant trait pour se délivrer de ses gens d'affaires.   X   352
— Quelques-uns de ses bons mots. . . .   X   354

Estrées, second maréchal. Obtient le gouvernement de Nantes etc., la lieutenance générale et le commandement en chef de Bretagne.   III   50
— Y va.   III   250
— Sa fortune; son mérite; sa mort.   V   256
— Mort de sa veuve; sa naissance; son caractère.   X   182

Estrées (Comte d'), troisième maréchal. Épouse une fille du maréchal de Noailles qui est en même temps faite dame du palais de M*me* la duchesse de Bourgogne (t. II, p. 10), après sa tentative échouée de la chimère de la dignité d'Espernon en épousant M*lle* de Rouillac, morte fille.   I   161
— Il passe le roi d'Espagne, de Barcelone à Naples, qui le fait grand d'Espagne.   III   260

Estrées (Comte d').

— Essuie à son retour, près de Paris, une fâcheuse opération. . . . . III 353
— Est fait maréchal de France et prend le nom de maréchal de Cœuvres. . . . . III 374
— Va aux ports et à la mer sous le comte de Toulouse. . . . . , . . . IV 95, 308 et 393
— Prend le nom de maréchal d'Estrées à la mort de son père, et en obtient les emplois, etc., en Bretagne. . . . . . . VI 258
— Est président du conseil de marine. . . XII 238
— Devient duc et pair par la mort du duc d'Estrées, fils de son cousin germain. XIX 132
— Singularité de son grand-père, son père et lui, tous trois maréchaux de France, et tous trois morts doyens des maréchaux de France. . . . . V 256
— Quels, lui et l'abbé d'Estrées son frère, à l'égard de M. le duc d'Orléans. . . . XI 224

Estrées (Abbé d'). Ses emplois, va trouver le cardinal, son oncle, en Espagne. . . . III 292
— Y est déclaré ambassadeur de France au départ de son oncle. . . . . III 470
— Son caractère. . . . . IV 29
— Obtient son rappel, brouillé à l'excès avec la princesse des Ursins. . . . . . IV 81
— Est fait commandeur de l'ordre du Saint-Esprit sur le prétendu exemple de l'abbé des Chastelliers. . . . . IV 84
— Est mis dans le conseil des affaires étrangères. . . . . XII 234
— Nommé à l'archevêché de Cambray, à la mort du cardinal du Bois. . . . . . . XII 412
— Mort comme il alloit recevoir ses bulles. Ses dispositions. . . . . XIV 359

Étrennes. Le Roi n'en reçoit point du trésor royal en 1710, et n'en donne point non plus à la famille royale comme il lui en

| | Tomes. | Pages. |

Étrennes.
    donne tous les ans. . . . . VII 260
Étiquette sur les attelages, prise d'Espagne
    au passage de l'archiduc à Milan, retournant de Barcelone, élu empereur,
    en Allemagne. . . . . IX 137
Évêchés donnés et autres grâces et force
    abbaye. . . . . XII 412 et XIII 54
Évêques présents au service de M. le prince
    de Conti prétendent vainement des
    fauteuils, y demeurent et s'en passent. VI 285
— Évêques d'Espagne, devenant, par succession de famille, grands d'Espagne,
    en portent le titre et quittent celui de
    leur évêché ou archevêché. . . . . . . VII 335
— Prétentions des évêques refusées aux
    obsèques de Mgr et de Madame la
    Dauphine. Règle de ces choses. . . . . IX 232
— Ils obtiennent pourtant, à leur enterrement à Saint-Denis[1], le premier salut
    pour la première fois séparément, de
    celui de l'autel. . . . . IX 303
— Usurpent, pour la première fois, des fauteuils et des carreaux en gardant le corps
    de M. le duc de Berry aux Tuileries. . X 179
— Leurs assemblées. . . . . { XI 264
                                                          { XIV 116
— Évêques polonois. Leur sagesse et leur
    dignité à l'égard des cardinaux et du
    cardinalat. . . . . XVI 371
— Commerce avec Rome, totalement, étroitement et très-sagement défendu aux évêques et aux ecclésiastiques de France,
    excepté par banquiers pour bulles, etc.,
    comment devenu fatalement permis. . XVI 381
— Abus adroitement et nouvellement intro-

1. Saint-Simon dit à Notre-Dame dans les *Mémoires*.

Évêques. Tomes. Pages.

  duit de faire par les évêques nommés,
avant d'avoir leurs bulles, leur profession de foi entre les mains du nonce
à Paris, au lieu de continuer à la faire
devant le métropolitain ou devant l'archevêque de Paris............

— Évêques, archevêques et le nonce même
n'ont en Espagne que la *Seigneurie illustrissime*. Ce n'a été qu'en 1722 que
le seul archevêque de Tolède obtint
pour soi et ses successeurs archevêques de Tolède l'*Excellence*..... XVIII 165

EUGÈNE (Prince) de Savoie. Sa fortune. Fait
président du conseil de guerre de l'empereur Léopold............ IV 6
— Commande en Italie............ IV 261
— En Flandres............... VI 49
— Dit à Biron, prisonnier au combat d'Audenarde, un audacieux mot sur la
charge de colonel général des Suisses,
que le comte de Soissons, son père,
avoit en France et que le duc du
Maine eut à sa mort........... VI 64
— Est mal avec l'empereur Charles VI... VIII 312
— Sa témérité et du duc de Marlborough. IX 107
— Est froidement reçu de l'Empereur à
Inspruck. Cause de sa disgrâce et de
ses suites jusqu'à sa triste mort.... IX 137
— Il assiége Landrecies........... IX 325
— En lève le siége.............. IX 328
— Confère, traite et signe à Rastadt, avec
le maréchal de Villars, la paix avec la
France................. X 107
— Puis à Baden............... X 108
— Gagne sur les Turcs la bataille de Salankemen................. XIII 111
— En gagne une autre sur eux devant Bel-

Eugène (Prince). Tomes. Pages.

    grade et prend cette place. . . . . . . XIV 160

Évremont (Saint-). Quel. Cause de sa disgrâce et de sa retraite en Angleterre. Sa mort. . . . . IV 4

Évreux (Comte d'). Quel. Obtient permission d'acheter la charge de colonel général de la cavalerie, du comte d'Auvergne, son oncle. . . . . III 395

— Et 400,000 livres de brevet de retenue dessus. . . . . IV 234

— Une pension du Roi de 20,000 livres pendant la guerre. . . . . IV 398

— Épouse la fille de Crosat. . . . . V 163

— Son dépit de n'avoir obtenu, ni le gouvernement de Limousin, qu'avoit le comte d'Auvergne, ni son logement à Versailles à sa mort. . . . . V 349

— Ses lettres étranges à Crosat sur la campagne de Flandres de 1708. Son caractère. . . . . VI 89

— Est exclu de servir. Mme la duchesse de Bourgogne empêche Mgr le duc de Bourgogne de s'en laisser rapprocher. VI 300

— Il entre singulièrement au conseil de guerre et fait les fonctions de sa charge. . . . . XIII 112

— Bruit des mestres de camp de cavalerie sur le style des lettres qu'il leur écrit, fini par un *mezzo termine*. . . . . . . XIV 403

— Cesse de faire aucune fonction de sa charge qui retournent (*sic*) au secrétaire d'État de la guerre. . . . . . .

— Achète du duc d'Estrées le gouvernement de l'Ile-de-France. . . . . XVI 338

Excellence. À qui donnée en Espagne, fort prostituée... sans usage en France. XVIII 154

Exilles. Pris par le duc de Savoie. . . . . , . . VI 151

Exilles. | Tomes. | Pages.

Expéditions heureuses à la mer. . . . . . . V 304
— Du duc de Savoie en Provence et à Toulon. V 305

Dans la lettre E { Noms propres. . . 33
Autres. 26
En tout 59

FABRONI (Cardinal). Quel. Dresse en secret, seul avec le jésuite Aubanton, la constitution *Unigenitus*. . . . . X 25
— La publie malgré le Pape. . . . . X 89
FAGON, premier médecin du Roi. . . . . I 105
— Est taillé de la pierre. . . . . III 197
— Son mot pronostic sur le P. Tellier. . . VI 243
— Fait son fils intendant des finances. . . X 205
— Sa retraite et sa mort. . . . . XIV 359
— Son fils fait conseiller d'État. . . . . . . XV 354
Est admis au secret et en quelques conférences sur le lit de justice des Tuileries. XV 417
S'avise sagement de remettre au samedi à arrêter quelques membres du Parlement qui le devoient être le vendredi. . . . . XV 453
Refuse, par deux différentes fois, la place de contrôleur général des finances. . . . .
Fanatiques. III 398
— Raison de ce nom. . . . . III 403
— Soutenus par la Hollande et Genève. . IV 53
— Secourus par les autres alliés. Éteints. IV 112
FARE (La), capitaine des gardes de Monsieur, puis de M. le duc d'Orléans. Sa mort. Son caractère. . . . . IX 315
FARE (La), son fils, capitaine des gardes de M. le duc d'Orléans, achète une lieutenance générale de Languedoc du comte du

Fare (La). — Tomes. Pages.

Roure, lequel obtient en même temps la survivance de son gouvernement du Pont-Saint-Esprit pour son fils. . . . XVI 95
— Il va en Espagne de la part de M. le duc d'Orléans, à l'occasion du double mariage. . . . . XVII 326
(Le *voir* en Espagne sous l'article de Saint-Simon.)
— Y obtient la Toison d'or. . . . . . . XVIII 267
— Il arrête le maréchal de Villeroy dans l'appartement du Régent à Versailles. XIX 4
— Son frère, évêque de Viviers, passe à l'évêché de Laon, au pieux refus de Belsunce, évêque de Marseille. Quel fut cet évêque de Laon. . . . . XIX 156

Fare Lopis (La), abbé. (*Voir* du Bois). . . . . XVI 395
Fargues. Son inique catastrophe. . . . . . . IV 311
Farnèse. Disgression sur la maison Farnèse. . XVI 320
— Bâtards de Farnèse, ducs de Parme et de Plaisance, jusques au père et à l'oncle paternel de la reine d'Espagne, morts sans postérité masculine. . . . XVI 323
Faux-saunages à force ouverte. . . . . . . V 344
Faux-sauniers. Excités, soutenus. . . . . . IV 451
Fayette (Mme de la). Quelle. Sa mort. . . . . IX 334
Félix, premier chirurgien du Roi. Sa mort. . III 413
Fénelon (Abbé de). Sa fortune. . . . . I 271
— Est fait précepteur des enfants de France. . . . . I 273
— Archevêque de Cambray. . . . . I 274
— Lutte sourdement contre Godet, évêque de Chartres. . . . . I 298
— Son affaire éclate sur le quiétisme et continue. Mandements théologiques de Noailles, archevêque de Paris, et de Bossuet, évêque de Meaux, qui s'unissent dans cette affaire à l'évêque de

Fénelon (Abbé de). Tomes. Pages.

 Chartres. . . . . I 406 et 413
— Fénelon compose à la hâte, et fait imprimer de même, son livre des *Maximes des saints*. Ce livre est soumis à douze examinateurs convenus. L'auteur porte cette affaire à Rome. Lettres au Pape de part et d'autre. Réponses du Pape. Fénelon est exilé dans son diocèse pour toujours. Terrible orage sur tous les siens, et sur ses principaux amis. . . . . I 408 et 416
— Liaison intime de Fénelon avec les jésuites et le cardinal de Bouillon ; leurs intérêts communs. . . . . I 410
— Il fait et publie une réponse à Bossuet. II 99
— *Maximes des saints* de Fénelon condamné à Rome. . . . . II 185
— Soumission de Fénelon, prompte, pleine illustre. Pensées et desseins de ses amis. . . . . II 187
— Acceptation, par voie de jugement, de celui du Pape par tous les évêques assemblés par métropoles en jugeant ; enregistrement au Parlement en conséquence. Procédé admirable de Fénelon, infâme de Valbelle, évêque de Saint-Omer, dans l'assemblée provinciale de la métropole de Cambray. . . II 188
— Fénelon, passionnément aimé de M⁰ʳ le duc de Bourgogne et attaché de même à lui, ne peut le voir que deux fois en sa vie, et un instant public chacune, à la portière de sa chaise, à la poste à Cambray. . . . . III 272
— Quel Fénelon à l'égard de la mort de Monseigneur. . . . . VIII 419
— Lueur trompeuse pour lui. . . . . X 5

Fénelon (Abbé de).

— Son intime union avec son petit troupeau, l'ardeur incroyable duquel pour lui ne se put jamais ralentir pour lui dans pas un................ VIII 423

— Son ambition; ses amis; mesures pour lui pour après la mort du Roi, qui le survécut..................... X 286

— Sa vie; sa conduite; sa mort........ XI 56

— Lui et Bossuet, évêque de Meaux, consultés et contraires à la déclaration du mariage du Roi et de Mme de Maintenon; le premier achève d'en être perdu; raisons qui sauvent l'autre. . XII 113

Feriol, ambassadeur à Constantinople..... II 205

— Son démêlé................ VI 180

Ferté (Duc de la). Quel. Sa mort. Son duché pairie éteint. Son frère jésuite....... III 429

— Mort et caractère de la maréchale, leur mère..................... X 142

— Quel fut ce P. de la Ferté jésuite. ... XIII 185

Ferté (Duchesse de la). Sa pestilentielle audace.................... XVII 259

Fervaques. Quel. Sa mort; son testament; sa dépouille................. II 40

— Fervaques, son neveu, épouse Mlle de Bellefonds................. V 420

Quitte le service............. VIII 164

Festin des rois et force bals à la cour..... V 374

Feversham (Comte de), frère des maréchaux ducs de Duras et de Lorges. Sa fortune en Angleterre; son caractère; sa mort..................... IV 394

Feuillade (Duc de la). Vole l'évêque de Metz, son oncle paternel, en passant à Metz. I 324

Mort, fortune, emplois de ce prélat. . I 448

— Mort de la duchesse de la Feuillade, sœur de la Vrillière............ I 469

Feuillade (Duc de la). — Tomes. Pages.

— Duc de la Feuillade. Son caractère. Il épouse une fille de Chamillart. . . . . III 195
— Est fait, de colonel, maréchal de camp tout d'un coup. . . . . III 242
— Va commander en son gouvernement de Dauphiné. . . . . IV 25
— Est fait lieutenant général seul. . . . . . IV 64
— Demeure, en chef, en Dauphiné et en Savoie. Devient général d'armée. Prend Suse et les vallées. . . . . IV 104
— Fait de petits exploits. . . . . IV 169
— Et de nouveaux petits exploits. . . . . . IV 236
— Achève le siége de Chivas, qu'il n'avoit pas commencé. . . . . IV 303
— Est proposé à Chamillart par le Roi pour faire, en chef, le siége de Turin, qui se diffère. . . . . IV 320
— Ce siege enfin résolu. La Feuillade, singulièrement confirmé à le faire en chef; arrive devant la place. . . . . . IV 421
— Court follement après le duc de Savoie sorti de Turin. Sa mauvaise conduite; est fort haï dans son armée. . . . . . V 2
— Sa pernicieuse conduite. Mauvais état de ses lignes et du siége. . . . . . . V 19
— Sa triple et formelle désobéissance à M. le duc d'Orléans, général sur le tout, et présent. . . . . V 24
— De dessein ou de négligence, prive M. le duc d'Orléans de la communication avec l'Italie par Ivrée, après la perte de la bataille de Turin. . . . . V 31
— Sa prise avec Albergotti. Son désespoir feint ou véritable. . . . . V 32
— Ses prises avec le cardinal le Camus à Grenoble. Il est rappelé et perdu. Salue le Roi, en est très-mal reçu. . . . . . V 43

Feuillade (Duc de la). Tomes. Pages.
- Est refusé de suivre volontaire Monseigneur qui devoit aller commander l'armée en Flandres, qui n'y alla pas. VI 300
- Son procédé infâme à la chute de Chamillart, toujours entêté de lui....... VI 447
- Son misérable procédé dans l'affaire de la prétention de d'Antin à la dignité d'Espernon................. VIII 190
- Quel à l'égard de la mort de Monseigneur. VIII 411
- Se déchaîne outrageusement, sans nulle sorte de mesure, contre M. le duc d'Orléans, à la mort de Mgr et de Madame la Dauphine................ IX 273
- Profite, par Canillac, de la foiblesse de M. le duc d'Orléans, lors régent, qui lui pardonne, le nomme à l'ambassade de Rome, où il ne fut point, et le combla de grâces et de biens......... XII 397
Il achète, pour M. le duc de Chartres, son gouvernement de Dauphiné, le comble d'argent et de grâce....... XVI 299
Enfin le fait pair de France le premier de tous ceux qu'il a faits ....
- Mort de sa femme............ XIII 98
FEUILLÉE (La). Ancien lieutenant général, fort vieux et fort estimé, est donné par le Roi pour mentor à Monseigneur allant commander l'armée de Flandres.... I 181
- Sa mort.................. II 178
FEUQUIÈRES, cadet. Épouse la fille du peintre Mignard................. I 293
FEUQUIÈRES, aîné, lieutenant général, qui a laissé d'excellents mémoires sur la guerre. Est refusé de servir; son pernicieux caractère................ III 241
- Sa mort. Sa famille, etc......... VIII 173
Feux d'artifice, admirables à Madrid... XVIII 330

	Tomes.	Pages.
FIEFMARCON, lieutenant général de Roussillon.	X	5
FIENNES. Commande en chef en Catalogne.	IX	312
— Sa mort.	XIII	40
FIESQUE (Comtesse de). Sa naissance. Sa mort. Son rare caractère.	II	242
— Naissance, caractère, mort du comte de Fiesque, son fils.	VI	180
Fiançailles. Origine des fiançailles dans le cabinet du Roi, de ceux qui ont le rang de prince étranger.	XIV	400
FIEUBET, conseiller d'Etat distingué, procure un vol étrange et plaisant à Courtin, son ami et son confrère. Retraite de Fieubet; sa mort; son caractère.	IV	40
FIGUERROA. Ducs de Médina Celi : *voir* aux GRANDS D'ESPAGNE.	XVIII	24
Fils de France. Leur cérémonial du premier jour de l'an.	VII	171
— Extrémité des deux fils de France à la mort de Monsieur et de Madame la Dauphine. Ils sont tous deux nommés sans cérémonie au baptême. Tous deux empoisonnés. L'aîné meurt, le cadet échappe et règne sous le nom de Louis XV.	IX	238
— Disgression sur le prétendu droit des fils et filles de France etc., de présenter au Roi des sujets pour être faits chevaliers de l'Ordre.	IX	278
— Fils et filles de France ont un dais et un balustre dans leur appartement dans la maison du Roi, et le tendent aux grands deuils, privativement aux princes et princesses du sang.	X	179
— Magistrats de la plus haute robe, non pas même le chancelier ni leurs femmes, ne mangent point, les magistrats avec		

	Tomes.	Pages.

Fils de France.
　　les fils de France, leurs femmes avec les filles de France, mais les servent. . | V | 334
— Filles de France de tout temps, dites et appelées *Madame* tout court et pourquoi. . . . . | VI | 355

Fils de France (Petits-). Époque et origine de ce rang à peu près aussi inférieur à celui de fils de France, qu'il est supérieur à celui des princes et princesses du sang. . . . .
— Leur cérémonial du premier jour de l'an. | VII | 171
— Ont, dans les appartements qu'ils occupent dans la maison du Roi, les mêmes distinctions intérieures des fils et filles de France dans les leurs. Pareillement les petites-filles de France. | X | 179
— Celles-ci ont, comme la Reine et comme les filles de France, leur housse clouée et leurs carrosses de deuil en clous redoublés couleur d'eau, privativement l'un et l'autre aux princesses du sang.

Filles d'honneur et dames d'honneur des bâtardes du Roi et des femmes de ses bâtards mangent, dansent à l'égard des filles, et entrent dans les carrosses, quant aux dames d'honneur, privativement à celles des princesses du sang qui n'y sont point admises, par une grâce que le Roi a voulu leur faire. . . | I | 350

Filles de Saint-Cyr. . . . . | IV | 238

Fitz-James (Duc de). Épouse la fille du duc de Duras. . . . . | XVII | 51
— Meurt sans postérité. . . . . | XVII | 287

Finances. Leur état forcé à la mort du Roi. Banqueroute alors préférable à tout autre parti, et pourquoi. . . . . | XI | 269
— Origine de leur débordement aux princes

Finances.	Tomes.	Pages.
— et princesses du sang.	XIV	405
— Foule d'opérations de finance.	XVII	125
— Leur chaos.	XVII	165
Financiers. Quels à l'égard de la mort de Monseigneur.	VIII	441
FLAMARENS. Épouse Mlle de Beauvau.	XIV	10
Flatteries déplorables pendant le siége de Lille.	VI	122
— Autres aussi misérables.	VI	128
FLÉCHIER, évêque de Nîmes. Quel. Sa mort.	VII	281
FLEURY (Abbé). Quel. Confesse le Roi.	XIII	187
— S'en retire bientôt après. Sa mort.	XIX	131
FLEURY, évêque de Fréjus, depuis cardinal et plus que premier ministre. Son extraction. Ses commencements; ses progrès; sa conduite; comment fait évêque.	II	147
— Sa surprenante conduite à l'égard du duc de Savoie passant à Fréjus pour son entreprise sur Toulon.	V	306
— Disgression sur ce prélat.	V	307
— Il conduit, prié par Monsieur le Duc, le corps de Monsieur le Prince à Valery.	VI	344
— Ses sourdes et profondes menées pour être précepteur de Louis XV.	XI	67
— Origine de sa haine implacable et de sa persécution constante, sans bornes ni mesure, contre le P. Quesnel, et, à cause de lui, contre les jansénistes, depuis le premier moment de son crédit jusqu'à sa mort.	XI	69
— Voir les pièces et l'extrait du P. Quesnel sur ce prélat.	XI	69
— Il est, sous une apparente modestie et mansuétude, sublimement ingrat, glorieux et vindicatif.	XI	69
— Officie devant le Roi, sans en dire un seul mot au cardinal de Noailles, diocésain.	XIII	185

Fleury.

— Obtient l'entrée dans le carrosse du Roi où jamais précepteur ni évêque non pair n'étoit entré. Les sous-gouverneurs l'obtiennent à cet exemple.... XIV 9
— Son gouvernement. Chaînes dont il se laissa lier par l'Angleterre. Il est sans la moindre teinture des affaires lorsqu'il en saisit le timon.......... XV 318
— Son aventure dite d'Issy.......... XV 320
— Parfaitement désintéressé sur l'argent et les biens, mais d'une avarice plus que sordide, non pour lui ni chez lui, mais pour l'État, pour le Roi, pour les particuliers............... XV 322
— Cette avarice ne veut point de marine; est encore, à d'autres égards, pernicieuse à l'État. Il est personnellement éloigné de l'Espagne, et la reine d'Espagne et lui brouillés sans retour jusqu'au scandale............. XV 324
— Il met sa personne à la place de l'importance du ministère qu'il exerce et en devient cruellement la dupe...... XV 324
— Horace Walpole, ambassadeur d'Angleterre, l'ensorcelle; trois objets des Anglois................. XV 325
— Premiers ministres funestes aux états qu'ils gouvernent............ XV 327
 Voir du Bois............... XVII 254
— L'archevêché de Reims offert à Fleury. Il est pressé de le prendre, il le refuse obstinément; motifs de l'un et de l'autre.................. XVII 275
— Il accepte à grand'peine l'abbaye de Saint-Étienne de Caen. N'est point avide de biens.............. XVII 280
— Démesurément ingrat, empêche que

Fleury.   Tomes. Pages.

Reims soit donné à l'archevêque d'Alby. XVII 282
— Sa fuite inconnue lorsque le maréchal de Villeroy fut arrêté. Découvert à Basville; de retour aussitôt que mandé. . . . . XIX 7
— Il se tire fort mal de cette fuite. Sa joie qui perce, et ses espérances fondées sur l'éloignement du maréchal de Villeroy. . . . . XIX 11
— Son art. Son ambition extrême; sa profonde conduite. . . . . XIX 11
— Sa fausse politique. Il veut se rendre maître de tout à l'ombre d'un prince du sang, fantôme de premier ministre de nom et d'écorce. . . . . XIX 161

FLORANGES (Le maréchal de), de la maison de la Marck, seigneur de Sedan et de Bouillon. Obtient un rang personnel de duc. Son fils se donne le premier le titre de prince de Sedan qu'il s'arroge de lui-même. . . . . V 90

FLORENSAC (Marquise de). Sa mort. . . . . . . IV 273

FLOTTE et RENAUT. Quels. Domestiques de M. le duc d'Orléans arrêtés en Espagne. . . VII 28
— Conduits au château de Ségovie. . . . . VIII 110
— Élargis, renvoyés libres en France. Ce qu'ils deviennent. . . . . XI 110

Flotte des Indes. Arrivée au port Louis. . . X 205

Flottille. Arrivée en Espagne. . . . . II 433

Foix (Duc de). Otage à Turin pour le mariage de M⁸ʳ le duc de Bourgogne avec le duc de Choiseul. . . . . I 335
— Perd Mˡˡᵉ de Foix, sa tante. . . . . IV 443
— Meurt sans postérité et son duché pairie éteint. Maison, famille, caractère du duc de Foix. . . . . X 134
— Mort et caractère de la duchesse sa

Foix (Duc de). Tomes. Pages.

  femme, sœur du duc de Roquelaure. VII 280
— Dernier direct comte de Foix. Succession de ses États après lui. . . . . . XVIII 27
— Ses deux bâtards. Fin malheureuse de l'aîné ; fortune énorme du cadet. . . XVIII 28
— Bâtards de Foix, Foix non de Grailly. Comtes puis ducs de Medina Celi. . XVIII 28
  (*Voir* aux Grands d'Espagne.)

Fontainebleau (Voyages du Roi à).
— En 1698. . . . . II 135
— 1699. . . . . II 237
— Retour. . . . . II 250
— 1700. . . . . II 354
— Retour. . . . . II 397
— 1701. . . . . III 192
— Retour. . . . . III 194
— 1702. Retour. . . . . III 344
— 1703. . . . . IV 1
— Retour par Villeroy et Sceaux. . . . . . IV 15
— 1704 par Sceaux. . . . . IV 168
— Retour par Sceaux. . . . . IV 189
— 1705 par Sceaux. . . . . IV 307
— Retour par Villeroy et Sceaux. . . . . . IV 322
— 1706 point de Fontainebleau et pourquoi. V 15
— 1707 par Petit-Bourg. . . . . V 337
— Retour par Petit-Bourg. . . . . V 343
— 1708 par Petit-Bourg. . . . . VI 32
— Retour par Petit-Bourg. . . . . VI 123
— 1709 [1]. . . . .
— 1710. . . . .
— 1711 par Petit-Bourg. . . . . IX 77
— Retour par Petit-Bourg. . . . . IX 120
— 1712 par Petit-Bourg. . . . . IX 324
— Retour par Petit-Bourg. . . . . IX 368
— 1713. . . . . X 74

1. Le Roi n'alla à Fontainebleau ni en 1709 ni en 1710.

Fontainebleau.	Tomes.	Pages.
— Retour par Petit-Bourg............	X	97
— 1714 par Petit-Bourg et dernier.....	X	312
— Retour par Petit-Bourg et dernier....	X	326

FONTAINE MARTEL et sa femme. Quels. Mort de
    Fontaine Martel............. IV 454
FONTANIEU. Garde-meuble de la couronne... XV 365
— Fait faire très-secrètement le matériel
    du lit de justice des Tuileries..... XV 389
— Son inquiétude pour le secret; il remédie
    aux siéges hauts............. XV 418
FONTARABIE. Assiégé et pris par le maréchal de
    Berwick................. XVI 269
FONTEVRAULT. Mort, naissance et caractère de
    l'abbesse. Sa nièce lui succède.... IV 117
FONTPERTUIS. Mot sur lui du Roi à M. le duc
    d'Orléans, étrangement plaisant et dit
    fort sérieusement. Quel étoit Font-
    pertuis. Son caractère......... V 400
FORCE (Duc de la). Épouse la fille unique de
    Bosmelet, président à mortier au par-
    lement de Rouen............ II 91
— Mort de son père.............. II 194
— Est fait vice-président du conseil des
    finances................. XIII 195
— Se brouille avec le duc de Noailles... XIV 207
— Pousse le Régent contre le Parlement,
    par Law, dans l'espérance d'entrer au
    conseil de régence. Le Régent le met
    dans le secret des préparatifs du lit de
    justice des Tuileries.......... XV 353
— Il entre singulièrement au conseil de
    régence................. XV 397
— Conférence chez lui sur ce lit de justice
    où Fagon et l'abbé du Bois montrent
    une sage prévoyance.......... XV 417
    Voir Angleterre.............. XVII 76
FORÊT (La). Quel. Perd un procès de suites im-

	Tomes.	Pages.
Forêt (La). portantes.	XIV	98
Forges (Eaux de). Dont les bains sont pour le moins inutiles et tout à fait inusités.	V	323
Forme de demander audience particulière au roi d'Espagne pour ministres étrangers ou pour sujets.	XVII	385
Formulaire. Ce que c'est.	VII	134
Forts (Des), conseiller d'État, presque contrôleur général des finances.	XVII	104 et 125
Foucault, conseiller d'État. Cède son intendance de Caen à Magny son fils.	IV	451
— Fortune, caractère, mort de Foucauld.	XVII	213
Foucquet, évêque d'Agde. Sa mort.	III	245
— Mort, famille, piété de sa belle-sœur, veuve du malheureux surintendant.	XIII	193
Fourbin et Middleton. Causes du retour du roi Jacques III sans avoir abordé en Écosse, et très-suspects.	V	411
Fourille. Quel. Obtient une pension. Sa mort. Sa pension donnée à sa veuve.	XVII	40
France. Inquiétude réciproque de la France et de l'Espagne sur leur conduite.	XII	386
— Traité entre elle et l'Angleterre signé à la Haye.	XIII	219
— Substance du traité entre la France, la Prusse et la Russie.	XIV	178
— La France et l'Angleterre communiquent ensemble le projet du traité de Londres aux États généraux.	XV	81
— Triste prodige de conduite de la France abandonnée à l'Angleterre.	XV	83
— Convention entre la France et l'Angleterre de signer le traité de Londres sans changement.	XV	216
Signé ainsi à Londres.	XV	269
— Fâcheux état du gouvernement de France. Quadruple alliance signée à		

France.   Tomes. Pages.

    Londres, 22 août[1], puis à Vienne et à la
        Haye. Ses prétextes. Du Bois sa cause.   XV   282
— Perspective de l'extinction de la maison
        d'Autriche, nouveau motif à la France
        de conserver la paix et d'en profiter.   XV   306
— Considérations sur l'Angleterre ; son in-
        térêt et ses objets à l'égard de la
        France, et de la France à l'égard de
        l'Angleterre.   XV   307
— Perte radicale de la marine en France ;
        à peu près de même en Espagne.
        L'empire de la mer passé à Angle-
        terre, fruits du gouvernement des pre-
        miers ministres de France et d'Espagne,
        avec bien d'autres maux.   XV   330
Francfort-sur-le-Mein. Essuie un grand in-
        cendie.   XVI   274
Franche-Comté. Projet des Impériaux sur cette
        province. On y découvre une conspi-
        ration.   VII   87
Frémont, père de Mme la maréchale de Lorges.
        Sa mort.   I   364
— Mort de sa veuve. . . . .
Frémont (Saint-). Sa fortune. Sa mort. . . .   XVIII   440
Freselière (La). Remis à flot par le maréchal
        de Boufflers.   VI   120
Fresno (Del), marquis : *voir* aux Grands d'Es-
        pagne.   II   487
Frette (La). Son extraction. Sa famille. Son
        état singulier. Son caractère. Sa mort.   V   468
Frias (Duc de) : *voir* aux Grands d'Espagne. .   XVIII   15
Fribourg. Investi.   X   74
— Pris.   X   106
Friedlingue (Bataille de).   III   318
Frigilliane (Comte) : *voir* aux Grands d'Espagne. II   486

1. Voyez ci-dessus, p. 38, note 1.

	Tomes.	Pages.
Froid extrême et ruineux.	VI	227
FRONSAC (Duc de), fils unique du duc de Richelieu. Épouse la fille unique du feu marquis de Noailles et de la duchesse de Richelieu, sa belle-mère. Peu après est mis à la Bastille à la prière de son père.	VIII	203
— En sort.	IX	316
— Conduit, avec M. le comte de Charolois, le cœur de M. le duc de Berry au Val-de-Grâce.	X	179
FRONTENAC. Quel. Sa mort.	II	192
— Mort de sa femme. Quelle et sa famille.	V	122
FUENSALIDA (Comte).	II	487
— *Voir* aux GRANDS D'ESPAGNE.	XVIII	92
FURSTEMBERG (Cardinal de). Sa famillle.	II	310
— Sa mort.	IV	74
FURSTEMBERG. (Comtesse de). Quelle.	II	313
— Sa retraite.	V	96
FURSTEMBERG (Prince de). Sa mort.	XIII	135
— Sa femme. Quelle. Obtient insensiblement un tabouret de grâce. Sa mort.	IX	90

Dans la lettre F { Noms propres... 65
                   Autres...... 13
                   En tout 78

	Tomes.	Pages.
GACÉ (Comtesse de). Sa mort	IV	446
— Mort du chevalier son fils.	V	124
— Son mari désigné maréchal de France. Son caractère.	V	411
Déclaré en mer maréchal de France par Jacques, roi d'Angleterre, revenant de tenter d'aborder en Écosse. Prend le nom de maréchal de Matignon.	V	416
Commande l'armée de Flandres sous le duc de Vendôme. Est le premier maréchal de France qui lui obéisse.	V	452

Gacé (Comtesse de).   Tomes. Pages.

Quitte l'armée malade et ne sert plus.   VI   125
Marie son fils aîné à la fille du maréchal de Châteaurenaud. Obtient pour lui son gouvernement de la Rochelle et du pays d'Aunis..............   VII   278
Et y obtient 6,000 [francs] d'augmentation d'appointements..........   XVI   345
Marie son second fils à Mlle de Brenne.   XVII   52

GALLAS, ambassadeur de l'Empereur à Rome. Ses plaintes et ses menaces font trembler le Pape. Frayeur de toute l'Italie. Lui et le cardinal Acquaviva, chargé des affaires d'Espagne, également bien informés de l'intérieur du palais du Pape.................   XIV   255

GALLES (Prince de). Sa naissance à Rome très-soigneusement constatée........   XVII   208
— Sentiments anglois sur cette naissance.   XVII   208

Galions. Arrivent des Indes dans le port de Vigo en Espagne; y sont brûlés avec quinze vaisseaux françois par les Anglois.................   III   294

GAMACHES (Mme de), veuve de Gamaches, chevalier de l'Ordre, fille et sœur des deux derniers Loménie, secrétaires d'État. Sa mort...............   IV   199
— Son fils mis par le Roi auprès de M. le duc d'Orléans, puis menin de Mgr le duc de Bourgogne; ses indiscrets apophthegmes...............   II   251
— Abbé, fils de celui-ci, fait auditeur de rote.   X   144
Affaires qu'il s'y fait; ses projets, son caractère, sa conduite, sa mort dans cet emploi...............   XVII   53

Gand et Bruges. Surpris par les troupes du Roi.   VI   50
Gandie (duc) : *voir* aux Grands d'Espagne...   XVIII   16
Garde du roi d'Espagne...........   XVIII   152

	Tomes.	Pages.
Garde des Sceaux ayant toutes les similitudes du chancelier, Argenson en profite le premier pour procurer à sa femme la même sorte de tabouret de la chancelière, ce qui est demeuré établi depuis....................	XIV	369
— Mort de sa femme.............	XVI	275
Garnache Rohan (Mlle de la). Sa triste aventure avec le duc de Nemours. Est faite duchesse de Loudun seulement pour sa vie.....................	II	67
Gassion épouse une fille d'Armenonville.....	V	420
— Le chevalier, son oncle paternel, bat, en Flandres, dix bataillons et douze escadrons. Son mérite. Son extraction...	VIII	445
— Sa mort. Quel il étoit et sa famille....	X	109
Gautier, abbé. Sa mort..............	XVII	72
Gendre (Le), premier chirurgien du roi d'Espagne. Son caractère........	XVIII	148
Généraux des armées du Roi..........	III	398
— — —	VIII	32
— — —	VIII	163
— — —	VIII	439
— — —	IX	128
— — —	IX	312
— — —	IX	375
— — —	X	17
— — —	IV	421
— — —	V	134
— — —	V	450
Genève. On y découvre une conspiration....		
Geniez (Saint-). Quel. Bâtard du frère du feu maréchal duc de Navailles. Est mis à la Bastille................	XVI	143
Geneviève (Procession de sainte)........	VI	408
Gens d'affaires. Leurs gains immenses. Recherches qu'on en fait.........	II	324

	Tomes.	Pages.

Gentilshommes. Comment ce terme doit être pris en parlant des rangs dans l'ordre du Saint-Esprit. . . . . XIII 103

Gentilshommes de la chambre du roi d'Espagne avec ou sans exercice. . . . . . II 470

Georges (Saint-), archevêque de Lyon. Perd contradictoirement devant le Roi sa juridiction primatiale sur la province de Rouen contre Colbert, archevêque de Rouen. . . . .

— Mort de Saint-Georges. Son caractère. . X 186

Geran (Comte de Saint-). Sa mort. . . . . . I 305
— Sa femme. Quelle. . . . . I 306
Exilée. . . . . I 386
Rappelée. . . . . II 181
Obtient mille écus d'augmentation de pension. . . . .
Se retire à Paris, à la mort du Roi, dans le couvent de la Visitation du faubourg Saint-Jacques. . . . .

Germain Beaupré (Saint-). Épouse la fille de Doublet, conseiller au Parlement, laquelle se fourre partout. Famille de Saint-Germain. . . . . VIII 205
— Perd son père; caractère de ce dernier. XVI 190

Gesvres (Duc de). Méchant surtout dans sa famille. Fait en public un trait cruel au maréchal de Villeroy. . . . . II 270
— Perd sa femme. . . . . III 343
— Épouse Mlle de la Chesnelaye. . . . . . III 369
— Meurt. . . . . IV 200
— Son fils, archevêque de Bourges, singulièrement nommé au cardinalat par le roi Stanislas. . . . . V 295
Encore plus singulièrement par l'électeur de Saxe, roi de Pologne, compétiteur de Stanislas. . . . . XI 72

Gesvres. Tomes. Pages.

 Est trompé par le Pape. . . . . XIII 206
 Fait enfin cardinal. . . . . XVI 369
— Son frère aîné duc de Tresmes; sa rare ignorance. . . . . II 146
— Perd sa femme avant d'être duc. . . . III 258
— Marie son fils à M{{lle}} Mascrani. . . . . . . VI 387
 Elle demande juridiquement la cassation de son mariage pour cause d'impuissance. . . . . IX 311
 Accommodement de ce procès. . . . . X 337
 Elle meurt. . . . . XIV 84
— Le duc de Tresmes obtient pour son fils la survivance de sa charge de premier gentilhomme de la chambre. Puis celle de gouverneur de Paris. . . XIX 80
— Et pour son autre fils l'évêché de Beauvais. . . . .

GIBRALTAR. Combat naval. Les ennemis y jettent du secours. . . . . IV 218
— Secouru encore; le siége est levé.. . . . IV 266

GIOVENAZZO (Duc de). Sa fortune; son extraction; sa famille; sa mort. Il étoit frère aîné du cardinal del Giudice. . . . . . XIV 392
— Le prince de Cellamare, son fils, prend le nom de duc de Giovenazzo. . . . . . XVIII 16
— Son secrétaire est mis en prison au château de Saumur. . . . . XVI 292
 (*Voir* aux GRANDS D'ESPAGNE.)

GIRON (Don Gaspard), le premier des quatre majordomes du roi d'Espagne. Sa naissance; son caractère. . . . . . . XVIII 142
— Sa délicate politesse. . . . . XVIII 337

GIUDICE (Cardinal del), grand inquisiteur d'Espagne. Vient brusquement en France. X 156
— Son caractère. Il amène avec lui le prince de Cellamare, fils du duc de Giovenazzo son frère. Vient à Marly. . . . . X 157

Giudice (Cardinal del).

	Tomes.	Pages.
— Voit le Roi en particulier, l'un et l'autre avec surprise.	X	181
— Revient à Marly.	X	188
— Y voit le Roi en particulier.	X	189
— Est établi à Marly. Y voit encore le Roi en particulier.	X	197 et 198
— Fait, dans Marly, fonction de grand inquisiteur d'Espagne contre Macañas et son livre. Choque les deux rois.	X	309
— Donne publiquement part au Roi du mariage du roi d'Espagne. Est rappelé. Part à grand regret. Se morfond longtemps à Bayonne, avec défense du roi d'Espagne de passer outre.	X	310
— Est rappelé et pleinement raccommodé.	XI	84
— Il est fait chef des affaires étrangères, de celles de justice, de celles de religion, et gouverneur de la personne du prince des Asturies.	XI	109
— Sa perte est résolue par la jalousie d'Alberoni.	XII	383
— Ses dégoûts.	XIII	8
— Sa liberté de discours.	XIII	20
— Ses dégoûts et sa licence.	XIII	61
— Il est ôté du conseil et d'auprès du prince des Asturies.	XIII	142
— Il publie des choses épouvantables d'Alberoni et perd sa place de grand inquisiteur.	XIII	165
— Invectives atroces de Giudice et d'Alberoni l'un contre l'autre.	XIII	172
— Imprudence de Giudice.	XIII	233
— Ses misères.	XIII	308
— Il se retire enfin à Rome.	XIII	342
— Ses clameurs contre Alberoni, Aldovrandi, Aubanton.	XIII	327
— Arrive à Gênes. Misère de ses neveux.	XIV	37

Giudice (Cardinal del).

— Enfin à Rome. Misère de sa conduite, de sa position, de sa réputation...... XIV 81
— Se distingue en opposition et en invectives dans le consistoire où Alberoni est fait cardinal............. XIV 139
— Crainte et bassesse de ses neveux. Le roi d'Espagne défend à tous ses sujets de le voir à Rome et d'avoir aucun commerce avec lui........... XIV 150
— Il reçoit ordre d'ôter les armes d'Espagne de dessus la porte de son palais à Rome. Sa conduite et celle de ses neveux.................. XIV 160
— Il dit un plaisant mot au Pape...... XIV 174
— Se barbouille dans une tracasserie arrivée sur le dérèglement et l'avidité des neveux du Pape.......... XV 5
— Se déchaîne contre Alberoni, et lui et le cardinal Acquaviva l'un contre l'autre. Alberoni se défie de tous les deux... XV 10
— Ses vaines espérances l'indisposent contre Cellamare, ambassadeur lors en France. Bassesses de ce neveu. Chimères attribuées à Giudice font du bruit et du mal à Madrid. Il les désavoue, et déclame contre les chimères et le gouvernement d'Alberoni..... XV 105
— Il fait de justes reproches à Cellamare de s'être, même très-mal à propos, rendu l'apologiste d'Alberoni contre l'Empereur et ses ministres...... XV 108
— Sa conduite à l'occasion de la rupture de l'Espagne avec Rome. Après des ordres réitérés du roi d'Espagne, il ôte enfin les armes d'Espagne de dessus sa porte. Il craint les Impériaux, meurt d'envie de s'attacher à eux, blâme la

Giudice (Cardinal del).   Tomes. Pages.

    conduite de Cellamare à leur égard. .   XV   175
— Ses mortifications à Rome; il y est dépouillé de la protection d'Allemagne, qu'il avoit enfin obtenue, en faveur du cardinal d'Althan, à qui elle est donnée et à qui il fait bassement sa cour. XVII   148

GLOCESTER (Duc de). Sa mort. II   350

GODET, évêque de Chartres. Lutte sourdement contre Fénelon, archevêque de Cambray. I   295

— Publie contre la doctrine de Fénelon des mandements théologiques. I   407

— Obtient du Roi une pension secrète de 20,000 livres. II   198

— Gagne, par la voix unique du Roi contre toutes celles de son conseil, son procès contre son chapitre, chose que le Roi n'a faite que trois ou quatre fois en tout son règne. II   338

— Sa fortune; son caractère; sa mort. . . VII   122

— Se choisit un successeur. Caractère et vertu de ce successeur. VII   126

GODOLPHIN (Comte de). Quel. Sa mort. IX   374

GOELLO (Mlle de). Son extraction; sa famille; sa mort. V   123

GŒRTZ, ministre confident du roi de Suède, lors à la Haye. Se refroidit seul sur une intrigue préparée contre l'Angleterre. XIII   224

— Sa fidélité fort suspecte. XIII   22$_6$

— Arrêté à Arnheim par le crédit du pensionnaire. XIII   322

— Interrogé en Hollande; sa ferme réponse. XIII   324

— Est mis en liberté. XIV   153

— Retiré à Berlin, y attend le Czar. Proposition de Gœrtz pour la paix avec la

Gœrtz. Tomes. Pages.

Suède. . . . . XIV 163
— Sa conduite suspecte au Czar et au roi
  de Prusse. . . . . XIV 229
— Il est enfin décapité. . . . . XVI 182
GOESBRIANT. Assiégé dans Aire. . . . . VIII 53
— Le rend. Est nommé chevalier de l'Or-
  dre. . . . . VIII 54
— En reçoit le collier. . . . . VIII 168
— Obtient une pension du Roi de 12,000 li-
  vres. . . . . IX 276
— Marie son fils à une fille du marquis de
  Châtillon. . . . . X 357
GONDRIN, fils aîné de d'Antin. Épouse une sœur
  du duc de Noailles, longtemps depuis
  remariée au comte de Toulouse. . . . V 119
— Mort de Gondrin. Plaisant contraste de
  la Vallière. . . . . IX 187
GORDES SIMIANE, évêque duc de Langres. Quel.
  Sa famille. Sa mort. . . . . I 282
Goupillon. À qui donné et par qui présenté
  aux royaux appareils funèbres. . . . . IX 232
GOURVILLE. Quel. Sa fortune. Son mariage se-
  cret; sa sage disposition; sa mort. . . III 421
Goutte du Roi, fort longue, fait retrancher
  pour toujours son coucher au public. IV 252
— Empêche la cérémonie ordinaire de l'Or-
  dre à la Pentecôte. . . . . IV 272
Gouvernement ancien de la monarchie fran-
  çoise. . . . . X 362 et 394
— Forme nouvelle de gouvernement à la
  majorité du Roi . . . . XIX 94
Gouverneurs des maisons royales en Espagne. . . . . XVIII 140
GOUVON. Quel. Envoyé de Savoie, fort distingué,
  à la cour lorsque la future duchesse
  de Bourgogne vint en France. . . . . I 372
Grâces pécuniaires répandues chez Mme de

Grâces. | Tomes. Pages.

  Maintenon................. IV 372
— Force grâces aux ducs de Guiche, Villeroy, Tresmes, au maréchal de Montesquiou, au comte d'Hanau, au grand prévôt.................... XIII 194
— De M. le duc d'Orléans, régent, au duc d'Albret, à Torcy, à Châteauneuf revenant d'Hollande............ XIV 326
— Autres du même à Maupertuis, Rion, la Chaise, Heudicourt............ XIV 367
— Beaucoup d'autres pécuniaires....... XVI 439

GRAMONT (Comte de), frère du vieux maréchal. Son état; son caractère; sa mort... V 120
— Son malin compliment au vieux duc de Saint-Aignan................ X 281

GRAMONT (Comtesse de). Sa courte disgrâce... II 205
— Son caractère. Sa courte disgrâce. Le Roi lui donne Pontali dans le parc de Versailles.................. III 415
— Sa naissance; sa famille; sa conduite; son caractère; sa mort....... V 472

GRAMONT (Duc de), neveu du précédent. Ambassadeur en Espagne. Son caractère. Son infâme mariage.......... IV 88
— S'attire la colère du Roi et de Mme de Maintenon, croyant leur faire sa cour de la déclaration de son mariage... IV 90
— Ses appointements............ IV 94
— Voit en chemin la princesse des Ursins. IV 107
— Ses dégoûts en Espagne. Demande son rappel. Obtient la Toison....... IV 241
— Est de retour............... IV 274
— Sa femme................. VI 410
— Mort, nom, maison et armes du duc de Gramont.................. XVII 145

GRANCEY, fils et père des deux maréchaux de France. Sa mort............ IV 99

Grancey.

— Abbé, son frère, premier aumônier de Monsieur, puis de Monsieur son fils. Le Roi, par distinction unique, le fait manger avec lui au siége de Namur, pour sa valeur singulière à encourager les attaques, à se trouver partout, à confesser les blessés dans les endroits les plus exposés. . . . .

— Est tué près de M. le duc d'Orléans, à la bataille de Turin. . . . . V 36

— Sa sœur, jamais mariée, dite madame de Grancey pour avoir été un moment en France dame d'atour de la fille de Monsieur à son mariage avec le roi d'Espagne Charles II. . . . . IX 130

— Marquis, leur neveu. Épouse la fille de son frère aîné, depuis maréchal de France, lors comte de Medavid, et obtient, sur sa démission, son gouvernement de Dunkerque. . . . . X 129

Le perd. . . . . XII 416

Grand Seigneur (Le). Est déposé. . . . . . IV 8

Grands et grandesses d'Espagne.

— Singularité de la suzeraineté et de la signature de quelques-uns d'eux. . . II 481

— Disgression sur la dignité de grand d'Espagne et sa comparaison avec celle des ducs de France. *Ricos-hombres* et leur multiplication. Idée dès lors de trois sortes de classes. Leur part aux affaires et comment. . . . . III 86

— Parlent couverts aux rois des Espagnes. Ferdinand et Isabelle dits les Rois Catholiques. Philippe I ou le beau. Flatterie des *ricos-hombres* sur leur couverture. Affaiblissement de ce droit et de leur nombre. . . . . III 88

Grands et grandesses d'Espagne.   Tomes. Pages.
— Ier *gradation.* Charles V. . . . . III 90
— IIe *gradation. Ricos-hombres* abolis en
    tout. Grands d'Espagne commencent
    et leur sont substitués. . . . . III 91
— IIIe *gradation.* Couverture et seconde
    classe par Philippe II. Trois sortes de
    grands et deux classes jusqu'alors. . . III 93
— IVe *gradation.* Patentes d'érection et
    leur enregistrement de Philippe III.
    Nul rang d'ancienneté observé parmi
    les grands. Leur jalousie sur ce point
    et sa cause. Troisième classe des
    grands. Grands à vie de première
    classe. Nul autre rang séculier en Es-
    pagne en la moindre compétence avec
    les rangs du pays. Seigneurs couverts
    en une seule occasion sans être grands. III 95
— V^e *gradation.* Certificat de couverture. III 97
— VIe *gradation.* Suspension. Amovibilité.
    Les deux dernières classes ont besoin
    de confirmation à chaque mutation. . III 99
— Mystère affecté des trois différentes clas-
    ses. . . . . III 103
— Indifférence pour les grands des titres
    de duc, de marquis, de comte; de
    prince encore plus indifférent. . . . . III 105
— Honneurs répondants à ce qu'on appelle
    en France honneurs du Louvre. Dis-
    tinctions de quelques personnes par-
    dessus les grands. Démission de gran-
    desse inconnue en Espagne. Exemples
    récents de grands étrangers expliqués.
    Successeurs présomptifs immédiats à
    grandesse ont un rang et des hon-
    neurs. . . . . III 117
— Cérémonie de la couverture chez le Roi
    et ses différences pour les trois diffé-

Grands et grandesses d'Espagne. Tomes. Pages.

— rentes classes. Plan de cette cérémonie.................. III 121
— La même chez la reine et son plan. . . III 128
— Tout ancien prétexte de galanterie de se couvrir entièrement aboli. Distinction des traits d'attelage.......... III 134
— Femmes et belles-filles aînées des grands seules, et diversement, assises. Séance au bal et à la comédie. Grands, leurs femmes, leurs fils aînés et les femmes de ces fils aînés, expressément et seuls toujours invités à toutes fêtes et à toutes cérémonies. Les ambassadeurs et leurs femmes à quelques-unes, tous les grands seuls et les ambassadeurs catholiques, non tous, aux chapelles, mais seulement les ambassadeurs qu'on appelle de chapelle......... III 137
— Raison pour laquelle les capitaines des gardes du corps sont toujours pris d'entre les grands. Places distinguées en toutes fêtes et cérémonies pour les grands et leurs femmes, leurs fils aînés et les leurs. Parasols des grands aux processions en dehors où le roi et la reine assistent................ III 148
— Places des grands et de leurs fils aînés aux Cortès. Ce qu'ils y font. Leur traitement par écrit et dans les églises hors de Madrid. Ce qui leur arrive au baptême de l'infant don Philippe, depuis gendre de Louis XV. Honneurs civils et militaires partout. Honneurs à Rome. Égalité chez tous les souverains, non rois, avec eux. Rangs étrangers inconnus en Espagne, excepté celui des cardinaux, et, celui-là même, non en

Grands et grandesses d'Espagne.	Tomes.	Pages.
tout.	III	150
— Bâtards des rois d'Espagne.	III	155
— Nul habit de cérémonie pour les rois d'Espagne ni pour les grands. Nulle préférence de rang pour les grands dans les ordres d'Espagne, ni dans celui de la Toison d'or. Les grands acceptent de fort petits emplois.	III	157
— Grand nombre de grands d'Espagne. . .	III	164
— Leur grandeur au dehors des États de Charles V.	III	93
— VIe *gradation*, déjà marquée. Suspension de grandesse en la main du roi. Exemples, entre autres, un du duc de Medina Sidonia sous Philippe V. Grandesse devenue inamovible. Exemples; entre autres, sous Charles II, de la grandesse ôtée au marquis de Valençuela[1] et à sa postérité, qui n'y est jamais revenue, et ôtée sans crime, sans forme, de pure volonté et autorité. . .	III	100
— VIIe *gradation*. Les grandesses soumises, comme telles, à des tributs pécuniaires.	III	101
— Succession aux grandesses. Majorasques.	III	107
— I. Récapitulation sur les grandesses. . .	III	112
— Grandesses s'achètent quelquefois des rois, dont exemples anciens, nouveaux, existants.	III	159
— II. Récapitulation. Nul serment pour la grandesse. Indifférence entière d'en avoir une ou plusieurs. Comparaison des dignités de duc de France et de grand d'Espagne.	III	159
— Comparaison des deux dignités dans		

1. Saint-Simon, à l'endroit cité, dit Vasconcelles.

Grands et grandesses d'Espagne.   Tomes. Pages.

	Tomes.	Pages.
tous les âges.	III	166
— Dignité de grand d'Espagne ne peut être comparée à celle des ducs de France, beaucoup moins à celle des pairs de France. Comparaison de l'extérieur des dignités des ducs de France et des grands d'Espagne. Spécieux avantages des grands d'Espagne. Un seul solide.	III	169
— Des avantages réels et effectifs des grands d'Espagne.	III	174
— Désavantage des grands d'Espagne jusque dans le droit de se couvrir.	III	178
— Abus des grandesses françoises.	III	183
— Indication pour se remettre sous les yeux tout ce qui regarde les personnages, charges, emplois, grandesses d'Espagne. Précis sur les grandesses.	XVII	438
— Grands d'Espagne constamment de la première origine.	XVIII	3
— Liste alphabétique de tous les grands d'Espagne existants en tous pays en l'année 1722, où les maisons et les fortunes, emplois et caractères de la plupart des grands, surtout espagnols ou établis en Espagne, sont courtement expliqués :		
Ducs d'Abrantès, Alencastro et Albe.	XVIII	5
Albuquerque.	XVIII	6
Del Arco.	XVIII	9
Arcos.	XVIII	11
Aremberg, Arion, Atri, Atrisco, Baños, Bejar.	XVIII	12
Berwick, Bournonville.	XVIII	13
Doria, Estrées, Frias.	XVIII	15
Gandie.	XVIII	16
Giovenazzo.	XVIII	17

Grands et grandesses d'Espagne.	Tomes.	Pages.
Gravina, Havrec.	XVIII	18
Hijar.	XVIII	19
Del Infantado.	XVIII	20
Licera, Liñarès.	XVIII	21
Liria.	XVIII	22
Medina Celi.	XVIII	24
Médina de Rioseco, Medina Sidonia.	XVIII	31
Saint-Michel, la Mirandole.	XVIII	32
Monteillano.	XVIII	33
Monteleone.	XVIII	34
Mortemart, Najera ou Nagera, Nevers.	XVIII	35
Noailles, Ossuna.	XVIII	36
Saint-Pierre.	XVIII	37
Popoli.	XVIII	39
Sessa.	XVIII	45
Saint-Simon et son 2^d fils, Solferino.	XVIII	45
Tursis, Veragua.	XVIII	46
Villars, Uzeda.	XVIII	49
Princes de Bisignano.	XVIII	50
Santo-Buono.	XVIII	50
Butera, Cariati, Chalais.	XVIII	52
Chimay.	XVIII	53
Castiglione, Colonne.	XVIII	54
Doria, Ligne, Masserano.	XVIII	55
Melphe, Palagonia, Robecque, Sermonetta.	XVIII	58
Sulmone, Surmia.	XVIII	59
Ottaïano.	XVIII	60
Marquis d'Arizza, Ayetona.	XVIII	61
Los Balbazès.	XVIII	63
Bedmar.	XVIII	64
Camaraça, Castel dos Rios.	XVIII	66
Castel Rodrigo, Pio [1].	XVIII	67
Castromonte, Clarafuente, Santa-		

1. Voyez tome XVIII, p. 106, note 1.

Grands et grandesses d'Espagne. | Tomes. | Pages.

	Tomes.	Pages.
Cruz.	XVIII	69
Laconi, Lede.	XVIII	75
Mancera, Mondejar, Montalègre.	XVIII	76
Pescaire.	XVIII	77
Richebourg, Ruffec, Torrecusa.	XVIII	78
Villena, aussi duc d'Escalona.	XVIII	79
Visconti.	XVIII	82
Comte d'Aguilar. Ses faits.	XVIII	82
Grandeur de la maison d'Arellano.	XVIII	83
Grandeur de la maison Manrique de Lara.	XVIII	84
Altamire.	XVIII	87
Aranda, Los Arcòs, Atarez, Baños.	XVIII	88
Benavente, grandeur de la maison Pimentel.	XVIII	89
Castrillo, Egmont.	XVIII	90
S. Estevan de Gormaz, S. Estevan del Puerto, Fuensalida.	XVIII	92
Lamonclava, Lemos.	XVIII	93
Maceda.	XVIII	95
Miranda.	XVIII	96
Montijo.	XVIII	97
Oñate.	XVIII	98
Oropesa, Palma.	XVIII	99
Parcen, Paredes.	XVIII	100
Peñaranda.	XVIII	101
Peralada, Priego.	XVIII	102
Salvatierra, Tessé.	XVIII	104
Visconti.	XVIII	105

Article de Pastrana à ajouter à celui del Infantado.
Article de Liñarez à ajouter à celui d'Abrantès.

— Liste en même ordre de la précédente qui montre d'un coup d'œil tous les grands d'Espagne existants en 1722, et la maison de chacun à côté de son nom, avec la somme de leur nom-

Grands et grandesses d'Espagne.   Tomes. Pages.

	Tomes.	Pages.
bre, etc.	XVIII	105
— Grands d'Espagne par charge ou état, mais imperceptibles	XVIII	108
— *Oubli :* Marquis de Tavara	XVIII	109
— — Marquis de Villafranca	XVIII	110
— État des grands d'Espagne existants en avril 1772, suivant l'ancienneté entre eux qu'on a pu reconnoître, et par règnes; les maisons pour qui établies ou érigées, celles par où elles ont passé, et celles où elles sont.		
Henri II. Auparavant comte de Transtamare, Medina Celi	XVIII	112
Henri III. Benavente, Amirante de Castille, comme tel	XVIII	112
Jean II. Arcos	XVIII	113
Henri IV. Lemos, Medina Sidonia, Miranda	XVIII	113
Albuquerque, Villena et Escalona	XVIII	114
Albe, Oñate	XVIII	115
Rois Catholiques. Del Infantado	XVIII	115
Oropesa, Najera, Gandic, Sessa, Bejar	XVIII	116
Frias, Villafranca	XVIII	117
Charles V. Egmont	XVIII	117
Veragua, Pescaire	XVIII	118
Philippe II. Ayétone, Ossuna, Terranova	XVIII	118
Santa-Cruz, Aranda	XVIII	119
Philippe III. Uzeda, Peñeranda	XVIII	119
Mondejar, Hijar, Havrec, Sulmone, Los Balbazès	XVIII	120
Philippe IV. Altamire	XVIII	120
Abrantés, Liñarés, Bisignano, Castel Rodrigo, Torrecusa	XVIII	121
Colonne, Cámaraça, Aguilar, Aremberg	XVIII	122

Grands et grandesses d'Espagne.   Tomes. Pages.

  Ligne. . . . . XVIII 123
  Charles II. Fuensalida, Saint-Pierre,
  Palma; celle dont a hérité la dernière
  duchesse de Nevers Spinola, Santo-
  Buono, Surmia. . . . . XVIII 123
  Giovenazzo[1], Baños (comté), Pare-
  des, Lamonclava, S. Estevan del
  Puerto, Montalègre. . . . . XVIII 124
  Los Arcos, Montijo, Baños (duché),
  Castromonte, Castiglione, Ottaïano. XVIII 125
  Philippe V. Castel dos Rios, celle
  du duc de Beauvilliers éteinte, Es-
  trées éteint. . . . . XVIII 125
  Liria et Quirica, Gravina, Bedmar,
  Tessé, la Mirandole, Atri, Chimay,
  Monteillano, Priego. . . . . XVIII 126
  Noailles, Popoli, Masseran, Richebourg,
  Chalais, Robecque, Maceda, Solfarino,
  S. Estevan de Gormaz, Bournon-
  ville, Villars, Lede, Saint-Michel. . . XVIII 127
  Del Arco, Saint-Simon et son 2ᵈ fils
  ensemble, Arion. . . . . XVIII 128
— *Oubli sur Mancera, avec quelque éclaircissement*. . . . . XVIII 128
— Liste simple des grands d'Espagne, suivant leur ancienneté nettement reconnue ou suffisamment, où sont
  marqués, à côté de leur nom, ceux qui
  d'abord étoient ou sont descendus
  de ces anciens *ricos-hombres* dont
  Charles V abrogea la dignité et y su-
  brogea la nouvelle de grand d'Espagne. On a omis cette marque aux
  grands qui, *ricos-hombres*, passèrent
  sous Charles V à la dignité de grands

---

1. Dans les *Mémoires* Saint-Simon place ici *Liñares*.

Grands et grandesses d'Espagne. Tomes. Pages.

 et lui sont antérieurs, jusqu'à Egmont,
 le premier seigneur que Charles V fit
 grand sans avoir été *rico-hombre*. On
 a mis aussi à côté des noms de ceux
 qui ont plusieurs grandesses, un chiffre qui en marque le nombre..... XVIII 129
— Autre liste simple des grands d'Espagne
 dont le duc de Saint-Simon n'a pu dé-
 couvrir les dates et d'autres connois-
 sances; elle est par ordre alphabétique.
 Ce sont : les ducs d'Atrisco, Doria,
 Licera, Tursis............ 4
 Les princes de Butera, Cariati, Doria, Melphe, Palagonia Sermo-
 netta.................. 6
 Les marquis d'Arizza, Clarafuente,
 Laconi, Mancera, Tavara, Visconti................... 6
 Les comtes d'Altarès, Castrillo,
 Parcen, Peralada, Salvatierra, Vis-
 conti................... 6 XVIII 131
          ——
          22

— Grands d'Espagne n'en prennent point la
 qualité dans leurs titres, pourquoi. XVIII 242
GRANJA (La). Comment devenu Saint-Ilde-
 phonse.................. XVIII 407
GRAVINA, duc : *voir* aux GRANDS D'ESPAGNE. . XVIII 18
GREDER. Quel. Sa mort............. XIII 89
GREFFIN. Quel. Belle action de ce vieux lord. . V 412
— Grandeur de son courage......... V 415
— Sa mort................. VIII 164
GRIGNAN (M. de), chevalier de l'Ordre. Perd son
 fils unique................ IV 178
— Obtient un brevet de retenue sur sa
 charge de seul lieutenant général de
 Provence................. IV 240

Grignan.   Tomes. Pages.
— Perd sa femme, fille de Mme de Sévigné.   IV   274
— Mot impertinent de Mme de Grignan sur
le mariage de son fils.   IV   178
— Mort du comte de Grignan; son carac-
tère; sa dépouille.   XI   55
— Chevalier de Grignan, son frère, épouse
Mlle d'Oraison, prend le nom de comte
d'Adhémar.   IV   240
Et meurt. Quel il étoit.   X   109
— Mort de l'évêque de Carcassonne, leur
frère.   XVIII   440
GRILLO. Vient remercier le Roi, de la part de la
reine d'Espagne, des compliments et
des présents qu'il lui a envoyés par le
duc de Saint-Aignan. . . . . X 343 et XI   54
GRIMALDO (Marquis de). Supplée presque en tout
aux fonctions de premier ministre
d'Espagne.   XIII   312
— Sa fortune; son caractère. XVII   2
— Est aussi secrétaire d'État des affaires
étrangères, et le seul ministre travaillant avec le roi d'Espagne. Il connoît
parfaitement le cardinal du Bois. . .   XVII   347
— Esquisse de Grimaldo.   XVII   351
— Sa politesse.   XVII   382
— Encore une fois sa fortune, son carac-
tère.   XVIII   168
— Celui de sa femme.   XVIII   172
(Le voir mieux en détail sous l'article
de SAINT-SIMON.)
GRIMANI, cardinal. Sa mort; son carac-
tère. . . . . III 262 et VIII   133
GUADALAJARA, ville de Castille. Panthéon su-
perbe du duc del Infantado.   XVIII   422
GUALTERIO, nonce en France.   II   288
— Son caractère.   IV   300
— Fait cardinal avec 19 autres; reçoit la

Gualterio. Tomes. Pages.

barette des mains du Roi, et a l'honneur de dîner seul avec lui en public le même jour; ordre de ce dîner. . . . IV 365
— Visite, en cérémonie, les bâtards en partant, ce qu'aucun autre de ses prédécesseurs n'avoit voulu faire, ce qui causa sa disgrâce à Rome et empêcha depuis ses successeurs de recevoir la calotte rouge en France. . . . . X 41
— Se charge, à Rome, des affaires du roi Jacques d'Angleterre. . . . . X 41
— Revient de Rome voir le Roi exprès. Grâces, distinctions, faveurs qu'il reçoit à la cour pendant quatre mois de séjour; retourne à Rome. . . . . . . X 41
— Il met les armes de France sur la porte de son palais. . . . . VIII 104
— Sa sage pensée à l'occasion du congrès de Cambray. . . . . XVII 162
GUASTALLE (Duc de). Sa mort. . . . . X 182
GUET (Du) ou DU GUÉ, abbé. Auteur de beaucoup d'excellents livres de piété et de l'*Institution d'un prince destiné à régner*. . . . . II 441
GUÉ (DU) DE L'ISLE OU DU POULDUC. Branche de la maison de Rohan solennellement et contradictoirement maintenue à porter le nom et armes de Rohan par actes du parlement de Bretagne, en 1706, contre M. de Soubise, les deux branches qui ont ou obtenu ou usurpé le rang de prince étranger ne voulant point reconnoître celle-là, qui n'a point eu part aux distinctions des autres, et ayant voulu essayer de leur faire quitter leur nom et armes de Rohan. V 80
GUÉMENÉ COCHEFILET (Mme de). Sa mort. . . . . XVI 357

Guémené Cocheflet.

— Son fils fait archevêque de Reims... { XVII 283 / XVIII 445

Guerchois (Le), lieutenant général. Fait une belle action à Turin, et lâchement abandonné.............. V 25

— Fait une belle et noble action...... VI 449
— Est fait gouverneur d'Urgel......... XVI 340

Guerra (Don Michel). Son caractère; ses emplois.................. XVIII 166

— Don Domingo, son frère, confesseur de la reine d'Espagne, etc......... XVIII 159
— Son caractère; leur fortune...... XVIII 166

Guerre de fait en Italie................ III 48

Guiche (Duc de). Marie son fils aîné à la fille unique du duc d'Humières et obtient, pour premier exemple, de se démettre de son duché en faveur de ce mariage, quoique lui-même ne fût duc que par la démission du duc de Gramont son père.................. VII 277

— Duchesse de Guiche, sœur du duc de Noailles; sa dévotion; ses manéges. Elle arrache, par ruse, au maréchal de Boufflers, son beau-frère, le régiment des gardes, pour son mari, en faisant le maréchal capitaine des gardes du corps malgré lui, et vend à Coigny la charge de colonel général des dragons, qui fait dans la suite sa prodigieuse fortune, que le duc de Guiche avoit achetée du maréchal de Tessé........... IV 185

Guiche (Duc de). Obtient la survivance des gouvernements de basse Navarre, Béarn, Bigorre, Bayonne, Saint-Jean-Pied-de-Port, de son père....... IX 276

— Persuade au Régent force services imaginaires, et en tire des millions.... XII 202

Guiche (Duc de). | Tomes. | Pages.
— Son caractère. | XII | 234
— Marie sa fille aînée au fils aîné de Biron et son 2ᵈ fils à une fille du même. | XII | 392
— Obtient, pour son fils aîné, les survivances de sa charge et de ses gouvernements tout à la fois. | XIV | 367
— Il entre singulièrement dans le conseil de régence, après avoir été vice-président du conseil de guerre. | XV | 400
GUILLAIN (Saint-). Perdu. | VI | 199
GUILLAUME, roi d'Angleterre. Sa mort. | III | 254
GUISCARD. Fait gouverneur de Namur, chevalier de l'ordre. | I | 287
— Ambassadeur en Suède. | XVII | 153
— Seul sans nouvelle lettre de service après la bataille de Ramillies, se retire chez lui. | V | 9
— Son caractère; sa triste fin; sa mort. | XVII | 153
GUISE (Duchesse de), petite-fille de France. Sa mort. | I | 302
— Le duc de Guise tué aux derniers États généraux à Blois, décembre 1588, à la veille d'envahir la couronne. Est le premier seigneur qui, pour capter les curés de Paris et le peuple, ait été marguillier d'honneur de sa paroisse. | X | 408
GUYET. Fait intendant des finances en mariant sa fille unique au frère de Chamillart. | IV | 117
GUYON, fameuse dévote, prétendue illuminée, dont l'intime liaison de sentiments avec Fénelon, archevêque de Cambray, le perdit. | I | 273
— Introduite, puis chassée de Saint-Cyr; mise à la Bastille. | I | 296
— Après dans un couvent à Meaux; de là exilée en Touraine, enfin à Blois. | III | 402
— Sa mort. | XIV | 11

	Tomes.	Pages.
Gusman, envoyé de Portugal à Madrid.	XVIII	186
Gyllembourg, envoyé de Suède à Londres. Y est arrêté. Son projet découvert. Mouvements là-dessus parmi les ministres étrangers et dans le public. Mesures du roi d'Angleterre et de ses ministres.	XIII	319
— Le frère de Gyllembourg arrêté à la Haye par le crédit du pensionnaire.	XIII	322

Dans la lettre G { Noms propres . . 65
                   { Autres 8
                   En tout   73

Haquais (Le). Son état; son caractère.	V	471
— Sa mort.	XIX	91
Haguenau. Pris par les impériaux. Peri et Arling, qui le défendirent bien, récompensés.	IV	292
Haligre[1] (Extraction et fortune des).	IX	182
— Président à mortier, obtient une pension dite de Pontoise.	XIII	109
Halluyn. Dispute de pas et de préséance, au premier mariage de Gaston, frère de Louis XIII, entre les duchesses d'Halluyn et de Rohan, sur l'ancienneté de leurs duchés, car les Rohans n'avoient pas encore imaginé alors d'être princes, laquelle alla jusqu'à main-mise décidée en faveur d'Halluyn qui précéda Rohan.	II	70
Hamilton (Duc d'). Désigné ambassadeur d'Angleterre en France. Sa mort.	IX	367
— Son extraction.	IX	367
Hamilton (Richard d'). Quel. Son caractère; sa mort.	XIV	210

1. Voyez tome IX. p. 185, note 2.

	Tomes.	Pages.

Hammer. Quel fut ce chevalier anglois merveilleusement reçu à la cour. Duchesses d'Angleterre conservent leur nom et leur rang en se remariant publiquement au-dessous de leur premier mari. . . . . IX 376

Hanovre (Duchesse d'), palatine, sœur de la princesse de Salm et de Madame la Princesse. Elle et ses deux filles sans rang, ni honneurs en France, où elles demeurèrent très-longtemps à Paris. Grands airs qu'enfin elle y veut prendre ; cause de sa retraite en Allemagne et de la haute fortune de sa 2de fille. . I 35

— Autre duchesse d'Hanovre Brunswick, elle-même femme du 2^d électeur, devenu roi d'Angleterre, Georges Ier. Catastrophe de cette princesse et du comte de Königsmarck. . . . . I 231

Hanovre (Mort du duc d'). . . . . II 15

Hanovre (Duc d'), depuis roi d'Angleterre, Georges Ier. Est général de l'armée de l'Empereur sur le Rhin. . . . . VI 30

— Mort de la princesse électrice d'Hanovre. . . . . X 190

— Électeur d'Hanovre proclamé roi d'Angleterre, Georges Ier. . . . . X 247

— Pensées des étrangers sur la négociation d'Hanovre. . . . . XIII 175

— Voyages de la duchesse d'Hanovre, sœur de Madame la Princesse, et son retour à Paris. Sa totale nullité à Vienne, et sans rang quoique mère de l'impératrice régnante. Quitte le nom d'Hanovre, arrivant à Paris, prend le nom de duchesse de Brunswick ; son état ambigu et délaissé à Paris ;

Hanovre (Duc d').   Tomes. Pages.

nouveautés étranges, mais sans suites, à son égard. . . . . XVII 149

Haras de buffles et de chameaux du roi d'Espagne, à Aranjuez. Lait de buffle exquis. . . . . XVIII 353

HARCOURT (Marquis d'), ambassadeur en Espagne. En revient et y laisse Blécourt (*voir* aux pièces [1] toute sa négociation en Espagne copiée sur les mémoires originaux prêtés par M. de Torcy à M. le duc de Saint-Simon). Assemble une armée à Bayonne ; son ambition et son adresse. . . . . II 382

— Est fait duc vérifié et une seconde fois ambassadeur en Espagne. . . . . . . II 402

— Y suit le nouveau roi. Quelle est sa place dans la Junte. . . . . II 414

— De retour d'Espagne après une longue maladie. . . . . III 198

— Fait donner la Toison à Césane, son frère. . . . . III 261

— Sa situation brillante lui fait espérer d'entrer dans le conseil. . . . . III 207

— Sa position en France et en Espagne ; son embarras entre les deux ; son caractère. . . . . III 209

— Il arrête la promotion des maréchaux de France, et pourquoi. . . . . III 215

— Refuse le commandement de l'armée d'Italie. . . . . III 239

— Est fait maréchal de France en dixième. III 391

— Capitaine des gardes du corps à la mort de M. le maréchal de Lorges. . . . . III 399

— Personnage d'Harcourt. . . . . III 465

— Est chevalier de l'ordre, et les autres

1. Voyez tome I p. 420, note 1.

Harcourt (Marquis d').   Tomes.   Pages.

         maréchaux de France....... IV 206 et 217
— Son adresse. Se joint avec Mme de Maintenon en faveur de la princesse des Ursins................. IV 222
— Se réunit au chancelier et à Pontchartrain, son fils, et eux, par lui, à la princesse des Ursins............ IV 224
— Son intrigue pour le ministère...... VI 100
— Manque à coup près d'entrer dans le conseil.................. VI 292
— Sa modeste habileté........... VI 401
— Son cruel sarcasme sur Chamillart... VI 404
— Commande l'armée sur le Rhin, et se fait bien pourvoir à Strasbourg.... VI 408
— Est fait pair de France (*voir* t. VII, p. 261). VII 108
— Tombe en apoplexie légère et va aux eaux..................... VII 265
— Commande l'armée du Rhin. Mandé à la cour. Est reçu pair de France. Va commander l'armée de Flandres.... VIII 52
— Son avis hardi et sensé sur l'affaire d'Espernon et d'Antin.......... VIII 182
— Marie son frère Césane........... IV 274
— Le perd................... X 321
— Obtient sa Toison pour un de ses cadets. X 321
— Le perd encore; obtient sa Toison pour un autre cadet, qui ne vit pas longtemps après................ X 321
— Quel à l'égard de la mort de Monseigneur.................... VIII 409
— Commande l'armée du Rhin....... IX 312
— Destiné de nouveau à commander la même armée, mais il se trouve par sa santé hors d'état de servir...... X 17
— Est nommé, par le testament du Roi, pour être du conseil de régence et pour être gouverneur du Roi, au cas

Harcourt (Marquis d'). Tomes. Pages.

— de mort du maréchal de Villeroy.... XII 216
— Entre au conseil de régence........ XII 243
— Veut vendre sa charge; puis en obtient la survivance pour son fils....... XII 365
— Le marie à une fille du duc de Villeroy. XII 397
— La perd.................. XIII 57
— Remarie son fils à une fille de feu Barbezieux, secrétaire d'État de la guerre. XIV 10
— Retombe en forte apoplexie; perd entièrement la parole pour toujours... XIII 57
— Sa mort.................. XVI 109

Harcourt (Prince d') Lorraine. Salue enfin le Roi. Vie et caractère du prince d'Harcourt et de sa femme Brancas..... III 345
— Leur fils aîné épouse la fille de Montjeu; extraction de cette fille; suites de ce mariage.................. IV 255
— Prince de Montlaur déserte, va servir l'Empereur; meurt en chemin de Vienne..................
— Prince de Maubec, leur troisième fils, meurt en Italie au service de France. V 16
— Mort de la princesse d'Harcourt..... XI 124
— Mort du prince d'Harcourt........ XVI 190

Harlay, archevêque de Paris. Dégoûts de ses dernières années............. I 276
— Sa mort; son caractère.......... I 278
— Raison qui le prive du cardinalat et qui le fit faire duc et pair par son siége.. IX 103

Harlay, conseiller d'État, premier ambassadeur plénipotentiaire à la paix de Ryswick.................. I 376
— Sa mort.................. IV 72
(*Voir* Chaulnes et son aventure avec ce duc.)
— Céli, son fils, conseiller d'État; ses faits et exploits................ XI 55

	Tomes.	Pages.

HARLAY, premier président. Étant procureur général, fut l'adroit auteur de la légitimation des doubles adultérins, sans nommer la mère : source de sa fortune. — I 136

— Son inique conduite en faveur du maréchal duc de Luxembourg, prétendant la première ancienneté du duché de Piney contre les ducs, qui s'y opposoient. .... I 148

— Sa ruse, son adresse, son intérêt, son succès, dans la maligne formation du rang intermédiaire des bâtards du Roi................... I 164

— Obtient, en récompense, parole du Roi positive d'être chancelier de France, lorsque la charge vaqueroit par la mort du vieux Boucherat, qui en étoit lors revêtu................ I 166

— Sa situation à l'égard des ducs opposants à M. de Luxembourg. Entre en négociation avec le duc de Chaulnes sur l'assemblée de toutes les chambres pour le jugement de ce procès. Il lui en donne sa parole positive, et lui en manque net. Rupture ouverte sur un nouveau forfait des ducs opposants avec lui. .... I 169

— Est, par eux, récusé en forme, et demeure récusé. .... I 312

— Sa prévarication solennelle........ I 320

— Il révèle au Roi, dans un moment de colère contre le fils de Ruvigny servant l'Angleterre, le gros dépôt d'argent que Ruvigny père, son ami intime, lui avoit confié sortant du royaume, à la révocation de l'édit de Nantes. Se le fait donner par le Roi comme chose

SAINT-SIMON XX. 17

Harlay.   Tomes. Pages.

— confisquée, et se l'approprie. . . . . . I 397
— Obtient une pension du Roi, de 20,000 livres, et une place de conseiller d'État pour son fils, très-mauvais avocat général. . . . . I 397
— Se porte publiquement pour candidat de la charge de chancelier vacante, que le duc de la Rochefoucauld, un des opposants à la prétention du maréchal duc de Luxembourg, l'empêche d'obtenir. . . . . II 219
— Pénétré de rage, Harlay quitte enfin sa place de premier président. . . . . . V 164
— Quelques-uns de ses dits. . , ... V 168
— Son cruel mot aux deux frères Doublet. VIII 206
— Son énorme et fine perversité en dressant un ancien projet de règlement sur les duchés-pairies, qui a depuis servi de base à l'édit de 1711. . . . VIII 316
— Son ambitieuse et insigne friponnerie. VIII 340
— Sa scélératesse sur le sacre et sur la propagation des bâtards (*voir* t. VIII, p. 316). VIII 348
— Sa fin misérable. Son dernier bon mot. Sa mort. . . . . XIV 85
— Son fils unique, conseiller d'État. Son mauvais caractère; sa singularité; sa mort. . . . . XIV 85
HARLEVILLE. Quel. Sa mort. . . . . X 109
HARLEY, depuis comte d'Oxford et grand trésorier d'Angleterre . . . . IV 116
HARLING. Quel. Fait capitaine des gardes de Madame, mais sans compagnie. . . . XII 340
HARPAJON[1] (Duchesse d'), ci-devant dame d'honneur de la dauphine Bavière. Fait la comtesse de Roucy, sa fille unique,

1. Saint-Simon écrit tantôt *Harpajon*, tantôt *Arpajon*.

	Tomes.	Pages.
Harpajon (Duchesse d'). dame du palais de Mme la duchesse de Bourgogne.	I	342
— Mort de la duchesse d'Harpajon.	III	17
HARPAJON, petit-fils de son mari, servant en Espagne, y obtient la Toison d'or.	IX	119
— Achète, du duc de Noailles, le gouvernement de Berry.	XIV	208
— Épouse la fille du financier Montargis.	XI	87
Laquelle devient dame de Mme la duchesse de Berry.	XIV	208
HARRACH (Comtes d'), père et fils, consécutivement ambassadeurs de l'Empereur en Espagne. Rappelés, l'un après l'autre, à la fin de la vie du roi d'Espagne Charles II.	II	383
HASFELD. Se rend maître de l'île de Majorque pour le roi d'Espagne, qui lui donne la Toison d'or. Étranges prostitutions de Toisons.	XI	148
— Le Régent lui donne le soin des fortifications et des ingénieurs, qu'avoit Pelletier de Sousy, conseiller d'État sous le feu Roi, et le met dans le conseil de guerre.	XII	236
— Il s'excuse de servir contre le roi d'Espagne dans l'armée du maréchal de Berwick.	XVI	117
HAVREC. Branche sortie de celle de Solre de la maison de Croy.	X	84
HAVREC (Duc d') : *voir* aux GRANDS D'ESPAGNE.	XVIII	18
HAUTEFEUILLE. Quel. Mestre de camp général des dragons.	III	401
— Bailli et ambassadeur de Malte à Paris. Sa mort.	III	409
HAUTEFORT, lieutenant général à l'armée de Flandres. S'y distingue, en 1710, par une belle et difficile retraite et sans combat, à la tête d'un gros détachement.	VI	197

Hautefort. Tomes. Pages.

— Reprend Saint-Guilhain avec Albergotti. VI 199

HAUTERIVE, que la duchesse de Chaulnes, fille et sœur des maréchaux de Villeroy, avoit épousé par amour. Quel. Sa mort.................. II 295

HEINSIUS, pensionnaire d'Hollande, créature et confident du feu roi Guillaume. Sa froideur à l'égard de l'Espagne. Il élude d'entrer en traité avec elle... XIII 217

— Veut traiter avec l'Empereur, avant de traiter avec l'Espagne .... XIII 242

— Fait à Beretti une ouverture de paix entre l'Empereur et l'Espagne ...... XIII 335

— Sa mort..................XVII 132

HELVÉTIUS, médecin hollandois, à qui le bon usage de l'ipécacuana est dû. Est sourdement envoyé en Hollande, sous prétexte d'aller voir son père, pour sonder quelque moyen de parvenir à la paix. Il y retourne une seconde fois, aussi inutilement que la première, puis en Espagne pour la reine Savoie, qu'il trouve à la dernière extrémité..... X 132

HENRIOT, évêque de Boulogne. Quel. Sa fortune; son caractère........... XI 71

HEREM (SAINT-), père, capitaine et gouverneur de Fontainebleau. Sa mort. Singularités de sa femme............ III 68

HEREM (SAINT-), fils, aussi capitaine et gouverneur de Fontainebleau. Épouse M{{lle}} Douilly..................

— Obtient mille écus d'augmentation de pension du Roi .... X 87

— Obtient du Régent la survivance de Fontainebleau pour son fils. : ...... XVIII 439

— Sa mort................. XVIII 439

— Mort de son cousin l'abbé de Saint-

	Tomes.	Pages.
Herem (Sain -).		
Herem.	XVIII	439
HERMINE (SAINTE-). Quel. Sa mort.	V	119
HÉRON (Du). Quel. Sa mort.	I	476
HERSENT père. Son état en France, puis en Espagne.	XIII	13
HERSENT fils. Son état en Espagne; son caractère.	XVIII	151
HERVAL (Mme). Quelle. Sa mort.	IX	335
HERVAULT, archevêque de Tours, auparavant auditeur de rote. Sa naissance; son mérite; sa mort.	XIII	90
HESSE CASSEL (Prince héréditaire de). Épouse la sœur du roi de Suède (auquel il a depuis succédé).	XI	55
HEUDICOURT PONS (Mme d'). Sa faveur.	I	351
— Sa mort; son caractère; extraction, mort et caractère de son mari.	VI	245
— Caractère de son fils. Il fait une facétieuse chanson sur les Montsoreau, qui fait grand bruit.	IV	371
Obtient la survivance de la charge de son père, de grand louvetier de France.	XIII	276
Épouse la fille de Surville.	XI	125
Hiéronimites de l'Escurial; leur grossièreté, leur superstition.	XVII	431
— Leur fanatisme romain. Leur sottise.	XVIII	373
HIJAR, duc : *voir* aux GRANDS D'ESPAGNE. . . .	XVIII	19
HILLIÈRE (La), gouverneur de Rocroy. Sa mort.	I	427
HIRE (La), célèbre astronome. Sa mort.	XIV	378
Hiver de 1709 terrible. Misère effroyable partout.	VI	310
HOCHSTEDT. Bataille gagnée sur les Impériaux.	IV	7
— Autre au même lieu, bien autrement perdue contre les mêmes.	IV	122
— Mesures des alliés pour la défense de		

Hochstedt.

	Tomes.	Pages.
l'Allemagne. Mouvements des armées. Première faute principale et nombre d'autres, d'où suivit la perte de la bataille et de tous les pays delà le Rhin.	IV	119
— Rareté et obscurité des nouvelles d'Allemagne après cette bataille.	IV	130
— Fautes énormes; cri public; désordre; consternation; embarras.	IV	138
— Marche des alliés qui passent le Rhin. Nos armées en Alsace.	IV	141
Hocqueville (M. et Mme d'). Quels.	IV	340
Hocquincourt, abbé. Dernier mâle de cette maison. Sa mort.	IV	273
Hogue (La). Bataille navale perdue, qui détruit la marine de France.	I	12
Hoguette (La), archevêque de Sens. S'illustre de plus en plus par son humble et persévérant refus de l'ordre du Saint-Esprit, faute de pouvoir faire de preuves.	III	14
— Sa mort et son éloge.	XII	393
— Sa belle-sœur, dévote amère. Sa mort; son caractère.	XVII	40
Hollande et Hollandois. Leurs plaintes.	II	403
— Leur frayeur de l'Empereur; leurs vues; leurs adresses.	XIII	64
— Leur conduite avec l'Espagne.	XIII	210
— Conditions proposées par la Hollande à l'Empereur, qui s'opiniâtre au silence.	XIII	244
— Sentiment des Hollandois sur l'arrêt des personnes de Gœrtz et de Gyllembourg. Leur situation.	XIII	322
— Ils desirent l'union avec l'Espagne; ils craignent la puissance et l'ambition de l'Empereur, et les mouvements du roi de Prusse.	XIV	41
— Inquiétude sur l'entreprise de l'Espagne,		

Hollande et Hollandois.   Tomes.   Pages.

— moindre en Hollande qu'en Angleterre. XIV 141
— La Hollande inquiète, touchée de l'offre de l'Espagne de reconnoître sa médiation. . . . . XIV 176
— Divers sentiments en Hollande sur la manière de traiter la paix entre l'Empereur et l'Espagne. . . . . XIV 232
— Les Hollandois, fort en brassière entre l'Espagne et les autres puissances, veulent conserver la paix. . . . . XV 31
— Pressés d'accéder au traité de Londres, ils reculent. . . . . XV 62
— Fâcheuse situation de la Hollande. . . . XV 90
— Intérêt et situation des Hollandois. . . . XV 142

HOLSTEIN GOTTORP (Duc d'), beau-frère de Charles XII, roi de Suède, tué à une bataille gagnée par ce monarque contre le roi de Pologne, électeur de Saxe. . . . . III 296
— Mort de la duchesse sa femme, sœur du roi de Suède. Leur postérité; leurs prétentions. . . . . VI 224
— Leur fils aîné, sur l'exemple nouveau du duc de Lorraine, demande au Roi le traitement d'*Altesse Royale;* ne l'obtient pas. . . . . XIV 348

HONGRIE. Retour des jeunes François de la guerre de Hongrie. . . . . XIV 122

Honneurs du Louvre, accordés à Dangeau et à la comtesse de Mailly par leurs charges perdues. Origine de cette grâce à leurs charges; ce que c'est que les honneurs du Louvre. . . . . XIII 181

HÔPITAL (Maréchale de l'). Sa mort. Ses singuliers mariages. . . . . IX 130

HORN ou HORNES (Maison d'). Catastrophe du comte d'Horn à Paris. . . . . XVII 42

HORNBECK, pensionnaire de Rotterdam. Fait
 pensionnaire d'Hollande. . . . . XVII 134
HOUSSAYE (La), conseiller d'État, intendant d'Alsace. Refuse d'aller troisième ambassadeur plénipotentiaire, avec le maréchal de Villars et le comte du Luc. au congrès de Baden, prétendant, pour la première fois, que les conseillers d'État ne cédoient qu'aux ducs et aux officiers de la couronne, et qu'il ne pouvoit céder au comte du Luc, qui ne fut conseiller d'État d'épée que depuis. . . . . X 143
— Est fait chancelier et surintendant des affaires et finances du Régent à la mort de Térat. . . . . XVI 209
— Est fait contrôleur général des finances. Quel. . . . . XVII 152
— Obtient un rapé de l'ordre. . . . . XVII 240
— Quitte la place de contrôleur général des finances. . . . . XVIII 444
— Sa mort. . . . . XIX 153
HUET, ancien évêque d'Avranches. Ses emplois; son érudition; son caractère; sa mort. XVII 209
Huguenots. Font des assemblées; elles sont dissipées. . . . . XIII 83
Huile. Détestablement faite en Espagne et admirablement chez les seigneurs espagnols; naturellement excellente en Espagne. . . . . XVIII 263
HUMBERT, célèbre chimiste, premier médecin de M. le duc d'Orléans. Sa mort. . . . XII 342
HUMIÈRES (Maréchal duc d'). Sa fortune; sa famille; sa mort. . . . . I 196
— Sa sœur la Châtre. Sa mort. . . . . . . XIX 215
HUXELLES. Sa fortune; sa conduite; ses emplois. Fait maréchal de France avec neuf

Huxelles.

	Tomes.	Pages.
autres.	III	382
— Son ambition; ses manéges; sa maladie.	VII	265
— Va, premier ambassadeur plénipotentiaire, traiter la paix à Gertruydemberg. Sa fausseté.	VII	270
— Basse indécence à son égard; plus grande à l'égard de l'abbé de Polignac, second ambassadeur plénipotentiaire avec lui.	VII	271
— Retour du maréchal à Paris.	VIII	48
— Ses infamies à propos de Mlle Choin, de Monseigneur et de sa mort.	VIII	274
— Quel à l'égard de la mort de Monseigneur.	VIII	409
— Mort, famille, caractère de la marquise d'Huxelles, mère du maréchal.	IX	299
— Il va traiter la paix à Utrecht et l'y signe.	IX	419
— Revient à Paris.	X	42
— Obtient le gouvernement d'Alsace et de Brissac.	X	105
— Sa prostitution.	X	241
— Quel à l'égard de M. le duc d'Orléans.	XI	224
— Est fait chef du conseil des affaires étrangères; sa paresse et son incapacité.	XII	234
— Son incroyable jalousie.	XIII	139
— Son infamie sur le traité d'Angleterre.	XIII	266
— Est visité par le Régent, à l'instance de l'abbé du Bois.	XIII	277
— Ses variations sur la Constitution.	XIII	345
— Refuse de signer la quadruple alliance.	XV	216
— La signe sur la menace de lui ôter les affaires étrangères : c'est-à-dire la convention avec l'Angleterre de la signer sans changement à ce qui étoit convenu entre la France et elle.	XV	230
— Sa cruelle et manifeste inquiétude lors de la totale découverte de la conspiration du duc et de la duchesse du Maine.	XV	211

Huy. Rendu au maréchal de Villeroy. . . . . . I 86
Hyghens, premier médecin du roi d'Espagne.
   Son caractère. . . . . XVIII 145

Dans la lettre H { Noms propres. . . . 53
        { Autres.   4
          En tout 57

Jacques II et III et Jacobites.
— *Jacques II* à Calais avec des troupes.
  Projet sur l'Angleterre avorté. . . . . I 302
— Attentions continuelles du Roi pour le
  roi Jacques et la reine. . . . . I 464
— Jacques II aux eaux de Bourbon, accompagné du comte de Mailly [1] de la part
  du Roi. . . . . II 448
— Son retour à Saint-Germain. . . . . . . III 22
— Sa mort . . . . III 189
— Son fils unique à l'instant reconnu roi
  d'Angleterre par le Roi, et aussitôt
  après par le Pape et par le roi d'Espagne. . . . . III 189
  Tristes effets de cette reconnoissance. III 192
— Visites sur la mort du roi Jacques II. . III 191
  (*Voir* Angleterre, page 28, en cette
  table générale jusqu'à Anglois.)
— Bonne et sage conduite de Jacques III
  dans l'armée de Flandres commandée
  par le duc de Vendôme sous M⁰ˢ le duc
  de Bourgogne, où ce prince fit la campagne incognito. . . . . VI 29
— *Jacques III*, roi d'Angleterre. . . . . . . VII 86
— Visites et douleur de la reine, sa mère,
  sur le mariage de M. le duc de Berry. VIII 27

---

1. A l'endroit marqué il est dit que Jacques II fut accompagné par d'Urfé.

Jacques II et III et Jacobites.   Tomes.   Pages.

— La princesse, sa fille, cède partout en lieu tiers à la Dauphine. VIII   289
— Jacques voyage par toute la France. . . VIII   444
— Revient à Saint-Germain. IX   129
— Y a la petite vérole. Répudie son confesseur jésuite, se confesse au curé. . IX   292
— La princesse, sa sœur, meurt à Saint-Germain de la petite vérole. IX   292
— Jacques obligé, par la paix, de sortir de France, se retire en Lorraine. IX   420
— La reine, sa mère, fort malade à Saint-Germain. X   130
   Va aux eaux de Plombières. XI   130
— Bolingbrocke à Paris; sa catastrophe en Angleterre. XI   119
— Duc d'Ormond à Paris, se sauvant d'Angleterre. XI   159
— Jacques échappe aux assassins de Stairs, par le courage et l'adresse de la maîtresse de la poste de Nonancourt, qui en est mal récompensée, et s'embarque secrètement en Bretagne. XII   376
— Est assisté par le Pape et par le clergé d'Espagne. Ses affaires tournent mal. XII   387
— Il échoue en Écosse et revient. L'Espagne lui refuse tout secours, caressée par l'Angleterre, aigrie contre la France. . XIII   14
— Entrevue secrète et triste de ce prince avec Cellamare à Paris. Il est fort mal content du duc de Berwick et de Bolingbrocke; il prend Magny à son service. XIII   17
— Il tire quelque secours d'Alberoni. Se retire à Avignon, faute d'autre asile. . XIII   62
— Entrevue de ce prince, passant à Turin, avec le roi de Sicile, qui s'en excuse en Angleterre; raison de ce ménagement. XIII   323

Jacques II et III et Jacobites. Tomes. Pages.

— Jacques à Rome; y est publiquement traité en roi; y sert Alberoni pour le chapeau. Nouveaux soupçons de délais sur sa promotion. Hauteur et manége du Pape. .... XIV 78
— Contre-temps de ce prince avec le Pape, le pressant sur la promotion d'Alberoni. .... XIV 134
— Mort de la reine d'Angleterre à Saint-Germain. .... XIV 392
— Jacques fait proposer au Pape un projet tendant à son rétablissement pour gagner l'escadre angloise. Le cardinal Acquaviva appuye ce projet en Espagne. .... XV 110
— Jacques épouse, par procureur, la fille du prince Jacques Sobieski et de princesse palatine, sœur de l'Impératrice, veuve de l'empereur Léopold. La mère amenant sa fille à Rome, elles sont toutes deux arrêtées à Inspruck, par ordre de l'Empereur, qui exerce sur elles une étrange tyrannie. ...... XVI 106
— Jacques passe en Espagne. .... XVI 207
— Son épouse future se sauve d'Inspruck, arrive à Rome, y est reçue en reine. XVI 267
— Jacques revient d'Espagne à Rome. .. XVI 333
JACQUES (Saint-), abbé régulier, fils du dernier chancelier Aligre. Sa mort et son éloge. .... IX 185
Jambons en Espagne, de cochons nourris de vipères, singulièrement exquis. ... XVIII 263
Jansénisme. .... VII 133
Janson (Cardinal de). Revient de Rome. .... I 440
— Grand aumônier de France. ...... IV 450
— Retraite de Janson, son neveu. ..... VI 270
L'abbé, son frère, fait archevêque d'Ar-

Janson (Cardinal de). | Tomes. | Pages.

les, malgré le cardinal son oncle qui, avec grande raison, l'en jugeoit incapable, et de tout épiscopat. . . . . . . VIII 101

JARNAC. Quel. Sa mort; son caractère. . . . . X 344

JARZÉ. Son extraction; son caractère. Nommé ambassadeur en Suisse. . . . . V 426

— S'excuse d'y aller, après l'avoir accepté. VI 165

JEAN (SAINT-), père et fils. Leur petit état; leur caractère; leur monstrueuse fortune en Espagne. . . . . XVIII 157 et 159

Jésuites. Poudres en gros amas trouvées dans leur maison à Namur après la prise de cette place par le Roi en personne, sans avoir été déclarées. . . . I 12

— Inséparablement livrés au cardinal de Bouillon, et lui à eux. . . . . I 411

— Leur embarras, leur adresse, leur attachement pour Fénelon, archevêque de Cambray, dans l'affaire de son livre. . I 413

— Éclat et raccommodement entre eux et le Tellier, archevêque de Reims. . . . II 1

— Ils tentent vainement de mettre le grapin sur le cardinal de Janson et sur son diocèse, qui parle ferme au Roi et se moque d'eux. . . . . VIII 100

— Querelle nouvelle entre eux et les bénédictins sur la nouvelle édition de Saint-Augustin que les bénédictins firent paroître. Le Roi leur imposa silence aux uns et aux autres. . . . . II 281

— Jésuites condamnés par la Sorbonne sur les cérémonies de la Chine. . . . . . . II 335

— Obtiennent d'être affranchis pour toujours des impositions du clergé. . . . II 336

— Leur riche chocolat, fait curieux. . . . . II 433

— Sont condamnés, à demi avec leur Aubercourt, sur les prétentions de ceux

Jésuites.

	Tomes.	Pages.
qu'ils renvoyent sur les biens de leurs familles................	III	278
— Ils emportent la cure de Brest, par la voix unique du Roi contre toutes celles de son conseil..............	IV	329
— Jésuites.................	VII	133
— Leurs disputes sur les pratiques idolâtriques des Indes et sur les cérémonies de la Chine.............	VII	246
— Leur inquisition..............	VII	136
— Quels sur le mariage de M. le duc de Berry.................	VII	391
— Condamnés par une bulle sur les usages de la Chine...............	VIII	157
— Deux causes de l'affaire de la Constitution : arrêter Rome sur les rites des Indes et de la Chine par le besoin qu'elle avoit d'eux en France, et perdre le cardinal de Noailles en exemple redoutable à tout le clergé......	VIII	216
— Scélératesse de leur complot mis au net et au grand jour par le paquet de l'abbé Bochart de Saron, trésorier de la Sainte-Chapelle de Vincennes, à l'évêque de Clermont, son oncle, tombé entre les mains du cardinal de Noailles; cris publics contre eux.........	IX°	162
— Histoire latine de la compagnie de Jésus par le P. Jouvency, jésuite; audace et scandale de ce livre; les jésuites s'en tirent à bon marché..........	IX	430
— Leur projet constant, suivi, déclaré par eux-mêmes, d'établir l'Inquisition en France.................	X	355

— Ils obtiennent, malgré tout le conseil, le Roi [y] étant par sa seule volonté, un arrêt qui rend leurs religieux, renvoyés

Jésuites. Tomes. Pages.

par eux de la compagnie jusqu'à 33
ans, capables de revenir à partages et
à successions dans leurs familles. . . XI 146
— Jésuites tous interdits en plusieurs diocèses. . . . . XII 392 et XIII 112
— Jésuites laïcs ; ce que c'est. . . . . . . XII 164
— Leur ingratitude domestique. . . . . . XVI 204
— Ils tiennent en mue le cardinal de Benavente en Espagne, le gouvernent, le
mangent, aux cris inutiles de sa famille. . . . . XVIII 89
— Sont tout-puissants en Espagne, mais très-
ignorants ; cause de cette ignorance. XVIII 179
— Leur morale et leur pratique en Espagne, fort commode sur le jeûne. . . XVIII 336
Jeux de hasard défendus. . . XIII 367 et XVI 191
— Teneurs de ces jeux mis en prison. . . . XIV 211
Ildephonse (Saint-). Maison royale bâtie par
Philippe V pour le dessein de sa retraite. . . . . XVIII 407
Illuminations de la place Major à Madrid
admirable et surprenante (*sic*). . . . . XVII 386
— Autres admirables. . . . . XVIII 330
Immunité ecclésiastique. . . . . XII 447
Impératrice couronnée reine de Hongrie à
Presbourg. . . . . X 335
Impératrice, veuve de l'empereur Léopold, belle-
mère de la précédente. Son caractère ;
sa mort ; son deuil. . . . . XVI 444
Impériaux. Leur hauteur partout. . . . . . XIII 65
— Jugement qu'ils portent de la fascination du Régent pour l'Angleterre . . . XIII 156
— Ils traversent de toutes leurs forces la
négociation d'Hanovre. . . . . XIII 175
— Leurs manéges contre les alliances traitées par le Régent. Altercations entre eux et les Hollandois sur leur traité

Impériaux. Tomes. Pages.

— de la Barrière, qui ouvrent les yeux à ces derniers, et qui avancent la conclusion des alliances. . . . . XIII 216
— Leurs manéges, et ceux de Bentivoglio, pour empêcher le traité entre la France, l'Angleterre et la Hollande. . . . . . XIII 227
— Demandent qu'Aldovrandi soit puni, effrayent le Pape. . . . . XIV 172
— Leurs propositions pleines de jalousie et de haine. Leurs artificieuses plaintes du Régent. . . . . XIV 409
— Ils veulent qu'Aldovrandi soit rappelé d'Espagne et puni. . . . . XIV 436
— Inquiets, mal à propos, sur la bonne foi des ministres anglois à leur égard. . XV 121
— Audace des Impériaux, sur quoi fondée. Nouvelle difficulté sur les garnisons à mettre en Toscane. . . . . XV 139
— Audace des ministres impériaux. . . . XV 139

Impôts sur les baptêmes et les mariages, abandonnés par les désordres qu'ils causent. . . . . V 146
Impudence monacale. . . . . XVIII 223
Inaction frauduleuse en Flandres. . . . . . III 77
Incendie au Petit-Pont à Paris. . . . . . . XIV 390
INDES.
INFANTADO (Duc del) (*voir* aux GRANDS D'ESPAGNE). Son caractère; sa famille. . . . IV 94
— Leur conduite à l'égard de Philippe V. . XVII 426
— Richesses de ce duc; folie de leur emploi. . . . . XVIII 20
Infante d'Espagne. Honneurs et fêtes prodiguées à son arrivée à Paris. . . . . XVIII 374
INNOCENT XIII CONTI, élu Pape. Condition étrange de son exaltation. . . . . . XVII 222
Inondations générales. . . . . I 442
— De la Loire. . . . . VI 415

	Tomes.	Pages.
Inondations.		
— Devant Lille, etc.	VI	156
Inquiétude de la cour pendant le siége de Lille.	VI	127
Inquisiteur (Grand) d'Espagne.	XVIII	161
Inquisition d'Espagne.	XVIII	163
Instruction sur les *États d'oraison* de Bossuet, évêque de Meaux, contre Fénelon, archevêque de Cambray.	I	407
Intendants de provinces. Changements parmi eux.	VII	61
Intrigues de chapeaux à Rome.	VI	177
Inventions étranges de monopoles perpétuées.	VI	316
Investiture des Deux-Siciles donnée par le Pape à l'Empereur.	XVII	84
JOFFREVILLE. Quel. Sa mort.	XVII	214
JOLY de FLEURY, avocat général. Fait procureur général. Son caractère.	XII	231
JONCHÈRE (La), trésorier de l'extraordinaire des guerres, dévoué à le Blanc, secrétaire d'État de la guerre. Désordre de ses affaires.	XIX	55
— Est conduit à la Bastille.	XIX	106
Jonction de l'armée du maréchal de Berwick à celle de Mᵍʳ le duc de Bourgogne, en Flandres, en 1708; force de l'armée après la jonction. Elle s'ébranle de dessous Tournay. Chemin qu'elle prend.	VI	124
JONZAC. Sa querelle et son combat contre Villette. Quels.	XII	431
JOSEPH, empereur. Sa mort.	VIII	314
JOYEUSE (Marquis de). Fait maréchal de France avec six autres.	I	37
— Commande l'armée du Rhin pendant la maladie de M. le maréchal de Lorges. Est fort près de celle du prince Louis		

	Tomes.	Pages.
Joyeuse. de Baden ; situation des armées. . . .	I	252
— Joyeuse repasse le Rhin.	I	255
— Obtient le gouvernement des trois évêchés.	III	430
— Sa mort. Son caractère.	VIII	45
Joyeux. Son être. Sa mort.	IV	399
Isenghien (Prince d'). Sa naissance; sa famille. Obtient un tabouret de grâce pour toujours.	I	295
— Épouse une fille du prince de Furstemberg.	II	319
— La perd.	IV	354
— Puis Mlle de Rhodes.	IV	445
— La perd.		
— Enfin la 2de fille du prince de Monaco. .	XVII	52
Italie. On ne songe plus à y repasser.	I	371
Juges. Honteux de leur jugement en faveur du duc de Luxembourg, fils du maréchal.	I	320
Jugement arbitral du Pape entre l'électeur palatin et Madame, qui proteste. . . .	III	253
Junquière (La). Mis à la Bastille et dégradé pour avoir rendu le Port-Mahon aux Anglois.	VI	221
Junte. Ce que c'est en Espagne.	III	270
— Junte ou Despacho devenu ridicule. . .	III	463
Jussac (Mme de). Quelle. Mise auprès de Mme la duchesse de Chartres, depuis d'Orléans.	I	391

Dans les lettres I J { Noms propres. . . 29
Autres. 18
En tout 49

Kayserslautern. Se rend, la garnison prisonnière de guerre.	X	73
Keiserswerth. Assiégé; se rend.	III	275
Kercado, maréchal de camp. Tué.	V	16
Königseck (Comte de), ambassadeur de l'Em-		

| Königseck. | Tomes. | Pages. |

pereur en France. Ses soupçons; sa
vigilance à Paris.............. XIV 153
Königsmarck (Comte de). Sa catastrophe. .... I 232
Kurakin. Sa naissance. Premier ambassadeur
de Russie en France. Quel....... XIV 17

Dans la lettre K... Noms propres. 6

Laconi, marquis : *voir* aux Grands d'Espagne. XVIII 75
Laigle (Mme de), dame d'honneur de Madame la
Duchesse. Son caractère........ I 399
— Sa fille étant fille d'honneur de Madame
la Duchesse, puis, sans être mariée,
gouvernante des princesses ses filles,
est des Marlis et mange avec Mme la du-
chesse de Bourgogne............ III 1
— Mort et caractère de son père....... X 6
Lafitau, jésuite. Ses voyages à Rome et à
Paris. Quel étoit ce jésuite........ XIII 131
— Sa conduite; sa fortune; il est fait
évêque de Sisteron............ XVI 347
Lambesc (Prince de), fils du comte de Brionne.
Épouse la fille aînée du feu duc de
Duras.................... VI 386
— Obtient, sur la démission de son père
mourant, la survivance du gouverne-
ment d'Anjou, qu'il avoit du comte
d'Armagnac, son père........... IX 287
Lamoignon (Mme de). Sa mort........... IV 309
— Caractère et fortune du premier prési-
dent, son mari (*voir* Fargues); corrup-
tion de tous les premiers présidents
du parlement de Paris successeurs de
Bellièvre, jusqu'à Maupeou, excepté
Pelletier le père................ IV 310
— Mort et caractère de Lamoignon, président à mortier, fils du premier président.................... VII 60

Lamoignon (Mme de).   Tomes. Pages.

— Son fils, aussi président à mortier, achète de la Vrillière la charge de greffier de l'ordre, dont le chancelier Voysin eut le rapé. . . . .   *X 105

LAMONCLAVA (Comte de) : *voir* aux GRANDS D'ESPAGNE. . . . . XVIII 93

LANDAU. Assiégé par le prince Louis de Baden, défendu par Mélac. Le roi des Romains y arrive et le prend. . . . . III 300

— Assiégé par Tallart. . . . . IV 10

— Qui le prend. . . . . IV 22

— Assiégé et rendu par Laubanie au roi des Romains. . . . . IV 190

— Assiégé par Villars et Besons, qui le prennent; la garnison prisonnière de guerre. . . . . X 73

LANDI, abbé, envoyé de Parme à Paris. Son caractère. . . . . XIII·310

LANGALLERIE. Quel. Servant de lieutenant général en Italie, passe aux ennemis et y sert dans l'armée de l'Empereur. Est pendu en effigie. . . . . IV 408

— Ses folies. Sa catastrophe; sa fin tragique. . . . . XIII 66

LANGEAIS (Mme de). Sa mort. . . . . XIII 245

LANGERON, abbé. Sa disgrâce. Sa mort. . . . . VIII 102

LANGERON, lieutenant général des armées navales. Sa mort. . . . . VIII 442

LANGLÉE. Quel. Personnage très-singulier. . . . II 304

— Sa mort et sa famille. . . . . V 397

— Mort de l'abbé, son frère. . . . . XIV 197

LANGUET. Fait évêque de Soissons. Quelques autres bénéfices donnés. . . . . XI 73

— Ridicule aventure de son dépit de n'être pas cardinal. Son état; son ambition. Ses écrits; sa conduite; son caractère. . . . . XVI 388

	Tomes.	Pages.

Lanjamet, rat de cour. Sa triste aventure aux états de Bretagne. Son mariage; son caractère et celui de sa femme. . . . . VI 7

Lanti, duc romain. Son extraction; sa famille. Fait chevalier du Saint-Esprit. . . . . I 287

— Son fils bien établi en Espagne par la princesse des Ursins, sa tante; lui et Chalais, après sa chute, viennent à Paris et y reçoivent défense de retourner en Espagne, qui ne dura pas. . . . . XI 109

Laparat, ingénieur principal. Quel. Est envoyé à Vérue. . . . . IV 260

— Prend la Mirandole. . . . . IV 271

— Est tué devant Barcelone. . . . . IV 418

Largesses aux officiers de l'armée du maréchal de Berwick, employée contre l'Espagne. . . . . XVI 345

Lascaris, envoyé de Sicile. Malmené par Albéroni. . . . . XV 76

Lassay. Quel. Épouse une bâtarde de Monsieur le Prince. . . . . I 292

— La perd. . . . . VII 283

— Marie son fils. Sa famille. . . . . VIII 228

Ce fils est nommé envoyé en Prusse. N'y va point, fait un plus utile métier. X 18

— Sa trahison. . . . . XV 430

Laval. Disgression sur les trois maisons de Laval, sur la chimère de Naples, et sur l'origine des distinctions dont jouissent les ducs de la Trémoille. . . . . . V 352

— Mort de la marquise de Laval, fille aînée du chancelier Séguier. Sa famille. . . VIII 106

— Marquis de Laval, dit *la Mentonnière*, d'une blessure au menton qu'il ne laissoit pas oublier. Obtient fort mal à propos 600 livres de pension. . . . . XIII 402

— Son impudent mensonge prouvé tel. Il

Laval.   Tomes. Pages.

 lui demeure utile quoique sans nulle sorte de parenté avec la maison royale. . . . . XIII 402
— Maison de Laval Montfort expliquée très-différente de celle de Laval Montmorency. . . . . XIII 403
— Autre imposture du même sur la préséance sur le chancelier. . . . . XIII 410
— Est mis à la Bastille. . . . . XVI 249
— En sort avec les autres de la conspiration du duc et de la duchesse du Maine, dont il étoit des principaux, et se brouille avec eux. . . . . XVI 428
— Laval Hautefort, dame de Mme la duchesse de Berry. . . . . XIV 121
— Laval, longtemps depuis maréchal de France, épouse Mlle de Saint-Simon. XVIII 449

LAVARDIN (Marquis de). Sa mort. . . . . III 71
LAUBANIE. Quel. Aveuglé en défendant bien Landau. Récompensé. . . . . IV 190
— Sa mort. . . . . IV 447

LAULLEZ, ambassadeur d'Espagne à Paris. Son caractère; sa fortune. . . . . XVII 319

LAUTREC. Quel. Tué en Italie. Son caractère. . IV 219
— Son frère obtient 150,000 livres de brevet de retenue sur la lieutenance générale de Guyenne. . . . . XVI 299

LAUZUN (Duc de). Épouse, fort vieux, la 2de fille de M. le maréchal de Lorges. Ses vues. I 242
— Se brouille avec lui et s'en sépare. . . . I 322
— Fait au camp de Compiègne une plaisante malice au maréchal de Tessé; à Marly, au maréchal de Tallart; à Versailles, au maréchal de Marsin. . . . . II 110
— Le Roi lui en fait une chez Mme la duchesse de Bourgogne, convalescente. III 67
— Bon mot de lui sur la promotion à l'or-

	Tomes.	Pages.
Lauzun. dre du Saint-Esprit des maréchaux de France en 1705.	IV	207
— Son ambition ; son art; sa malignité. . .	IV	288
— Mort et caractère du chevalier de Lauzun, son frère.	V	364
— Duchesse de Lauzun brouillée avec la duchesse du Maine par une étrange aventure; suites de cette brouillerie. .	VII	257
— Malice de Lauzun sur le duc de Charost, sa cause.	IX	101
— Son plaisant mot sur le chancelier Voysin.	X	204
— Son joli mot au Régent sur son neveu, l'évêque de Marseille.	XIX	190
Sa maligne plaisanterie fait, cinq ans après, le vieux Broglie maréchal de France.	XVI	183
— Sa mort; sa maison; sa famille. Raison de m'étendre sur lui. Son caractère; sa rapide fortune. Il manque l'artillerie par sa faute.	XIX	167
— Son inconcevable hardiesse pour voir clair dans cette affaire. Il insulte Mme de Montespan, puis le Roi même.	XIX	173
— Belle action du Roi.	XIX	174
— Lauzun est conduit à la Bastille; en sort, peu de jours après, avec la charge de capitaine des gardes du corps du duc de Gesvres, fait premier gentilhomme de la chambre au lieu du comte, depuis duc, du Lude, devenu grand maître de l'artillerie, dont le duc Mazarin se voulut défaire.	XIX	174
— Aventures incroyables de Lauzun avec Mademoiselle, fille aînée de Gaston, frère de Louis XIII, dont il manque follement le mariage public.	XIX	175

Lauzun.

— Il fait un tour cruel à la princesse de Monaco, et un autre plus hardi au Roi et à elle. . . . . XIX 175
— Obtient la patente de général d'armée en allant commander en Flandres un fort gros corps de troupes à la suite du Roi. Tombé en disgrâce, est conduit à Pignerol. Sa charge donnée au maréchal duc de Luxembourg; son gouvernement de Berry au duc de la Rochefoucauld. . . . . XIX 177
— Sa précaution pour se confesser y étant fort malade. Fait secrètement connoissance avec d'autres prisonniers, et trouvent (*sic*) moyen de se voir. . . . XIX 178
— Entretient de sa fortune et de ses malheurs, le surintendant Foucquet, qui lui croit la tête tournée, et a grand peine à l'en croire après sur tous les témoignages d'autrui. A la fin ils se brouillent pour toujours. Sœurs de Lauzun. . . . . XIX 178
— Mademoiselle achète bien chèrement sa liberté, et, à leurs communs dépens, enrichissent (*sic*) forcément le duc du Maine. . . . . XIX 180
— Lauzun exilé par tout l'Anjou et la Touraine, puis à Paris, sans approcher de la cour plus près que de deux lieues. Il se jette dans le grand jeu et y gagne gros. . . . . XIX 182
— Obtient permission de passer à Londres, y est bien reçu, y joue gros jeu, gagne beaucoup d'argent. . . . . XIX 183
— La révolution d'Angleterre arrive incontinent après. Le roi d'Angleterre, ne sachant plus à qui se fier, confia la

Lauzun.		Tomes.	Pages.
reine et le prince de Galles à Lauzun qui les passa en France dans une petite barque. Rappelé aussitôt après à la cour avec ses anciennes distinctions. Obtient l'ordre de la Jarretière; est général des armées en Irlande sous le roi Jacques. Enfin duc vérifié en 1692.		XIX	183
— Splendeur de sa vie. Est continuellement outré de l'inutilité de tout ce qu'il employe pour rentrer dans la confiance du Roi. Ses bassesses sous son extérieur de dignité.		XIX	185
— Trait cruel au maréchal de Villeroy.		IV	290
— Son fol anniversaire de sa disgrâce. Son étrange singularité; est craint et ménagé, et, quoique fort noble et généreux, nullement aimé.		XIX	186
— Son inconsolable désespoir, et bien étrange à son âge, de n'être plus capitaine des gardes du corps. Son terrible aveu là-dessus.		XIX	187
— Combien il étoit dangereux, toutefois bon parent et reconnoissant; ne peut s'empêcher néanmoins de lâcher sur moi un dangereux trait.		XIX	189
— Quelques-uns de ses bons mots.		XIX	190
— Tombe fort malade; se moque plaisamment du curé de Saint-Sulpice, du duc de la Force, de sa nièce Biron.		XIX	191
— Sa grande santé; ses brouilleries avec Mademoiselle; leur étrange raccommodement à Eu. Ils se battent dans la suite, et se brouillent pour toujours.		XIX	194
— Son humeur solitaire; son incapacité d'écrire, même de raconter ce qu'il avoit vu.		XIX	195

Lauzun.   Tomes. Pages.

— Sa dernière maladie; sa mort coura-
   geuse et chrétienne.   XIX   196
— Cause de prolixité sur le duc de Lauzun.   XIX   197

Law, dit communément Las, aventurier écossois. Sa banque. Elle passe au conseil
   de régence et au Parlement.   XIII   49
— Sa liaison avec l'abbé du Bois; sa cause. XIV   294
— Lui, du Bois, et Monsieur le Duc, chacun
   pour son intérêt, ouvrent les yeux au
   Régent sur le Parlement et le tirent de
   sa léthargie.   XV   351
— Frayeur extrême et raisonnable de Law
   du Parlement.   XV   351
— Se veut pousser et pour cela se faire catholique. Tencin le convertit; en tire
   des trésors. Il s'amalgame toute la
   maison de Condé en la gorgeant de
   biens; est fait contrôleur général des
   finances. XVI   349
— Achète l'hôtel Mazarin; y établit sa banque.   XVI   356
— Se fait garder chez lui. XVII   91
— Le désordre de son système se mani-
   feste, produit des suites infinies les
   plus fâcheuses.   XVII   12
— Entraîné, à la fin, à sa perte par le triste
   succès de l'arrêt du conseil du 22 mai. XVII   88
— Perd sa place de contrôleur général des
   finances; est gardé chez lui par Beuz-
   wald et seize Suisses de la garde du
   Roi; voit le Régent après un refus si-
   mulé, travaille avec lui, en est traité
   avec sa bonté ordinaire; la garde se
   retire de chez lui. XVII   91
— Va à Fresnes, avec le chevalier de Conflans, sonder le chancelier, le persuade,
   le ramène à Paris, où les sceaux lui

	Tomes.	Pages.
Law. sont rendus.	XVII	100
— Law insulté dans les rues; les vitres de son logis et ses glaces cassées; va loger au Palais-Royal.	XVII	115
— Retourne loger chez lui et y est fort visité.	XVII	127
— Sort enfin du royaume. Sa famille; son caractère; sa fin.	XVII	163
Leczinski, élu roi de Pologne. Prend le nom de Stanislas. Est couronné.	IV	176
— Chassé par l'électeur de Saxe, son compétiteur; se retire aux Deux-Ponts, chez le roi de Suède.	IV 322 et X	204
Lede. Quel. Général de l'expédition d'Espagne, de Sardaigne et de Sicile; obtient la Toison.	XVII	148
— Victorieux après en Afrique, est fait grand d'Espagne : *voir* aux Grands d'Espagne, marquis.	XVIII	75
Leffinghem. Emporté, l'épée à la main, par les troupes de l'armée du duc de Vendôme.	VI	162
— Le chevalier de Croissy y est pris pour la troisième fois de la guerre.	VI	160
Legal, soldat de fortune. Bat le général la Tour à Minderkingen. Est fait lieutenant général.	III	435
Leganez (Marquis de), grand d'Espagne.	III	293
— Qui avoit été gouverneur général du Milanois sous Charles II; mal avec la princesse des Ursins, soupçonné à tort et à faux, conduit de Madrid au château Trompette de Bordeaux.	IV	276
— Puis dans le donjon de Vincennes; enfin en liberté dans Paris, mais sans pouvoir en sortir; où il est enfin mort.	VIII	202

Légat *a latere*. Complimente, de la part du

	Tomes.	Pages.
Légat *a latere*.		
Pape, la reine d'Espagne, à son passage à Nice (*Voir*).	IX	136
Légistes. Quels. Leur usage. Leurs progrès.	X	368
— Légistes devenus juges.	X	394
— Contraste de leur état originel dans les parlements, et de leur état présent à force d'usurpations.	X	417
— Courte récapitulation.	X	456
— Sept états successifs des légistes, devenus enfin magistrats.	X	457
— Légistes devenus magistrats ne changent point de nature.	X	459
— Inhérence de la partie de légiste jusque dans le chancelier jusqu'à aujourd'hui.	X	469
Lémos (Comte et comtesse de). Arrêtés avec le patriarche des Indes passant ensemble à l'archiduc.	IV	442
(*Voir* aux Grands d'Espagne.)		
Léon (Prince de), fils aîné du duc de Rohan Chabot. Son caractère. Le Roi s'entremet entre son père et lui.	V	370
— Enlève la fille aînée du duc de Roquelaure.	VI	9
— L'épouse.	VI	19
— Le Roi s'en mêle après un long éclat, et l'affaire s'accommode; on les marie de nouveau, avec toutes les formes, en présence de leurs familles.	VI	18
Léopold, empereur. Sa mort.	IV	268
Lerida et Tortose. Saisies par les Catalans révoltés.	IV	322
Lerida. Assiégée par M. le duc d'Orléans. La ville, prise d'assaut, punie par le pillage.	V	195
— Le château rendu par capitulation. Joyeuse malice du Roi à Monsieur le		

	Tomes.	Pages.
Lerida et Tortose. Prince sur Lerida.	V	196
LERMA. Courte description du château de Lerma.	XVII	424
LESDIGUIÈRES (Duc de). Épouse la 3ᵐᵉ fille [1] du maréchal duc de Duras.	I	290
— Accommodé avec Lambert, par ordre du Roi, par le maréchal duc de Duras, son beau-père, comme seul commissaire du Roi.	II	42
— Sa mort, sans enfant, en Italie; son caractère.	IV	4
— La duchesse, sa veuve, refuse d'épouser le duc de Mantoue, et résiste nettement au Roi là-dessus.	IV	153
— Mort, singularité, caractère, succession de la duchesse de Lesdiguières Gondi.	XII	415
Lettres provinciales.	VII	136
LÉVY (Marquis de). Épouse une fille du duc de Chevreuse, qui est en même temps faite dame du palais de Mᵐᵉ la duchesse de Bourgogne.	II	9
— Prisonnier à l'expédition manquée d'Écosse. Fait lieutenant général.	V	415
— Sa femme. Quelle sur le mariage de M. le duc de Berry. Sa faveur.	VII	387
— Lévy mis dans le conseil de guerre.	XII	235
— Obtient le commandement en chef de la Franche-Comté.	XIV	399
— Caractère du mari et de la femme.	XVI	363
— Est fait duc et pair à la majorité.	XIX	94
LEUVILLE (Mᵐᵉ de). Quelle. Qui elle étoit. Sa mort.	XVI	266
LEWENHAUPT, général suédois. Défait par le Czar.	VI	175
LIANCOURT, marquis, fils et frère des ducs de		

1. La seconde fille dans les *Mémoires*.

Liancourt.

la Rochefoucauld. Jamais bien revenu de sa disgrâce. Quel à l'égard de M. le duc d'Orléans. Ne veut d'aucune place. Sa conduite; son caractère....... XI 223

LICERA (Duc de) : *voir* aux GRANDS D'ESPAGNE. XVIII 21

LIGNE (Prince de) : *voir* aux GRANDS D'ESPAGNE................. XVIII 55

LILLE. Défendu par Boufflers.......... VI 119
— Garnison mal choisie; autres fâcheux manquements. Investi le 12 août 1708; tranchée ouverte le 22 août...... VI 121
— Troupes, etc. dans Lille.......... VI 121
— Dispositions de Boufflers......... VI 121
— Inondations et mouvements contre les convois.................. VI 155
— État de Lille, qui capitule........ VI 160
— Tranchée ouverte devant la citadelle de Lille, 29 octobre, qui, sur les ordres réitérés du Roi, capitule........ VI 192
— État lors de la place........... VI 199
— Récompenses de la belle défense de Lille. VI 208
— Beau projet de reprendre Lille aussitôt. VI 216
— Qui avorte et qui perd Chamillart.... VI 226

LIMEUIL (Mlle de), la Tour des Bouillons d'aujourd'hui, fille d'honneur de Catherine de Médicis............ V 85

LIÑAREZ...................... II 459
Voir aux GRANDS D'ESPAGNE...... XVIII 21

LINIÈRES, jésuite, confesseur de Madame. Fait confesseur du Roi, avec des pouvoirs du Pape au refus du cardinal de Noailles d'en donner. Friponnerie de cette nomination et sa cause .... XVIII 443

LIRIA (Duc de), fils aîné du duc de Berwick. *Voir* aux GRANDS D'ESPAGNE...... XVIII 22

LISLEBONNE (Mlle de) et la princesse d'Espinoy, sa sœur cadette. Leur union, leur in-

	Tomes.	Pages.
Lislebonne. timité avec Monseigneur; leur éclat solide. Quelles..............	III	58
— Énormes procédés de Mlle de Lislebonne à l'égard de Chamillart.........	VI	419
— Fait avec Vaudemont, son oncle, un voyage en Lorraine plus que suspect.	VII	92
— Outrées de la mort de Monseigneur, savent se maintenir............	VIII	404
— Mlle de Lislebonne se fait abbesse de Remiremont, sans abandonner la cour.	VIII	404
— Perd sa mère. Quelle elle étoit......	XVII	39
LISTENOIS (Marquis de). Épouse une fille de la comtesse de Mailly, dame d'atour de Mme la duchesse de Bourgogne.....	IV	330
— Fait une étrange sorte d'escroquerie...	V	344
— Obtient l'ordre de la Toison d'or.....	VII	61
— Est tué dans Aire..............	VIII	53
— Beauffremont, son frère, obtient sa Toison............................	VIII	200
Lit de justice tenu aux Tuileries le vendredi matin, 26 août 1718, qui rend au Régent toute son autorité......	XV	293
— Le même jour, à six heures du matin, on avertit ceux qui devoient y assister. Le Parlement répond qu'il obéira...	XV	471
— En même temps on avertit ceux du conseil de régence qu'il y en aura un extraordinaire, à huit heures, le même matin........................	XV	472
— Maintien de ceux du conseil de régence; divers mouvements avant qu'il commence....................	XVI	6
— Le conseil se met en place........	XVI	12
— Plan de la pièce et de la séance du conseil, dessiné pour mieux éclaircir ce qui s'y passa..................	XVI	14
— Remarques sur la séance.........	XVI	14

	Tomes.	Pages.

Lit de justice.
— Tableau du conseil.................. XVI 15
— Lecture des lettres de garde des sceaux. XVI 18
— Lecture de l'arrêt du conseil de régence en cassation de ceux du Parlement. . XVI 18
— Opinions marquées................. XVI 18
— Légers mouvements dans le conseil sur l'obéissance du Parlement........ XVI 19
— Lecture de la déclaration qui réduit les bâtards au rang de leurs pairies. . . XVI 22
— Effet de cette lecture dans le conseil. . . XVI 22
— Opinions par la tête............... XVI 23
— Impression du discours du Régent pour le rétablissement, uniquement personnel, du comte de Toulouse sur ceux du conseil..................... XVI 25
— Lecture de la déclaration en faveur du comte de Toulouse............. XVI 25
— Opinions....................... XVI 26
— Monsieur le Duc demande l'éducation du Roi ôtée au duc du Maine...... XVI 27
— Deux mots dits, par le Régent, sur la demande de l'éducation du Roi ; mouvement dans le conseil............ XVI 28
— Opinions....................... XVI 29
— Parlement en marche à pied pour venir aux Tuileries.................. XVI 31
— Le conseil finit ; mouvements ; divers colloques dans la pièce du conseil, qui demeure fermée, avec défense du Régent à qui que ce soit d'en sortir. . . XVI 33
— Mouvements dans la pièce du conseil. . XVI 33
— Parlement arrive aux Tuileries....... XVI 39
— Attention sur les sorties du cabinet du conseil et sur tout ce qui s'y passe. . XVI 39
— On va prendre le Roi ; marche au lit de justice........................ XVI 40
— Plan dessiné de la pièce et de la séance

Lit de justice.	Tomes.	Pages.
du lit de justice pour mieux éclaircir ce qui s'y passa.	XVI	42
— Spectacle du lit de justice.	XVI	44
— Lecture des lettres du garde des sceaux, de l'arrêt du conseil de régence en cassation des arrêts du Parlement.	XVI	48
— De la déclaration du Roi qui réduit les bâtards au rang de leurs pairies, et de celle du rétablissement, uniquement personnel, du comte de Toulouse. Discours plaintif du premier président de Mesmes.	XVI	52
— Conclusion des gens du Roi.	XVI	54
— Opinions recueillies.	XVI	54
— Prononcé.	XVI	55
— Enregistrement en plein lit de justice, fait et écrit sur-le-champ, de toutes les pièces qui avoient été lues, et de l'éducation du Roi ôtée au duc du Maine et donnée à Monsieur le Duc, suivant la demande qu'il en avoit faite en ce lit de justice, sur laquelle il y avoit été opiné, prononcé, conclu par les gens du Roi, à mesure, comme sur tout ce qui y fut passé ce même jour.	XVI	56
— Levée du lit de justice.	XVI	57
— Effet de ce lit de justice dedans et dehors le royaume.	XVI	85
Livonie (Palatin de); qui avoit accompagné le prince électeur dans ses voyages. Sa mort.	XIV	37
Livrées du roi et de la reine d'Espagne toutes semblables à celle du Roi et de la Reine ici.	XVIII	152
Livry obtient un brevet de retenue sur sa charge de premier maître d'hôtel du Roi.	IV	234

Livry. Tomes. Pages.

— Marie son fils à une fille du président
Robert, et obtient des grâces à cette
occasion. . . . . V 55
— Poussé fortement par d'Antin, adminis-
trateur de la charge de grand maître,
à l'occasion des réformations dans la
maison du Roi, est sauvé, avec hauteur, par le duc de Beauvillier, dont il
avoit épousé la sœur. . . . . VII 306
— Obtient, pour son fils, la survivance de
sa charge. . . . . XIII 181
— Sa mort. . . . . XIX 164
LOBINEAU, bénédictin. Auteur de l'histoire de
Bretagne, à qui la vérité n'est pas per-
mise. (*Voir* ROHAN.). . . . . V 83
Logements chez le Roi. . . . . II 107
— Il ne paye plus les changements et les
dépenses qu'y font les courtisans à
qui il les donne. . . . . II 284
LOIRE. Ravages de cette rivière et leur cause. V 304
— Inondations qu'elle fait. . . . . VI 415
LONG (Le), savant père de l'Oratoire. Sa mort. XVII 263
LONGEPIERRE. Quel. Espèce de poëte tragique,
secrétaire des commandements de
Mme la duchesse de Berry. Son caractère. . . . . III 201
— Raccroché par le duc de Noailles, s'abandonne à l'abbé du Bois. . . . . XI 240
LONGUEVILLE. État et mort du dernier de ces
bâtards d'Orléans. . . . . I 176
LOPINEAU, commis principal des finances. Son
étrange mort. . . . . III 202
LORGES (Maréchal duc de). Sa fortune. Commande l'armée du Rhin. Monseigneur
le va joindre de Flandres. Le maréchal outré des mauvais conseils donnés à ce prince, à qui il ne peut per-

	Tomes.	Pages.
Lorges. suader d'attaquer les retranchements d'Heilbronn.	I	98
— Fait une belle marche devant le prince Louis de Baden.	I	185
— Procédé, à l'armée, entre les maréchaux de Lorges et de Joyeuse ajusté par les marquis d'Huxelles et de Vaubecourt.	I	193
— Gouvernement de Lorraine donné à M. le maréchal de Lorges.	I	198
— M. et Mme la maréchale de Lorges.	I	236
— Leur famille.	I	237
— Maladie de M. le maréchal de Lorges de là le Rhin. Attachement de son armée pour lui.	I	250
— Est transporté à Landau, où Mme la maréchale de Lorges arrive.	I	251
— De retour en son armée, tombe en apoplexie légère.	I	270
— Ne sert plus.	I	283
— Sa mort et son éloge.	III	328
— Son fils épouse la 3me fille de Chamillart.	III	361
— Mort et caractère de cette duchesse de Lorges.	X	185
— Le duc de Lorges se remarie à une fille du premier président de Mesmes.	XVII	157
LORRAINE. Cause du nombre et de la préséance de ceux de la maison de Lorraine sur les ducs, en la promotion de l'ordre de 1688.	I	17
— Dispute de préséance entre la duchesse douairière d'Elbeuf et la princesse de Lislebonne, belles-sœurs, au mariage de Mme la duchesse douairière de Lorraine, à Fontainebleau.	II	7
— Duc de Lorraine, réintégré par la paix, arrive en Lorraine.	II	43
— Le Roi donne 60,000 livres au chevalier		

Lorraine.

        de Lorraine. . . . . II 92
— Tentatives hardies de préséance, mais inutiles, sur M. le duc de Chartres, du duc de Lorraine, que Monsieur, séduit par le chevalier de Lorraine, n'auroit pas empêchées. Le duc d'Elbeuf épouse Mademoiselle à la messe du Roi, à Fontainebleau, comme procureur du duc de Lorraine. Point de festin ni de noces. . . . . II 136
— Divisions de préséance entre celles de la maison de Lorraine. Départ de Mme la duchesse de Lorraine de Fontainebleau, pour Bar, accompagnée de la princesse de Lislebonne, de ses deux filles, et de Mme de Maré, sa gouvernante. Tracasseries de rang à Bar, où le duc de Lorraine reçoit Mme la duchesse de Lorraine. Duc de Lorraine se forge une couronne bizarrement fermée de bars, et entreprend d'usurper l'*Altesse Royale*. . . . . II 139
— Entreprises lorraines. Étrange hardiesse de la princesse d'Harcourt à la première audience du comte de Jersey, ambassadeur d'Angleterre, chez Mme la duchesse de Bourgogne. . . . . II 158
— Noir artifice des Lorrains mis au net le soir même avec le Roi. . . . . II 162
— Plainte du duc de Rohan Chabot au Roi, qui ordonne à la princesse d'Harcourt de demander publiquement pardon à la duchesse de Rohan, ce qu'elle exécuta le lendemain en public, en propres termes, chez Mme de Pontchartrain, depuis chancelière. . . . . II 165
— Voyage à Paris du duc et de Mme la du-

	Tomes.	Pages.

<small>Lorraine.</small>

— chesse de Lorraine, pour l'hommage lige du duché vérifié de Bar. Ducs de Lorraine l'un connétable, l'autre grand chambellan de France. . . . . II 258

— Nulle compétence des ducs de Lorraine avec les princes du sang; bien moins encore avec un petit-fils de France, jamais encore imaginées, bien moins prétendues. Le duc de Lorraine va saluer le Roi à Versailles étrangement incognito. Ce qui lui fait passer l'incognito. Mme la duchesse de Lorraine nullement incognito, ayant son rang de petite-fille de France, comme Mme la grande-duchesse. Leur adresse continuelle, mais sans succès, à l'égard de M. et de Mme la duchesse de Chartres. II 259

— Mme la duchesse de Lorraine tombe malade de la petite vérole. Le duc de Lorraine rend au Roi publiquement son hommage lige de Bar. La cérémonie faite, le Roi se couvrit et fit couvrir le duc de Lorraine, et nul autre ne se couvrit, les princes du sang s'étoient retirés; la conversation se fit debout, de peu de moments. . . . . II 262

— Le duc de Lorraine va prendre congé de Monseigneur à Meudon; du Roi à Marly, un moment. Part en poste payée par le Roi. Il avoit été, entre deux, prendre congé de Mgr et de Mme la duchesse de Bourgogne à l'Opéra, où ils étoient avec Monseigneur, et qu'il n'avoit point vus auparavant. Il logea toujours au Palais-Royal. . . . . . . II 265

— Mme la duchesse de Lorraine guérie va à Versailles, puis à Marly, prendre congé,

Lorraine.　　　　　　　　　　　　　　　　　　Tomes. Pages.

— et part. . . . . II 266
— Origine du chapeau de ceux qui ont rang de princes étrangers aux audiences de cérémonie des ambassadeurs, qui ne s'étend nulle part ailleurs. . . . . II 278
— Mort du chevalier de Lorraine. . . . . . III 353
— Succession femelle des duchés de Lorraine et de Bar. . . . . V 226
— Mesures secrètes du duc de Lorraine. Courte réflexion. . . . . V 245
— Prince de Lorraine, frère du duc. Obtient la coadjutorerie de Trèves. . VIII 132
— Sa mort à Vienne. . . . . XII 396
— Mort du prince Camille, un des fils de monsieur le Grand. . . . . XII 396
— Monsieur le Grand voyant le comte de Brionne, son fils aîné, mourant, l'oblige de se démettre de sa survivance de sa charge de grand écuyer, et la fait donner au prince Charles, son dernier fils. . . . . IX 286
— Le prince Charles obtient jusqu'à un million de brevet de retenue sur sa charge de grand écuyer. . . . . XII 269
Il épouse une fille du duc de Noailles; obtient la survivance du gouvernement de Picardie et Artois du duc d'Elbeuf. . . . . XII 269
— M. et Mme la duchesse de Lorraine arrivent à Paris, logent au Palais-Royal chez le Régent. Bassesses de courtisan du duc de Lorraine. . . . . XIV 329
— Il va voir plaider, dans une lanterne, à la grand'chambre, voir après la Bastille, et dîner chez le maréchal de Villeroy, à l'hôtel de Lesdiguières. . . . . XIV 334

Lorraine (Prince de).   Tomes.   Pages.

— Son objet dans ce voyage et ses moyens. Est ennemi de la France, et ses demandes sans titre, droit, couleur, ni apparence, ni prétexte. XIV   335
— Obtient un traité tout tel qu'il lui plaît, l'*Altesse Royale*, et un grand démembrement de la Champagne en toute souveraineté. XIV   340
— Le traité passe sans difficulté au conseil de régence; est aussitôt après enregistré au Parlement. XIV   346
— Leur départ aussitôt après. XIV   346
— Audacieuse conduite du duc de Lorraine, qui ne voit point le Roi. . . . XIV   347
— Il demande le dédommagement promis du Montferrat. XV   147
— Il échoue à l'érection de Nancy en évêché, par l'opposition de la France. . . XVI   304
— Abbé de Lorraine nommé à l'évêché de Bayeux; en obtient enfin les bulles; est sacré par le cardinal de Noailles. XVI   339
— Le grand écuyer, son frère, se brouille avec sa femme et les Noailles, et la renvoie au duc de Noailles, son père. XVII   240
— Le fils aîné du duc de Lorraine reçoit l'ordre de la Toison d'or de l'Empereur. XVII   423
Et meurt de la petite vérole. XIX   106
Loteries. II   327
Louis XIII, LE JUSTE. Sa grandeur d'âme et de courage à la perte de Corbie, etc. et à la prise des îles de la Rochelle. I   53
— Sa gloire et sa sagacité à la Rochelle et au fameux pas de Suze. . . . . I 54 et 59
— Sa chasteté digne de saint Louis. . . . I   55
— Sa prophétie en mourant. I   65
— Sa mort sainte, sublime, héroïque. . . . I   63
— Contraste étrange de la fortune de ses

296 TABLE ALPHABÉTIQUE GÉNÉRALE

Louis XIII le Juste. Tomes. Pages.

    alliés et de ceux du Roi son fils. . . . V 208
— Repentir de ce grand Roi de l'érection de
    l'évêché de Paris en archevêché. . . IX 102
— Ses précautions, à la mort, pour l'État
    aussi admirables qu'inutiles et pour-
    quoi.................... X 407

Louis XIV. Fait en personne le siége de Na-
    mur..................... I 6
— Prend Namur. . . . . I 9
— Lui et le prince d'Orange en Flandres ;
    position des armées. . . . . I 82
— Fait des détachements pour ses autres
    armées et retourne à Versailles avec
    les dames, qui l'attendoient à Dinan.
    Revient ouvrir la campagne suivante
    en Flandres; n'y demeure qu'un mo-
    ment; manque de défaire le prince
    d'Orange et de le perdre, pour s'en
    retourner subitement à Versailles avec
    les dames, et fait divers gros détache-
    ments de son armée. . . . . I 82
— Outré de la conduite du duc du Maine à
    l'armée de Flandres, casse sa canne
    pour un rien sur un bas valet du ser-
    deau à Marly. . . . . I 264
— Il lui survient un fort anthrax au col. . I 334
— Va au-devant de la princesse de Savoie,
    future duchesse de Bourgogne, jus-
    qu'à Montargis, et l'amène à Fontai-
    nebleau. . . . . I 374
— Sa haine personnelle pour le prince
    d'Orange et sa cause, que ce prince
    travailla longtemps et inutilement à
    apaiser. . . . . I 465
— Sa maxime de n'avoir point de premier
    ministre et jamais aucun ecclésias-
    .ique ni prince du sang dans son

| Louis XIV. | Tomes. | Pages. |

conseil. . . . . I 474
— Sa maxime de tout garder de grandeur pour les princes du sang, mais sans entrées, ni particuliers, sans charges ni gouvernements, et de ne jamais rien faire pour leurs principaux domestiques ni gens attachés à eux, et pareillement de ceux de Monsieur, et jamais à pas un de commandement d'armée. XII 149
— Son goût pour la magnificence de la cour, son art à la bien tenir et à l'avoir fort grosse; ses égards. . . . . . I 483
— Style et manière de s'écrire entre l'Empereur et lui. . . . . II 196
— Deux vols fort étranges faits au Roi. . . II 202
— Dédicace de sa statue à la place des Victoires. . . . . II 216
— Ne paye plus les dépenses que les courtisans font dans leurs logements dans ses maisons. . . . . II 284
— Tient deux conseils, deux soirs de suite, à Fontainebleau, chez Mme de Maintenon, sur le testament du roi d'Espagne. II 385
— Avis partagés. Raisons pour s'en tenir au traité de partage, raisons pour accepter le testament. . . . . II 386
— Résolution prise de l'accepter. Surprise du Roi et de ses ministres du testament. II 393
— Le Roi peu touché de la perte de Monsieur, quoique plein des plus grands égards frivoles pour lui pendant sa vie. Ne comprend pas que la douleur puisse durer quelques jours. Fait recommencer le jeu dans le salon de Marly le lendemain de sa mort. . . . III 28
— Son aversion pour le deuil. . . . . . . III 417
— Sa longue goutte; son coucher public

Louis XIV.   Tomes. Pages.

— retranché pour toujours. . . . . IV 252
— Elle empêche la cérémonie ordinaire de l'ordre à la Pentecôte. . . . . IV 272
— Mot étrange du Roi en public sur ce que Mme la duchesse de Bourgogne, qui n'avoit point encore d'enfants, se blessa à Marly. . . . . V 431
— Il coupe plaisamment la bourse à Samuel Bernard, à Marly. . . . . V 457
— Inquisition du Roi. . . . . IV 317
— Ses divers mouvements sur la campagne de Lille. . . . . VI 141
— Sa prévention. . . . . VI 147
— Son étrange ignorance de ce qui se passe et se fait dans ses armées. . . . . . . VI 198
— Soirée singulière du Roi. . . . . VI 218
— Son surprenant aveu. . . . . VI 237
— Sa superbe. . . . . VI 416
— Mécanique de ses après-soupers. . . . . VII 297
— Il est mal à son aise à Meudon, et hors de ses maisons. . . . . VIII 236
— [S'en] va de Meudon aussitôt après la mort de Monseigneur; affliction de très-courte durée. . . . . VIII 245
— Confusion de Marly. . . . . VIII 260
— Dureté du Roi dans sa famille. . . . . . IX 79
— Va de Versailles à Marly au moment de la mort de Madame la Dauphine, l'unique perte dont il ait jamais été véritablement affligé. Cette princesse l'amusoit extrêmement; elle lui manqua à tous les moments; il ne s'en consola de sa vie. . . . . IX 203
— Ne quitte point Marly à la mort de Mgr le Dauphin. Se promenoit dans les jardins, tandis que, peu d'heures après sa mort, on emportoit son corps à Ver-

Louis XIV.	Tomes.	Pages.

— sailles. . . . .
— Va à Versailles, sans y coucher, recevoir tout de suite les manteaux et les mantes, les ministres étrangers, et les harangues des compagnies. . . . . . . IX 236
— Rétablit le jeu dans le salon avant l'enterrement fait. . . . . IX 291
— Singularité du Roi sur ses ministres. . . IX 322
— Il n'a de vraie bonté et familiarité qu'avec ceux qu'il méprise et dont il se moque. Craint l'esprit et les talents, les écarte; n'est à son aise qu'avec ceux sur qui il croit sentir sa supériorité d'esprit. . . . .
— Fait des voyages à Rambouillet chez le comte de Toulouse. Musiques et scènes de comédies chez Mme de Maintenon pour amuser le Roi. . . . . IX 374
— Ils sont multipliés. . . . . IX 398
— Sa signature aux contrats de mariage déclarée par lui-même être de nul effet, excepté ceux de sa famille. . . . IX 446
— Ses divers amusements chez Mme de Maintenon. . . . . X 72
— Sa sage politique sur les emplois dans les provinces. . . . . X 88
— Sa dureté sur le Charmel. Il ne pouvoit souffrir que des gens connus, de quelque état qu'ils fussent, ne le vissent point, même retirés du monde. X 141
— Son état à la mort de M. le duc de Berry. Il ne veut point de manteaux, de mantes, de révérences, de harangues, de compliments. . . . . X 176
— Sa position d'esprit sur ses bâtards très-inégale. . . . . X 239
— Fortes paroles du Roi au duc du Maine. X 259

Louis XIV.

— Testament du Roi extorqué malgré lui. Ses paroles amères et qui exprimoient son peu de confiance à son exécution en le remettant entre les mains du premier président de Mesmes et aux gens du parquet, seul avec eux, pour être déposé au Parlement. Paroles qu'il dit à la reine d'Angleterre, encore plus fortes et plus amères, sur son testament. .... X 261
— Consternation sur le testament du Roi; ses causes. .... X 266
— Amusements du Roi chez Mme de Maintenon à Fontainebleau redoublés et inusités. .... X 312
— Est chagrin, allant et revenant de Fontainebleau, où il ne retourna plus... X 326
— Il n'apparentoit que Monsieur, ses enfants, et les trois filles de Gaston en leur parlant. ....
— Apophthegme du Roi sur M. le duc d'Orléans. .... X 341
— Il fait quitter le grand deuil de veuve à Mme la duchesse de Berry, et la mène jouer dans le salon de Marly. ..... XI 125
— Son dernier voyage à Marly. .... XI 130
— Paris ouverts en Angleterre sur sa mort prochaine. Il les voit par hasard dans une gazette d'Hollande. .... XI 134
— Il veut aller lui-même faire enregistrer la constitution *Unigenitus*, sans modification, en lit de justice. Il le déclare. Sa santé, qui tomboit chaque jour, ne lui permet pas de l'exécuter. ..... XI 154
— Nécessité d'interrompre un peu le reste, si court, de la vie du Roi. .... XI 164
— Espèce de journal du Roi jusqu'à sa fin.

Louis XIV.

	Tomes.	Pages
Son dernier retour de Marly. Prise du Roi avec Daguesseau, procureur général, sur l'enregistrement pur et simple, sans modification, de la Constitution au Parlement.	XI	383
— Détail de sa santé et des causes de sa mort.	XI	386
— Dames familières.	XI	395
— Hors d'état de s'habiller, il veut choisir le premier habit qu'il portera.	XI	402
— Reprise du journal des derniers [jours] du Roi. Il refuse obstinément de nommer aux bénéfices vacants.	XI	437
— Mécanique de l'appartement du Roi à Versailles, pendant sa dernière maladie. Son extrémité. Il reçoit ses derniers sacrements.	XI	438
— Il achève son codicille, parle à M. le duc d'Orléans.	XI	442
— Scélératesse des chefs de la Constitution.	XI	444
— Adieux du Roi.	XI	446
— Il ordonne que son successeur aille à Vincennes et revienne après demeurer à Versailles.	XI	449
— Il brûle des papiers. Ordonne que son cœur soit porté à Paris, aux grands jésuites. Sa présence d'esprit. Ses dispositions.	XI	449
— Mme de Maintenon se retire à Saint-Cyr.	XI	451
— Rayon de mieux du Roi. Solitude entière chez M. le duc d'Orléans, où toute la cour étoit auparavant en foule.	XI	452
— Le Roi, fort mal, fait revenir Mme de Maintenon de Saint-Cyr auprès de lui.	XI	455
— Dernières paroles du Roi. Sa mort.	XI	456
— Son caractère. Il hait les sujets. Est petit, dupe, gouverné, se piquant de tout le		

Louis XIV.   Tomes. Pages.

— contraire.................... XII   1.
— L'Espagne cède la préséance. Satisfaction de l'affaire des Cortès........ XII   4
— Guerre d'Hollande. Paix d'Aix-la-Chapelle. Conquêtes en Hollande, puis de la Franche-Comté............ XII   5
-- Honte d'Heurtebise............ XII   6
— Le Roi prend Cambray. Monsieur bat le prince d'Orange à Cassel, prend Saint-Omer, n'a pas depuis commandé d'armée.................. XII   8
— Prise de Gand. Expéditions maritimes. Paix de Nimègue. Luxembourg pris. . XII   8
— Gênes bombardé; son doge à Paris. Fin du premier âge de ce règne....... XII   8
— Guerre de 1688; son origine....... XII   8
— Honte de la dernière campagne du Roi. XII   10
— Paix de Turin, puis de Ryswick. Fin du 2ᵈ âge de ce règne............ XII   12
— Vertus de Louis XIV. Sa misérable éducation; sa profonde ignorance. Il hait la naissance et les dignités. Séduit par ses ministres................ XII   21
— Superbe de ce prince, qui forme le colosse de ses ministres sur la ruine de la noblesse.................. XII   14
— Goûts de Louis XIV. Avantages de ses ministres, qui abattent tout sous eux, lui persuadent que leur puissance et leur grandeur ne sont que les siennes, se font plus que seigneurs et tout-puissants................. XII   16
— Raison secrète de la préférence des gens de rien pour le ministère........ XII   19
— Nul vrai accès à Louis XIV, enfermé par ses ministres............. XII   20
— Rareté et utilité d'obtenir de lui des au-

Louis XIV. Tomes. Pages.

diences. . . . . XII 21
— Importance des grandes entrées. . . . . XII 22
— Ministres causes de la superbe du Roi. XII 22
— Faute de la guerre de 1688 et du camp
   de Compiègne. . . . . XII 40
— Gens d'esprit et de mérite pesants au
   Roi, cause de son mauvais goût. . . . XII 41
— Fautes insignes dans la guerre de la
   succession d'Espagne. . . . . XII 44
— Extrémité de la France, qui ne s'en tire
   que par le miracle de la paix d'Angle-
   terre, qui fit celle d'Utrecht. . . . . . . XII 48
— Bonheur du Roi en tout genre. . . . . . XII 49
— Son autorité sans bornes. . . . . XII 51
— Sa science de régner. Sa politique sur
   le service, où il asservit tout et rend
   tout peuple. . . . . XII 54
— La cour pour toujours à la campagne;
   raison de cette politique. . . . . XII 66
— Origine de Versailles. . . . . XII 68
— Le Roi veut une grosse cour; ses adresses
   à la rendre et à la maintenir telle. . . XII 69
— Son application à être informé de tout;
   police; délations. . . . . XII 71
— Secret de la poste. . . . . XII 72
— Se pique de tenir parole. Est fort secret.
   Se plaisoit aux confidences singu-
   lières; histoire là-dessus. . . . . XII 73
— Art personnel du Roi à rendre tout pré-
   cieux. Sa retenue. Sa politesse me-
   surée. . . . . XII 74
— Sa patience. Précision et commodité de
   son service personnel et de sa cour.
   Crédit et familiarité des valets. . . . . XII 76
— Sa jalousie pour le respect rendu à ceux
   qu'il envoyoit. Récit bien singulier sur
   le duc de Montbazon. . . . . XII 77

Louis XIV. Tomes. Pages

— Ses grâces naturelles en tout; son adresse; son air galant, singulièrement grand et imposant. . . . . XII 77
— Politique du plus grand luxe. Son mauvais goût. . . . . XII 78
— Le Roi ne fait rien à Paris. Abandonne Saint-Germain. S'établit à Versailles. Se plaît à forcer la nature. . . . . XII 79
— Ouvrages de Maintenon. . . . . XII 82
— Marly. . . . . XII 83
— Amours du Roi. . . . . XII 85
— Belle inconnue très-connue. Mme de Soubise. . . . . XII 88
— Révocation de l'édit de Nantes. . . . . XII 107
— Coups de caveçon du Roi pour gouverner, qui ne le préservent pas d'être gouverné en plein. . . . . XII 125
— Sa dureté. Excès de contrainte avec lui. XII 127
— Ses voyages; sa manière d'aller. Aventure de la duchesse de Chevreuse. . . XII 129
— Malheurs de ses dernières années le rendent plus dur et non moins dupe. . . . XII 147
— Malheurs du Roi dans sa famille et dans son plus intime domestique. . . . . . XII 149
— Sa grandeur d'âme dans le revers de sa fortune. . . . . XII 150
— Le Roi considéré à l'égard de ses bâtards. . . . . XII 154
— Sa piété, sa fermeté jusqu'à sa mort. . . XII 160
— Abandon du Roi les derniers jours de sa vie. . . . . XII 166
— Sa vie publique. . . . . XII 169
— Où, et quels hommes seulement mangeoient avec lui. . . . . XII 170
— Matinées du Roi. Ses conseils. . . . . . XII 172
— Dîners du Roi. Service. . . . . XII 175
— Ses promenades. . . . . XII 178

	Tomes.	Pages.
Louis XIV.		
— Soirs du Roi. Jours de médecine.	XII	180
— Dévotions.	XII	183
— Le Roi peu regretté. Autres bagatelles.	XII	186
— Son testament abrogé quant à l'administration de l'État.	XII	204
— Son codicille abrogé en tout.	XII	211
— Ses entrailles portées tout simplement à Notre-Dame, à la réquisition du cardinal de Noailles, à l'exemple d'autres rois.	XII	216
— Son cœur fort simplement porté aux grands jésuites. Merveilleuse et prompte ingratitude.	XII	216
— Son corps porté à Saint-Denis.	XII	218
— Ses obsèques à Saint-Denis.	XII	318
— Son service solennel à Notre-Dame.	XII	393
— Bout de l'an à Saint-Denis.	XIII	120
Louis XV. Va à Vincennes; y est harangué par les compagnies.	XII	218
— Tient à Paris son premier lit de justice.	XII	222
— Cassette et garde-robe du Roi.	XII	277
— Les médecins prolongent son séjour à Vincennes.	XII	391
— Nouveau délai à Vincennes. Les conseils de régence partagés alors entre Vincennes et Paris.	XII	396
— Indécence de son carrosse expliquée.	XIII	366
— Il passe entre les mains des hommes.	XIII	274
— Est sans manteau ni rabat au lit de justice des Tuileries.	XVI	40
— Son maintien en ce lit de justice.	XVI	48
— Est indifférent pour le duc du Maine.	XVI	57
— Le Régent rend au Roi 5,000 livres par mois de menus plaisirs.	XV	343
— Le Roi va en pompe à Notre-Dame; étrange arrangement de son carrosse.	XVI	268
— Voit le feu de la Saint-Jean à l'hôtel de		

SAINT-SIMON XX.   20

Louis XV.   Tomes. Pages.

— ville..................... XVI   272
— Pendant le nettoiement des Tuileries, loge au Louvre quelques jours, y visite toutes les académies, visite Madame et M. et Mme la duchesse d'Orléans, sur la mort de Mme la duchesse de Berry. . XVI   291
— Sa disposition très-différente pour M. le duc d'Orléans et pour le cardinal du Bois; cause d'affection pour le premier et d'éloignement pour l'autre...... XVI   414
— Il commence à monter à cheval et à tirer..................... XVII   84
— Maladie du Roi aux Tuileries....... XVII   259
— Mesures pour lui apprendre son mariage et le déclarer............ XVII   293
— Le Régent, en cinquième seulement dans le cabinet du Roi, lui apprend son mariage..................... XVII   295
— Détail plus étendu de la scène du cabinet du Roi sur son mariage........ XVII   298
— État du Roi lors de l'arrêt du maréchal de Villeroy, et de l'escapade de l'évêque de Fréjus à Basville et de son prompt retour. Est tout consolé du maréchal de Villeroy................... XIX   12
— Fort dans les avenues de Versailles pour l'amuser et commencer à l'instruire en ce genre................ XIX   59
— Majorité du Roi. Lit de justice. Il visite, sur la mort de Madame la Princesse, les princesses ses belles-filles, filles, même sa sœur, et point ses petites-filles, quoique princesses du sang...... XIX   94
— Est affligé de la perte de M. le duc d'Orléans..................... XIX   201
— Ses visites sur cette perte........ XIX   213
Louis (Ordre de Saint-). Son institution.... I   112

Louis (Ordre de Saint-).   Tomes.   Pages.

— On y érige de grands officiers presqu'à l'instar de ceux du Saint-Esprit. On y fait de nouveaux règlements ; leurs inconvénients. Acheteurs de ces nouvelles charges. XVI   246

Louis (Saint-), ancien brigadier de cavalerie fort estimé, retiré à la Trappe. Sa vie et sa mort sainte. X   333

Lovestein, frère de Mme de Dangeau, est fait prince de l'Empire. IX   291

— Leur autre frère est fait évêque de Tournay. X   18

Louville, gentilhomme de la manche de M. le duc d'Anjou, qui passa avec lui en Espagne, chargé de la confiance du duc de Beauvillier, son gouverneur, et de Torcy, qui avoit les affaires étrangères. I   114

— Est en premier crédit en Espagne auprès de Philippe V. II   488

— Est fait gentilhomme de la chambre et chef de sa maison françoise. III   82

— Vient de sa part à Fontainebleau, pour faire résoudre son voyage d'Italie. . . III   193

— Philippe V, arrivé à Naples, envoie Louville à Rome. Il obtient du Pape l'envoi d'un légat *a latere* à Naples pour complimenter le roi d'Espagne. III   263

— De retour en Espagne à la suite de Philippe V, est écarté par la princesse des Ursins. III   467

— Reçoit ordre de revenir en France, et revient pour toujours. III   470

— Épouse la fille de Nointel, conseiller d'État. VI   9

— Le Régent l'envoie très-secrètement en Espagne, chargé d'une commission

	Tomes.	Pages.
Louville. directe au roi d'Espagne et fort importante.	XIII	137
— Il arrive à Madrid. La peur en prend à Alberoni, qui l'empêche d'être admis, d'approcher même du palais, et le force de repartir aussitôt. Il en coûte Gibraltar à l'Espagne.	XIII	149
— Louville obtient le gouvernement de Navarreins.	XVI	357
Louvois. Ses terribles vues.	V	257
— Son étrange et singulier motif qui causa la guerre de 1688.	VI	263
— Sa jalousie et son ambition font toutes les guerres, et les armées immenses, et la ruine de l'État, et fomente la haine de Louis XIV pour le prince d'Orange. Sa terrible conduite pour rendre les guerres générales, celle de 1688 en particulier.	XII	23
— Sa catastrophe, pour deux belles actions, après beaucoup de bien étranges.	XII	28
— Il éteint les capitaines et en tarit la source pour toujours par l'invention de l'ordre du tableau.	XII	55
— Sa pernicieuse adresse, et de son ordre du tableau.	XII	56
— Invente les inspecteurs, puis les directeurs, pour s'attirer en seul toute autorité sur les troupes, le grade de brigadier et les promotions à tous égards si funestes.	XII	62
— Sagesse, justesse, ordre et économie de son administration.	XIV	364
— Mort de sa femme. Curiosités sur elle.	XII	393
— Mort de l'abbé de Louvois. Quel. Avoit refusé l'évêché de Clermont.	XVI	109
— Louvois, petit-fils du ministre, meurt		

Louvois.

	Tomes.	Pages.
capitaine des cent Suisses de la garde après son père. Laisse un fils au maillot. La charge lui est donnée, et l'exercice à son oncle paternel, jusqu'à l'âge de la faire.	XVI XVIII	335 449
LoyoLA. Sa description.	XVII	338
Luc (Comte du). Quel. Va ambassadeur en Suisse.	X	18
— Puis 2ᵈ ambassadeur plénipotentiaire à Baden, avec le maréchal de Villars et Saint-Contest, pour la signature solennelle de la paix avec l'Empereur et l'Empire.	X	143
— Est fait conseiller d'État d'épée et ambassadeur à Vienne.	X	335
— Son frère, évêque de Marseille, est transféré à l'archevêché d'Aix.	V	373
LUDE (Duchesse du). Quelle. Sa famille. Est faite dame d'honneur de Mᵐᵉ la duchesse de Bourgogne.	I	337
LUMAIN (Seigneurs de), branche de la maison de la Marck,	V	96
LUNÉVILLE (Incendie du château de). Mieux rebâti qu'il n'étoit.	XVI	179
LUSACE (Comte de). A la chasse avec le Roi. Nom de l'incognito du prince électeur de Saxe voyageant en Italie et en France, depuis électeur et roi de Pologne après son père.	XI	119
— Prend congé du Roi, dans son cabinet, à Marly. Va voir Saint-Cyr, dont Mᵐᵉ de Maintenon lui fait les honneurs.	XI	137
LUSIGNAN (Marquis de). Sa maison; sa famille; sa fortune; son caractère; sa mort.	V	156
LUSSAN. Quel. Gentilhomme de la chambre de Monsieur le Prince. Comment fait che-		

Lussan. | Tomes. | Pages.

valier de l'ordre, en 1688. Sa mort... IX 189
— Mort de sa femme, dame d'honneur de Madame la Princesse. Quelle...... XIII 132

Luxe, 2ᵈ fils du maréchal duc de Luxembourg. Fait duc vérifié de Châtillon-sur-Loing. Épouse Mᴵˡᵉ de Royan............ I 294

Luxembourg. Conspiration découverte dans cette place................ VI 49

Luxembourg (Maréchal duc de). (*Voir* t. I, p. 73.)
— Intente, à dix-sept ducs et pairs, ses anciens, un procès de préséance et de prétention du rang de la première érection de Piney.............. I 122
— Branche de la maison de Luxembourg établie en France............ I 123
— Branche de la maison de Montmorency du maréchal duc de Luxembourg; fortune de ce seigneur......... I 128
— Ses ruses; son état brillant; son caractère. I 131
— Sommaire de la question du procès... I 142
— Opposants au maréchal duc de Luxembourg.................. I 145
— Lettres d'État lui sont signifiées, etc... I 150
— Éclat entre le duc de Richelieu et lui, dont tout l'avantage demeure au premier.................... I 154
— Belle, diligente et importante marche de Vignamont du maréchal, commandant, sous Monseigneur, l'armée de Flandres. I 189
— Il marie sa fille à un bâtard obscur du dernier comte de Soissons, prince du sang, qui est tout à coup comblé de biens par la duchesse de Nemours et qui prend le nom de prince de Neuchâtel.................. I 220
— Mort du maréchal duc de Luxembourg. I 221
— Opposition à la réception au Parlement

Luxembourg.

	Tomes.	Pages.
du duc de Montmorency, son fils aîné, qui prend le nom de duc de Luxembourg....................	I	223
Les opposants lui font rayer, comme ils l'avoient fait rayer à son père, la qualité fausse et insidieuse de premier baron de France.............	I	224
Il épouse la fille de Clérembault....	I	288
Reprise, avec lui, du procès de préséance....................	I	311
Son (*sic*) hardie option.........	I	312
Le Roi, de sa bouche, renvoye la cause au Parlement. Pairs postérieurs en cause. Insolence de l'avocat du duc de Luxembourg sans suite.........	I	312
Misère et pitoyable conduite des opposants. L'avocat général Daguesseau conclut pour eux. Le procès est appointé, et le duc de Luxembourg mis, en attendant, en possession du rang de la réérection de Piney faite en 1662 en faveur de son père, sans qu'il en ait formé la demande..........	I	315
Il est reçu pair au Parlement en ce rang.	I	321
Mort de sa mère.............	III	69
Son frère, le chevalier de Luxembourg, se jette avec un secours d'hommes et de blé dans Lille, à travers les assiégeants ; est fait lieutenant général...	VI	154
Obtient le gouvernement de Valenciennes...................	VIII	213
Puis la lieutenance générale unique de Flandres...............		
Épouse la fille unique d'Harlay, conseiller d'État, fils du feu premier président, et prend le nom de prince de Tingry....................	IX	92

Luxembourg.   Tomes. Pages.
— Duc de Luxembourg à Rouen, et pourquoi. Fait un fâcheux personnage sur l'édit de 1711 qui le fixe pour toujours au rang d'ancienneté de sa réérection de 1662................... VIII 396
— Il perd sa seconde femme......... VII 131
LUYNES. (Duc de). Épouse Mlle de Neuchâtel. Gagne un grand procès contre les Matignons....................
LUZZARA (Combat de).............. III 289
LUZERNE (La). Épouse une fille du maréchal de Tessé, veuve de la Varenne........ XIV 10
LYON. Perd contradictoirement, devant le Roi, sa primatie et sa juridiction sur Rouen, Saint-Georges étant archevêque de Lyon, et Colbert de Rouen..... III 277
LYONNE. Mort de la veuve du ministre d'État. Ses enfants................. IV 69
— Son fils aîné ; sa mort; son caractère... VI 164
— Vie, mort, famille de l'évêque de Rosalie, son autre fils.............. X 70
— Abbé de Lyonne, autre fils. Sa mort; son caractère................... XI 71

Dans la lettre L { Noms propres... 82
                  { Autres....... 7
                    En tout   89

MACAÑAS Quel. Moyens en Espagne de contenir la cour de Rome............. X 309
— Insolence et violence de l'Inquisition sur les deux frères Macañas......... XIII 141
MACEDA (Comte de). Son fils, sa belle fille, leur fortune : *voir* aux GRANDS D'ESPAGNE. XVIII 95
MACHAULT. Quel. Lieutenant de police...... XIV 326
— Obtient une expectative de conseiller d'État.................... XVI 435
MADAME, première femme de Monsieur. Curieuse

Madame.	Tomes.	Pages.
anecdote sur sa mort.	III	44
MADAME, seconde femme de Monsieur. Sa situation à la mort de Monsieur, son traitement, son veuvage étrange	III	40
— Changements chez elle..	III	243
— Va à la comédie publique.	III	315
— Est admise dans le cabinet du Roi les après-soupers.	IX	235
— Obtient une augmentation de pension du Roi de 48,000 livres.	X	4
— Changements de charges chez elle. . . .	X	71
— M. le duc d'Orléans arrivant de Paris de l'enregistrement de sa régence chez Madame à Versailles, elle lui demande, pour grâce unique, l'exclusion entière de l'abbé du Bois de tout emploi et de toute affaire, et en tire sa parole publiquement.	XII	214
— Elle va voir Mme de Maintenon à Saint-Cyr.	XII	217
— Son apophthegme sur M. le duc d'Orléans.		
— Elle assiste scandaleusement à une thèse en Sorbonne de l'abbé de Saint-Albin.	XIV	328
— Un trait étrange de sa franchise rompt tout court la négociation de Turin. . .	XVI	319
— Sa mort; son deuil; son caractère. . . .	XIX	85
— Ses obsèques à Saint-Denis	XIX	92
MADEMOISELLE, fille unique du premier mariage de Gaston, frère de Louis XIII. Sa mort. Ses donations libres et forcées. Connoissoit fort ses parents.	I	40
MADEMOISELLE, fille de Monsieur, frère de Louis XIV. Sa dot pour son mariage avec Léopold, dernier duc de Lorraine. . . .	II	134
MADEMOISELLE, fille de M. le duc d'Orléans, de-		

Mademoiselle.   Tomes. Pages.

    puis duchesse de Berry. Offre du Roi de la mener à Marly tous les voyages lorsqu'il y mena les filles de Madame la Duchesse. Cette offre n'est point acceptée, et pourquoi............ VII   401

— Elle est présentée en forme à Marly, après la déclaration de son mariage..... VII   462

Madrid. Éprouve, au même temps et moment, une funeste inondation et un incendie tout à la fois.............. XIX   155

Maffeï. Ses emplois. Son expédition des jésuites en Sicile. Son caractère..... X   326

Magalhaens, jésuite portugais. Sa prodigieuse impudence............... XIX   115

Magalotti. Sa fortune; sa mort; son caractère. IV   250

Magistrats. Leur multiplication. Multiplication des cours ou tribunaux de justice................ X   368

Magnac, lieutenant général, etc. Sa mort.... IX   189

Magny. Son insolence punie. Qui et quel il étoit. Ce qu'il devint........... XIV   332

— En fuite lorsque Cellamare fut arrêté. Sa charge d'introducteur des ambassadeurs donnée à vendre à Foucauld, conseiller d'État, son père....... XVI   144

Mahon (Port-). Repris pour Philippe V..... V   127

— Reperdu avec l'île de Minorque..... VI   49

Mahoni. Quel. Lieutenant général. Sa mort... X   131

Mail. Au Buen-Retiro............ XVIII   224

Maillebois. Demeuré en otage à Lille; s'en sauve................... VIII   226

— Maître de la garde-robe du Roi sans qu'il lui en coûte rien, et la Salle en tire le double............... IX   275

— Épouse une fille d'Alègre......... IX   417

— Obtient 400,000 livres de brevet de retenue sur sa charge de maître de la

Maillebois.	Tomes.	Pages.
garde-robe................	XIII	277
— Son extraction...............	XVI	300
— Obtient le gouvernement de Douai..		
— Et une lieutenance générale de Languedoc................		
MAILLOC. Épouse une sœur du duc d'Harcourt..	XVII	85
MAILLY. Comte et comtesse de...........	I	28
— Mort du comte de..............	II	190
— Comtesse de Mailly, dame d'atour de Mme la duchesse de Chartres à son mariage..	I	337
— Puis de Mme la duchesse de Bourgogne au sien................	I	336
— Se fait préférer comme dame d'atour aux dames titrées, dans les carrosses.	IV	15
— Abbé de Mailly, frère de son mari, fait archevêque d'Arles...........		
Est tancé pour son commerce à Rome.	IV	298
— Substitution et mort du marquis de Mailly, son père.............	V	421
— Grâces pécuniaires à sa nièce, Mlle de Mailly................	VI	229
— L'archevêque d'Arles transféré à l'archevêché de Reims............	VIII	99
— Garde-robe de la Dauphine ôtée, puis mal rendue, à la comtesse de Mailly..	IX	172
— Archevêque de Reims conçoit une étrange pensée du duc de Noailles, dont il n'est jamais revenu. Est fort mal avec les Noailles et pourquoi..........	IX	230
— Mort de sa mère et de son frère, évêque de Lavaur. Conduite de cette mère dans sa famille.............	IX	422
— Ambition et conduite de l'archevêque de Reims. Il est fait cardinal *motu proprio*.................	XVI	379
Sa haine pour le cardinal de Noailles, sa misérable cause..........	XVI	383

Mailly.

	Tomes.	Pages.
Ses étranges sentiments sur la Constitution fondés sur cette haine...	XVI	383
Comment transféré d'Arles à Reims. Sa conduite dans ce nouveau siége.	XVI	383
Velleron, enseigne des gardes du corps, lui est dépêché, avec défense de prendre aucune marque de cardinal, de sortir de son diocèse, et ordre de l'y faire retourner s'il l'en trouvoit sorti. Menaces.	XVI	386
Sa conduite. Il obéit.	XVI	392
Son ambition et sa foiblesse.	·XVI	395
Comment il obtint enfin de recevoir la calotte rouge des mains du Roi.	XVI	403
— Mailly, fils de sa sœur, aîné de la maison, épouse Mlle de Bournonville, sœur de la duchesse de Duras.	XVII	51
— Abbaye de Saint-Étienne de Caen donnée au cardinal de Mailly.	XVII	149
Sa mort. Sa conduite. Son caractère. Fut arrêté, partant pour se trouver au conclave, par la nécessité pressante d'une subite opération, qui rompit son voyage..	XVII	270

MAINE (Duc et duchesse du).
— Il épouse une fille de Monsieur le Prince. . . . . I 32
— Obtient, le rang intermédiaire. Est mené, par ordre du Roi, par Monsieur le Duc et M. le prince de Conti, chez tous les magistrats du Parlement, pour l'exécution de ce rang. Lui et le comte de Toulouse sont visités, comme les princes du sang, par les ambassadeurs en cérémonie. . . . . I 164
— Obtient, à la mort du maréchal d'Humières, la charge de grand maître de l'artillerie, et se démet de celle de gé-

Maine (Duc et duchesse du). | Tomes. | Pages.

— néral des galères. . . . . I 198
— Obtient, à sa réception de grand maître de l'artillerie en la chambre des comptes, une séance fort distinguée, par commandement du Roi. . . . . II 215
— Ruse pour être le premier des lieutenants généraux de l'armée de Flandres, où il sert. III 271
— Revient de l'armée à la manière des princes du sang, et y a les mêmes honneurs. . . . . III 276
— Son caractère. Caractère de son épouse. Conduite de l'un et de l'autre. . . . . V 222
— Ils perdent un fils de quatre ans et demi, dont, contre tout usage, le Roi fait prendre le deuil à la cour. . . . . . . VI 150
— Il obtient, sans formes, son même rang pour ses enfants. . . . . VII 309
— Scène très-singulière de la déclaration verbale du rang de ses enfants, l'après-soupé, dans le cabinet du Roi. . . . . VII 311
— Les deux frères bâtards comment ensemble. Triste accueil du public à ce rang. . . . . VII 313
— Repentir du Roi, prêt à révoquer ce rang. Étrange adresse à parer ce coup du duc du Maine et de Mme de Maintenon. VII 317
— Le duc du Maine obtient, pour ses deux fils, la survivance de ses deux charges, et, pour l'aîné, celle de son gouvernement de Languedoc. . . . . VII 320 et IX 276
— Quel, par ricochet, sur le mariage de M. le duc de Berry. . . . . VII 388
— Ses enfants admis, pour la première fois, à signer le contrat de mariage de M. le duc de Berry, et au festin des noces. VIII 26

Maine (Duc et duchesse du). Tomes. Pages.
— Ils assistent à la chapelle du Roi en princes de sang. .... VIII 229
— Duc du Maine quel sur la mort de Monseigneur. Est fort mal à Marly. .... VIII 400
— Ses dangereux manéges. Il projette le mariage de son fils aîné avec une sœur de Mme la duchesse de Berry... IX 65
— Fait donner au président de Mesmes la place de premier président. ...... IX 166
— Lui et Mme de Maintenon persuadent le Roi et le monde, à force des plus noirs artifices, que M. le duc d'Orléans a empoisonné Monsieur et Madame la Dauphine et les deux princes, leurs enfants. .... IX 252
— Obtient, pour ses deux fils, les appartements que M. et Mme la duchesse de Berry occupoient à Versailles...... IX 276
— Et le gouvernement de Guyenne pour son 2^d fils................ IX 399
— Hardie politique du duc et de la duchesse du Maine, à l'occasion de la publication de la paix à Paris....... X 3
— Quels à l'égard de la mort de M. le duc de Berry................ X 178
— Les deux frères bâtards et leur postérité rendus princes du sang en plein, et habiles à succéder à la couronne... X 213
— La nouvelle s'en publie à Marly; effet qu'elle y produit............ X 215
— Degrés rapides qui, du plus profond nonêtre, portent à l'habilité de succéder, par droit de naissance, à la couronne les enfants sortis du double adultère du Roi et de Mme de Montespan et leur postérité. .... X 218
— Enregistrement de l'édit des bâtards,

Maine (Duc et duchesse du).   Tomes. Pages.

- traités au Parlement en princes du sang habiles à succéder à la couronne, sans aucune différence.   X   242
— Routes profondes par lesquelles le duc du Maine parvient, pour lui, son frère et leur postérité, au titre, nom, rang, état et tous droits de princes du sang et à faire faire à son gré un testament au Roi.   X   248
— Inquiétude du duc du Maine; mot plaisant qui lui échappe là-dessus.   X   358
— Son noir et profond dessein.   X   359
— Il s'offre aux ducs, sur le bonnet, sans qu'il fût question de rien, ni qu'ils pussent s'y attendre, et, à force d'art et d'instances, les jette dans le danger du refus ou de l'acceptation. Il répond du Roi, du premier président, du Parlement. Ses offres sont enfin acceptées. Raison de cette acceptation forcée.   XI   2
— Il répond des princes du sang, spécialement de Madame la Princesse. Il exige un court mémoire au Roi; précautions extrêmes sur ce mémoire.   XI   5
Ses précédentes avances sur le bonnet à plusieurs ducs froidement reçues, de plus en plus redoublées jusqu'à l'engagement de l'affaire. Le Roi en parle le premier à d'Antin et favorablement. Échappatoire préparée. . . .   XI   8
— Le Roi cru de moitié avec le duc du Maine. Raison de ne le pas juger. Opinion du Roi du duc du Maine.   XI   28
— Profondeurs du duc du Maine.   XI   30
— Son double embarras avec le premier président et avec les ducs. Engage-

Maine (Duc et duchesse du). Tomes. Pages.

ment, et toujours malgré eux, à une conférence à Sceaux avec Mme la duchesse du Maine seule. . . . . XI 34
— Il introduit enfin Madame la Princesse comme opposante, dont il avoit spécialement répondu, ainsi que du premier président et du Parlement, et finit ainsi l'affaire du bonnet, comme il avoit projeté, en laissant l'affaire comme elle étoit auparavant et les ducs brouillés avec éclat avec le premier président et le Parlement, qui étoit le but qu'il s'étoit uniquement proposé. Évidence du jeu du duc du Maine. . . . . XI 43
— Folies et comédies de Mme la duchesse du Maine. . . . . IV 330
— Comédies à Sceaux, à Clagny. . . . . . V 134
— Refuse de signer, après Mlle de Bourbon, le contrat de mariage du fils de Chamillart avec la sœur du duc de Mortemart. . . . . V 396
— Son adroite prétention de précéder ses nièces comme tante. . . . . VII 292
— Prend enfin un brevet de conservation de rang et d'honneurs de princesse du sang fille. . . . . VII 300
— Bals, jeux, comédies, fêtes, nuits blanches à Sceaux. . . . . X 117
— Folies de Sceaux. . . . . X 358
— Conférences à Sceaux entre Mme la duchesse du Maine et les ducs de la Force et d'Aumont. Propositions énormes de la duchesse du Maine. . . XI 35
— Paroles monstrueuses de la duchesse du Maine, qui terminent la conférence. XI 4—
— Exactitude du récit de la conférence de Sceaux. XI 42

Maine (Duc et duchesse du).   Tomes. Pages.

— Réflexions sur le péril de former des monstres de grandeur. . . . . XI 49
— La gendarmerie mandée pour une revue, le Roi, sur ses fins et hors d'état de la voir, commet le duc du Maine pour la faire en son nom, en sa place, avec toute son autorité. . . . . XI 396
— État monstrueux du duc du Maine. . . . XI 405
— Époque de son union la plus intime avec Mme de Maintenon, qui a duré autant que leur vie. Crayon léger du duc du Maine. . . . . XII 114
— En la séance du matin au Parlement pour l'enregistrement de la régence, le duc du Maine dispute fortement sur le codicille du Roi contre M. le duc d'Orléans, d'abord en pleine séance publiquement, puis dans la prochaine chambre des enquêtes, où ils passèrent. XII 205
— Il ose à peine répondre à M. le duc d'Orléans, dans la séance de l'après-dîné, où le codicille fut entièrement abrogé. XII 211
— Il entre au conseil de guerre. . . . . . . XII 414
— Conduite du duc et de Mme la duchesse du Maine dans leur affreux projet. Causes et degrés de division et de confusion dont ils savent profiter pour former un parti. . . . . XIII 374
— Audacieuse visite de la duchesse du Maine à M. le duc d'Orléans. Fureur et menées du duc et de la duchesse du Maine. . . . . XV 346
— Mémoires de la dernière régence, devenus fort à la mode, tournent force têtes. . XV 348
— Frayeur du duc du Maine d'être arrêté par Contade. . . . . XV 470
— Il vient, en manteau, au conseil de ré-

Maine (Duc et duchesse du). — Tomes. Pages.

— gence tenu immédiatement avant le lit de justice des Tuileries.......... XVI 6
— Colloque entre lui et son frère à deux reprises ; puis tous deux sortent avant que le conseil commence......... XVI 9
— Ils voient le soir Mme la duchesse d'Orléans chez elle, qui arrivoit de Saint-Cloud................... XVI 74
— Après être demeurés quatre ou cinq jours à Paris chez le comte de Toulouse, le duc et la duchesse du Maine se retirent à Sceaux........... XVI 82
— Ils se trouvent des plus avant dans la conspiration de Cellamare, ambassadeur d'Espagne.............. XVI 149
— Eux et leurs affidés ont tout le temps, par la perfidie de l'abbé du Bois, de mettre tous leurs papiers à couvert.. XVI 153
— Le duc du Maine arrêté à Sceaux par la Billarderie l'aîné, lieutenant des gardes du corps, et conduit dans le château de Dourlens.......... XVI 154
— Mme la duchesse du Maine arrêtée à Paris par le duc d'Ancenis, capitaine des gardes du corps, et conduite au château de Dijon............... XVI 156
— Mlle du Maine est menée en l'abbaye de Maubuisson, puis rapprochée aux filles de Sainte-Marie de Chaillot, et ses frères exilés à Eu.......... XVI 158
— Conduite du duc et de la duchesse du Maine.................. XVI 173
— Trois crimes du duc du Maine à punir à la fois :
I. — L'attentat d'usurper l'habilité de succéder à la couronne......... XVI 223
II. — Les moyens pris pour soutenir

Maine (Duc et duchesse du).	Tomes.	Pages.
cette usurpation.	XVI	226
III. — Conspiration avec l'Espagne pour se rendre maître du royaume.	XVI	227
— Leurs plus confidents mis hors de la Bastille en pleine liberté.(*Voir* DU BOIS.)	XVI	253
— La duchesse du Maine à Châlon-sur-Saône, presque en pleine liberté.	XVI	267
— Elle et le duc du Maine fort relâchés. Aveux de la duchesse du Maine. Misérable comédie entre elle et son mari.	XVI	292
— Duchesse du Maine à Chamlay, où Madame la Princesse la va voir.	XVI	314
— Comédie poussée entre le duc et la duchesse, qui ne trompe personne.	XVI	425
— Duc du Maine et ses enfants rétablis dans le rang intermédiaire et à la cour.	XIX	102
— Forcément comblé de biens par Mademoiselle, prend anciennement sa livrée, qui étoit celle de Gaston, sous prétexte de reconnoissance, la transmet à sa postérité et la fait passer à son frère.	XIX	181
MAINTENON (Mme de). Deux conseils d'État tenus chez elle sur le testament du roi d'Espagne, mais où elle ne dit rien et où son avis ne fut point demandé.	II	385
— Sa curieuse visite à Madame à la mort de Monsieur	III	37
(*Voir* GRAMONT, t. IV, p. 90, HARCOURT, t. IV, p. 222, Grâces, t. IV, p. 372, CHAMILLART, t. VI, p. 421 et 454.)		
— Son ridicule sur Courcillon.	V	59
— Époque de son implacable haine et de celle de la princesse des Ursins pour M. le duc d'Orléans.	VI	45

Maintenon (Mme de). Tomes. Pages.
— Mécanique de chez Mme de Maintenon et de son appartement à Versailles. . . . VI 203
 (*Voir* Bissy, t. VII, p. 127, et Maine, t. VII, p. 317.)
— Son manége auprès du Roi. . . . . VII 243
— Elle refuse arrogamment à Monseigneur Mme de Caylus pour dame d'atour de Mme la duchesse de Berry. . . . . VIII 8
— Se trouve fort mal à son aise hors des maisons du Roi. . . . . VIII 236
— Quelle à l'égard de Monseigneur et de M. et de Mme la duchesse de Bourgogne. VIII 285
— Donne un singulier avis à Madame la Dauphine. . . . . VIII 299
— Est toute au Dauphin, point aux ministres. . . . . VIII 434
 (*Voir* Maine, t. IX, p. 253.)
— Quelle à l'égard du mariage, puis de la mort de M. le duc de Berry. VII 402 et X 178
— Ne s'est point consolée de la perte de la Dauphine. . . . . IX 203
— Mme Scarron. Ses premiers temps. . . . XII 91
— Elle élève en secret le duc du Maine et Madame la Duchesse. . . . . XII 95
— Reconnus et à la cour, demeure leur gouvernante. Le Roi ne la peut souffrir. Elle acquiert la terre de Maintenon et en prend le nom. . . . . XII 95
— Comment elle rapproche le Roi. Elle supplante Mme de Montespan, et le Roi l'épouse. . . . . XII 96
— Devient toute-puissante. Quitte les armes de son mari Scarron à l'exemple de Mme de Montespan et de Mme de Thianges. . . . . XII 99
— Caractère de Mme de Maintenon . . . . . XII 100
— Son goût de direction. Persécution du

| Maintenon (Mme de). | Tomes. | Pages. |

janséniste. Antérieure dissipation des saints et savants solitaires de Port-Royal... .... XII 103
— Établissement de Saint-Cyr. Vues de Mme de Maintenon. Elle manque une première et une deuxième fois la déclaration de son mariage........ XII 110
— Elle est faite 2de dame d'atour de Madame la dauphine Bavière. Elle l'entoure inutilement de personnes à elle. Malheurs et mort de cette dauphine.... XII 111
— Fénelon et Bossuet, archevêque de Cambray et évêque de Meaux, consultés et contraires à la déclaration de son mariage; le premier achève d'être perdu; raisons qui sauvent l'autre....... XII 113
— Mme de Montespan chassée pour toujours de la cour. Époque de l'intime union du duc du Maine et de Mme de Maintenon, qui a duré toute leur vie..... XII 113
— Mécanique, vie particulière, conduite de Mme de Maintenon.............. XII 116
— Son adresse et sa conduite pour gouverner.................. XII 122
— Elle voyage toujours à part et n'en est guère moins contrainte......... XII 131
— Son domestique. Nécessité de détails sur elle.................. XII 132
— Sa grandeur en particulier; son autorité particulière.............. XII 134
— Son adresse sur les affaires ecclésiastiques.................. XII 138
— Utilité dont lui est la constitution *Unigenitus*................. XII 145
— Se retire à Saint-Cyr à la mort du Roi, d'où elle n'est jamais sortie depuis.. XI 451
— Son état dans cette retraite........ XII 216

Maintenon (Mme de).

— Elle y est fort malade et à fort petit bruit. .... XIII 293
— Sa vie, sa conduite à Saint-Cyr, depuis la mort du Roi. Sa mort. .... XVI 241

Majorasques. Ce que c'est en Espagne. . . III 107
Majordome-major du roi et de la reine d'Espagne. .... II 467
Majordomes du roi et de la reine d'Espagne. .... II 469
Majorité du Roi. Lit de justice. .... XIX 94
Maison de la future duchesse de Bourgogne. . I 336
Maisons et apanage de M. et Mme la duchesse de Berry. .... VIII 158
Maisons du prince et de la princesse des Asturies lorsque j'étois en Espagne. . XVII 430
— Du roi et de la reine d'Espagne. . . . XVIII 134
— Chambre, écurie, chapelle, garde du roi. .... XVIII 135
— Chambre de la reine. .... XVIII 156
— Écurie de la reine. .... XVIII 157

Maison du financier Bourvalais dans la place de Vendôme, confisquée au Roi, avec ses autres biens, par la chambre de justice, donnée pour logement à Paris aux chanceliers de France, qui, jusqu'alors, demeuroient dans leurs maisons particulières. .... XIV 118

Maisons, président à mortier au parlement de Paris, père. Sa partialité pour M. de Luxembourg, dans son procès de préséance. .... I 312
— Sa mort. .... IV 251

Maisons, fils, aussi président à mortier, et sa femme. Leur famille; leur caractère; leur conduite; leur situation; leurs vues. .... X 208
— Embarras de Maisons. .... X 242

Maisons.	Tomes.	Pages.
— Son extraction; son personnage.....	XI	16
— Se trouve au dîner de d'Antin sur le bonnet. Sa conduite. Il se relie plus que jamais au duc du Maine dont il étoit mécontent................	XI	19
— Il mène Aligre, président à mortier, demander grâce au duc et à la duchesse du Maine, pour le Parlement, sur le bonnet.....................	XI	27
— S'initie par Canillac auprès de M. le duc d'Orléans, et s'y met à portée de tout, sans cesser d'être secrètement tout au duc du Maine, et circonvient tant qu'il peut ce qu'il sentoit qui auroit un principal crédit auprès de M. le duc d'Orléans devenu régent........	XI	236
— Fait au duc de Saint-Simon une proposition également énorme et folle, et ne se rebute point de la lui vouloir persuader et à M. le duc d'Orléans....	XI	366
— Réflexion sur le but de Maisons.....	XI	369
— Rare impiété de lui et de sa femme. Leur fin à tous deux et de leur famille.	XI	373
— Peu de jours avant sa mort et celle du Roi, le duc du Maine obtient sa charge et une pension de 6,000 livres pour son fils, fort jeune et fort riche, qui ne les garda pas longtemps..........		
Maîtres des requêtes. Qui rapportent debout au conseil privé ou des parties où le Roi n'est point, refusent de rapporter debout au conseil de régence s'ils n'y sont assis, ou si ceux de ce conseil qui ne sont pas ducs ou maréchaux de France ou conseillers d'État, n'y demeurent debout. A leur exemple, les conseillers au Parlement		

Maîtres des requêtes.

placés dans les autres conseils formèrent la même prétention. Le Régent souffre cet abus. Deux exemples, entre bien d'autres, de l'extrême inconvénient de ce défaut de rapports..... XII· 260
— La prétention cesse tout à coup avec la vie du chancelier Voysin, et sans plus de difficulté les maîtres des requêtes rapportent debout au conseil de régence.................. XII 263
— Leur belle prétention sur toutes les intendances des provinces, exclusivement de tout autre qu'eux.......

MALAUSE. Mariage de Mlle de Malause fait et conclu avec le fils de Pontchartrain, contrôleur général des finances et secrétaire d'État, rompu net par le Roi qui le défend. Cause de cette défense. I 400

MALAUSES. Quels................. I 401

MALEBRANCHE, P. de l'Oratoire. Quel. Sa mort. XVI 296

MALINES (Archevêque de), frère du prince de Chimay. L'Empereur lui impose silence sur la Constitution........ XVI 202
— Fait cardinal *proprio motu*. L'Empereur le trouve fort mauvais, et le fait venir de Rome à Vienne où il le tient longtemps fort mal à son aise, avant de le renvoyer à Malines. Il prend hardiment le nom de cardinal d'Alsace, à quoi son père ni aucun de sa maison n'a jamais pensé à Rome, et partout n'est connu que sous le nom de cardinal de Bossu............. XVI 372

MALO (Saint-). Bombardé sans dommage.... I 111

MALPLAQUET. Fautes et inutilité de cette bataille, dont la perte a de grandes suites. Artifices des colloques des ennemis avec

	Tomes.	Pages.
Malplaquet. des officiers généraux et particuliers de notre armée, la veille de la bataille.	VII	98
MALTE. Mort et successeur du grand maître. .	XVII	40
MANCERA (Marquis de). (*Voir* aux GRANDS D'ESPAGNE.) Son étrange régime. Quel étoit ce seigneur.	II	482
— Refuse de voir l'archiduc à Madrid et de le reconnoître, plus encore de lui prêter serment.	VIII	118
— Y est visité par Philippe V de retour à Madrid.	VIII	121
— Oubli de ce marquis, avec quelques éclaircissements.	XVIII	128
— Sa mort à 105 ans[1].	XI	85
Manége cruel sur les blés.	VI	311
— Imité plusieurs fois depuis. Étranges inventions perpétuées.	VI	317
— Manéges.	XII	141
MANNEVILLE (Mme de). Sa mort.	XIII	132
MANOEL, d'anciens bâtards des rois de Portugal. Élu grand maître de Malte à la mort de Zondodari.	XVIII	457
Manquement fatal de tout en Espagne.	V	194
— Et en Flandres.	VI	409
MANRIQUE DE LARA. Grandeur de cette maison.	XVIII	84
MANSART. Quel. Obtient 100,000 francs en don du Roi.	II	334
— Sa fortune; son caractère; sa mort.	V	459
— Son adresse.	XII	148
Manteaux et mantes. Supprimés avec les compliments et les harangues à la mort de M. le duc de Berry.	XVI	288
MANTOUE (Dernier duc de). Perd sa première femme, Gonzague aussi.	IV	36
— Vient incognito à Paris et à Versailles		

1. 107 ans dans les *Mémoires*.

Mantoue (Duc de).   Tomes.   Pages.

      voir le Roi, est défrayé et festoyé. . .   IV   95
— Intrigues pour le remarier. Il refuse Mlle d'Enghien, fille de Monsieur le Prince, est refusé par la duchesse de Lesdiguières, fille du maréchal duc de Duras. Raccroché par la duchesse douairière d'Elbœuf, elle lui fait épouser sa fille, presque malgré lui, contre la volonté expresse du Roi, d'une manière fort étrange, dans un cabaret à Nevers, et s'en va avec eux en Italie, où le mariage est publiquement réitéré et va fort mal.   IV   149
— Duc de Mantoue, subitement dépouillé sans être averti, se sauve à Venise. .   V   208
— Son épouse obtient de l'Empereur une pension de 60,000 livres, et se retire en Suisse, puis dans un couvent à Pont-à-Mousson.   V   231
— Mort du duc de Mantoue; deuil du Roi.   VI   43
— Sa veuve vient demeurer à Paris. Elle voit le Roi et Mme la duchesse de Bourgogne, qu'une seule fois et chez Mme de Maintenon par les derrières, et une seule fois Monseigneur, et en particulier à Meudon. Est réduite pour tout à l'état de simple particulière, après force prétentions et tentatives. . . .   VII   63
      Sa mort et son deuil.   VIII   165

Manufactures de Ségovie. Fort tombées.   XVIII   412
Marche en carrosse et en cérémonie du roi et de la reine d'Espagne.   XVII   399
Marche et disposition des armées.   IV   122
— Et des alliés.   IV   144
MARCIEU. Quel. (*Voir* ALBERONI).   XVI   410
MARCILLAC, étrange aventurier réfugié en Espagne.   IV   293

	Tomes.	Pages.
MARCILLY. Dégradé au conseil de guerre à Vienne, pour avoir rendu Brisach; retiré à Lyon.	IV	19
MARCK ROHAN CHABOT (Comtesse de la). Sa mort.	IV	362
— Comte de la Marck suit, de la part du Roi, l'électeur de Bavière à Namur; son caractère.	VIII	445
— Va, ambassadeur de France, auprès de Charles XII, roi de Suède, et se trouve à sa mort.	XIII	279
— Son retour.		
— Acquisition pécuniaire de Bouillon par MM. de la Marck.	V	86
— Folle déclaration de guerre à Charles V par le seigneur de Sedan de la maison de la Mark.	V	89
— La Marck Maulevrier et la Marck Mauny. (*Voir* BOUILLON, t. V, p. 93 et 95.)		
MARDICK. Son canal.	X	184
MARÉ (Mme de). Quelle. Sa famille. Refuse obstinément d'être dame d'atour de Mme la duchesse de Berry. Causes de son refus trop sensées. Son traitement. Tristes réflexions.	VIII	28
Maréchal ferrant de Salon en Provence. Son curieux et très-singulier voyage à la cour.	II	208
MARÉCHAL, premier chirurgien du Roi. Sa fortune; son caractère. Curieux fait d'un voyage qu'il fit à Port-Royal des Champs.	III	413
— Obtient la survivance de sa charge pour son fils. Alarme des survivanciers sur un mot du Roi à cette occasion.	V	47
— Son courage à parler au Roi sur les blés inutile.	VI	312
— Rend à M. le duc d'Orléans un service		

	Tomes.	Pages.
Maréchal. important et subit, et de lui-même. .	IX	252
Maréchal général des camps et armées de France. Origine de cette charge et ses foibles commencements. Époque et cause de sa grandeur subite.	V	103
Maréchal de France. Promotion de 7. (*Voir* Époque, t. I, p. 44 et 470; Ambassadeurs, t. II, p. 277.).	I	37
— Promotion de 10. (*Voir* Vendôme, Saint-Esprit, t. IV, p. 23 et 412; t. V, p. 452; t. IV, p. 206 : *voir* Berwick, t. VI, p. 124 : *voir* Ducs, t. X, p. 47.). . . .	III	371
Marescotti, cardinal. Quel il fut. Sa belle, sage et singulière retraite. Sa mort. .	XI	102
Marguillier : *voir* Guise.	X	408
Marillac. Épouse une sœur du duc de Beauvillier.	III	369
— Est tué.	IV	115
— Fortune de son père.	IV	115
Qui meurt doyen du conseil.	XVI	334
Marivaux. Sa naissance; son caractère; son état; sa mort.	VII	129
Marlaigne. Belle solitude de carmes près de Namur.	I	11
Marlborough (Duc de) et sa femme. Leur fortune.	III	275
— Est fait duc et général des armées d'Angleterre.	III	368
— En récompense d'Hochstedt, est fait prince de l'Empire et feld-maréchal des armées de l'Empereur.	IV	141
— Visite diverses cours d'Allemagne. . . .	IV	190
— Passe en Angleterre avec le maréchal de Tallart et les principaux prisonniers de la bataille d'Hochstedt.	IV	205
— Est grandement reçu en Angleterre. Tallard et les principaux prisonniers en-		

Marlborough (Duc de).	Tomes.	Pages.
voyés à Nottingham.	IV	218
— Reçoit une galanterie du Roi.	IV	451
— Grandeur de Marlborough.	V	118
— Tient publiquement un propos singulier, sur les rois Jacques II et III, à Biron, prisonnier du combat d'Audenarde.	VI	63
— Passe l'Escaut, sans opposition, en 1708.	VI	194
— Sa femme est disgraciée. Il est dépouillé de ses charges et emplois. Il veut sortir d'Angleterre.	IX	172
— Se retire en Allemagne. Quelle y étoit sa principauté de l'empire.	IX	377
— Retourne en Angleterre, sur l'extrémité de la reine Anne.	X	246
— Est pleinement rétabli en ses charges et emplois, et en premier crédit et autorité près du roi George Ier.	X	313
— Sa triste fin de vie; sa mort.	XVIII	456
Marly. Nul homme dans le pavillon du Roi, sinon fils ou petits-fils de France.	VII	404
— Tables supprimées. Le Roi dîne seul, soupe avec les dames, averties tour à tour. Force retranchements de dépenses à Marly.	VII	398
— En jeu et forme ordinaire très-promptement après la mort de Monsieur, de Monseigneur, de M. et Madame la Dauphine, de M. le duc de Berry.	VIII	440
— Sa prolongation singulière et sa cause.	VIII	441
Maro (Abbé del), ambassadeur du roi de Sicile en Espagne. Les ministres d'Angleterre et de Hollande à Madrid lui tiennent des propos conformes au système d'Alberoni, et lui font une proposition étrange; il élude d'y répondre, et fait une découverte importante.	XIV	48

Maro (Abbé del).

— Alarmé sur la cession de la Sicile, il élude de répondre aux propositions du ministre d'Hollande. . . . . XIV 52
— Sa capacité est odieuse à Alberoni, qui le décrie partout. . . . . XIV 217
— Sagacité del Maro. . . . . XIV 220
— Son sage avis au roi de Sicile. Inquiétude des ministres de ce prince à Madrid. . . . . XV 165
— Sagacité et vigilance del Maro. . . . . . XIV 460

Maroc (Ambassade de) à Paris. . . . . II 182
Mars (Saint-), gouverneur de la Bastille. Sa mort. . . . . VI 169
Marsaille (bataille de la). . . . . I 101
Marsan (Comte de), frère du grand écuyer. Épouse une Matignon, veuve, avec des enfants, de Seignelay, ministre et secrétaire d'État. . . . . I 289
— La perd. . . . . II 279
— Sa mort; son caractère. . . . . VI 172

Marsillac (Abbé de), frère du duc de la Rochefoucauld. Sa mort. . . . . II 39
Marsin (Marchin, qui par usage se prononce Marsin). Quel. Va ambassadeur en Espagne; accompagne le roi d'Espagne en Italie. . . . . III 55
— Est fait chevalier de l'ordre à son retour. III 368
— Obtient le gouvernement d'Aire à vendre. III 398
— Choisi pour accompagner particulièrement M{sr} le duc de Bourgogne sur le Rhin. . . . . III 411
— Passe en Bavière malgré lui. Y est, en arrivant, déclaré maréchal de France. IV 14
— Commande l'armée du Rhin. . . . . . IV 259
— Revient à la cour. . . . . IV 329
— Va, au refus de Villars, commander en

Marsin.

	Tomes.	Pages.
effet l'armée d'Italie, en apparence sous M. le duc d'Orléans mis entièrement sous sa tutelle............	V	1
— Empêche tout, refuse tout à M. le duc d'Orléans.................	V	17
— Dernier refus. Abattement étrange de Marchin sur le point de l'attaque des lignes de Turin par le prince Eugène.	V	23
— Il est battu, blessé, pris; meurt aussitôt après. Son extraction; son caractère.	V	30
MARTINEAU, jésuite, confesseur de Mgr le Dauphin. Retenu à sa mort pour l'être du Roi d'aujourd'hui, et mort avant qu'il fût en âge de se confesser........	IX	299
MARTINIQUE (La). Le gouverneur et l'intendant de cette île sont paquetés sans bruit, embarqués et renvoyés en France par les habitants.................	XIV	83
MARTON. Son rare baptême. Il a longtemps depuis eu un brevet de duc d'Estissac en épousant une fille du duc de la Rochefoucauld....................	XVI	250
MASSEI. Son extraction; sa fortune; son caractère.....................	XI	144
— Vient à Paris de la part du Pape. Devient nonce en France; à la fin cardinal. .	XVII	77
MASSERANO. Son extraction; sa fortune; son caractère : *voir* aux GRANDS D'ESPAGNE.	XVIII	55
MASSILLON, P. de l'Oratoire, grand prédicateur. Sacré évêque de Clermont devant le Roi, aux Tuileries.............	XVI	146
MATIGNON (Comte de)..............	I	180
(*Voir* BEUVRON et GACÉ, t. V, p. 452; t. VI, p. 125.)		
— Gagne un grand procès à Rouen contre un faussaire...............	III	72
— Son utile intimité avec Chamillart; sa		

Matignon.   Tomes. Pages.

 cause................ IV 12
— Est des prétendants à Neufchâtel. Y va.. V 282
— Prétend, de concert avec les Rohans, pour un mariage, à la dignité de duc d'Estouteville. Leurs mouvements sur l'édit de 1711................ VIII 390
— Leur douleur de sa publication..... VIII 394
— Perd un grand procès contre la duchesse de Luynes................ VIII 394
— Cède à son fils ses charges de Normandie en retenant le commandement.. IX 417
— Le marie à la fille aînée du prince de Monaco, moyennant de nouvelles lettres de duc et pair de Valentinois en faveur du mariage. Clauses et conditions étranges................ XI 121
— Achève ce mariage............ XII 344
— Perd son frère, évêque de Lisieux.... X 187
— Et sa femme héritière fille aînée de son frère aîné................ XVII 215

MAUBUISSON (Abbesse de), tante paternelle de Madame et de Madame la Princesse. Sa maison; sa famille; son caractère; sa mort................ VI 258

MAUBOURG. Épouse une fille du maréchal de Besons................ XII 421

MAULEVRIER ANDRAULT ou LANGERON (Abbé de). Refuse enfin un évêché. Sa famille; son caractère............ VIII 102
— Obtient, pour son neveu, la survivance inouïe de la charge d'aumônier du Roi, dont il étoit le plus ancien dès longtemps................ XIII 276
— Fait envoyer son autre neveu porter le cordon bleu à l'infant don Philippe, nouvellement né, et le fait demeurer en Espagne avec caractère d'envoyé

Maulevrier Androult ou Langeron (Abbé de). Tomes. Pages.

— du Roi. . . . . XVII 52
— Y obtient celui d'ambassadeur ordinaire pour le double mariage, par le consentement du duc de Saint-Simon, à qui le choix fut donné de le laisser avec le premier caractère ou de l'honorer de l'autre, quand ce duc y alla ambassadeur extraordinaire pour les mêmes mariages. . . . . XVII 162
— Sa basse et impertinente jalousie. . . . XVII 344
— Son ignorance ou sa bêtise de ne se point couvrir à sa première audience d'ambassadeur, qui fut celle où le duc de Saint-Simon fit la demande de l'infante pour le Roi. . . . . XVII 377
— Son habitude, plus qu'étrange, de montrer au ministre d'Espagne toutes les dépêches qu'il recevoit de la cour. . XVII 402
— Est nommé chevalier de la Toison d'or. XVIII 372
— Son caractère. . . . . XVIII 187
— Trait infâme à la signature du contrat de mariage du Roi, dont il essuya toute la honte. . . . . XVIII 188
— Ne se trouve point à la vélation du prince et de la princesse des Asturies; part ce même matin furtivement pour Madrid. En est fort blâmé. . . . . . . XVIII 265
— Essuie un fâcheux dégoût sur la Toison, qui rejaillit sans dessein sur la Fare. Maulevrier fort haï et parfaitement méprisé des Espagnols et de toute cette cour. . . . . XVIII 372
— Il reçoit enfin le collier de la Toison d'or, mais avec un dégoût insigne. . XVIII 420
— Revient à Paris. . . . . XIX 105

Maulevrier Colbert. Perd son frère aîné dans Namur. . . . . I 266

SAINT-SIMON XX. 22

Maulevrier Colbert.   Tomes. Pages.

— Perd sa mère. Mérite de cette dame . . . II   293
— Épouse une fille du maréchal de Tessé. Maulevrier et sa femme. IV   172
— Scènes hardies et diverses. IV   173
— Va fort singulièrement en Espagne avec le maréchal de Tessé. Passent exprès à Toulouse; y voient la princesse des Ursins. IV   175
— Conduite et faveur de Maulevrier à Madrid. IV   219
— Sa conduite; son ambition; son audace. Succès avortés. Rappelé subitement en France; arrive. IV   264
— Ses manéges; sa curieuse catastrophe. . IV   402
— Mort du chevalier, son frère. Leur famille. IX   90

MAUPEOU. Obtient la charge de président à mortier à la mort de Menars. Longtemps après devenu premier président. . . . XIII   366

MAUPERTUIS, capitaine de la première compagnie des mousquetaires. Sa fortune; son extraction; son caractère. I   4
— Se retire. XII   427
— Sa mort; sa dépouille. Abrégé de son caractère. XVII   237

MAURE (SAINTE-). Quel. VIII   410
— Devient premier écuyer de M. le duc de Berry. IX   188
— Conserve, après sa mort, ses livrées et ses voitures. XI   137

MAUREPAS. Presque enfant fait secrétaire d'État au lieu de Pontchartrain, son père, renvoyé. XII   346
— Épouse la fille de la Vrillière, son parent de même nom, secrétaire d'État. . . . XIV   358
— Accepte, de Montargis, la charge de greffier de l'ordre du Saint-Esprit. . . . XIX   219

MAZARIN, duchesse, nièce du cardinal. Sa

	Tomes.	Pages.

Mazarin.
 mort.................. II 214
— Mort de son mari. Anecdote sur sa famille et leur fortune........... IX 389
— Mort de leur fils.............
Méan, doyen de l'église de Liége, et son frère, très-opposés à la France; enlevés avec leurs papiers et enfermés à Namur.. III 198
Mécanique des après-soupers du Roi..... VII 297
— De l'appartement du Roi à Versailles.. XI 438
— De celui de Mme de Maintenon à Versailles.................. VI 203
— Journalier. Son importance....... XVIII 197
— Des comptes des diverses dépenses domestiques du Roi à passer à la chambre des comptes............... XIX 214
Mécontents d'Hongrie. Effroi qu'ils causent à l'Empereur........... IV 53
— Leurs progrès................ IV 66
— Leurs divers succès............ IV 189
— Perdent enfin les montagnes d'Hongrie. VI 175
— Se ruinent après la bataille d'Hochstedt. IX 413
Médailles de Louis XIV gravées en histoire métallique. Jalousie énorme sur Louis XIII............... III 248
Medavid (longtemps depuis maréchal de France.) Remporte une victoire importante en Italie sur le prince de Hesse, depuis roi de Suède; est fait chevalier de l'ordre avec d'autres récompenses... V 38
— Propose deux partis pour les troupes restées avec lui en Italie, tous deux bons, tous deux rejetés......... V 205
— Arrive à Marly. Sa récompense..... V 209
— Obtient de donner son gouvernement de Dunkerque à Grancey, son frère, et lui fait épouser sa fille......... X 129
— Obtient des grâces pécuniaires...... XIV 301

	Tomes.	Pages
Médecins. En Angleterre souvent nobles, quelquefois de qualité, et cadets des premières maisons.............	XIII	221
Médiannates et lansas. Ce que c'est en Espagne.................	XVIII	137
Medina Celi (Duc de). Arrrêté; conduit à Ségovie avec Flotte et Renaut; puis, avec Flotte, à Bayonne, où il mourut. Ses grands emplois...........	VIII	110
Voir aux Grands d'Espagne......	XVIII	24
Medina de Rioseco, duc de Castille : *voir* aux Grands d'Espagne...........	XVIII	31
Medina Sidonia (duc de)............	III	98
Voir aux Grands d'Espagne......	XVIII	31
— Ses fantaisies étranges..........	II	480
— Mort de son père et quel.........	X	112
Mégrin (Saint-). Quel il étoit...........	I	71
Mejorada, secrétaire de la dépêche universelle en la place de Rivas renvoyé......	IV	240
Mélac. Quel. Sa chétive récompense de sa belle défense de Landau. Son caractère. Sa fin...................	III	313
— Sa mort...................	IV	98
Melford, frère du duc de Perth et chevalier de la Jarretière. Secrétaire d'État de Jacques II à Saint-Germain. Suspect, exilé et privé de sa charge. Rappelé. Déclaré duc par Jacques II en mourant.	IV	249
— Mort du duc de Melford..........	X	131
Méliant. Quel. Marie sa fille unique au fils aîné d'Argenson, garde des sceaux. Obtient une pension de 6,000 livres. .	XVI	119
— Est fait conseiller d'État.........	XVII	213
Melphe (Prince de) : *voir* aux Grands d'Espagne.	XVIII	58
Melun (Mlle de). Son entreprise qui frise de près l'affront................	II	102
— Son neveu paternel comment et pourquoi		

Melun (Mlle de). Tomes. Pages.

   fait duc et pair. Quitte le nom de prince d'Espinoy, prend celui de duc de Melun. Est reçu au Parlement avec dispense et conditions. . . . . X 323
— Épouse une fille du duc d'Albret. . . . . XII 431
— La perd sans enfants. . . . . XIII 368

Mémoires. Où et comment ceux-ci ont commencé. . . . . I 2
— Causes de la sécheresse où ils vont tomber. . . . . XVI 404
— Mémoire publié du Dauphin après sa mort sur l'affaire du cardinal de Noailles. . . . . IX 299

Ménager. Quel. Va troisième ambassadeur plénipotentiaire traiter la paix à Gertruydemberg. . . . . VII 270
— Revient sans conclusion. . . . . VIII 48
— Va en même qualité la traiter à Utrecht. IX 128
— Il part. . . . . IX 171
— La paix signée, il revient. Son mérite. Il obtient une pension de 10,000 livres. X 42
— Sa mort. Son caractère. . . . . X 189

Menars, président à mortier. Sa famille; sa fortune; sa mort. . . . . XIV 371
Mendoze, grand inquisiteur d'Espagne. Exilé. . II 450
Menées domestiques en Italie. . . . . III 56
Menehould (Sainte-). Brûlé par accident. . . . . XVI 274
Menguy, conseiller clerc en la grand'chambre. Y fait, à haute voix, la lecture du codicille du Roi, en la séance du matin, pour l'enregistrement de la régence. XII 203
Menille, gentilhomme servant du Roi. À la Bastille. . . . . XVI 148
Menin et Ath. Manqués par les Albergotti, oncle et neveu. . . . . VI 159
— Entreprise sur Menin manquée. . . . . VIII 48
Mensonge d'une tapisserie du Roi réparé. . II 6

342   TABLE ALPHABÉTIQUE GÉNÉRALE

Mensonge.   Tomes. Pages.
— Mensonge en plein de Pont-à-Marck. . .   VI   134
— Mensonge en plein de Mons-en-Puelle. .   VI   135
— Mensonge en plein sur le P. Martineau.
   Mensonge en plein sur Nimègue et
   sur Landau............................... VI   145
Mer. Succès de mer....... I 99, 259, 330 et III   424
Mercy. Battu par le comte du Bourg en haute
   Alsace. Sa cassette prise. Cassette de
   Mercy................................   VII   89
— Pièce importante de cette cassette, pro-
   cédures, projet........................   VII   93
Mérinville, évêque de Chartres..........   VII   126
Mesgrigny, gouverneur de la citadelle de Tour-
   nay, qu'il avoit fortifiée. Ingénieur
   principal et lieutenant général assiégé
   avec Surville.........................   VII   1
— Mauvaise défense. Mesgrigny, en rendant
   la citadelle, passe aux ennemis, qui lui
   en conservent le gouvernement. . . .   VII   79
Mesmes, président à mortier. Obtient la charge
   de prévôt et maître des cérémonies de
   l'ordre du Saint-Esprit, sur la démission d'Avaux, son oncle..............   III   438
— Premier président par le duc du Maine.
   Son extraction; sa fortune; son caractère..................................   IX   166
— Obtient du Roi 25,000 livres de rente
   fort bizarres........................   X   130
— Mesmes, quel........................   X   422
— Dit, promet et fait merveilles aux ducs
   de Noailles et d'Aumont sur le bonnet;
   paroît tout changé à Marly..........   XI   6
— Il y reçoit la recommandation de M. le
   duc d'Orléans sur le bonnet et le mémoire des ducs, de la main du Roi, qui
   lui parle favorablement sur cette affaire................................   XI   10

Mesmes.	Tomes.	Pages.
— Il éclate, de propos délibéré, contre le mémoire, contre parole et vérité. Fait longtemps le malade. Est visité par les ducs de Noailles et d'Antin. Ose leur proposer un indigne équivalent du bonnet. Divers points discutés sans que les deux ducs eussent compté de parler de rien ; ils rejettent cette proposition indigne et tout équivalent du bonnet..................	XI	12
— Il manque très-malhonnêtement au dîner de d'Antin, uniquement donné pour lui sur cette affaire, auquel il avoit promis de se trouver (*voir* la page précédente).............	XI	20
— Délais sans fin de sa part. Est mandé à Marly et pressé par le Roi très-favorablement sur le bonnet. Il sort furieux d'avec le Roi. Impudence de ses plaintes et des propos qu'il fait semer. Causes de son dépit..........	XI	25
— Son embarras. Manéges qui font durer l'affaire...................	XI	31
— Ses noires impostures au Roi sur les ducs à qui le Roi les fait rendre aussitôt. Éclat sans mesure contre lui. Il se plaint au Roi du duc de Tresmes, dont il reçoit peu de contentement.....	XI	32
— Le duc du Maine fait en sorte que le bailli de Mesmes est nommé ambassadeur de Malte, qui ne remplace pas son prédécesseur.............	X	321
— Mesmes marie sa 2ᵈᵉ fille au fils d'Ambres. Succès du mariage de ses deux filles.	XI	149
— Sa pleine scélératesse. Piéges qu'il tend et quels; et que le duc de la Rochefoucauld évite avec noblesse........	XII	199

Mesmes.　　　　　　　　　　　　　　　　　　Tomes. Pages.
— Il obtient du Régent une étrange grâce
　　pécuniaire. . . . . , . . . XIII　276
— Démêlé ajusté entre lui et les enquêtes
　　pour le choix et le nombre des com-
　　missaires du Parlement quand il en
　　faut nommer. . . . . XIV　114
— Pernicieux manéges d'Effiat et de lui. . XIV　305
— Il propose au Parlement de désobéir et
　　tâche vainement de le détourner d'aller
　　aux Tuileries pour le lit de justice. . XVI　30
—. Sa remontrance envenimée en ce lit de
　　justice confondue. . . . . XVI　50
— Au sortir de ce lit de justice, il est mandé,
　　et fort cruellement traité, par la du-
　　chesse du Maine. . . . . XVI　83
— Disgression déplacée, mais fort curieuse,
　　sur le premier président de Mesmes. . XVII　4
— Son effronterie pendant le séjour du
　　Parlement à Pontoise. Il tire plus de
　　cent mille écus du Régent pour le
　　tromper, s'en moquer et se raccom-
　　moder, à ses dépens, avec le Parle-
　　ment, avec qui il étoit fort mal. . . . XVII　121
— Sa conduite. . . . . XVII　122
— Sa mort. . . . . XIX　151
Messages. Réception que le duc de Mont-
　　bazon, gouverneur de Paris, fit à un
　　valet de pied du Roi par lequel Sa
　　Majesté lui écrivit, et qu'elle se plaisoit
　　encore à raconter. . . . . IV　60
Mesures des alliés pour la défense de l'Alle-
　　magne. . . . . IV　119
Meuse Choiseul (Marquis de). Épouse Mlle de
　　Zurlaube. . . . . IX　398
— Obtient 80,000 livres. . . . . XVI　344
Muette (La). Maison dans le bois de Boulogne
　　des capitaineries des chasses, que

	Tomes.	Pages.

Muette (La).
    Mme la duchesse de Berry avoit achetée, donnée, après sa mort, au Roi pour l'amuser, et le gouvernement à Pezé. XVI 298
MÉZIÈRES. Quel. Épouse Mlle Ogthorp. Leur extraction; leur famille; leur caractère. V 148
— Mort de Mézières; sa dépouille; son caractère. . . . . XVII 238
MEZZABARBA. Envoyé à la Chine avec un titre de patriarche et le caractère de légat *a latere*, en revient à Rome, avec le jésuite Magalhaens et le corps du cardinal de Tournon. Succès de son voyage et de son retour. . . . . XIX 113
MICHEL (Duc de SAINT-) : *voir* les GRANDS D'ESPAGNE. . . . . XVIII 32
MIDDLETON, secrétaire d'État des rois Jacques II et III d'Angleterre à Saint-Germain. Se fait catholique. . . . . IV 249
— Middleton et sa femme. Leur état; leur fortune; leur caractère. . . . . V 409
— Middleton et Fourbin causes du retour de l'entreprise d'Écosse sans y avoir mis pied à terre; fort suspects. . . . . V 415
MILLAIN. Quel. . . . . XV 441
Milices. Levées. . . . . XVI 192
Millions (quatre). Payés en Bavière et trois à la Suède. . . . . XVI 344
MIMEUR. Quel. Son caractère; sa mort. . . . XVI 208
Mines. Inutilement cherchées aux Pyrénées. V 124
Ministres. Leurs élévations. . . . . I 401
— Mot sur eux du premier maréchal de Villeroy. . . . . IV 104
— Leurs enfants emblent toutes les secondes charges de la cour. . . . . . . VI 164
— Tous les ministres menacés. . . . . . . VII 45
— Ministres quels à l'égard de la mort de Monseigneur. . . . . VIII 412

Ministres. Tomes. Pages.
— Travaillent chez le Dauphin. . . . . . . VIII 436
— Singularité du Roi sur les ministres. . . IX 322
— Ils ne prêtent point serment pour la place de ministre d'État. . . . .
— Ministres étrangers saluent le Roi, sur la mort de Monseigneur, en manteau, à Versailles. Le Roi va de Marly, sans découcher, les recevoir et les harangues des compagnies. Il reçoit à Marly celle du clergé. . . . . VIII 309
— Ministres, quels à l'égard de M. le duc d'Orléans. . . . . XI 224
— Premiers ministres funestes aux États qu'ils gouvernent. . . . . XV 327
— Multiplicité des ministres de France à la fois à Madrid, publiquement suspecte et odieuse à la cour d'Espagne. . . . XVIII 299
— Charges de la cour depuis le milieu du règne de Louis XIV devenues la proie des enfants des ministres. . . . XIX 164
MIOSSENS (Mme de). Quelle. Sa mort. . . . . X 136
MIRAMION (Mme de). Quelle. Grande dévote. Sa mort. . . . . I 306
MIRANDA. Chaves duc de Peñaranda : *voir* aux GRANDS D'ESPAGNE. . . . . XVIII 96
MIREPOIX (Marquis de). Quel. Sa mort. . . . . . II 214
— Mort de sa femme, sans enfants, fille du duc de la Ferté. . . . . X 8
Misère de l'armée françoise en Flandres en 1709. . . . . VII 106
MISSISSIPI. Ses incroyables merveilles. . . . . . XVI 253
— Fureur du Mississipi et de la rue Quincampoix. . . . . XVI 345
— Il tourne les têtes. . . . . XVI 349
— Ses fruits plus qu'amers. . . . . XVII 67
MIRANDOLE (Duc de la). Son mariage fait avec la princesse de Parme, rompu par

Mirandole (Duc de la).   Tomes.   Pages.

— celui du roi d'Espagne. XVIII   32
— S'établit en Espagne où il est fait grand écuyer du roi. Éloigné, puis raccommodé. XII   344, 385 et XVIII   32
— A toujours conservé les honneurs et les appointements de grand écuyer, en cédant la charge au duc del Arco. . XVIII   10
— Une inondation subite noie son hôtel à Madrid; beaucoup de gens y périssent, la duchesse, sa femme, entre autres; il s'en sauve à grand'peine. . . XVIII   33
— Lui et la duchesse, sa femme, ont les fonctions les plus distinguées au baptême de l'infant don Philippe. XVIII   377

Miraval. Quel. Ambassadeur d'Espagne en Hollande. Rappelé et fait incontinent gouverneur du conseil de Castille. . . XII   384
— Son caractère. XVIII   161

Modène. Mort de la duchesse douairière et de la duchesse régnante. Son deuil. . . . VIII   133
— Duc de Modène n'ose donner sa fille au chevalier de Saint-Georges, pressé de tous côtés de se marier. XIV   254
— Fiançailles et mariage par procureur, qui fut M. le duc de Chartres, du fils aîné du duc de Modène avec Mlle de Valois fille du Régent. Départ et accompagnement de cette princesse. . . XVII   8

Molé, président à mortier. Sa mort. VI   222
— Digne souvenir du Roi des services de Molé premier président et garde des sceaux. VIII   444

Molez, duc sicilien. Sa vilaine défection à l'Empereur. III   410

Molinez, auditeur de Rote pour l'Espagne, chargé, un temps, des affaires de Philippe V à Rome. Doyen de la Rote. In-

Molinez. Tomes. Pages

    terdit par le Pape. . . . . IX 134
— Nommé par Philippe V grand inquisiteur d'Espagne. . . . . XIII 165
— Arrêté à Milan, contre la foi publique, retournant en Espagne avec tous passeports. XIV 69
— Transféré à grand'peine du château de Milan dans un collége de la ville qui répond de lui. . . . . XIV 174
— Il y meurt à la fin. . . . .
Molinisme. . . . . VII 133
Molinos, prêtre espagnol, grand directeur à Rome, docteur quiétiste fameux. Meurt dans les prisons de l'Inquisition, où il étoit depuis bien des années pour toujours. . . . . I 406
Monaco (Prince de). Obtient le rang de prince étranger par le mariage de son fils avec une fille du comte d'Armagnac, grand écuyer de France. . . . . I 291
— Brouillerie sur la signature entre lui et le grand écuyer, que le Roi accommode et que Monsieur rapatrie. Va ambassadeur à Rome. Ses prétentions sans succès. . . . . II 178
— Sa mort à Rome. . . . . II 427
— Mauvais ménage de son fils et de sa belle-fille. Le grand écuyer obtient, pour son gendre, des grâces très-insolites pour la transmission de son duché. . . . . X 62
— La princesse de Monaco rompt avec éclat le mariage du fils du comte de Roucy avec sa fille. Vient de Monaco à Paris et à la cour où elle reçoit peu d'agrément. . . . . X 64
— Abbé de Monaco obtient l'archevêché de

Monaco (Prince de). Tomes. Pages.
Besançon.. . . . . XIX 158
Monarchie françoise. Son origine et ses
 trois états. . . . . X 360
Monasterol, envoyé de Bavière en France.
 Épouse la veuve de Frottin, sieur de
 la Chétardie. . . . . V 420
— Fait assurer à cette femme une pension
 du Roi de 20,000 livres. . . . . X 4
— Sa catastrophe. . . . . XIV 376
Moncault. Quel. Sa mort. . . . . XIV 123
Mondejar (Marquis de) : *voir* aux Grands d'Es-
 pagne. . . . . XVIII 76
Monjeu (Mme de). Sa mort. Quels. . . . . XIV 210
Mons. Assiégé et pris par les ennemis. . . . . . VII 106
Monseigneur. Appellation tout court du Dau-
 phin fils unique de Louis XIV, qu'on
 ne sait comment introduite, sans
 exemple avant lui, sans suite après. . VI 358
— Part de Flandres avec le maréchal de
 Boufflers et une partie de l'armée que
 le Roi y commandoit en personne, et
 va joindre l'armée de M. le maréchal
 de Lorges sur le Rhin, dont il prend
 le commandement. . . . . I 82
— Revient à la cour. . . . . I 98
— Commande l'armée de Flandres, avec le
 maréchal de Luxembourg sous lui. . . I 189
— Le Roi lui paye ses dettes et ses bâtiments, et lui double ses mois. . . . . II 198
— Son logement à Fontainebleau. . . . . . II 237
— Opine fortement pour l'acceptation du
 testament du roi d'Espagne Char-
 les II. . . . . II 392
— A une indigestion violente et périlleuse. III 2
— Indifférent sur ce qui se passe à l'égard
 de Mgr le duc de Bourgogne pendant
 la campagne de 1708 en Flandres.

350 TABLE ALPHABÉTIQUE GÉNÉRALE

Monseigneur.   Tomes. Pages.

    Est entraîné pour toujours contre ce prince. (*Voir* CHAMILLART, t. VI, p. 142 et 416. . . . . VI 421
— L'est aussi fort violemment, pour toujours, contre M. le duc d'Orléans. . . . VII 37
— Teint à Chamillart les plus durs propos et achève de le perdre. . . . . VI 427
— Dit au Roi un mot hardi, en présence de Mme de Maintenon et de Mme la duchesse de Bourgogne, contre le mariage à faire de M. le duc de Berry avec une fille de M. le duc d'Orléans, et sort brusquement l'instant d'après. VII 396
— Ne consent à ce mariage que parce que le Roi l'y fait consentir. . . . . VII 444
    (*Voir* MAINTENON, t. VIII, p. 8.)
— La petite vérole lui prend à Meudon. Le Roi y va demeurer aussitôt. . . . . . VIII 233
— Contrastes dans Meudon; Versailles. Harangères vont à Meudon, y sont fort bien reçues. . . . . VIII 237
— Spectacle de Meudon. Extrémité. . . . . VIII 242
— Mort de Monseigneur. . . . . VIII 244
— Spectacle de Versailles. . . . . VIII 246
— Horreur de Meudon. . . . . VIII 259
— Caractère de Monseigneur. Problème s'il a épousé Mlle Choin. . . . . VIII 262
— Monseigneur sans agrément, sans liberté, sans crédit avec le Roi. . . . . . VIII 264
— Lui et Monsieur tous deux morts outrés contre le Roi, tous deux fort bien ensemble. Monseigneur peu à Versailles. Complaisant aux choses du sacre. Lui et Mme de Maintenon fort éloignés l'un de l'autre. Cour intime de Monseigneur. VIII 266
— Plus que sec avec Mgr et Mme la duchesse

Monseigneur.   Tomes. Pages.

de Bourgogne. Aimoit le roi d'Espagne et M. le duc de Berry, traitoit bien Mme la duchesse de Berry. Étoit favorable aux ducs contre les princes étrangers, quoiqu'en liaison intime, journelle, ancienne, avec Mlle de Lislebonne, chez qui il alloit seul prendre du chocolat presque tous les matins et avec la princesse d'Espinoy sa sœur. Étoit fort vrai; Mme Choin aussi. Opposition prétendue de Monseigneur à l'alliance du sang bâtard. Il étoit attaché à la mémoire et à la famille du feu duc de Montausier, qui avoit été son gouverneur, et à tout ce qui avoit tenu à lui. . . . . VIII 269

— Amours de Monseigneur. Ridicule aventure. Il n'aimoit point le duc du Maine, traitoit bien le comte de Toulouse. Cour plus ou moins particulière de Monseigneur. Ses aversions. . VIII 272

— Son éloignement de Mgr et de Mme la duchesse de Bourgogne. M. et Mme la duchesse de Berry bien avec lui. M. le duc d'Orléans mal jusqu'à l'indécence. Mme la duchesse d'Orléans indifféremment. Il n'apparentoit personne. . . . VIII 275

— Son affection pour le roi d'Espagne. Portrait raccourci de Monseigneur. Ses obsèques. . . . . VIII 282

— Deuil drapé de Monseigneur. . . . . . VIII 289

— Deuil singulier pour lui. . . . . VIII 302

— Sa mort fait un grand changement à la cour. Ses impressions différentes. . . VIII 399

— Services pour lui à Saint-Denis et à Notre-Dame. . . . . VIII 448

— Sa succession; manière dont elle fut

Monseigneur. Tomes. Pages.

— traitée; extrême indécence qui s'y commit à Marly. .... IX 48
— Ses pierreries. .... IX 49
— Bout de l'an de Monseigneur à Saint-Denis. .... IX 302
— Monseigneur et M. le duc d'Orléans morts au même âge. .... XIX 207

Monsieur, duc d'Orléans, frère unique de Louis XIV et père du Régent.
— Va commander sur les côtes en Normandie et en Bretagne. .... I 43
— Revient à la cour. .... I 98
— Tracasserie de Monsieur à Trianon avec les princesses. .... I 198
— Changements chez lui. .... I 211
— Est fort piqué du troc des gouvernements de Guyenne et de Bretagne; reçoit fort aigrement en public le comte de Toulouse là-dessus. ..... I 234
— De plus en plus blessé du refus du commandement d'armée pour M. son fils, ne s'en contraint pas avec le Roi. .. III 9
— Peines de Monsieur. Il a une forte prise avec le Roi. .... III 22
— Mort de Monsieur. .... III 26
— Spectacle de Saint-Cloud et de Marly. Diverses sortes d'afflictions et de sentiments. Caractère de Monsieur. ... III 29
— Trait de juste hauteur de Monsieur à Monsieur le Duc. .... III 36
— Façon de vivre ensemble du Roi et de Monsieur en public et en particulier. Sentiments de l'un pour l'autre. .... XII 176
— Obsèques et deuil drapé de Monsieur. . III 42

Mont (Du), écuyer confident de Monseigneur et gouverneur de Meudon. Sa famille; leur fortune. Caractère de du Mont. . IV 400

Mont (Du).   Tomes. Pages.

— Justement bien traité, à la mort de Monseigneur, et Casau son neveu...... VIII 288

MONTAL, chevalier de l'ordre. Quel. Sa mort. Son fils épouse la sœur de Villacerf.. IV 240

MONTAUBAN (Prince de), frère du prince de Guémené. Famille, état, caractère de sa femme............... IV 177

MONTBAZON (Duc de), père des précédents. Quel. Sa mort............. II 214

— Mort de la duchesse sa veuve; sa famille; son caractère........... IV 447

MONTBAZON (Prince de), fils du prince de Guémené. Épouse une fille du duc de Bouillon................. II 88

— Obtient une pension du Roi de 10,000 livres................... X 337

— Sa mort sans enfants.......... XIV 11

MONTBÉLIARD (Princesse de), à Fontainebleau.. II 237

MONTBÉLIARD (Bâtards de). Leur audace; leurs intrigues; leur impudence; leurs appuis. Ils veulent être les héritiers légitimes de leur père malgré l'Empereur, l'Empire, et toute notoriété, vérité, justice et raison; y sont infatigables et impudents sans mesures.. XVII 79

— Inceste énorme et hypocrisie de ces bâtards................... XIX 110

MONTBOISSIER. Épouse Mme de Maillé...... VIII 441

MONTBRON, chevalier de l'ordre, lieutenant général de Flandres, gouverneur de Cambray. Perd son fils unique..... I 31

— Son extraction; sa famille; sa fortune; sa mort; son caractère......... V 397

MONTCHEVREUIL (M. et Mme de). Leur état; leur fortune; leur faveur.......... I 34

— Mort de la femme,............ II 255

— Mort du mari............... IV 443

Montchevreuil.

— Sa sœur, abbesse de Saint-Antoine à Paris, meurt. Son abbaye donnée à la fille aînée de Madame la Duchesse, religieuse de Fontevrault......... XVIII 439

MONTALÈGRE (Marquis de) : *voir* aux GRANDS D'ESPAGNE................ XVIII 76

— Sommelier du corps de Philippe V, favori de Charles II. Sa fortune; son caractère..................... XI 113

— Sa mort et sa dépouille......... XVIII 440

MONTEIL. Dépêché à Versailles par les ducs de Vendôme et de Noailles......... VIII 114

MONTEILLANO (Duc et duchesse) : *voir* aux GRANDS D'ESPAGNE........... XVIII 33

— Le duc gouverneur du conseil de Castille, puis grand. La duchesse camarera mayor de la reine par intérim pendant l'exil de la princesse des Ursins, puis de la princesse des Asturies. Son caractère............... XVIII 34

MONTELEON (Duc de), PIGNATELLI, Napolitain. (*Voir* aux GRANDS D'ESPAGNE XVIII 34.) Donna le collier de la Toison d'or à Philippe V, à son arrivée à Madrid, comme en étant le plus ancien chevalier. Se retira tôt après à Naples, et y embrassa le parti de l'Empereur......... II 489

MONTELEON, Milanois, homme de' fortune attaché au prince de Vaudemont, totalement différent du précédent. Avoit été quelque temps, intriguant à Paris, ami du maréchal de Tessé, puis ambassadeur d'Espagne à Londres. Profite des avances de l'Angleterre à l'Espagne pour s'éclaircir sur la triple alliance par l'Angleterre avec l'Empereur et la Hollande........... XIII 23

Monteleon.   Tomes. Pages.
— Est dupe de Stanhope, et jouet d'Alberoni.   XIII   155
— Ruses avec lui à Londres.   XIV   152
— Son sentiment sur les Anglois. Sa situa-
    tion redevenue agréable avec eux. .   XIV   181
— Est leurré à Londres. Cherche à péné-
    trer et à se faire valoir.   XIV   225
— Ses manéges intéressés. Il compte sur
    Chavigny (Chavignard) amené à
    Londres par l'abbé du Bois; il en est
    trompé.   XIV   258
— Plainte de Monteleon sur l'escadre an-
    gloise; réponse honnête, mais claire,
    des Anglois.   XIV   264
— Sa conversation avec Stanhope, qui le
    veut tromper, puis éblouir, sur la des-
    tination de l'escadre angloise. Monte-
    leon tâche à prendre d'autres mesures
    pour arrêter l'effet de cet armement.
    Sa sagacité.   XIV   452
— Il fait, par ordres réitérés, les plus fortes
    déclarations à Londres sur la destina-
    tion de l'escadre.   XIV   459
— Son sage avis[1] à Alberoni sur la France.   XIV   462
— Caractère de Monteleon. Il reçoit des
    ordres réitérés de faire des menaces
    sur l'escadre; les communique à Stan-
    hope. Adresse de celui-ci pour l'a-
    muser; adresse de l'autre pour amener
    l'Espagne au traité.   XV   21
— Persuadé du danger pour l'Espagne de
    rompre, il n'oublie rien pour l'en dis-
    suader.   XV   23
— Mécompte de Monteleon.   XV   24
— Son adresse dans ses représentations à
    Alberoni, sous le nom de l'abbé du
    Bois, en faveur de la paix.   XV   33

1. Dans les *Mémoires* l'avis est donné par Cellamare.

Monteleon.

	Tomes.	Pages.
— Sage conduite de Monteleon.	XV	52
— Son sentiment; son erreur.	XV	59
— Sa sage conduite; son avis.	XV	61
— Son triste état.	XV	87
— Adresse de son avis à Alberoni.	XV	94
— Sage avis de Monteleon.	XV	95
— Il est de plus en plus mal en Espagne.	XV	119
— Monteleon intéressé avec les négociants anglois; ses bons avis lui tournent à mal en Espagne; il s'en plaint.	XV	151
— Il en vient enfin aux menaces à Londres.	XV	160
— Sa surveillance à Londres; sa conduite avec les Anglois.	XV	162
— Son avis peu uniforme, en Espagne, sur l'escadre angloise.	XV	183
— Sa conférence avec les ministres d'Angleterre sur les ordres de l'escadre angloise, qu'ils ne lui déguisent pas; ils résistent à toutes ses instances.	XV	187
— Sur la déclaration menaçante de l'amiral Bing à Cadix, Monteleon a ordre de déclarer la rupture artificieuse de l'Angleterre, et la révocation des grâces du commerce.	XV	244
— Infatuation de Monteleon sur l'Angleterre.	XV	261
— Sa conduite.	XV	286
MONTENDRE. Épouse Mlle de Jarnac; prend le nom de Jarnac.	VI	387
— Meurt sans enfants.	X	344
MONTEREY (Comte de). Quel.	II	487
— Se fait prêtre. Raison ordinaire de cette dévotion en Espagne. (*Voir* aux GRANDS D'ESPAGNE.)	IX	287
MONTESPAN (Mme de). Le Roi lui donne 100,000 livres pour aider son acquisition d'Oiron.	II	296

Montespan (Mme de).	Tomes.	Pages.
— Mort de M. de Montespan.	III	199
— Le Roi retranche une partie de la pension de Mme de Montespan.	V	114
— Sa retraite; sa pénitence; sa conduite; son caractère; sa mort.	V	259
— Sentiments sur sa mort des personnes intéressées.	V	265
Montesquiou (Maréchal de). Rare aventure de deux lettres de lui contradictoires, qui le brouille avec le maréchal de Villars, sous lequel il commandoit l'armée de Flandres. (*Voir* Villars, t. IX, p. 108.).	VIII	35
— Son secrétaire passe aux ennemis avec ses chiffres.	VIII	97
— Il forme le dessein et le plan de l'affaire de Denain. Voyant Villars ne pas goûter le projet, l'envoie au Roi, dont il reçoit ordre de l'exécuter seul, si Villars y résiste.	IX	325
— Prend après Marchiennes.	IX	327
— Demeure l'hiver à commander en Flandres.	IX	375
— Perd son fils unique.	XIV	84
— Va commander en Bretagne; incidents qui y arrivent.	XIV	301
— Rappelé de Bretagne.	XVII	62
— Entre au conseil de régence, devenu lors le vieux sérail, en trentième.	XVII	86
Montfort (Duc de), fils aîné du duc de Chevreuse. Épouse la fille de Dangeau.	I	178
— Obtient la compagnie des chevau-légers de la garde, sur la démission de son père.	III	199
— Est tué près de Landau.	IV	142
— Mort de la duchesse de Montfort.	XIV	399
Montgaillard, évêque de Saint-Pons. Quel. Sa mort.	X	6

	Tomes. Pages.

MONTGIVRAULT. Quel. Son état; son caractère; sa mort. . . . . V 471
MONTGON (Mme de). Quelle. Sa fortune. Comment dame du palais de Mme la duchesse de Bourgogne. . . . . I 351
— Sa mort. . . . . V 119
— Étrange aventure de son mari à Crémone. III 236
MONTI. Quel. Ami particulier du cardinal Albéroni, le va voir à Madrid. . . . . XIV 273
MONTIJO (Comte de). (*Voir* aux GRANDS D'ESPAGNE.). . . . . II 487
MONTMÉLIAN. Rendu par les ennemis. . . . . IV 331
MONTMOREL (Abbé). Quel. Sa mort. . . . . . . XVI 337
MONTPENSIER (Mlle de). Part de Paris, 18 novembre, pour Madrid, conduite par la duchesse de Duras. Son accompagnement. . . . . XVII 402
— Signature des articles de son mariage avec le prince des Asturies chez le chancelier de France. . . . . XVII 412
— Signature de son contrat de mariage chez le Roi. . . . . XVII 413
— Le Roi la visite et elle part. . . . . XVII 413
MONTPÉROUX, lieutenant général et mestre de camp général de la cavalerie. Sa mort. X 141
MONTREVEL (M. de). Fait maréchal de France. Son caractère. . . . . III 389
— Va commander en Languedoc. . . . . . III 398
— Puis en Guyenne, où la tête lui tourne, et se fait appeler Monseigneur en lui parlant. . . . . VI 362
— Veut faire sa cour à Louis XIV de faire élever sa statue dans Bordeaux. Échoue dans son dessein. . . . . . . XI 87
— Rappelé, à son regret, de Guyenne pour aller commander en Alsace. . . . . . XIII 44
— Meurt à Paris, sans aller en Alsace, de la

	Tomes.	Pages.
Montrevel. peur d'une salière renversée sur lui. .	XIII	134

MONTSOREAU. Obtient pour son fils, âgé de six ans, la survivance de sa charge de prévôt de l'hôtel du Roi, soi-disant grand prévôt de France.......... XVI 192

— Perd sa femme. . . . . XIX 166

MOREAU, premier valet de chambre de Mgr le duc de Bourgogne, fort au-dessus de son état. Son caractère; sa mort. . . V 362

MOREL (Abbé). Fort employé en choses secrètes. Son état; sa mort........... XVI 368

Moresse, fille de Sainte-Marie à Moret, près de Fontainebleau, fort énigmatique. . I 500

MORNAY, fils de Montchevreuil et gouverneur de Saint-Germain. Sa mort sans enfants. Sa dépouille........... XIV 292

— Abbé de Mornay, son frère. Quel. Ambassadeur en Portugal et pourquoi. . . . X 18
Rappelé et nommé en même temps à l'archevêché de Besançon. Devient aveugle; meurt en revenant. . . . . . XVII 238

MORSTEIN, grand trésorier de Pologne, mal dans son pays, s'établit en France. Y marie son fils à une fille du duc de Chevreuse, qui est tué dans Namur. Mort du père. I 266

MORTAGNE. Quel. Devient chevalier d'honneur de Madame. Épouse Mme de Quintin. . II 10

— La perd. . . . . IX 180

— Épouse une fille du prince de Guémené. XIII 288

— Mort de Mortagne. . . . . XVII 41

MORTEMART (Duc de). Épouse la fille du duc de Beauvillier................. IV 33

— Devient premier gentilhomme de la chambre du Roi et gouverneur du Havre-de-Grâce, sur la démission de son beau-père............... VII 278

— Sa perte singulière au jeu........ VIII 96

360 TABLE ALPHABÉTIQUE GÉNÉRALE

Mortemart. Tomes. Pages

— Son étrange procédé à l'occasion de la prétention de d'Antin à la dignité d'Espernon.................. VIII 186
— Apporte au Roi la nouvelle de l'assaut donné à Barcelone et de sa prochaine prise.................... X 314
— Sur une querelle de charge, étant d'année, qu'il a contre le maréchal de Villeroy qui gagne sa prétention comme gouverneur du Roi, il envoie, pour la deuxième fois différente, la démission de sa charge de premier gentilhomme de la chambre du Roi à M. le duc d'Orléans qui la veut accepter et en disposer. Un ami intime du feu duc de Beauvillier en détourne le Régent, et peu de jours après, de peur de pareille folie, obtient la survivance de la charge pour le fils, enfant, du duc de Mortemart................. XVI 94
— Il perd sa femme.............

Morville. Va ambassadeur en Hollande.... XIV 300
— Y est très-soumis aux Anglois...... XV 285
— Va d'Hollande au congrès de Cambray, 2ᵈ ambassadeur plénipotentiaire avec Saint-Contest, conseiller d'État... { XVII 162
{ XVII 213
— Obtient la survivance de la charge de secrétaire d'État d'Armenonville, son père, et les postes............ XVII 264

Mosarabique. Rit, office, messe, chapelle dans l'église de Tolède et dans cinq paroisses de la ville. Ce que c'est...... XVIII 347

Moselle. Orage sur cette rivière........ VI 31

Mothe (La). Sa famille. Sa protection. Son caractère. Chargé d'empêcher un grand convoi d'arriver aux ennemis devant

Mothe (La). | Tomes. | Pages.
Lille, il est battu par ce convoi à Winendal............. | VI | 156
— Il rend Gand aux ennemis et est exilé. | VI | 219
— Est rappelé et voit le Roi dans son cabinet................ | X | 87
— Est fait grand d'Espagne et comment. | XVIII | 456
— Son fils épouse Mlle de la Roche Courbon. | X | 197
— Mort, fortune, caractère de la maréchale de la Mothe et de son mari........ | VI | 222
Mouchy. Quel, et quelle celle qu'il épouse.... | IX | 397
— Caractère du mari et de la femme.... | XI | 204
— Est faite 2de dame d'atour de Mme la duchesse de Berry, ce qui cause des changements parmi ses dames..... | XIV | 121
— Son étrange conduite........... | XVI | 281
— Le mari et la femme chassés....... | XVI | 289
Moussy (Mme de), sœur du premier président d'Harlay. Son caractère. Extraction de son mari................ | VII | 130
Mouvements des armées de Flandres et du Rhin en 1704.............. | IV | 108
Murbach (Abbé de). Quel. Sa mort........ | XVI | 443
Murcé, lieutenant général. Quel. Prisonnier à la bataille de Turin, et mort de ses blessures. Fadaises de lui par rapport à Mme de Maintenon......... | V | 36
Murcie. Zèle des peuples d'Espagne pour Philippe V, et de Belluga, évêque de Murcie. (*Voir* Belluga, cardinal depuis.). | IV | 441

Dans la lettre M { Noms propres... 170
Autres...... 35
En tout 203

Nagera (Duc de) : *voir* aux Grands d'Espagne. XVIII 35
Namur. Assiégé par le Roi en personne..... I 6

Namur.   Tomes. Pages.
— Se rend...................   I   9
— Assiégé par le prince d'Orange......   I   260
— Se rend...................   I   266
Nancré. Tracasserie entre lui et Saint-Pierre
    pour la charge de capitaine des Suis-
    ses de M. le duc d'Orléans, que Nancré
    emporte..................   IV   239
— Il apporte au Roi le détail de la bataille
    de Turin.................   V   36
— Sa belle-mère, Mme de Nancré, mène en
    poste Mme d'Argenton voir M. le duc
    d'Orléans, blessé en Dauphiné. Éclat
    fâcheux de cette équipée........   V   40
— Nancré exclu par le Roi de suivre M. le
    duc d'Orléans en Espagne.......   V   399
— Nancré; son extraction; son caractère.. VII 242
— Le Régent l'envoie en Espagne. Inquié-
    tude sur lui..............   XIV 415
— Il échoue à Madrid. Concert entier entre
    lui et le colonel Stanhope, envoyé
    d'Angleterre à Madrid..........   XV   40
— Son retour; sa mort; son caractère...   XVI 274
Nangis. Sa famille. Épouse Mlle de la Hoguette. IV 55
— Nangis; quel, etc.............   IV 470
— Fait une belle action de guerre en 1708. VI   60
— Se distingue par faire, en combattant
    toujours, une belle retraite de plu-
    sieurs détachements rassemblés de
    l'armée de Flandres, en 1709......   VI 198
— Est dépêché au Roi après la bataille de
    Malplaquet................   VII 107
— Obtient le régiment du Roi d'infanterie. VIII 173
— Après la mort du Roi obtient de le ven-
    dre; entre en marché; change d'avis.   XII 267
— Le vend enfin...............   XVI 116
— Son caractère; sa fortune........   XVI 359
— Est fait chevalier d'honneur de la reine

Nangis.	Tomes.	Pages.
future.	XVI	362

NAPLES. Une révolte y est étouffée dès sa naissance. . . . . III 65
— Mouvements à Naples. . . . . III 193
— Une conspiration y est découverte. . . . III 291

NASSAU-SIEGEN. Un pauvre cadet de cette branche épouse la sœur du marquis de Nesle. VIII 205
— Fâcheux succès de ce mariage. Mme de Nassau est mise à la Bastille. . . . . . VI 133
— Est remise en liberté. . . . . XIII 58
— Mort et famille du prince de Nassau, stathouder héréditaire de Frise et Groningue. . . . . IX 87
— Mort, état et caractère du comte de Nassau Sarrebruck. . . . . IX 425

NATH (Baron Van der). En prison perpétuelle. XVI 182

NAVAILLES, maréchale, duchesse à brevet. Sa mort; sa fortune; sa famille; son caractère. . . . . II 289

NECTAIRE (Marquise de SAINT-). Sa famille; sa mort; son caractère; son testament. . X 322

NECTAIRE (SAINT-), lieutenant général. Quel. . . XV 344
— Ambassadeur en Angleterre. Rareté de son instruction, et de celles de tous les autres ministres de France au dehors. . . . . XVI 182

NEERWINDEN (Bataille de). . . . . I 87

NÉGOCIATION État de celle de Londres pour traiter la paix entre l'Empereur et le roi d'Espagne. . . . . XIV 407

NEGRONI. Nommé vice-légat d'Avignon et, contre la coutume établie, sans la participation de la France, à qui ce prélat est odieux. . . . . XIV 438

NEMOURS (Duchesse de). Va à Neuchâtel. . . . II 172
— Est exilée. . . . . II 284

Nemours (Duchesse de). Tomes. Pages.
— Rappelée. . . . . IV 55
— Ses procès et ses donations. . . . . . II 150
— Sa mort; sa famille; sa maison. Branche de Nemours de la maisnn de Savoie. . . . . V 276
— Caractère de la duchesse de Nemours. . V 279
NESLE (Marquis de). Épouse la fille du duc Mazarin. . . . . VI 298
— Quitte le service, en est puni. . . . . . . X 184
— Envoyé recevoir le Czar à la fontière. . XIV 21
— Obtient, par son oncle paternel cardinal de Mailly, archevêque de Reims, parole de porter la queue du manteau de l'ordre du Roi le lendemain de son sacre que le Roi seroit fait chevalier du Saint-Esprit, parole qui fut tenue et lui procura l'ordre avant l'âge. . . . XVII 271
NESMOND, évêque de Bayeux. Son caractère; sa mort. . . . . XI 139
— Orgueil rare de la veuve de son frère président à mortier; famille de cette ambitieuse dévote. . . . . I 307
— Nesmond, archevêque d'Alby, fait au Roi une hardie et admirable harangue à la clôture de l'assemblée extraordinaire du clergé peu de jours après la mort de Monseigneur. . . . . VIII 446
NEUCHÂTEL. Prétendants à Neuchâtel; droits des prétendants. Conduite de la France à l'égard de Neuchâtel. Est prétendu, puis obtenu par l'électeur de Brandebourg. . . . . V 282
— Est adjugé et livré à ce prince. . . . . V 286
NEUVILLE [1]. Alliance des Villeroy et des Harlay. . . . . XVII 213

(1) Voyez Villeroy.

	Tomes.	Pages.
Nevers, duc à brevet. Sa mort; sa conduite; sa famille; sa fortune; son caractère...	V	175
— Le Roi ôte à son fils la nomination de l'évêché de Bethléem à Clamecy, et se l'approprie................	X	116
— Mort de la duchesse, sa femme, Damas Thianges. Caractère de la duchesse de Nevers. Infructueuse malice de Monsieur le Prince............	XI	73
— Son fils épouse Mlle Spinola, qui le fait grand d'Espagne..........	XVIII	36
Il est après fait duc et pair......	XVIII	36
Nevet (Mme de), sœur du comte et du maréchal de Matignon. Sa mort........	II	215
Nicolaï. Obtient, pour son fils, la survivance de sa charge de premier président de la chambre des comptes...........	XIII	367
Nimègue (Canonnade de)............	III	276
Ninon, dite depuis Mlle de l'Enclos. Son étrange métier; ses singularités; sa mort...	IV	313
Noailles (Duc de). Est fait maréchal de France avec six autres.............	I	37
— Gagne, en Catalogne, la bataille du Ter; prend Palamos, Girone, Castel-Follit; est déclaré vice-roi de Catalogne....	I	187
— Horrible et hardie trahison qui conserve Barcelone à l'Espagne pour perdre le maréchal de Noailles..........	I	215
— Sa profonde adresse le remet mieux que jamais avec le Roi, en portant le duc de Vendôme à la tête des armées, et lui ne servant plus...........	I	247
— Fortune de son père...........	I	333
— Mort, charge, famille, vertu de sa mère.	I	422
— Mort du marquis de Noailles son frère..	I	326
— Accompagne les trois fils de France à la frontière d'Espagne, sans aucune au-		

Noailles.

torité ni fonction, en présence du duc de Beauvillier, fort incommodé, mais pour le suppléer au cas de maladie ou d'absence, ce qui arriva pendant le reste du voyage des deux princes, le duc de Beauvillier étant revenu, très-malade, de la frontière d'Espagne... II 399
— Meurt en spectacle à Versailles. Son caractère. Caractère, bon esprit, conduite de sa femme.............. VI 165
— Mort de leur 2ᵈ fils............... III 344

NOAILLES (Duc de). Encore comte d'Ayen épouse Mlle d'Aubigné, fille unique du seul frère de Mme de Maintenon, élevée chez elle comme sa fille et sa seule héritière. Grâces accordées en faisant le mariage................ II 37
— Il passe en Espagne avec Philippe V, qui lui donne la Toison d'or. . II 435 et III 261
— Prend, à son retour, le nom de duc de Noailles, par la cession de son père. . IV 61
— Va commander en Roussillon, son gouvernement, en survivance de son père. IV 327
— Ses petits exploits............... IV 393
— Est fait lieutenant général et commande en chef................... IV 439
— Revient à la cour................ IV 439
— Est fait premier capitaine des gardes du corps sur la démission de son père................... V 129
— Retourne en Roussillon........... V 136
— Politique des Noailles............. V 264
— Revient à la cour................ V 372
— Retourne en Roussillon........... V 450
— Revient à la cour................ VI 169
— Retourne en Roussillon........... VI 300
— Revient à la cour. Sa politique difficile à

Noailles.		Tomes.	Pages.
	ramener à M. le duc d'Orléans.	VII	241
—	Retourne en Roussillon.	VIII	32
—	Va joindre le duc de Vendôme à Bayonne et, avec lui, trouver la cour d'Espagne à Valladolid, après la bataille de Saragosse.	VIII	114
—	Revient à la cour. Retourne tout de suite en Roussillon. Son armée. . . .	VIII	120
—	Investit Girone.	VIII	131
—	Perd son frère.	VIII	133
—	Prend Girone. Est fait grand d'Espagne de la première classe, un peu hasardeusement; passe, avec son armée, en Espagne.	VIII	200
—	Demeure près du roi d'Espagne, lui et ses troupes, aux ordres du duc de Vendôme.	VIII	440
—	Revient par ordre du Roi; est très-mal reçu du Roi, de Mme de Maintenon, de Monseigneur et de Mme la duchesse de Bourgogne, avec tous lesquels il ne fut jamais bien remis.	IX	122
—	Cause de son retour et de sa secrète disgrâce.	IX	140
—	Son embarras et sa fâcheuse situation à la cour.	IX	144
—	Il se jette au duc de Saint-Simon et à Desmarets, il est brouillé avec M. et Mme la duchesse d'Orléans, et pourquoi. Caractère du duc de Noailles.	IX	146
—	Son embarras extrême à la mort de la Dauphine et du Dauphin. Il se dit en apoplexie et s'en va tout de suite à Vichy, où il demeure longtemps sous prétexte des eaux.	IX	265
—	Ne sert plus à la guerre.	X	72
—	Son caractère encore une fois.	XI	227

Noailles.

— La santé du Roi menaçant d'une fin prochaine, il est fort inquiet des desseins de M. le duc d'Orléans. . . . . . XI 231
— Se lie étroitement avec le président de Maisons. . . . . XI 232
— Et par lui avec Canillac. . . . . XI 233
— Sa liaison secrète avec Effiat; anciennement avec l'abbé du Bois. . . . . XI 237
— Raccroche Longepierre. . . . . XI 240
— Son agitation; desire ardemment les finances. . . . . XI 356
— Apprend enfin sa destination par le duc de Saint-Simon. Est bombardé par le même président du conseil des finances. . . . . XI 376
— Empêche les états généraux, trois jours avant la mort du Roi. . . . . XI 380
— Joie de Noailles. Ses bassesses au maréchal de Villeroy, qui les méprise sans que Noailles cesse de l'en accabler. . . . .
— Son ambition démesurée le trahit jusqu'à faire au duc de Saint-Simon la plus énorme et la plus extravagante proposition. . . . . XI 407
— Également inquiet de s'être découvert et piqué de n'avoir pas réussi dans sa proposition, conçoit, trame, exécute la plus noire et la plus profonde de toutes les scélératesses, par la plus inconcevable imposture et par la plus ingrate et la plus cruelle de toutes les perfidies, qui produit le plus terrible éclat entre le duc de Saint-Simon et lui quand la mine eut joué. . . . . XI 416
— Noailles et Canillac avocats des conseillers d'État contre les gens de qualité

Noailles.   Tomes. Pages.

— avec succès pour le rang dans les
conseils. . . . . XII 256
— Noailles, et Rouillé du Coudray, conseiller d'État, qu'il prend pour son conducteur, se rendent seuls maîtres du conseil des finances, qui prend forme. XII 271
— Menées du duc de Noailles pour diviser les ducs et faire tomber leurs poursuites contre les usurpations du Parlement à leur égard, en quoi enfin il réussit; trahisons de toutes espèces. XII 333
— Pour reconnoissance à Desmarets, seul ministre qui l'eût recueilli et servi depuis son retour d'Espagne, le poursuit dans sa disgrâce, et lui suscite, à visage découvert, une affaire cruelle à le faire pendre dont, à la fin, l'imposture est découverte. . . . . XII 251 et 400.
— Incapacité de Noailles surprenante en affaires. . . . . XIII 137
— Sa subite adresse à bombarder le procureur général Daguesseau chancelier. XIII 254
— Il se saisit de l'administration de Saint-Cyr. XIII 257
— Il vend le cardinal, son oncle, à sa fortune, et le trompe d'autant; courtise Effiat et les Rohans, qui le méprisent. . XIII 351
— Manque, avec toutes ses souplesses, le fils aîné du duc d'Albret pour sa fille aînée; prodigue tout, et les grâces énormes de M. le duc d'Orléans, au prince Charles, dernier fils du comte d'Armagnac et survivancier de sa charge de grand écuyer, pour l'épouser; éprouve tôt après un triste succès de ce mariage. . . . . XIII 371
— Ses motifs et ceux des bâtards, peut-être

Noailles. Tomes. Pages.

les mêmes, peut-être différents, pour faire, très-mal à propos alors, convoquer les états généraux, dont il avoit empêché l'assemblée, résolue à la mort du Roi, lorsqu'elle étoit si nécessaire et si utile. Le duc de Saint-Simon fait échouer ce projet. . . . . . XIII 397
— Noyé dans sa gestion des finances, il annonce un long mémoire sur les finances. . . . . XIV 3
— Le lit en plusieurs conseils de régence; quelle est cette pièce; il fait former un comité pour travailler dessus. . . . XIV 6
— Frappé de frayeur du Parlement sur sa gestion, il l'accable de bassesses et de valetages, et oblige M. le duc d'Orléans de permettre qu'en sa présence il rende compte de l'administration et de l'état des finances et des commissaires nommés par le Parlement pour cela, ce qui fut scandaleusement exécuté. . . . . XIV 115
— Ses manéges à l'égard de Law. . . . . . XIV 292
— Il obtient sur-le-champ de la mort de Mornay la capitainerie et le gouvernement de Saint-Germain. . . . . . . XIV 292
— Sourds préparatifs pour déposter Noailles et son ami le chancelier. . . . . XIV 296
— Le duc de Noailles se démet des finances et entre au conseil de régence. . . . XIV 319
— Le Régent lui donne aussitôt après, et sans qu'il le demandât, les survivances de sa charge et de ses gouvernements pour son fils, tout enfant. . . . . XIV 325
— Conduite du duc de Noailles lors de la découverte de la conspiration du duc et de la duchesse du Maine. . . . . . . XVI 176

Noailles.   Tomes. Pages

— Il s'accommode avec Bloin, pour son second fils, de la survivance de son emploi d'intendant des châteaux et parcs de Versailles, Trianon et Marly..... XVII 85
— Il est enfin exilé............ XVIII 451
— Rappelé à la mort du cardinal du Bois.. XIX 155

NOAILLES (Cardinal de). D'abbé est fait évêque de Cahors ; à peine sacré transféré à Châlons-sur-Marne, qu'il accepte difficilement............ XII 139
— Passe, malgré lui, à l'archevêché de Paris ; est en premier crédit....... I 280
— S'unit à Bossuet, évêque de Meaux, et à Godet, évêque de Chartres, contre la doctrine de Fénelon, archevêque de Cambray. Ils font tous trois des mandements théologiques, et la poursuivent à Rome, où Fénelon avoit porté l'affaire jusqu'à sa condamnation... I 407
— Il est fait commandeur de l'ordre du Saint-Esprit............... I 420
(*Voir* Cas de conscience, t. II, p. 170, et CHAPELLE, t. VIII, p. 42.)
— Il fait une belle, grande et prodigieuse action, et bien longtemps et tant qu'il put secrète au dehors......... II 443
— Il est fait cardinal à la nomination du Roi, et se trouve au conclave où Clément XI Albane fut élu pape...... II 330
— Devient président de l'assemblée du clergé. Il se dévoile........... II 341
(*Voir* Cardinaux, t. VI, p. 345, et t. IV, p. 300, et Constitution, t. VIII, p. 214 ; t. IX, p. 74, 160 et 162 ; t. X, p. 25, 89, 129 et 327.)
— Il a la fatale foiblesse de consentir à la destruction radicale de Port-Royal

Noailles.

	Tomes.	Pages.
des Champs et n'a plus de repos dans tout le reste de sa vie.	VII	144
— Il est fait proviseur de Sorbonne.	VII	283
— Interdit plusieurs jésuites, et voit le Roi et le Dauphin au retour de Fontainebleau. Intrigues contre lui pour allonger l'affaire de la Constitution sous prétexte de la finir et de lettres mendiées d'évêques au Roi.	IX	120
— Faute énorme du cardinal de Noailles par lenteur, piété et charité mal entendue de n'avoir pas profité sur-le-champ de la découverte du scélérat paquet de l'abbé de Saron, trésorier de la Sainte-Chapelle de Vincennes à Champigny. Son oncle évêque de Clermont.	IX	162
— Bientôt après interdit tous les jésuites et est exclu d'approcher de la cour.	X / XIII	22 / 112
— Projet avorté de l'enlever, l'envoyer à Rome, le déposer et le priver du chapeau.	XIII	92
— Innocence singulière de ses mœurs, de sa vie, de sa fortune, de sa conduite dans tous les temps et les événements.	XII	139
— Il est exclu de voir le Roi mourant, qui le demandoit, par la scélérate adresse des chefs de la Constitution.	XI	444
— Bombardé chef du conseil de conscience.	XII	226
— Bénit la chapelle des Tuileries.	VIII	42
— Par le même esprit de lenteur et de paix et de charité mal entendue, diffère trop à publier son appel de la Constitution, qui transpiroit.	XIV	198
— Il le publie enfin trop tard et un mandement admirable, dont il a, par les mê-		

	Tomes.	Pages.

mes motifs, la foiblesse de supprimer la seconde partie, et se démet en même temps de la présidence du conseil de conscience, lequel tombe incontinent après, et passe, sous une autre forme, entre les mains des chefs de la Constitution pour favoriser le chapeau de l'abbé du Bois............... XVI 103

Noailles (Abbé de), frère du maréchal et du cardinal. Fait évêque comte de Châlons lorsque son frère en fut transféré à Paris.................. I 281

— Mort de ce prélat............ XVII 132

Noailles (Bailly de), frère des précédents. Nommé ambassadeur de Malte.... III 430

— Sa mort................. IX 299

Noblesse. Formation d'un parti aveugle composé de toutes pièces sans aveu de personne, qui ose de soi-même usurper le nom de noblesse, comme s'il eût été le second ordre du royaume tout entier légitimement convoqué et assemblé................ XIII 376

— But et adresse des conducteurs, folie et stupidité des conduits........ XIII 379

— Menées de Vendôme, grand prieur de France, et de l'ambassadeur de Malte, frère du premier président de Mesmes, pour exciter tous les chevaliers.... XIII 380

— Ils reçoivent défenses du Régent de s'assembler, excepté pour les affaires intérieures de leur ordre uniquement... XIII 380

— Huit seigneurs veulent présenter, au nom de la prétendue noblesse, un mémoire contre les ducs au Régent; il refuse de le recevoir et les traite fort sèchement............... XIII 380

Noblesse.   Tomes. Pages.

— Courte dissertation de ces huit personnages................. XIII 381
— Embarras de la prétendue noblesse dans l'impossibilité de répondre sur l'absurdité de son état prétendu et de son projet................. XIII 384
— Différence diamétrale du but des assemblées de plusieurs seigneurs et gentilshommes en 1849, et de celui des assemblées de cette année 1717..... XIII 385
— Copie du traité original d'union et d'association de plusieurs de la noblesse en 1649, et des signatures........ XIII 387
— Éclaircissement sur les signatures.... XIII 387
— Requête des pairs de France au Roi, à même fin que de l'association de 1649, en même année.............. XIII 393
— Comparaison de ceux de la noblesse de 1649 avec ceux de 1717......... XIII 394
— Succès et fin des assemblées de 1649.. XIII 395
— Excès de la prétendue noblesse, trompée par confiance en ses appuis...... XIII 398
— Conduite et parfaite tranquillité des ducs................... XIII 398
— Arrêt du conseil de régence portant défense à tous nobles de signer leur mémoire ou requête prétendue, à peine de désobéissance............ XIII 400
— Requête de trente-neuf personnes se disant la noblesse, présentée par six d'entre eux au Parlement, pour faire renvoyer l'affaire des princes du sang et des bâtards aux états généraux du royaume................ XIII 415
— Disgression sur la fausseté d'un endroit des mémoires manuscrits de Dangeau, entre bien d'autres........ XIII 417

Noblesse. Tomes. Pages.
- Courte dissertation sur les porteurs de la requête au Parlement, et sur cette démarche. .... XIII 421
- Les six porteurs de la requête au Parlement de la prétendue noblesse arrêtés par des exempts des gardes du corps, et conduits à la Bastille et au donjon de Vincennes. .... XIII 422
- Libelle très-séditieux répandu sur les trois états. .... XIII 422
- Les six prisonniers très-honorablement remis en liberté au bout d'un mois; leur hauteur; misère du Régent. Il ôte néanmoins la pension et le logement qu'il donnoit au Palais-Royal au marquis de Châtillon, chevalier de l'ordre qui avoit été à Monsieur et à lui, lequel alla aussitôt s'enterrer pour toujours chez lui en Poitou. ...... XIII 424
- Conduite des ducs parmi ces mouvements, celle du duc de Saint-Simon en particulier. .... XIII 425

Nocé. Quel. Son état; son caractère. ...... XI 335
- Exilé. .... XVIII 443
- Rappelé à la mort du cardinal du Bois et bien dédommagé. ....·.. XIX 155

Nogaret (Mme de), sœur de Biron, dame du palais de Mme la duchesse de Bourgogne. I 347

Nogent (Chevalier de). Sa mort. Son extraction; son caractère. .... V 396

Nogent (Mme de), belle-sœur du précédent et sœur du duc de Lauzun. Sa mort. . . XVII 147
- Son caractère. Conserve toute sa vie son premier deuil de veuve, ainsi que la veuve de Vaubrun, frère de son mari, et depuis celle de Cavoye. .... XIX 180

Nointel, conseiller d'État. Sa mort. ...... XVI 162

	Tomes.	Pages.
NOIRMONSTIERS. Fait duc vérifié et son frère cardinal. Leur état; leur fortune; leur caractère; leur famille.	IV	278
NOIRMONSTIERS (Cardinal de), chargé des affaires de France à Rome.	IV	355
— Fait évêque de Bayeux.	XII	412
— Transféré à Cambray.	XIV	361
Noms singuliers de distinction comment venus, puis cessés, aux princes du sang. (*Voir* aux Princes du sang.).	VI	348
Nonces en France. Leur usurpation de recevoir la profession de foi des nommés aux abbayes et aux évêchés.		
— Leur fantaisie sur la main, cessée depuis.	IV	301
— Pourquoi, étant faits cardinaux, ils n'en reçoivent plus les marques qu'en rentrant en Italie.	XVI	381
NORD. Troubles du Nord.	II	415
— Raisons qui en terminent les longs troubles.	II	415
— Affaires du Nord.	XV	26
NORRIS, cardinal. Quel. Sa mort.	IV	69
NÔTRE (Le). Quel. Sa mort.	II	344
Nouvelles étrangères.	XIV	367
NOVION, premier président. S'attire un affront du duc de Coislin, à la thèse du 2ᵈ fils du duc de Bouillon, qui demeure en entier sur Novion.	III	309
— Le même Novion.	III	312
— Est chassé de sa charge pour ses friponneries; étoit jaloux de l'élévation des Gesvres.	X	420
— Lui, Harlay et Mesmes. Quels. Premiers présidents.	X	422
— Étant encore premier président, reçoit un affront du duc d'Aumont, tout proche du lit du Roi, le Roi y étant		

Novion. Tomes. Pages.

malade de sa grande opération, dont il ne fut rien.............. XI 34
— Ruse de Novion, son petit-fils, lors président, qui dévoile et dévoue le président de Maisons à leurs confrères.. XI 17
— Le même Novion fait premier président. Obtient force grâces de Monsieur le Duc et un rapé de l'ordre; sa prompte démission; son caractère; sa mort... XIX 216

NYERT, premier valet de chambre du Roi. Revient d'Espagne rendre compte sourdement au Roi du voyage et de l'arrivée du roi d'Espagne à Madrid..... III 11
— Sa fortune; son caractère; sa mort... XVI 271

Dans la lettre N { Noms propres... 37
{ Autres....... 17
En tout 54

O (M. et Mme d'). Leur extraction; leur mariage romanesque. Cause de leur fortune. Leur caractère............. I 347
— La femme faite dame du palais de Mme la duchesse de Bourgogne..... I 349
— Le mari menin de Mgr le duc de Bourgogne, toujours demeurant le maître chez le comte de Toulouse, dont il avoit été gouverneur......... II 251
— Brouillé avec Pontchartrain avec éclat.. IV 259
— Raccommodé avec lui et fait, sans servir, lieutenant général des armées navales. V 369
— Folle et démesurée ambition de M. et de Mme d'O................. VII 54
— Quels, par ricochet, sur le mariage de M. le duc de Berry........... VII 388
— D'O obtient 6,000 francs de pension du Roi.................... IX 139

O (M. et Mme d'). Tomes. Pages.

— Marie ses filles à d'Espinay et à Clermont d'Amboise.......... IV 240
— Et son fils à une fille de Lassay...... XI 87
Omission de quelques affaires peu importantes................ XVII 423
Obrecht, préteur de Strasbourg, qui soumit cette place au Roi. Va à Ratisbonne pour les affaires de Madame avec l'électeur palatin........... II 15
Officiers de la couronne........... X 391
Officiers des grands ordres n'en portent point les marques comme ceux du Saint-Esprit............... III 440
Olon (Saint-), gentilhomme ordinaire du Roi. Envoyé à Maroc et en divers lieux au dehors, employé aussi en diverses choses au dedans. Sa mort...... XVII 134
Olonne (Duc d'). Épouse Mlle de Barbezieux.. X 66
— La perd................. XIII 132
— Épouse la fille de Vertilly......... XIII 289
Olonne (Comtesse d'). Quelle. Sa maison; sa famille; sa mort; son caractère..... X 142
Oñate (Comte). *Voir* aux Grands d'Espagne.. XVIII 98
Ondes de la cour............... XI 355
Opinion prise du Pape à l'égard de l'Espagne. XIV 436
Oppède (Chevalier d'). Épouse secrètement Mme d'Argenton, et ne la rend pas heureuse. Mort de ce mari......... XIV 197
Oran. Pris par les Maures........... V 399
Orange (Princesse d'). Couronnée à Londres. Sa mort. Le Roi n'en prend point le deuil, et défend à ses parents de le porter................. I 231
Orcamp. Belle action des moines Bernardins de cette abbaye.............. XVI 301
Ordonnance du Roi étrange........ XVII 116
Origine de l'ordre des religieuses du Calvaire. V 280

	Tomes.	Pages.

Origine de l'ordre des religieuses du Calvaire.
(*Voir* sur ce mot Origine les t. I, p. 48, 73, 113, 421; t. II, p. 275, 279; t. III, p. 444, 447; t. IV, p. 12, 394; t. V, p. 34, 181, 187, 192, 280, 352; t. X, p. 360, 368, 370, 394, 396, 399, 402 et 460.)

Orléans (Duc d'), fils unique de Monsieur frère de Louis XIV; d'abord duc de Chartres; à la mort de Monsieur, duc d'Orléans; à la mort du Roi, régent du royaume pendant la minorité de Louis XV.

— Marié à la seconde fille du Roi et de Mme de Montespan; intrigues et scènes de ce mariage; honte de Monsieur; désespoir tout public de Madame; embarras de M. le duc de Chartres; stupeur de la cour; rage de Madame la Duchesse, sœur aînée de la mariée; noces royales. . . . . I 17

— M. le duc de Chartres sert volontaire; commande après la cavalerie en Flandres, et s'y distingue singulièrement en toutes les actions et batailles depuis le siège de Mons, qui fut sa première sortie, jusqu'à ce que le Roi ne voulut plus qu'il servît parce qu'il ne vouloit point lui donner le commandement d'une armée. . . . . . I 87, 91 et 432
(*Voir* sur cela l'article de Monsieur.)

— Jalousie de Monsieur le Duc et de M. le prince de Conti, qui a duré autant que leurs vies. . . . . III 41

— Le Roi, non content d'avoir donné à Mme la duchesse de Chartres un chevalier d'honneur, un premier écuyer et une dame d'atour contre tout exem-

Orléans (Duc d').   Tomes. Pages.

  ple et usage, donne [au duc de Chartres], à la mort de Monsieur, contre tout exemple ou usage, les mêmes premiers officiers, gardes et suisses qu'avoit Monsieur et, comme à lui, un chancelier, un procureur général pour soutenir en son nom les procès du prince, la nomination des bénéfices de son apanage, comme les avoit Monsieur, ses compagnies de gendarmerie et ses régiments de cavalerie et d'infanterie, et plus d'un million en pensions. III   40

— Le roi d'Espagne lui envoie le collier de la Toison, qu'il reçoit, avec M. le duc de Berry, de la main du Roi. Raison de le desirer. III   54

— Le roi d'Espagne le rétablit dans l'ordre de la succession à la couronne d'Espagne comme petit-fils de Louis XIII et d'Anne d'Autriche, fille de Philippe III et sœur de Philippe IV, rois d'Espagne, le roi Charles II, fils de Philippe IV, n'en ayant point fait mention dans son testament. L'abbé du Bois pour cela en Espagne. Mot salé de M. le duc d'Orléans sur Tallart. . . . . III 370

— Il fait légitimer le fils qu'il avoit de Mlle de Sery, lui donne, à elle, la terre d'Argenton, obtient des lettres patentes enregistrées, qui, bien que non mariée, lui permettent de se faire appeler Mme la comtesse d'Argenton. . IV 458

— Il va commander l'armée d'Italie, avec le maréchal de Marsin sous lui, au refus du maréchal de Villars, mais à condition que Marsin seroit totalement le

Orléans (Duc d').   Tomes. Pages.

	Tomes.	Pages.
maître de tout, et que le prince ne feroit pas la moindre chose que ce que le maréchal jugeroit à propos. Il visite, en passant, les travaux du siége de Turin, et en est peu content.	V	1
— Il joint le duc de Vendôme, dont il ne peut tirer lumière ni instruction de quoi que ce soit et qui part dès le lendemain pour la cour et pour commander l'armée de Flandres en la place du maréchal de Villeroy.	V	5
— Marsin s'opiniâtre à empêcher M. le duc d'Orléans d'arrêter le prince Eugène au passage du Taner. Chiffres étranges. Il arrive avec son armée à Turin. Mauvais état du siége et des lignes. Marsin se butte à l'empêcher de disputer le passage de la Doire, puis enfin de sortir des lignes et d'y combattre le prince Eugène.	V	17
— Conseil de guerre déplorable. M. le duc d'Orléans cesse de se mêler de rien, même de donner l'ordre. Cause secrète de ces contrastes. Dernier refus de Marsin. M. le duc d'Orléans, à la prière des soldats, reprend le commandement sur le point de la bataille.	V	21

(*Voir* t. V, p. 21, 27, 31, 35, et l'article de la FEUILLADE.)

— Bataille de Turin. M. le duc d'Orléans fort blessé au poignet. Il veut faire retirer l'armée en Italie. Frémissement des officiers généraux qui, par leurs ruses, leur audace, leur désobéissance, le forcent enfin à la retraite en France. Motifs d'une si étrange con-

Orléans (Duc d').   Tomes.   Pages.

       'duite. V   24
— Désordre de la retraite sans aucuns ennemis ; la nouvelle de la bataille portée au Roi. Chaîne des causes du désastre devant Turin et de ses suites. .   V   27
— Origine de l'amitié de M. le duc d'Orléans pour Besons, depuis maréchal de France, lors sur les côtes de Normandie. M. le duc d'Orléans le demande au Roi, qui le lui envoie. . . .   V   34
— On ne peut plus repasser en Italie, qui se perd. M. le duc d'Orléans arrive à Versailles. Ce qu'il pense de la Feuillade et des officiers généraux.   V   41
— Il va commander l'armée en Espagne où le duc de Berwick l'attend pour la commander sous lui, mais sans tutelle et à ses ordres.   V   135
— M. le duc d'Orléans a un fauteuil chez la reine douairière d'Espagne à Bayonne, et le traitement d'infant d'Espagne à Madrid.   V   181
— Origine des fauteuils en Espagne pour les infants et pour les cardinaux. . . .   V   181
— Étranges abus nés des fauteuils de Bayonne donnés à M. le duc d'Orléans et depuis à Mlle de Beaujolois, sa fille..   V   184
— Il arrive à l'armée le lendemain de la bataille d'Almanza. Origine de l'estime et de l'amitié de M. le duc d'Orléans pour le maréchal duc de Berwick. Leurs différents caractères militaires. (*Voir* t. V, p. 192, 196, BERWICK et LERIDA.)   V   192
— Revenu, pour peu de temps, à la cour ; retourne en Espagne.   V   398
— Haine de Monsieur le Duc et de Madame

Orléans (Duc d')..   Tomes. Pages.

    la Duchesse pour M. le duc d'Orléans; sa cause. Époque de la haine implacable de la princesse des Ursins et de Mᵐᵉ de Maintenon pour M. le duc d'Orléans.   VI   44
— Convenances de liaisons entre Mᵐᵉ la duchesse de Bourgogne et Mᵐᵉ la duchesse d'Orléans.   VI   109
— Retour de M. le duc d'Orléans à la cour.   VI   189
— Affaire d'Espagne de M. le duc d'Orléans.   VII   20
— Flotte et Renaut arrêtés en Espagne. .   VII   28
— Déchaînement contre M. le Duc d'Orléans.   VII   32
— Villaroël et Manriquez, lieutenants généraux arrêtés en Espagne. Terrible orage contre M. le duc d'Orléans, à qui on veut faire juridiquement le procès. (*Voir* que tout tombe là-dessus, et comment, à SAINT-SIMON. t. VII, p. 41.)   VII   36
— Triste état de M. le duc d'Orléans après l'avortement de l'orage.   VII   43
— Sa fâcheuse situation.   VII   154
— Il se détermine à rompre avec Mᵐᵉ d'Argenton, pour se raccommoder avec le Roi. Il fait demander à Mᵐᵉ de Maintenon à la voir; il la voit.   VII   205
    (*Voir* SAINT-SIMON, t. VII, p. 160, 161, 174, 190 et 209.)
— Il rompt avec Mᵐᵉ d'Argenton.   VII   208
— Dons qu'il lui fait.   VII   216
— Mesures pour apprendre à Mᵐᵉ d'Argenton la rupture avec elle.   VII   221
— Elle apprend que M. le duc d'Orléans la quitte.   VII   233
— Vacarme à la cour et dans le monde sur cette rupture. Joie du Roi là-dessus.

Orléans (Duc d'). . Tomes. Pages

— M. le duc d'Orléans se rétablit avec lui, non avec Monseigneur. . . . . VII 235
— M. et Mme la duchesse d'Orléans à l'égard du mariage de Mademoiselle, leur fille, avec M. le duc de Berry. . . . . VII 383
(*Voir* Monseigneur, t. VII, p. 396. Berry et Mademoiselle, t. VII, p. 401.)
— Timidité de M. le duc d'Orléans qui ne peut se résoudre à parler au Roi du mariage et qui se détermine à grand-peine à lui écrire. . . . . VII 403
— Sa lettre au Roi sur le mariage. . . . . . VII 405
— Courte analyse de la lettre, petits changements qu'on y fait, et pourquoi. . . VII 408
— Difficultés pour rendre la lettre au Roi; timidité de M. le duc d'Orléans, qui enfin la lui rend. . . . . VII 410
— Succès de la lettre. . . . . VII 413
— Situation personnelle de Mme la duchesse d'Orléans avec Monseigneur guère meilleure que celle de M. le duc d'Orléans. . . . . VII 424
— Projet d'approcher M. et Mme la duchesse d'Orléans de Mlle Choin. . . . . VII 427
— Le Roi résoud le mariage. Contre-temps de Mme la duchesse d'Orléans adroitement réparé. . . . . VII 435
— M. et Mme la duchesse d'Orléans entièrement éconduits de tout commerce avec Mlle Choin. Conférence à Saint-Cloud. . . . . VII 438
— Horreur semée de M. le duc d'Orléans et de Mlle sa fille. . . . . VII 442
— Le Roi fait consentir Monseigneur au mariage. Madame la Duchesse et tous les siens en grand émoi. Déclaration du mariage. . . . . VII 445

Orléans (Duc d'). | Tomes. | Pages.

— M. et Mme la duchesse d'Orléans fort bien reçus de Monseigneur, fort mal de Madame la Duchesse. . . . . VII 450
— M. le duc d'Orléans mortifié par l'Espagne. . . . . VIII 23
— Mouvements sur porter la queue de la mante aux fiançailles. Facilité de M. le duc d'Orléans. . . . . VIII 24
— Ses plus que surprenantes larmes à la mort de Monseigneur. . . . . VIII 247
— Dégoûts du Roi de M. le duc d'Orléans. IX 65
— Éclat entre Mme la duchesse d'Orléans et Mme la duchesse de Berry pour des perles et pour de la Vienne, femme de chambre de Mme la duchesse de Berry, qui est chassée. . . . . IX 173
— M. le duc d'Orléans unique, donne de l'eau bénite au corps de Mgr le Dauphin. . . . . IX 234
— Passe pour avoir empoisonné M. et Mme la Dauphine et les princes leurs enfants. . . . . IX 252
— Crayon de M. le duc d'Orléans ; son intérêt. . . . . IX 257
— Éclats populaires contre lui. . . . . . IX 263
— Cri général contre lui. Conduite de la cour à son égard. Il se précipite à suivre un pernicieux et traître conseil. IX 264
— Conduite qu'il devoit tenir. . . . . . . IX 268
— Il est totalement déserté et seul au milieu de la cour. Cris et bruits contre lui excités avec grand art et entretenus toujours avec grand soin. . . . . . . IX 272
— Renouvellement d'horreurs contre lui à l'occasion du cordelier pris et amené par Chalais. . . . . IX 309
— M. et Mme la duchesse d'Orléans fort

Orléans (Duc d').

	Tomes.	Pages
touchés de la perte de M. le duc de Berry ; raisons particulières de M. le duc d'Orléans.	X	177
(*Voir* BERRY, t. IX, p 453 et 465; le Roi, t. X, p. 339.)		
— Conduite de M. le duc d'Orléans sur le testament du Roi.	X	270
— Il se trouve assez mal à Marly.	X	338
— Apophthegme du Roi sur lui.	X	341
— Le roi d'Espagne se réconcilie de lui-même avec M. le duc d'Orléans, et met en conséquence Flotte et Renaut en liberté.	XI	110
— Première partie du caractère de M. le duc d'Orléans.	XI	165
— Débonnaireté, et son histoire.	XI	169
— Malheur de son éducation et de sa jeunesse.	XI	172
— Seconde partie du caractère de M. le duc d'Orléans.	XI	178
— Il est excellemment peint par Madame.	XI	180
— Quel il étoit sur la religion.	XI	185
— Ses embarras domestiques.	XI	207
— Quels à son égard les maréchaux de Villeroy et Tallart, le prince et le cardinal de Rohan, Vaudemont et ses nièces, la duchesse de Ventadour.	XI	221
— Harcourt, Tresmes, le duc de Villeroy, Liancourt, les ducs de la Rochefoucauld, Charost, Antin, Guiche, Aumont, l'évêque de Metz, le premier écuyer, le maréchal d'Huxelles, le maréchal et l'abbé d'Estrées, les ministres et secrétaires d'État, le P. Tellier.	XI	223
— M. le duc d'Orléans ne peut se résoudre à ne point passer par le Parlement pour sa régence et se dégoûte du pro-		

Orléans (Duc d'). | | Tomes. | Pages.
jet d'assembler les états généraux... | XI | 380
— Solitude totale chez M. le duc d'Orléans, sur un rayon de mieux du Roi, succède à la foule extrême......... | XI | 452
— Misère de M. le duc d'Orléans; il change sur les états généraux et sur l'expulsion du chancelier Voysin....... | XI | 452
— M. le duc d'Orléans se laisse surprendre par la mort du Roi........... | XII | 190
— Discours de M. le duc d'Orléans au Parlement, en la séance du matin, pour la régence............... | XII | 203
— Forte dispute publique en cette séance, puis particulière dans une chambre voisine des enquêtes, sur le codicille du Roi, entre M. le duc d'Orléans et le duc du Maine.............. | XII | 205
— M. le duc d'Orléans, rentré en séance, y déclare Monsieur le Duc chef du conseil de régence; rend les remontrances au Parlement, que le feu Roi lui avoit interdites; promet de l'informer de la forme du gouvernement; lève la séance avec de grands applaudissements, et la remet à l'après-dînée... | XII | 209
— Mesures au Palais-Royal......... | XII | 209
— Séance de l'après-dîner au Parlement; discours de M. le duc d'Orléans; silence ou marmusement[1] tout bas du duc du Maine; son abattement; le codicille du Roi totalement abrogé.... | XII | 210
— M. le duc d'Orléans régent est revêtu de tout pouvoir; contenance des bâtards; acclamations............... | XII | 212
— Compliment du Régent. Il propose six

1. Voyez tome VII, p. 291 et note 2.

Orléans (Duc d').

— conseils ; il s'y appuie de feu Mgr le duc de Bourgogne et pourquoi; applaudissements; fin de la séance. Il retourne à Versailles. . . . . XII 213
— Force réformes civiles. . . . . XII 216
— Il visite Mme de Maintenon à Saint-Cyr, et lui continue sa pension de 48,000 livres. . . . . XII 216
— Il permet à tous les carrosses d'entrer dans la dernière cour réservée du Palais-Royal, et à qui veut de draper, même au premier président du parlement de Paris, toutes nouveautés sans exemple; il étoit encore nouveau à la magistrature de draper même des plus grands deuils de leurs familles. Autre nouveauté des pleureuses aux magistrats. . . . . XII 219
— Il ouvre les prisons à ce qui n'étoit ni crime ni dettes. On y trouve des horreurs. . . . . XII 220
— Trop juste augure de M. le duc d'Orléans. XII 252
— Misère du Régent à l'égard des maîtres des requêtes. . . . . XII 260
— A l'égard des conseillers d'État. . . . . . XII 263
— A l'égard du grand écuyer. . . . . XII 310
— M. le duc d'Orléans veut la confusion et la division partout. . . . . XII 321
— Sa conduite à l'égard des ducs. . . . . . XII 321
— Est trompé sur la prétendue noblesse. . XII 328
— Est trompé sur le Parlement. . . . . . . XII 331
— Sa misère à l'égard de l'Angleterre. . . . XII 375
— Raisons de tenir la cour à Versailles; celles de M. le duc d'Orléans de la tenir à Paris. . . . . XII 391
— Il a la foiblesse de pardonner à la Feuil-

Orléans (Duc d'). Tomes. Pages.

— l'Espagne. . . . . XV 229
— Il menace le maréchal d'Huxelles de lui ôter les affaires étrangères s'il ne signe la convention avec les Anglois. . . XV 230
— Il serre la mesure, se moque de Cellamare et de ses croupiers, qui sont enfin détrompés. . . . . XV 255
— Blâme fort public de la politique du Régent. Il est informé des machinations de Cellamare. . . . . XV 260
— Idées du Régent sur le Nord. . . . . . . XV 270
— Fâcheux état du gouvernement de France. . . . . XV 282
— Court pinceau de M. le duc d'Orléans. . XV 304
— Après une longue patience il est enfin persuadé de reprendre son autorité de plus en plus emblée par le Parlement et ses appuis. . . . . XV 394
— Il arrive aux Tuileries pour le conseil et le lit de justice qui s'y tint immédiatement après. . . . . XVI 4
— Son discours au conseil. . . . . XVI 15
— Autre discours du Régent au conseil. . . XVI 17
— Autre encore sur la réduction des bâtards au rang de leurs pairies. . . . . XVI 20
— Effet de ces discours. . . . . XVI 21
— Autre, du même, pour le rétablissement personnel uniquement du comte de Toulouse; impression de ce discours sur ceux du conseil. . . . . XVI 25
— Opinions. Le Régent dit deux mots sur Monsieur le Duc qui demande l'éducation du Roi; mouvement dans le conseil; opinions. . . . . XVI 27
— Le Régent épouvante la compagnie par un coup de tonnerre qu'il lance sur la plainte hasardée du maréchal de Vil-

Orléans (Duc d'). Tomes. Pages.

— leroy sur le renversement des dispositions du feu Roi et sur le malheur du duc du Maine. . . . . XVI 29
— Averti des efforts du premier président pour détourner le Parlement d'obéir et de venir aux Tuileries, le dit au conseil, montre qu'il ne s'en embarrasse pas; mouvements; opinions là-dessus. . . . . XVI 30
— Attention du Régent à l'égard des enregistrements en faveur du comte de Toulouse. . . . . XVI 32
— Maintien de M. le duc d'Orléans au lit de justice. . . . . XVI 47
— Son discours au lit de justice ; court discours de Monsieur le Duc demandant l'éducation du Roi ; lourde faute d'attention des deux princes en parlant. XVI 55
— Entrevue de Mme la duchesse de Berry et de M. le duc d'Orléans avec Mme la duchesse d'Orléans, qui avoit vu ses frères, qui l'attendoient chez elle. . . XVI 74
— Mauvaise sécurité du Régent. . . . . . XVI 89
— Son énorme foiblesse sur le traitement du duc du Maine. . . . . XVI 107
— Son incroyable foiblesse à rompre avec l'Espagne contre sa propre conviction et résolution. . . . . XVI 129
— Son incurie prodigieuse et son abandon total à l'abbé du Bois sur la conspiration du duc et de la duchesse du Maine avec l'Espagne, dont du Bois fait un pernicieux usage, en retient à soi seul et enfouit tout le secret. . . . . XVI 133
— Conduite que M. le duc d'Orléans devoit tenir avec le duc et la duchesse du Maine. . . . . XVI 227

Orléans (Duc d').

	Tomes.	Pages.
lade, de le combler de grâces et de biens, de le faire pair de France, le premier qu'il ait fait, et de le nommer ambassadeur à Rome, sans avoir jamais pu émousser sa haine et son ingratitude.	XII	397
— Accident de M. le duc d'Orléans à un œil.	XII	433
— Vie, journée, conduite personnelle de M. le duc d'Orléans.	XII	440
— Il est impénétrable sur les affaires dans la débauche, même dans l'ivresse. Ses maîtresses.	XII	443
— Roués de M. le duc d'Orléans.	XII	444
— Cabale, par intérêts particuliers, asservit pour toujours le Régent à l'Angleterre.	XII	452
— M. le duc d'Orléans n'a jamais desiré la couronne, mais le règne du Roi et son règne par lui-même.	XII	458
— Il propose la neutralité des Pays-Bas.	XIII	10
— Il ne peut être dépris de l'Angleterre. Scélératesse de Stairs et du nonce Bentivoglio ; foiblesse du Régent à leur égard ; comment conduite.	XIII	28
— Il achète, du maréchal de Tessé, la charge de général des galères pour le chevalier d'Orléans, son bâtard, et de la Sery.	XIII	43
— Fait venir des comédiens italiens.	XIII	44
— Établit la banque de Law, dit Las.	XIII	49
— Son imprudence à l'égard de Stairs et de Cellamare.	XIII	65
— Il est tenté de rappeler les huguenots.	XIII	83
— Son aveuglement sur l'Angleterre.	XIII	84
— Sa conduite avec le Parlement et celle du Parlement avec lui.	XIII	106
— Quel étoit M. le duc d'Orléans sur la suc-		

Orléans (Duc d').   Tomes. Pages.

— cession à la couronne........... XIII 177
— Son étonnante apathie sur les princes
  du sang et sur les bâtards....... XIII 201
— Il est livré à la Constitution sans contre-
  poids....................... XIII 341
— Presque résolu d'assembler les états gé-
  néraux, il se trouve convaincu de l'avis
  contraire par un mémoire, et on n'en-
  tend plus parler d'états généraux... XIII 483
— Ses offices sur le Nord......... XIV 77
— Il assiste à la procession du 15 août à
  la royale.................. XIV 99
— Il s'ouvre à Provane, envoyé de Sicile,
  de l'état de la négociation de Londres. XIV 263
— Sa misère à l'égard du Parlement.... XIV 115
— Fait diverses grâces... XIII 193 et XIV 122, 326
— Résolution du Régent sur le traité mandé
  d'Angleterre par l'abbé du Bois.... XIV 262
— M. le duc d'Orléans entraîné à tout accorder au duc de Lorraine; ses mesures pour l'exécution.......... XIV 339
— Énormité contre M. le duc d'Orléans des
  agents du roi de Sicile, qui échouent
  en tout.................... XV 61
— Il parle clair à Provane, ministre de Sicile, sur l'invasion prochaine de cette
  île par les Espagnols, et peu confidem-
  ment sur le traité............ XV 215
— Manéges réciproques du Régent et de
  Cellamare, qui le veut entraîner avec
  l'Espagne à la guerre contre l'Empereur...................... XV 216
— Il est, par l'abbé du Bois, aveuglément
  soumis en tout et partout aux Anglois
  et à leur ministère............ XV 227
— Le Régent reproche au maréchal de
  Tessé ses menées avec la Russie et

Orléans (Duc d'). Tomes. Pages.
— Sa mort subite.................... XIX 199
— Monseigneur et lui morts à même âge.. XIX 207
— Effet de la mort de M. le duc d'Orléans chez les étrangers, dans la cour, dans l'Église...................... XIX 207
Dans le Parlement et la magistrature, dans les troupes, dans les marchands, dans les provinces et le peuple.... XIX 210
— Ses obsèques................. XIX 212
ORLÉANS (Mme la duchesse d'). Maladie de Mme la duchesse d'Orléans, dont on tâche de profiter..................... XI 134
— Caractère de Mme la duchesse d'Orléans. XI 187
— Vie ordinaire de M. et de Mme la duchesse d'Orléans..................... XI 195
— Curiosité très-embarrassante de Mme la duchesse d'Orléans............ XI 356
— Elle prend quatre dames près d'elle, tôt après imitée par Madame la Duchesse et par les autres princesses du sang. XII 341
— Son étrange singularité sur le mariage riche, mais peu noble, du jeune Castries, à cause de la proche parenté.. XII 419
— Elle achète Bagnolet, dont elle fait sa maison de plaisance............ XIV 118
— Enfermée chez elle depuis le lit de justice des Tuileries, rouvre enfin sa porte au monde et au jeu....... XVI 96
— Elle va à l'Opéra. Curiosité sur les tapis. XVI 108
— Sa folie extrême sur sa bâtardise.... XVI 65
— Refuse audience aux députés d'États pendant la prison du duc du Maine, et se tient fort renfermée........ XVI 302
— Mlle sa fille se fait religieuse à Chelles malgré toutes les représentations de Madame et de M. et Mme la duchesse d'Orléans................... XIII 365

Orléans (Mme la duchesse d'). Tomes. Pages.
- Tôt après en veut être abbesse ; l'ancienne sœur du maréchal de Villars se demet; on lui donne une grosse pension ; elle se retire à Paris au couvent du Cherche-Midi............ XVI 250
- et Mlle d'Orléans est bénite à Chelles... XVI 334
- Elle écrit très-fortement à M. le duc d[Orléans] sur ses choix pour les prélatures................... XIX 158

Orléans (Le chevalier d'), bâtard légitimé de M. le duc d'Orléans. Obtient le grand prieuré de France............ XVI 315
- l'abbaye d'Auvillé............. IV 458
- le généralat des galères.......... XIII 43
- la grandesse d'Espagne......... XIX 97

Ormesson, conseiller d'État. Fait, sous le duc de Noailles, les affaires de Saint-Cyr... XIII 257
- Puis seul, par la démission du duc de Noailles..................

Ormond (Duc d'). Commande en Flandres les troupes de la reine Anne, au lieu du duc de Marlborough........... IX 172
- Se sauve d'Angleterre et y est proscrit, sous le commencement du règne du roi George, pour être entré dans les desseins des jacobites; se retire auprès du roi Jacques, puis à Avignon ; passe en Espagne................. XI 159
- Vient caché à Paris, y négocie secrètement et infructueusement avec Cellamare................... XV 280
- S'établit, pendant quelques années, à Madrid, quoique de la religion anglicane ; son caractère, et sa situation en Espagne................ XVIII 189

Oropesa (Comte d'), président du conseil de Castille. Est d'une branche de la

Orléans (Duc d')

— Mollesse, foiblesse, ensorcellement par l'abbé du Bois, qui, peu à peu, les fait rétablir................ XVI 230
— Il fait élargir le quai du vieux Louvre, aplanir la place du Palais-Royal, y fait faire une façade et une fontaine.... XVI 251
— Il veut rembourser les charges du Parlement et en est détourné par un mémoire de raisons............. XVI 306
— Revient au même projet et en est encore une fois détourné de même....... XVI 308
— M. le duc d'Orléans se fait appeler par le Roi, mon oncle, comme le feu Roi, parlant à lui ou de lui, disoit toujours, mon neveu................ XVI 340
— Il fait des profusions............ XVI 357
(*Voir* MAILLY, archevêque de Reims, fait cardinal.)
— Le Régent est aimé du Roi et se conduit bien avec lui................ XVI 414
— Veut chasser le maréchal de Villeroy et faire le duc de Saint-Simon gouverneur du Roi, qui l'en détourne..... XVI 419
— Singulière anecdote du pouvoir de l'abbé du Bois sur M. le duc d'Orléans à l'occasion de son sacre............ XVII 25
— Conduite du Régent sur l'arrêt du 22 mai à l'égard du Parlement....... XVII 91
— Il veut donner les sceaux au duc de Saint-Simon, qui les refuse obstinément.................... XVII 92
— Veut de nouveau chasser le maréchal de Villeroy et faire le duc de Saint-Simon gouverneur du Roi, qui le refuse encore. Il ôte à Trudaine la place de prévôt des marchands et la donne à Châteauneuf................ XVII 105

Orléans (Duc d'). Tomes. Pages.

— Renvoie gracieusement les députés du Parlement au chancelier. . . . . XVII 112
— Envoie le Parlement siéger à Pontoise et le rappelle quelque temps après à Paris. . . . . XVII 121
— Va au grand conseil, avec les princes du sang, autres pairs et les officiers de la couronne, faire enregistrer la constitution *Unigenitus*, au refus du Parlement. . . . . XVII 130
— Il revient encore à vouloir chasser le maréchal de Villeroy et faire le duc de Saint-Simon gouverneur du Roi; s'associe Monsieur le Duc dans ce dessein; tous deux en pressent le duc de Saint-Simon un mois durant qui tient ferme, refuse, et fait conserver le maréchal de Villeroy. . . . . XVII 180
— Foiblesse étrange de M. le duc d'Orléans pour du Bois. . . . . XVII 198
— Étrange trait du Régent à Torcy sur le chapeau de du Bois. . . . . XVII 206
— Excellente conduite de M. le duc d'Orléans et des siens, pendant la maladie du Roi aux Tuileries. . . . . XVII 262
— Ses mesures pour apprendre au Roi son mariage et le déclarer. . . . . XVII 293
— Hasarde, à l'instigation maligne du cardinal du Bois, une entreprise d'égalité avec le prince des Asturies. . . . . . XVII 320
— Il donne au Roi, revenant de son sacre, de superbes fêtes à Villers-Cotterets. XIX 78
— Se trouve fort soulagé de la mort du cardinal du Bois. Il est déclaré premier ministre. . . . . XIX 149
— Triste et volontaire état de la santé de M. le duc d'Orléans. . . . . XIX 159

Oropesa.   Tomes. Pages.

maison de Portugal. Philippe V, en arrivant, le trouve exilé; il confirme son exil.	II	451
— Il passe à l'Archiduc.	IV	444
— Sa mort.	V	397
(*Voir* aux GRANDS D'ESPAGNE.)		
ORRY. Sa fortune.	III	356
— Règne pleinement sous la princesse des Ursins en Espagne.	III	468
— Rappelé d'Espagne, avec des Pennes, à la première disgrâce de la princesse des Ursins, dont ils étoient les deux principaux confidents.	IV	93
— Orry à Paris, en disgrâce et en péril.	IV	149
— Retourne en Espagne aussi puissant que jamais.	IV	247
— Rappelé pour toujours. Fort en peine à Paris; y frise la corde de bien près. Se tire enfin d'affaires et se décore d'une charge de président à mortier au parlement de Metz.	IV	451
(*Voir* les pièces[1] sur la souveraineté demandée à Utrecht pour la princesse des Ursins.)		
— Orry encore rappelé en Espagne et y reprend encore le même pouvoir.	X	2
— Rappelé pour la dernière fois. Lui et son fils à Paris.	X	132
— Lui et Macañas chassés d'Espagne, où il étoit retourné.	XI	84
— Orry chassé d'Espagne et de Paris.	XI	109
— Sa mort.	XVI	336
ORVAL, duchesse. Quelle. Sa famille. Sa mort.	XIII	190
OSSONE, duc, ambassadeur plénipotentiaire d'Espagne à Utrecht. Sa mort.	XIII	37

1. Voyez tome I, p. 420, note 1.

Ossone. Tomes. Pages.

— Son frère devenu duc d'Ossone par cette mort sans enfants. Quel. Est nommé ambassadeur extraordinaire d'Espagne en France, pour le mariage du prince des Asturies avec une fille de M. le duc d'Orléans. On lui destine le cordon bleu. . . . . XVII 323
— Son arrivée à Paris ; réception et traitement qui lui est fait ; ses audiences ; ses magnificences. . . . . XVII 410
— Est complimenté chez lui par la ville de Paris. XVII 414
— Reçoit le cordon bleu. . . . . XVIII 280
— Retourne à Madrid. . . . . XVIII 445

OTTAÏANO (Prince d'). (*Voir* aux GRANDS D'ESPAGNE.) De la branche aînée de la maison de Médicis, qui n'a point eu de part aux grandeurs où les autres sont parvenus, séparée auparavant d'elles et depuis établie à Naples. . . . . XVIII 60

OTTOBONI, cardinal, vice-chancelier de l'Église, etc., neveu d'Alexandre VIII. Est fait, peu à propos, protecteur des affaires de France ; il l'accepte, contre les lois de Venise, sa patrie. La République s'en offense et en punit lui et toute sa famille, et se brouille avec le Roi, qui le trouve fort mauvais et veut que les Ottobons soient rétablis. Rupture ouverte, qui ne finit que quelques années après par le rétablissement des Ottobons, et des excuses expresses au Roi. VII 272
— Friponnerie et prodigalité d'Ottobon. . XIV 81
— Veut lier avec Alberoni. . . . . XIV 439
— Son avidité, etc. . . . . XV 5

Ouragans à Paris et par la France. . . . . . II 437

OXFORD (Comte de), grand trésorier d'Angle-

Oxford. Tomes. Pages.

terre. Accusé et absous en Parlement. XIV 140
Oyse, frère du duc de Brancas. Son rare contrat de mariage. . . . . XVII 68

Dans la lettre O { Noms propres. . . 29
{ Autres. 11
En tout 40

Pairs de France. Priés de la part du Roi
par une lettre de le Tellier, archevêque duc de Reims, à chacun d'eux, de
se trouver à l'enregistrement et exécution de sa déclaration portant établissement du rang intermédiaire donné
aux duc du Maine et comte de Toulouse. . . . . I 166
(*Voir* t. IX, p. 453 et suiv.; Berry et à
Saint-Simon, t. VIII, p. 316 et suiv.)
(*Voir* Luxembourg, t. I, p. 139; Aubigny,
t. V, p. 364; Estrées card., t. X, p. 351.)
— Disgression nécessaire sur la dignité de
pair de France, sur le parlement de
Paris et sur les autres parlements. . . X 359
— Pairs de France les mêmes en tout, sous
divers noms, pour la dignité et pour
les fonctions, depuis la fondation de
la monarchie. . . . . X 363
— Pairs de France; leurs fonctions. Pairs
de fief. . . . . X 365
(*Voir* hauts barons, t. X, p. 366.)
— Parité, quant à la dignité de pair de
France et de ce qui en dépend, de ceux
d'aujourd'hui avec ceux de tous les
temps et les âges. . . . . X 371
— Noms donnés aux pairs de France par
nos rois de tous les âges. . . . . X 381
— Pairie est apanage. . . . . X 383

Pairs de France.

	Tomes.	Pages.
— Reversibilité à la couronne. Ce que c'est qu'apanage.	X	385
— Pairs de France conservent, seuls d'entre les nobles, séance et voix délibérative dans les parlements, toutes les fois qu'ils veulent y aller.	X	398
— Pairs de France, seuls d'entre les nobles, entrent en tout parlement avant le Roi lorsqu'il y sied, et pourquoi.	X	398
— Nécessité de leur présence, et de la mention de leur présence, aux arrêts des causes majeures et aux enregistrements des sanctions.	X	398
— Cour des pairs en tout lieu où le Roi les assemble.	X	405
— Duc de Guise, qui fait tout pour envahir la couronne, laisse, le premier, ajouter à son serment à sa réception au Parlement, pour lui plaire, le terme de conseiller de cour souveraine, lequel a été enfin ôté pour toujours du serment des pairs, et qui n'avoit jamais été imaginé avant ce duc de Guise qui fut tué aux derniers de Blois de 1588. Nécessité d'exposer un ennuyeux détail.	X	408
— Changement, par entreprise et surprise, de la forme, jusqu'alors constante, de la réception des pairs de France au Parlement aux hauts siéges, où elles s'étoient toujours faites, aux bas siéges, où elles se font depuis 1643, mais après la mort de Louis XIII, où elles sont depuis demeurées.	X	414

(*Voir* Bonnet, t. X, p. 424.)

— Pairs ecclésiastiques rétablis en leur préséance sur les cardinaux au Parle-

Pairs de France.

ment, le Roi présent et absent par la décision de Louis XIV, qui n'a jamais depuis été enfreinte. Vaine et honteuse tentative là-dessus du cardinal du Bois, lors premier ministre.. X 443
— Nouveauté consentie et indifférente, pour la commodité de la séance, de celle des officiers de la couronne aux lits de justice, au-dessous des pairs ecclésiastiques au côté gauche au lieu d'être au-dessous des pairs laïcs, au côté droit, ce qui a commencé au premier lit de justice de Louis XV et a continué depuis. . . . . X 445
— Liberté accordée aux pairs sur les usurpations du Parlement à leur égard, puis commuées en celle de leurs protestations et en promesses solennelles de décision. . . . . XII 192
— Protestation solennelle des pairs sur les usurpations du Parlement à leur égard en pleine séance parlementaire pour la régence de M. le duc d'Orléans et interpellation à icelui prince, convenue par lui lui être faite, de les juger dès que les affaires du gouvernement seroient réglées, à laquelle il acquiesça et s'engagea publiquement, en la même séance, en plein Parlement tout entier assemblé, et tous les pairs séants, le duc de Saint-Simon ayant, chargé par eux, porté publiquement à haute voix pour eux, et fait la protestation et l'interpellation. . . . . XII 200
— Querelle, combat, procédures, jugement entre le duc de Richelieu et le comte de Gacé. Princes du sang, bâtards,

Pairs de France. Tomes. Pages.

— pairs ; épées aux prisons. . . . . XII 428
— Pairs présentent au Roi une requête pour la réduction des bâtards aux rang, honneurs et ancienneté de leurs pairies parmi les autres pairs. . . . . . . XIII 117
— Derechef autre pareille à même fin. . . XIII 290
— Requête des pairs au feu Roi à même fin que celle de l'association de la noblesse en 1649 et en même année. . . XIII 393
— Pairs de France de droit incontesté de tout temps, et les officiers de la couronne, de grâce et d'usage, menés par le Roi et à sa suite, ont seuls voix délibérative au lit de justice en matière d'État et les magistrats voix consultative, excepté le garde des sceaux en absence du chancelier, parce qu'il le représente en tout, ce qui lui donne alors voix délibérative parce que le chancelier est officier de la couronne. . . . . XV 466
(Renvois aux pièces [1] t. XI, p. 69.)

Paix de Clément IX. . . . . VII 135
Paix signée à Ryswick. . . . . I 462
— Du Nord en partie. . . . . II 354
— D'Utrecht signée et publiée ; fêtes à Paris. . . . . X 3
— Signée à Rastadt (*voir* les pièces [1]). . . . X 134
— Publication et réjouissances de la paix. X 168
— Signée à Baden avec l'Empereur et l'Empire. . . . . X 313
— De l'Angleterre et de la Suède. . . . . . XVI 303
— D'Espagne. . . . . XVII 1
— De Nystadt entre la Suède et la Russie. XIX 87
(*Voir* aux pièces [1] toute la négociation

---

1. Voyez au tome I, p. 420, note 1.

	Tomes.	Pages.
du président Rouillé à Bodgrave; de Torcy et de lui à la Haye; du maréchal d'Huxelles, de l'abbé de Polignac et de Ménager à Gertruydemberg; celle de Londres de l'abbé Gautier et Ménager, et celle de la paix d'Utrecht.)		
PALAGONIA, prince : *voir* aux GRANDS D'ESPAGNE.	XVIII	58
Palais-Royal. Menacé. Gens étouffés à la banque.	XVII	115
Palatin de Livonie. Connu en France pour avoir accompagné le prince électeur dans ses voyages. Sa mort.	XIV	37
Palatin (Prince) de Neubourg. Élu électeur de Trèves.	XII	452
— Mort de l'électeur Palatin, son frère.	XIII	58
PALLAVICINI, homme fort équivoque. Quitte le service de Savoie pour entrer en celui de France. Y est tué tôt après.	VII	105
PALMA (Comte de) : *voir* aux GRANDS D'ESPAGNE.	XVIII	99
Panthéon de l'Escurial.	XVII	432
— Des ducs del Infantado à Guadalajara.	XVII	429
Pape (Le). INNOCENT XII Pignatelli. Consulté secrètement par Charles II, roi d'Espagne, sur son testament, le lui conseille tel qu'il le fit en faveur de la maison [de] France.	II	378
CLÉMENT X Albano. Refuse l'hommage de Naples, néanmoins y reconnoît et y fait reconnoître Philippe V, et lui envoie à son arrivée à Naples un cardinal légat *a latere* le complimenter de sa part.	III	65
— Sans secours et fort malmené par les troupes impériales, est forcé de recevoir à Rome le marquis de Prié, pléni-		

Pape.

— potentiaire de l'Empire, et de faire tout ce qu'il veut. .... VI 177
— Il est également effrayé du Turc et de l'Empereur. .... XIII 22
— Ébranlé contre la promotion d'Alberoni par les cris des impériaux et raffermi pour, par Aubanton; sa confiance en ce jésuite. .... XIII 213
— Avidité de ce pape. .... XIII 234
— Ses angoisses; il se laisse entraîner enfin à déclarer Borromée seul cardinal, et sans ménagement pour Alberoni. ... XIII 327
— Son rare bref au P. d'Aubanton. ..... XIV 51
— Embarras du Pape. .... XIV 53
— Il veut lier le Czar avec l'Empereur contre le Turc. .... XIV 66
— Il écrit au Czar, le veut liguer avec l'Empereur, et obtenir le libre exercice de la religion catholique dans ses États; le Czar l'amuse, et se moque de lui. . XIV 68
— Embarras et caractère du Pape à l'occasion de l'arrêt de la personne de Molinez passant à Milan. .... XIV 70
— Hauteur et manéges du Pape sur la promotion d'Alberoni. .... XIV 79
— Colère du Pape sur son accommodement signé en Espagne par son nonce Aldovrandi. .... XIV 133
— Effrayé des menaces de Gallas, ambassadeur de l'Empereur à Rome, il révoque les indults accordés au roi d'Espagne, lui écrit une lettre à la satisfaction des impériaux, desire au fond succès à l'Espagne, offre sa médiation. XIV 96
— Effroi du Pape des impériaux; il fait tout ce qu'ils veulent sur l'Espagne; adoucit et ménage en même temps le

Pape.

	Tomes.	Pages.
roi d'Espagne par Aldovrandi ; écrit de sa main à ce nonce et au P. d'Aubanton.	XIV	172
— Dépêche à Vienne sur des propositions sauvages d'Acquaviva, comptant sur le crédit de Stella, qui vouloit un chapeau pour son frère.	XIV	174
— Sur les conseils enragés de Bentivoglio, nonce en France, le Pape lui fait entendre qu'il ne donnera plus de bulles sans précautions et sans conditions.	XIV	184
— Le Pape fait imprimer un bref injurieux au roi d'Espagne, qu'Aldovrandi n'avoit osé lui présenter. Servitude du Pape pour l'Empereur, il fait Czaki cardinal.	XIV	241
— Il fait arrêter le comte de Peterborough, passant dans l'État ecclésiastique ; menacé par les Anglois, il le relâche avec force excuses. Sa frayeur de l'Empereur.	XIV	241
— Son extrême embarras entre l'Empereur et le roi d'Espagne. Ses tremblantes mesures.	XIV	242
— Il avoue son impuissance pour la paix.	XIV	244
— Griefs du Pape contre Aldovrandi.	XIV	250
— Demandes énormes de l'Empereur au Pape.	XIV	251
— Il tremble devant l'Empereur. Il est pressé par l'Espagne.	XIV	252
— Le Pape, n'osant rien contre l'Empereur, qui chasse la nonciature de Naples, s'en prend à l'Espagne.	XIV	279
— Rare expédient du Pape sur la non-résidence du cardinal Alberoni dans son évêché de Malaga.	XIV	280
— Il lui refuse les bulles de l'archevêché de		

Pape.

	Tomes.	Pages.
Séville.................	XIV	282
— Le Pape, dans sa frayeur de l'Empereur, tombe sur Aldovrandi et sur l'Espagne....................	XIV	433
— Brefs ne sont point reçus par l'Empereur ni par les rois de France et d'Espagne, sans que les copies n'en aient été vues par leurs ministres, qui les admettent ou les rejettent.......	XIV	436
— Opinion prise de l'Espagne par le Pape, ses foibles manéges sur ce que les impériaux veulent qu'Aldovrandi soit rappelé et puni; jugement que cette foiblesse en fait porter.........	XIV	436
— Il continue à refuser à Alberoni les bulles de Séville................	XIV	441
— Manéges du Pape et du cardinal Alberoni sur ces bulles et sur le neveu d'Aldovrandi...............	XV	4
— Propos, menaces, mémoire, protestations fortes, lutte par écrit entre le cardinal Acquaviva et le Pape sur le refus des bulles de Séville........	XV	7
— Le Pape embarrassé sur deux ordres venus d'Espagne............	XV	9
— L'est de plus en plus par une demande forte et très-plausible que lui fait Acquaviva..................	XV	45
— Fortes démarches du Pape pour obliger le roi d'Espagne à cesser ses préparatifs de guerre contre l'Empereur. Autres griefs du Pape contre le roi d'Espagne..................	XV	68
— Souplesses et lettres du Pape en Espagne, sur les menaces de cette couronne...................	XV	69
— Fausse et basse politique du Pape....	XV	106

	Tomes.	Pages.
Pape.		
— Sa frayeur de l'Empereur.	XV	135
— Est menacé par l'ambassadeur de l'Empereur.	XV	177
— Rupture éclatante entre le Pape et le roi d'Espagne.	XV	179
— Frayeurs du Pape, qui le font éclater contre le roi d'Espagne et contre Alberoni, pour se réconcilier avec l'Empereur, avec un masque d'hypocrisie.	XV	249
— Il déclare le cardinal Alberoni avoir encouru les censures.	XV	251
— Désapprouve la clôture de la nonciature faite par le nonce Aldovrandi.	XV	267
— Le Pape et le roi d'Espagne fortement commis l'un contre l'autre, dont Rome est dans un grand embarras.	XV	292
Papiers publics solennellement brûlés à l'hôtel de Ville.	XVII	104
— Continuation de la même brûlerie par le prévôt des marchands.	XVII	114
Parabère. Épouse la fille de la Vieuville, dont M. le duc d'Orléans se fit une maîtresse.	VIII	441
— Mort de Parabère.	XII	418
Parrains. Ce que c'est en Espagne dans les cérémonies des grands, des ordres, etc.	XVIII	273
Parcen (Comte de) : *voir* celui-ci et le suivant aux Grands d'Espagne.	XVIII	100
Paredès (Comte de). Passe à l'archiduc.	VIII	121
Pâris. Les quatre frères Pâris d'où venus et quels ; origine et progrès de leur fortune.	XVII	16
— Sont exilés pour peu de temps.	XVII	104
Parisière (La), évêque de Nîmes, Zopyre du P. Tellier. Son invention ultramontaine.	XI	70

Parisière (La).   Tomes. Pages
— Exilé dans son diocèse; rappelé dix mois après. Sa misérable mort et sa fin banqueroutière. . . . . XIV 198

Parlements. Grande mortification donnée sur les blés aux parlements de Paris et de Dijon. . . . . VI 312
— Origine du nom de parlement: ses progrès. Multiplication des magistrats et des cours de justice. . . . . X 370
— Siéges hauts et bas dans les grand'-chambres des parlements. . . . . . . X 371
— Parlement de Paris et les autres sur son modèle. Leur origine, leur nature, d'où nommés parlements. Récapitulation abrégée. . . . . X 394
— Origine de l'enregistrement des édits, déclarations du Roi, etc., aux parlements, d'y juger les causes majeures, etc., du titre et nom de cour des pairs affecté par le parlement de Paris. . . . . . . X 400
— Origine de la prétention des parlements d'ajouter, par leur enregistrement, un pouvoir nécessaire, appelé en leur langage vérifier et vérification, comme rendant vraie, effective, réelle, la pièce vérifiée qui ne l'étoit pas à leur avis auparavant et ne la devient que par là. . . . . X. 401
— Origine de leurs remontrances, bonnes d'abord, tournées après en abus. Entreprises de la cour de Rome réprimées par le Parlement, ne lui donne aucun droit de se mêler des affaires d'État ni du gouvernement. . . . . X 402
— Parlement compétent du contentieux entre particuliers uniquement. Il l'avoue et le déclare solennellement à

Parlements. Tomes. Pages.

l'occasion de la régence de Mme de Beaujeu. Enregistrements de traités de paix y sont faits uniquement pour raisons purement judicielles. Régence de Marie de Médicis est la première qui se soit faite au Parlement, et pourquoi. Époque de sa prétention de se mêler d'affaires d'État et du gouvernement, et de sa chimère d'être tuteurs des rois qui, à tous ces égards, l'ont continuellement réprimé.   X   404

— Régence d'Anne d'Autriche est la seconde qui se soit faite au Parlement, et pourquoi. Dangereux avantages qu'il en usurpe, que Louis XIV réprime durement depuis.   X   408

— Régence de M. le duc d'Orléans, qui est la troisième faite au Parlement, sera traitée en son temps. Desseins du Parlement à l'égard des pairs, dès le temps des Guises. Courte récapitulation.   X   408

— Origines des enregistrements. Incroyables abus. Fausse, mais utile, équivoque du nom de parlement. Anciens parlements de France.   X   460

— Parlements d'Angleterre.   X   463

— Moderne chimère du Parlement d'être le premier corps de l'État, réfutée (*voir aussi les pièces* [1]).   X   468

— Parlement uniquement cour de justice pour la rendre aux particuliers. Incompétence des choses majeures et publiques, dans son plus grand lustre. Il ne parle au Roi que découvert et à

1. Voyez tome I, p. 420, note 1.

Parlements.

 genoux comme tiers état. Jamais magistrat du Parlement, ni d'autre compagnie, député aux états généraux, ne l'a été que pour le tiers état, même quand il auroit été d'extraction noble. Exemples d'assemblées où la justice a fait un corps à part, jamais en égalité avec l'Église, ni la noblesse, et jamais aux états généraux jusqu'aux derniers inclus en 1614............ X 468
— Absurdité de la représentation des états généraux dans le Parlement...... X 471
— Court parallèle du conseil avec le Parlement. Conclusion de toute la longue disgression................ X 473
— Précaution extraordinaire et nouvelle du parlement de Paris contre les fidéicommis.................. XI 127
— Aveu célèbre du Parlement assemblé, par la bouche du premier président de la Vacquerie y séant et président, de l'entière incompétence du Parlement de toute matière d'État et de gouvernement, répondant au duc d'Orléans depuis roi Louis XII sur la régence de Mme de Beaujeu pendant la minorité de Charles VIII............. XI 319
— Deux uniques exemples de régence, les plus modernes, faites au Parlement, cause de la nouveauté de ce troisième et dernier exemple de celle de M. le duc d'Orléans faite au Parlement..... XI 320
— Raisons de s'y passer du Parlement, comme toujours, sans discontinuation jusqu'à la mort d'Henri IV....... XI 324
— Observation à l'occasion de la majorité de Charles IX, et de l'interprétation

Parlements.

	Tomes.	Pages.
de l'âge de la majorité de nos rois...	XI	327
— Séance au Parlement pour la régence..	XII	198
— Députation du Parlement va querir le testament du Roi et son codicille près de la buvette dans le lieu où ils étoient déposés, murés et scellés....	XII	201
— Stairs, ambassadeur d'Angleterre, se fait de fête dans une lanterne, le duc de Guiche, bien payé, dans l'autre, le régiment des gardes, dont il étoit colonel, aux avenues............	XII	202
— Dreux, conseiller laïc de la grand'chambre, père du grand maître des cérémonies, fait la lecture du testament à haute voix, et l'abbé Menguy, conseiller clerc de la grand'chambre, celle du codicille...............	XII	202
— Le testament du Roi est abrogé, quant à l'administration de l'État, en la séance du matin..............	XII	204
— Le codicille du Roi est abrogé en tout, en la séance de l'après-dîner du même jour.................	XII	211
— Le Parlement, naturellement en vacance, est continué pour un mois......	XII	218
— Chambre de justice tirée du Parlement contre les financiers...........	XII	432
— Le Parlement s'oppose à l'enregistrement de l'édit de rétablissement des charges de grand maître des postes et de surintendant des bâtiments. Ses vues, sa conduite, ses appuis. Vues étranges et intérêts de ses appuis. .	XIII	47
— Il continue à s'y opposer; motifs de sa conduite et de ses appuis.......	XIII	99

— Il dispute la préséance au Régent à la procession de l'Assomption, et l'empê-

Parlements.　　　　　　　　　　　　Tomes. Pages.

　　　che de s'y trouver. Audace de cette
　　　prétention, qui se détruit d'elle-même
　　　par droit, et par faits expliqués, même
　　　à l'égard de seigneurs particuliers. . . XIII 99
— Le Parlement se réserve les remontran-
　　　ces, en enregistrant un nouvel édit
　　　sur la chambre de justice, après avoir
　　　refusé une seconde fois l'édit de réta-
　　　blissement des charges des postes et
　　　des bâtiments. . . . . XIII 121
— Il enregistre enfin l'édit de rétablisse-
　　　ment des charges de grand maître des
　　　postes et de surintendant des bâti-
　　　ments. . . . . XIII 130
— Fin et effet de la chambre de justice. . . XIII 295
— Députation du Parlement au Roi, pour
　　　lui rendre compte de ce qui s'y est
　　　passé dans l'affaire des princes du
　　　sang et des bâtards. . . . . XIII 423
— Il refuse d'enregistrer l'édit de création
　　　de deux charges dans les bâtiments. . XIV 99
— Démêlé entre le premier président et les
　　　enquêtes ajusté, pour le nombre et le
　　　choix des commissaires du Parlement,
　　　quand il en faut nommer. . . . . XIV 114
— Le Parlement veut qu'il lui soit rendu
　　　compte des finances avant d'enregis-
　　　trer l'édit dressé par le comité extra-
　　　ordinairement composé sur les finan-
　　　ces; il l'obtient et enregistre enfin cet
　　　edit avec peine. . . . . XIV 114
— Mouvements du Parlement. . . . . XIV 308
— Audacieux mouvement du Parlement
　　　contre l'édit sur les monnoies. . . . . XV 337
— Il rend un arrêt contre cet édit, lequel
　　　arrêt est cassé le même jour par le
　　　conseil de régence; prétextes du Par-

Parlements.	Tomes.	Pages.

lement; il fait au Roi de fortes remontrances; conseil de régence là-dessus.. XV 340
— Ferme et majestueuse réponse du Roi au Parlement en public. Il fait au Roi de nouvelles remontrances. . . . . . . XV 342
— Manéges du Parlement pour brouiller imités en Bretagne. . . . . XV 342
— Arrêt du Parlement fort étrange en tous ses chefs. . . . . XV 345
— Le parlement de Paris et la Bretagne en cadence; le syndic des états de Bretagne exilé. . . . . XV 347
— Commission étrange sur les finances donnée par le Parlement aux gens du Roi. . . . . XV 347
— Bruits de lit de justice sur quoi fondés.. XV 348
— Mémoires de la dernière régence, fort à la mode, tournent les têtes. . . . . . XV 348
— Mesures du Parlement pour faire prendre Law secrètement, et le faire pendre en trois heures de temps. . . . . XV 354
— Frayeurs du Parlement, ses bassesses auprès de Law.. . . . . XV 452
— On avertit du lit de justice à six heures du matin, le vendredi 26 août 1718, ceux qui doivent y assister, pour le même matin à dix heures aux Tuileries; le Parlement répond qu'il obéira. XV 471
— Le Parlement est en vain détourné d'obéir par tous les efforts du premier président de Mesmes, et se met en marche à pied pour venir aux Tuileries; il y arrive. . . . . XVI 30
— On va prendre le Roi; marche au lit de justice. . . . . XVI 40
— Le Roi sans manteau ni rabat. . . . . XVI 40
— Séance et pièce du lit de justice dessinée

Parlements.

    en plan pour mieux éclaircir ce qui s'y passa le matin du vendredi 26 août 1718, au sortir du conseil de régence. XVI 42
— Spectacle du lit de justice. . . . . XVI 46
— Léttres de garde des sceaux pour Argenson. XVI 48
— Son discours au Parlement sur sa conduite et ses devoirs. Cassation de ses trois arrêts. . . . . XVI 49
— Remontrance du premier président envenimée, confondue. . . . . XVI 50
— Réduction des bâtards à leur rang et à leur ancienneté de pairie. . . . . XVI 52
— Rétablissement uniquement personnel du comte de Toulouse. . . . . XVI 53
— Enregistrement de tout en plein lit de justice. . . . . XVI 56
— Levée du lit de justice. . . . . XVI 57
— Séditieux et clandestin usage des feuilles volantes, en registres secrets du Parlement. . . . . XVI 83
— Blamont, président aux enquêtes, et deux conseillers de la grand'chambre enlevés et conduits en diverses îles du royaume. Mouvements inutiles du Parlement. . . . . XVI 84
— Effet de ce lit de justice au dedans et au dehors du royaume. . . . . XVI 86
— Députation du Parlement au Régent, en faveur de ses membres prisonniers, inutile. . . . . XVI 98
— Parlement de Bretagne écrit en leur faveur au Régent; il écrit aussi fort séditieusement au parlement de Paris, qui lui répond fort mesurément après avoir envoyé cette réponse au Régent par le premier président. . . . . XVI 99

DES MÉMOIRES DE SAINT-SIMON. 415

Parlements. Tomes. Pages.
— Retour des conseillers du parlement de
 Paris exilés, non de Blamont...... XVI 114
— Le Parlement refuse d'enregistrer l'édit
 d'érection ou création de la banque
 royale; le Régent s'en passe, méprise
 le Parlement, établit la banque royale. XVI 148
— Maximes du Parlement, mais inhérentes
 et suivies, sur son autorité....... XVI 305
— Est informé du risque qu'il a couru
 d'être remboursé en papier, qui y a
 poussé, qui le lui a paré........ XVI 313
— Ses mouvements et ses remontrances
 contre l'édit de réduction des rentes. XVII 59
— Ses mouvements à l'occasion de l'arrêt
 du conseil du 22 mai 1719 si connu.. XVII 88
— Conduite du Parlement.......... XVII 91
— Refuse d'enregistrer l'édit portant que la
 compagnie des Indes, connue sous le
 nom de Mississipi, seroit désormais
 compagnie de commerce exclusif... XVII 114
— Est transféré à Pontoise........ XVII 121
— Refuse d'enregistrer cette translation,
 puis l'enregistre dans les termes les
 plus étranges; arrêt de cet enregistrement; dérisions à Pontoise et du Parlement et jusque des avocats..... XVII 123
— Place du Parlement à la procession an-
 nuelle de l'Assomption laissée vide par
 les autres compagnies. Le Parlement
 refuse d'enregistrer la déclaration rendue pour faire accepter la constitution *Unigenitus*............. XVII 129
— Il l'enregistre enfin et revient à Paris.. XVII 156
PARME. Princes de Parme et de Toscane incognito en France; le dernier y est distingué................... II 23
— Sage avis du duc de Parme....... XIII 78

Parme.

— Quel il étoit sur Alberoni. Idées bien confuses de ce prince. . . . . XIII 166
— Il élude de faire passer à la reine d'Espagne les plaintes du Régent d'Alberoni. Il consulte ce ministre sur ce qu'il pense du Régent. . . . . XIII 231
— Sentiment du duc de Parme sur le choix à faire par le roi d'Espagne en cas de malheur en France. . . . . XIII 232
— Politiques mesures entre le duc de Parme et Alberoni. . . . . XIII 314
— Conseils du duc de Parme au roi d'Espagne. XIV 133
— Sa frayeur et ses conseils au roi d'Espagne. XIV 282
— Frayeurs du duc de Parme, qui implore vainement la protection du Pape et du roi d'Espagne. . . . . XIV 173
— Il envoie à Londres faire des représentations inutiles. . . . . XV 20

Partage de la peau du lion avant qu'il soit tué. . . . . XV 241
Partisans bien effrayés de la chambre de justice. XII 290
Parvulo de Meudon. Ce que c'étoit. . . . . . V 178
Patkul. Quel et sa catastrophe. . . . . V 50
Patriarche des Indes. Ce que c'est en Espagne. . . . . II 469 et 488
Pavillon. Quel. Sa mort. . . . . IV 234
Paul (Saint-), capitaine au régiment des gardes. Tué en duel par Scraucourt, aussi capitaine au régiment des gardes, qui est cassé et en fuite. . . . . V 336
Payements. Se commencent. Misère étrange des ministres de France employés au dehors. XII 433
Pécoil, père. Sa mort digne d'un avare, mais

	Tomes.	Pages.
Pécoll.		
affreuse. . . . . XVI 255 et	XVII	161
PECQUET, père et fils. Quels.	XVII	335
PELLETIER, abbé, conseiller d'État de robe, frère du ministre d'État et de Sousy. Sa mort.	I	385
PELLETIER, contrôleur général des finances et ministre d'État. Sa fortune; sa famille. Sa pieuse et très-volontaire retraite. .	I	470
— Sa mort.	IX	89
PELLETIER, son fils aîné, président à mortier. Est fait premier président en la place de Harlay. Dit sur son fils, président à mortier, un mot de louange plus que ridicule.	V	174
— Le plancher fond sous lui, étant à table chez lui au Palais, sans que personne fût blessé.	V	372
— Se démet de sa place de premier président; Mesmes lui succède.	IX	165
PELLETIER SOUSY, conseiller d'État et au conseil royal des finances, directeur général des fortifications. Perd ce dernier emploi à la mort du Roi. Sa fortune. Avoit été un des candidats pour l'office de chancelier à la mort de Boucherat.	II	222
— Donne à des Forts, son fils, sa place d'intendant des finances, le marie à la fille de Basville, intendant de Languedoc.	IV	450
— Le fait faire conseiller d'État; des Forts a été depuis contrôleur général des finances, ministre d'État, et renvoyé..	X	186
PELLETIER SOUSY, son père, conseiller d'État. Entre au conseil de régence, et y prend la dernière place après l'ancien évêque de Troyes et Torcy.	XIII	293
— Il remet tous ses emplois.	XVII	167

Pelletier Sousy.

— Se retire à l'abbaye de Saint-Victor à Paris. . . . . XVII 167 et XVIII 444
Peñaranda (Duc de) et comte de Miranda, dont il préfère le titre. (Le voir et le suivant aux Grands d'Espagne.). . . . . XVIII 96
Peñaranda (Comte de). Différent du précédent. . . . . XVIII 101
Penautier. Quel. Sa mort. . . . . IX 88
Pennes (Des). Quel. . . . . IV 93
Pensions de Pontoise. Ce que c'est. . . . . . XIII 109
— Pensions se payent toutes. . . . . XVI 299
— Profusions de pensions. . . . . XVII 125
Penterrieder, ministre de l'Empereur au dehors. Quel ce secrétaire impérial. . . XIII 73
— Est attendu à Londres, à la place de Wolckra, pour y traiter la paix, avec l'abbé du Bois, entre l'Empereur et le roi d'Espagne. . . . . XIV 155
— Arrivé à Londres, les ministres d'Angleterre n'ont point de secret pour lui. . XIV 262
— Penterrieder déclare fièrement, à Londres, à la Pérouse, envoyé du roi de Sicile, que l'Empereur veut absolument la Sicile, et indispose la Pérouse et son maître contre le Régent. . . . . XV 19
— Manéges de Penterrieder à Londres. . . XV 87
— Il profite des manéges du roi de Sicile. XV 95
— Il connoît bien l'abbé du Bois. . . . . . XV 148
Peralada (Comte de) : *voir* aux Grands d'Espagne. . . . . XVIII 102
Pérégrine (La). Perle du roi d'Espagne unique en Europe, et peut-être dans le monde, en perfection, en poids et en grosseur. XVIII 329
Peri. Quel, et Arling, sortants d'Haguenau récompensés. . . . . IV 292
Permangle. Quel. Bat et brûle un convoi en Flandres. . . . . VIII 440

	Tomes.	Pages.
PERMILLAC. Quel. Perd tout au jeu et se tue. .	II	184
PÉROUSE (La), envoyé du roi de Sicile à Londres. Fort inquiet du prétendu mariage de M. le duc de Chartres avec une fille de son maître[1].........	XIV	259
— Inquiétude des ministres de Sicile à Londres et à Paris............	XIV	262
— Penterrieder apprend nettement à la Pérouse, avec force propos hauts et caressants, que l'Empereur veut absolument la Sicile. Il l'assure surtout de l'éloignement de la France pour le roi de Sicile...................	XIV	260
— Manéges et embarras de la Pérouse. . .	XIV	263
— Il est la dupe de Penterrieder sur la France.................	XIV	290
— Fermeté des réponses des ministres de Sicile à Paris et à Londres à l'égard de la conservation de cette île à leur maître..................	XIV	456
— La Pérouse forme une intrigue à Vienne, pour y réconcilier son maître.....	XV	60
PERSE. Ambassadeur de Perse plus que douteux à Paris...............	XI	88
— Son entrée; sa première audience; magnificences étalées devant lui; sa conduite; son audience de congé. Il est promptement et cavalièrement renvoyé après la mort du Roi.....	XI	384
Perte du royaume de Naples.........	V	321
— De Minorque et du Port-Mahon.....	VI	49
— De la Sardaigne.............	VI	48
— De la Quenoque.............	IX	375
PERTH (Duc de), ci-devant gouverneur du prince de Galles. Mort à Saint-Ger-		

1. Dans le texte, du prince de Piémont avec une fille du Régent.

Perth. Tomes. Pages.

 main.. . . . . XIII 41 et XVII 50
PERTUIS. . . . . III 354
PESCAIRE (Marquis de) : *voir* aux GRANDE D'ES-
 PAGNE. . . . . XVIII 77
Peste de Marseille. . . . . XVII 127
— Finie en Provence et partout, et le com-
 merce universellement rouvert et ré-
 tabli. . . . . XIX 96
PETERBOROUGH (Comte de). Arrêté dans l'État
 ecclésiastique. . . . . XIV 123
— Son caractère. . . . . XIV 142
— Relâché par menaces de l'Angleterre au
 Pape; qui fait force excuses. . . . . . XIV 241
PEYRE, lieutenant général de Languedoc. Sa
 mort. Son caractère. Sa dépouille. . . XVII 69
— Son neveu épouse la fille de Gassion. . . XIX 105
PEYRONIE (LA), premier chirurgien du Roi. . . XVI 201
PEZÉ. Quel. Obtient le gouvernement et ca-
 pitainerie de la Muette, puis le régi-
 ment d'infanterie du Roi. . . . XVI 299 et 360
— Épouse une fille de Beringhen, premier
 écuyer du Roi. . . . . XIX 60
PHÉLYPEAUX, lieutenant général, ambassadeur
 à Turin. Est fort barbouillé avec le
 maréchal de Villeroy en Italie. . . . . III 76
— Comment traité à la rupture à Turin, et
 l'ambassadeur de Savoie à Paris. . . . IV 8
— Phélypeaux fort maltraité. . . . . IV 10
— Lui et Vernon, ambassadeur de Savoie à
 Paris, sont échangés à la frontière. . . IV 71
— Il salue le Roi. Sa conduite; son carac-
 tère. Est fait conseiller d'État d'épée. . IV 105
— Va gouverneur des îles françoises en
 Amérique. Meurt à la Martinique. Son
 caractère. . . . . X 112
— Mort de Phélypeaux, conseiller d'État de
 robe, frère du chancelier de Pont-

	Tomes.	Pages.
Phélypeaux. chartrain.	IX	89

PHILIPPE III, roi d'Espagne. Importuné de l'orgueil des cardinaux ; expédient qu'il y prit. . . . . XVIII 338
PHILIPPE V. Esquisse de ce prince. . . . . . . XVII 350
— Est fortement attaché aux jésuites. . . . XVII 396
— Vie journalière de Leurs Majestés Catholiques : déjeuner, prière, travail avec Grimaldo, lever, toilette. . . . . XVIII 196
— Heures des audiences particulières des seigneurs et des ministres étrangers. XVIII 200
— De l'audience publique et sa description. XVIII 200
— De l'audience du conseil de Castille. . XVIII 202
— De l'audience publique des ambassadeurs. . . . . XVIII 202
— De la couverture des grands. . . . . . . XVIII 202
— La messe ; la confession ; la communion. Le dîner. Sortie et rentrée de la chasse. Collation. Travail avec Grimaldo. Temps de la confession de la reine. Sa contrainte. Souper. Coucher. . . . . XVIII 203
— Voyages. Raisons de l'explication des journées. Jalousie réciproque du roi et de la reine. Caractère de Philippe V. . . . . XVIII 205
— Chasse. . . . . XVIII 219
— L'Atoche. . . . . XVIII 221
— Le Mail. . . . . XVIII 224
— Le roi et la reine et le prince des Asturies sont comme à la suite du duc del Arco. *Voir* Mlle de Montpensier à Cogollos. . . . . XVIII 250
— Hardiesse étrange de Leurs Majestés Catholiques dans les chemins de Balsaïm

Philippe V.　　　　　　　　　　　　　　　Tomes.　Pages.

　　　et de Saint-Ildephonse. . . . . XVIII　415
— Usage encore subsistant en Espagne,
　　　d'où venu, de dire toujours *los Re-*
　　　yes, c'est-à-dire les rois, quand on
　　　veut parler du roi et de la reine
　　　ensemble. . . . . XVIII　114
PHILIPPE (Don), infant. Sa naissance. Le cordon
　　　bleu lui est porté par Maulevrier, en-
　　　voyé de France. . . . . XVII　52
— Son baptême. . . . . XVIII　376
— Reçoit le sacrement de confirmation et
　　　l'ordre de Saint-Jacques. . . . . . . XVIII　378
Philippiques. . . . . XVI　199
Pièces. . . . . *Passim.*　XI　69
— Pièces répandues contre le Régent sous
　　　le faux nom du roi d'Espagne, très-
　　　foiblement tancées par le Parlement. . XVI　179
— Quatre pièces soi-disant venues d'Espa-
　　　gne contre le Régent, foiblement con-
　　　damnées par le Parlement. Discutées,
　　　savoir :
— Prétendue lettre du roi d'Espagne aux
　　　parlements. . . . . XVI　192
— Prétendu manifeste du roi d'Espagne aux
　　　trois états. . . . . XVI　197
— Prétendue requête des états généraux
　　　de France au roi d'Espagne. . . . . . XVI　198
PIÉMONT (Naissance du prince de). . . . . II　197
— Il épouse la princesse Palatine de Sultz-
　　　bach. . . . . XVIII　442
— La perd. . . . . XIX　105
PIERRE (Duc de SAINT-). (*Voir* aux GRANDS D'ES-
　　　PAGNE.) Épouse une sœur de Torcy,
　　　veuve, avec des enfants, du marquis
　　　de Rénel. Motif de ce mariage. . . . . IV　35
— Conduite, voyages, emplois du duc et de
　　　la duchesse de Saint-Pierre. . . . . XVIII　37

	Tomes.	Pages.
PIERRE (SAINT-). Fort différent du précédent. (*Voir* t. IV, p. 238.) Son extraction. Ses aventures. Son caractère. Sa conduite. Devient premier écuyer de Mme la duchesse d'Orléans. Ses dégoûts.	IV	454
— Caractère et conduite de sa femme. . .	XI	191
— État et caractère de l'abbé de Saint-Pierre, son frère, qui est chassé de l'Académie françoise pour un livre qu'il publie, qui fait grand bruit et qui offense, mal à propos, les prétendus adorateurs de Louis XIV.	XIV	389
PIGNATELLI. Mort et éloge d'Innocent XII. . . .	II	364
PIN (Du). Mort, caractère, infortune de ce célèbre docteur. Misère extrême de notre conduite à l'égard de la cour de Rome.	XVI	271
PINCRÉ (Mlle) ou Jeannette; sa fortune; son état; son mariage.	VIII	204
PIO, prince (*voir* aux GRANDS D'ESPAGNE), vice-roi de Catalogne, grand écuyer de la princesse des Asturies. Noyé dans l'inondation du bas Madrid dans l'hôtel de la Mirandole; son corps trouvé, entraîné par les eaux, à trois lieues de Madrid.	XVIII	68
PISCATORI (Donna Laura), nourrice et azafata très-accréditée de la reine d'Espagne.	XVI	408
Places perdues.	III	276
PLANCY GUÉNÉGAUD. Sa mort. Quel.	XVIII	456
Plénipotentiaires. Nommés pour traiter la paix à Ryswick.	I	376
— A Delft et à La Haye.	I	431
— Nommés pour la paix d'Utrecht.	IX	128
— Ceux de France y vont.	IX	171
— D'Espagne.	IX	395
— Reçus enfin à Utrecht.	X	2
PLÉNŒUF et sa femme. Leur état; leur for-		

Plénœuf.

	Tomes.	Pages.
tune.	XIX	50
— Le mari en fuite, de la peur de la chambre de justice.	XII	290
— Relaissé à Turin et n'osant rentrer en France, imagine, pour se faire de fête et sans aucun ordre, de traiter le mariage d'une fille du Régent avec le prince de Piémont.	XIV	188
— Revient en France. Raison de parler d'eux.	XVI	316
— Lui, sa femme et sa fille, quels. Courte reprise de la négociation à Turin, avortée par l'intérêt personnel et la ruse singulière de l'abbé du Bois.	XVI	316
— Plénœuf marie sa fille au marquis de Prie; elle devient après maîtresse déclarée de Monsieur le Duc.	X	104
— Éclats de jalousie et de haine mortelle entre elle et sa mère, qui se transforment en affaires d'État et entraînent des particuliers.	XIX	5
Plessis (Du), célèbre écuyer pour monter à cheval. Sa mort.	I	326
Plessis Bellière (Mme du), célèbre amie du surintendant Foucquet, mère de la maréchale de Créquy. Sa mort.	IV	250
Plume. Ce que c'est qu'avoir la plume parmi les quatre secrétaires du cabinet du Roi.	II	422
Poitiers (comte de). Épouse Mlle de Malause.	XI	86
— Mort de ce dernier mâle de cette grande et illustre maison.	XII	342
Pointis. Son expédition hardie et heureuse à Carthagène.	I	454
— Sa mort.	V	157
Poirier. Fait premier médecin du Roi par la mort de Dodard.	XII	268

Poirier.	Tomes.	Pages.
— Sa mort.	XIV	378
Poissy. Curiosités sur ce monastère et sur ses deux dernières supérieures.	V	130
Polastron. Quel. Sa fortune. Sa mort.	IV	395
— Autre Polastron tué.	V	16
Polignac, vicomtesse. Quelle. Son caractère.	IV	447
— Sa mort.	XVII	288
Polignac, abbé, son second fils. Quel. Va ambassadeur en Pologne et y traite l'élection de M. le prince de Conti pour succéder au roi Jean Sobieski. Sa conduite; n'y est ni heureux ni approuvé; on envoie l'abbé de Châteauneuf la rectifier.	I	430
— Est rappelé et exilé.	III	19
— Rappelé d'exil; anecdote.	IV	346
— Est singulièrement fait auditeur de rote.	IV	365
— S'en va à Rome.	IV	407
— Singulière anecdote oubliée sur lui.	V	433
— Obtient la nomination d'Angleterre.	VI	178
— Revient de Rome et va aussitôt, avec le maréchal d'Huxelles et Ménager, traiter la paix à Gertruydemberg.	VI	301
— Reviennent sans avoir pu rien faire.	VII	270
— Sa misérable flatterie à Marly.	VIII	132
— L'Espagne le refuse pour ambassadeur.	VIII	128
— Va, avec le maréchal d'Huxelles et Ménager, à Utrecht traiter la paix.	IX	128
— Il y est expectoré cardinal avec Arias Odescalchi et Sala. Quels ces trois étrangers. Pourquoi réservés *in petto*. Pourquoi expectorés. Rappelé seul d'Utrecht. Reçoit, en arrivant, la calotte rouge de la main du Roi à Marly.	IX	418
— Est maître de la chapelle du Roi. Orgueil de son serment; il reçoit le bonnet de		

Polignac. la main du Roi; il le harangue sur la paix à la tête de l'académie françoise. X 36

— Vend sa charge de maître de la chapelle, à la mort du Roi, à l'abbé de Breteuil, mort évêque de Rennes, et frère du secrétaire d'État. XII 269

— Légèreté extrême du cardinal de Polignac, ami intime du duc et de la duchesse du Maine. Il tâche inutilement de se justifier auprès du Régent sur beaucoup de choses. XIV 367

— Il prétend présenter le livre des Évangiles à baiser au Roi, de préférence au premier aumônier, et est condamné. XIV 385

— Est exilé en son abbaye d'Anchin, avec un gentilhomme ordinaire du Roi demeurant auprès de lui, lorsque le duc et la duchesse du Maine furent arrêtés. XVI 157

— Rappelé, à la mort du Pape, pour aller tout de suite au conclave. Son caractère. XVII 163

— Son frère aîné épouse la dernière fille de la comtesse de Mailly, dame d'atour de Mme la duchesse de Bourgogne. VI 388

POLOGNE. Candidats pour cette couronne à la mort du roi Jean Sobieski. I 385

— Affaires de Pologne; l'électeur de Saxe l'emporte sur M. le prince de Conti, et, à la fin, sur le roi Stanislas Leczinski. I 444

— Rage de la reine, veuve du roi Jean Sobieski contre la France. V 291

— Stanislas réfugié aux Deux-Ponts chez le roi de Suède. Caractère et conduite de la reine, veuve du roi Jean Sobieski. Cause de sa haine pour la France, de son séjour à Rome, de sa retraite à Blois. X 204

Pologne. Tomes. Pages.
— Est très-médiocrement reçue à Marseille ; ne veut point de réception ; va de Marseille droit à Blois, sans pouvoir approcher de la cour ni de Paris. . . . X 207
— Vues et conduite domestique du roi de Pologne. Il fait voyager le prince électeur de Saxe, son fils, incognito sous le nom de comte de Lusace. Ce prince arrive à Paris, est très-bien reçu à la cour. Ce qu'on en trouve. Ses conducteurs. Sa conversion secrète. . . . X 317
— Vient au lever du Roi. . . . . X 357
— Paroît fort à la cour et dans le monde avec mesure et dignité, voit le Roi en particulier, en reçoit force civilités et des présents, s'en retourne en Allemagne. . . . . XI 137
— Mort de la reine de Pologne Arquien, à Blois. . . . . XII 414
POMEREU, lieutenant général, gouverneur de Douai, frère du feu conseiller d'État et au conseil royal des finances ; sa mort ; sa dépouille. . . . . III 314
POMEREU. Affaire d'éclat entre le Régent et le Parlement sur cet officier de police. . XIII 179
POMPADOUR (Abbé de). Sa famille. Sa singularité. Sa mort. . . . . VIII 134
POMPADOUR (Marquis de). Son neveu et sa femme quels. Marient leur fille unique à Courcillon, fils unique de Dangeau, pour se fourrer à la cour, où ils n'étoient jamais venus. Dangeau lui donne sa place de menin de Monseigneur, et Mme de Dangeau donne la sienne à sa belle-fille de dame de palais de Mme la duchesse de Bourgogne. Intrigues et manéges de M. et de Mme de Pompadour. VI 5

Pompadour. Tomes. Pages.
— Elle est subtilement nommée gouvernante des enfants futurs de Mme la duchesse de Berry............ IX 396
— Lui est nommé ambassadeur en Espagne avec dessein de ne l'y pas envoyer.. X 336
— Remercié par le Roi de cette ambassade, à la chute de la princesse des Ursins. XI 84
— Fourré dans tous les complots du duc et de la duchesse du Maine, est mis à la Bastille................ XVI 142
— En sort avec les autres prisonniers pour les mêmes affaires.......... XVI 428

POMPONE. Sa famille; sa fortune; sa disgrâce; son retour. Ministre d'État. A les postes à la retraite de Pelletier, qui les avoit. I 474
— Sa mort. Sa capacité. Sa probité. Son caractère............... II 243
— Mort de sa femme, quelle......... IX 180
— L'Abbé, leur fils, exclu par son nom de l'épiscopat, va ambassadeur à Venise.................. IV 191
En revient............... VII 273
Est fait conseiller d'État d'Église.... IX 131
Et chancelier de l'ordre du Saint-Esprit par la démission de Torcy, son beau-frère.................. XIII 131

PONIATOWSKI, confident du roi de Suède. Vient à Paris; consulté par Kniphausen, ministre de Prusse, lui trace le chemin de la paix du Nord.......... XIV 180

PONS (Prince de) Lorraine, fils du comte de Marsan, frère du comte d'Armagnac, grand écuyer. Épouse la 2{de} fille du duc de Roquelaure.......... X 129

PONS-PONS (M. et Mme). Leur caractère...... XVI 430

Pont de Moulins tombé. Bon mot, du comte de Charlus au Roi, qui confond Mansart.

Pont de Moulins. Tomes. Pages.

 Ravages de la Loire..... V 461 et VIII 158

PONTCHARTRAIN père. Degrés de sa fortune. Son caractère. Son dégoût des finances. Est fait chancelier de France, à la mort de Boucherat. . . . . II 219 et 222

— A le rapé de greffier de l'ordre à la mort de son cousin Châteauneuf, secrétaire d'État. . . . . II 328

— Bal et fête galante et superbe donnée à Mme la duchesse de Bourgogne, à la chancellerie à Versailles. . . . . II 301

— Forte dispute entre lui et les évêques sur le privilége par eux prétendu de leurs ouvrages dogmatiques; se brouille là-dessus avec Godet, évêque de Chartres, et par lui, pour toujours, avec Mme de Maintenon. . . . . III 357

— Colère du chancelier et de tout le conseil, d'une charge d'intendant des finances donnée au financier Poulletier. . . . V 395

— Il refuse un riche legs du financier Thevenin. . . . . V 421

— Quel à l'égard de la mort de Monseigneur. . . . . VIII 412

— Il voit un homme se tuer à sa portière pour un procès perdu au conseil. . . . X 128

— Mort, caractère, éloge de sa femme. . . X 158

— Il remet au Roi, malgré ses remontrances, sa charge, et se retire à l'institution des Pères de l'Oratoire; raisons de sa retraite, qu'il soutient admirablement. X 199

— Y est longtemps après visité par le jeune Roi revenant de voir l'Observatoire; comment il reçoit cet honneur imprévu. . . . . XIII 57

— Son fils, conseiller au Parlement, obtient la survivance de la charge de son père

Pontchartrain.   Tomes. Pages.

de secrétaire d'État, avec le département de la marine, de Paris et de la maison du Roi.   I   111
— Le Roi rompt son mariage conclu avec Mlle de Malause. Raison du Roi, qu'il dit franchement lorsque l'agrément lui en est demandé et qu'il le refuse.   I   400
— Pontchartrain épouse la sœur du comte de Roucy.   I   402
— Se brouille avec le comte de Toulouse, d'O, et le maréchal de Cœuvres ; est près d'être chassé.   IV   258
— Scandaleux éclat entre lui et Chamillart, à l'occasion de la retraite du duc de Savoie de devant Toulon et de Provence.   V   317
— Folie du maréchal de Tessé et de lui, pendant que le maréchal étoit dans Toulon.   V   320
— Pontchartrain se raccommode avec d'O.   V   370
— Est plus que suspect d'avoir fait avorter l'entreprise d'Écosse.   V   409
— État désespéré de la santé de sa femme.   VI   32
— Il la perd ; éloge de cette dame ; folies qu'il fait ; sa fausseté.   VI   34
— Quel à l'égard de la mort de Monseigneur.   VIII   412
— Caractère du père et du fils.   IX   8
— Il épouse Mlle de Verderonne.   X   66
— Obtient du Roi 400,000 livres.   X   105
— Plein d'artifices et de jalousie, fait chasser la Chapelle, un de ses premiers commis.   XI   92
— Près d'être chassé à la mort du Roi, est soutenu par son père, qui va secrètement parler au Régent.   XII   233
— Entre, sans voix ni fonction, au conseil

	Tomes.	Pages.
Pontchartrain.		
de régence, et y reçoit en face les plus cruels et les plus sensibles affronts. .	XII	285
— Son avarice et sa bassesse.	XII	288
— Il reçoit ordre enfin de donner la démission de sa charge de secrétaire d'État, qui est donnée en même temps à Maurepas, son fils, presqu'enfant. . . .	XII	345
— Il achète la charge de prévôt et maître des cérémonies de l'ordre, du premier président de Mesmes. . . . . : . .		
— La vend, dans les derniers temps du feu Roi, à le Camus, premier président de la cour des aides	XI	123
—. Marie son fils à la fille de son cousin la Vrillière, secrétaire d'État.	XIV	358
Popoli (Duc de). Salue le Roi, qui lui promet l'ordre du Saint-Esprit.	III	20
— Quel; sa fortune; ses dignités; ses emplois; est gouverneur du prince des Asturies.	XIII	142
— Marie son fils à une fille de la maréchale de Boufflers.	XIII	370
— Lui, son fils, sa belle-fille; leur caractère.	XVIII	39
— Mort du duc de Popoli. Sa dépouille. (*Voir* aux Grands d'Espagne.). . . .	XIX	91
Portail, avocat général, président à mortier, enfin premier président.	V	174
Porte (La). Déclare la guerre à la Russie; secoure d'argent le roi de Suède, change ses ministres à son gré.	IX	406
Porte (La). Sa fortune; est fait premier président du parlement de Metz. Sa mort. Sa dépouille.	XIII	90
Porteurs de lettres en Espagne. Arrêtés. . .	XVI	357
Portland (Comte de), favori, confident de tout temps du prince d'Orange. Ses confé-		

Portland.
— rences avec le maréchal de Boufflers à la tête des armées. . . . . I 461
— Ambassadeur d'Angleterre en France à la paix de Ryswick. Admirablement accueilli, mais avec des dégoûts sur la cour de Saint-Germain. . . . . II 18
— Retourne en Angleterre; sa situation. . II 205
— Y trouve Albemarle en faveur, qui lui devient fatale. . . . . XIV 396

PORTOCARRERO, cardinal, archevêque de Tolède. A la principale part au testament de Charles II. . . . . II 373
— Est deux fois régent d'Espagne. . . . . II 393
— Commandeur surnuméraire de l'ordre du Saint-Esprit. . . . .
— Éloigné des affaires par la princesse des Ursins. . . . . III 464
— Sa mort. Sa famille. Son caractère. Son humble et chrétienne sépulture. . . . VII 122

PORTO-ERCOLE. Pris par les ennemis. . . . . . IX 324

PORT-ROYAL DES CHAMPS. . . . . VII 134
— Refuse de se soumettre, sans explication, à la bulle *Vineam Domini Sabaoth;* est privé des sacrements. . . . . VII 140
— Aveu du Roi de la sainteté de cette maison, et son regret inutile de sa persécution, parlant à Maréchal, son premier chirurgien. (*Voir* MARÉCHAL.). . . III 414
— Innocent à Rome, criminel à Versailles, est militairement et radicalement détruit de fond en cômble; l'État et la maison royale n'ont pas porté santé depuis. . . . . VII 142
— Persécution du jansénisme prétendu, confondu avec le véritable. Antérieure dissipation des saints et savants solitaires de Port-Royal. . . . . XII 104

	Tomes.	Pages.

Portsmouth (Duchesse de). Quelle. Obtient 8,000 livres d'augmentation de pension.................... XIV 404
Portugal. Se joint enfin aux alliés....... III 457
— Après avoir perdu sa fameuse reine... II 215
— Mort de l'infante, sa fille.......... IV 63
— Mort du roi don Pèdre........... V 116
— Le nouveau roi don Jean, son fils, épouse une sœur de l'Empereur........ VI 42
— Un des princes, ses frères, mal content de lui, passe à Paris, va servir en Hongrie................... XIII 55
— Naissance d'un fils du roi de Portugal. Fêtes et magnificences de son ambassadeur à Paris............... XIV 98
— Le même frère du roi de Portugal de retour incognito à Paris......... XVI 106
Il retourne bientôt à Vienne...... XVI 190
Position des armées du Roi et des alliés en Flandres, en 1693............ I 82
Pouange (Saint-). Quel. Son état; sa famille. Achète la charge de Chamillart de grand trésorier de l'ordre du Saint-Esprit, dont il étoit intendant..... II 419
— Marie son fils à la fille unique héritière de Sourdis................. III 246
— Sa mort..................... V 47
Pour (Le). Ce que c'est et à qui accordé. Les ambassadeurs le prétendent inutilement sous le feu Roi.......... II 108
— L'obtiennent très-facilement du Régent.
Pourrissoir (Le). Ce que c'est à l'Escurial, et son usage................. XVII 434
Prade (Comtesse de), fille du maréchal de Villeroy. Morte à Lisbonne. Extraction et fortune des Prades en Portugal... X 68
Praslin (M. de). Tellement signalé en la journée

Saint-Simon xx. 28

Praslin.   Tomes. Pages.

 de Crémone qu'il fut fait lieutenant général trois semaines après avoir été fait maréchal de camp. . . . . III 238
— Fort distingué au combat de Cassan et mort des blessures qu'il y reçut. . . . IV 295
Précautions. Troupes approchées de Paris. XVII 116
Prédiction sur l'archevêché de Cambray fort singulière. . . . . XII 412
Premiers gentilshommes de la chambre du Roi. Leurs diverses disputes. . . . XIV 191
Présents du Roi aux Espagnols à l'échange des princesses, pitoyables. . . . . . XVIII 241
Présidents à mortier au parlement de Paris. Leur orgueilleuse lenteur à changer d'habit à la buvette entre les deux séances des renonciations, et à revenir en place, où les fils de France, princes du sang et autres pairs étoient et attendoient. Nul du sang ni des autres pairs ne se leva, ni ne branla de sa place pour les présidents. . . . . IX 462
— Origine de la présidence et de sa prétention de représenter le Roi. Sa séance en tout temps à la gauche de celle des pairs. . . . . X 399
— Ils usurpent nettement la préséance sur les princes du sang et sur les autres pairs, à la sortie de la séance des bas siéges. . . . . X 412
— Aux lits de justice les pairs et les officiers de la couronne seuls siéent aux hauts siéges, y opinent assis et couverts; le chancelier de France sied en bas de niveau aux bas siéges, y parle assis et couvert, mais il ne parle au Roi que découvert et à genoux; les présidents et tous autres magistrats siéent aux

Présidents. bas siéges et ne parlent et n'opinent que découverts et à genoux. Raisons de ces choses. Les présidents usurpent, par degrés, d'opiner enfin entre la reine Anne d'Autriche régente et le roi Louis XIV son fils. Sont enfin remis à opiner après le dernier des officiers de la couronne, comme ils avoient toujours fait avant leurs usurpations, par jugement très-solennel et contradictoire de Louis XIV, en 1669, qui a toujours subsisté depuis en exécution entière.................. X 414
— Efforts et dépit des présidents en 1664 et depuis................... X 417
— Princes du sang et autres pairs cessent de suivre les présidents, sortant de séance aux bas siéges, qui avoient usurpé cette préséance......... X 426
— Orgueil des présidents à l'égard des princes du sang. Nouvelle usurpation d'huissiers, très-indécente....... X 428
— Présidents, par ruse et innovation, excluent les princes du sang et autres pairs de la tournelle. Conseiller usurpe de couper la séance des pairs, sans toutefois opiner ni marcher parmi eux. . X 430
— Nouvelle usurpation manquée. Pairs ont partout au Parlement la droite nettement sur les présidents........ X 431
— Usurpation, aussi singulière qu'étrange et indécente, du rembourrage et débourrage des places les plus proches du coin du Roi, qui tombe sur les fils de France et sur les princes du sang comme sur les autres pairs...... X 434
— Autre nouvelle usurpation, non moins

Présidents.

étrange, d'un couvercle en dais que les présidents se font tendre sur eux aux bas siéges, sous prétexte du vent et du froid. Saluts. . . . . X 436
— Les présidents ne représentent point le Roi au Parlement plus que le Parlement ensemble, qui use de l'autorité qu'il lui a confiée pour juger en son nom les matières contentieuses entre ses sujets, et qui d'ailleurs n'a pas la moindre représentation royale ; les pairs y ont la droite sur eux, et tout ce qui témoigne la préférence du côté, tant aux hauts siéges qu'aux bas siéges. Comparaison du chancelier, qui se découvre au conseil pour prendre l'avis des ducs, avec le premier président. . . . . XI 51

Prie (Marquis de). Quel. Va ambassadeur à Turin. Épouse, avant partir, la funeste fille de Plénœuf. . . . . X 104
— Revient de Turin. Reçoit des grâces. . . XVI 207
— Sa soubisesque infamie. . . . . XIX 53

Prié, piémontois médiocre. Sa fortune ; son caractère plénipotentiaire ; puis ambassadeur de l'Empereur à Rome. . . VI 231
— Force le Pape, fort malmené par les troupes impériales et sans aucune espérance de secours, de le recevoir à Rome comme il lui plaît et de lui accorder tout ce qui lui plaît. . . . . VI 177 et 231
— Est à la fin gouverneur général des Pays-Bas pour l'Empereur. . . . . XIII 71

Priego (M. de). (*Voir* aux Grands d'Espagne.) Son adresse à obtenir la grandesse. Son caractère. . . . . XVIII 102

Prières de quarante heures à la cour et à

	Tomes.	Pages.
Prières.		
Paris dans les étés de 1708 et 1709...	VII	1
Primatie de Lyon fort légère. Préséance ni croix de l'archevêque de Lyon souffertes nulle part. Saint-Georges, archevêque de Lyon, perd contradictoirement sa jurisdiction d'appel sur la Normandie, devant le Roi, contre Colbert, archevêque de Rouen. Mais le crédit des Villeroys fait donner la préséance aux deux Villeroys, archevêques de Lyon, sur les archevêques plus anciens qu'eux, en leur réception en l'ordre du Saint-Esprit...............	III	277
Princes étrangers ou qui en ont le prétendu rang. Abus resté de la ligue en France, inconnu en tout autre pays de l'Europe. Quels à l'égard de la mort de Monseigneur.................	VIII	408
Princes d'Italie. Leur crainte publique de l'Empereur..............	XIV	183
— Frayeur de toute l'Italie.........	XIV	144
Princes et Princesses du sang priés, de la bouche du Roi, de se trouver à l'enregistrement et à l'exécution de sa déclaration portant règlement du rang intermédiaire donné au duc du Maine et au comte de Toulouse........	I	166
— Différence des domestiques principaux des princes et princesses du sang d'avec ceux des petits-fils et petites-filles de France. Avantages nouveaux de ceux des bâtards et bâtardes du Roi sur ceux des princes et princesses du sang, même des princes du sang maris ou fils de ses bâtardes.........	I	349
— Époque que les ducs et duchesses ne sont plus à la chapelle du Roi et aux		

Princes et Princesses du sang. Tomes. Pages.

— églises précisément sur la même ligne que les princes et princesses du sang. V 323
— Époque de visiter les princes et les princesses du sang en manteau long et en mante pour les grands deuils, réciproque de famille. . . . . V 366
— Époque de ce que les princes et princesses du sang ne se donnent plus la main chez eux les uns aux autres que par aînesse. Raison de cela. . . . . .
— Eau bénite du dernier Monsieur le Prince est l'époque de l'entrée des domestiques principaux des princes du sang dans les carrosses du Roi. . . . . . . VI 342
— Suites de cette usurpation. Autre nouveauté : le Roi ni les fils et filles de France ne visitent plus les princesses du sang aux occasions de mort, etc., que dans le château où Sa Majesté demeure. . . . . VI 346
— Disgression sur les noms singuliers de distinction des princes et princesses du sang, Monsieur le Prince, Monsieur le Duc, Monsieur le Comte, Madame la Princesse, Madame la Duchesse, Madame la Comtesse, leurs épouses; leur origine, leur progrès, etc. . . . . VI 348
— Monsieur le Duc. Succession dernière du comté de Soissons. Comte de Toulouse. Extinction du nom tout court de Monsieur le Prince. Chimère avortée d'arrière-petits-fils de France, de l'imagination de Mme la duchesse d'Orléans pour ses enfants. . . . . VI 350
— Extinction depuis du nom tout court de Monsieur le Duc. Enfants d'Henri II. Monsieur. Filles de France de tout

Princes et Princesses de sang.	Tomes.	Pages.

temps. Madame tout court et pourquoi. Mademoiselle. . . . . VI 353
— Brevet obtenu de Louis XV par Mlle de Charolois, et sans exemple, pour être appelée Mademoiselle tout court. Monseigneur. . . . . VI 357
— Adroit et insensible établissement, tout nouveau, de dire Monseigneur aux princes du sang, et aux bâtards par conséquent, en leur parlant, puis de ne plus leur parler autrement. Le duc de Vendôme introduisit enfin, pour soi, le même abus dans les armées qu'il commanda, et jusqu'au maréchal de Montrevel usurpa ce même usage, pour lui, dans son commandement de Guyenne. VI 361
— Présent du Roi ordinaire aux princes et princesses du sang qui se marient. . X 61
— Il n'en fait pas toujours le festin. Il n'y eut aucun repas chez lui, ni où il se trouvât, pour la noce de M. le prince de Conti, avec la fille aînée de Monsieur le Prince, qui le fit chez lui dans son appartement à Versailles. . . . . X 61
— Époque du traversement du parquet à la grand'chambre par les princes du sang. . . . . X 412
— Nouveauté de leur passage par le petit degré du Roi pour monter aux hauts siéges, dont l'époque est de 1715 au premier lit de justice de Louis XV. . . X 440
— Princes du sang précèdent partout tous souverains non rois. . . . . II 258
— Mme la duchesse d'Orléans appelle Madame la Duchesse ma sœur. Madame la Duchesse évitoit familièrement de la qualifier en lui parlant. Le Roi lui

Princes et Princesses du sang.   Tomes. Pages.

— ordonne de lui dire toujours Madame. Picotteries là-dessus, mais exécution constante................ I 198
— Princesses du sang quittent les housses d'impériale de leurs carrosses et de leurs chaises à porteurs; époque et cause de cela. Peu après, les princes et les princesses du sang quittent le manteau ducal à leurs armes et leur couronne de prince du sang, et prennent celle de fils de France...... V 187
— Époque des princesses du sang d'aller à Paris à deux carrosses, par émulation du nom de Guise, peu après le mariage de Mme de Guise, qui alloit dans Paris à deux carrosses comme petite-fille de France..................
— Époque des princesses du sang d'aller à six chevaux dans Paris, sans en sortir, lors de leur procès et de leurs sollicitations pour la succession du dernier Monsieur le Prince; ces deux usages, leur est demeuré depuis, comme par habitude devenue nouvelle distinction.
— Places des princesses du sang aux cercles et autres lieux rangés.......... II 168
— Princesses du sang très-rarement appelées au grand couvert, et sans conséquence............... V 334
— Orgueil extrême de Mme la duchesse d'Orléans, qui prétend que ses filles précèdent les femmes des princes du sang. Mesures sur cette dispute, et sa véritable cause. (*Voir* les pièces[1].) . . VII 290
— Jugement de Louis XIV en faveur des

---

1. Voyez tome I, page 420, note 1.

Princes et Princesses du sang. — Tomes. Pages.

    femmes des princes du sang. . . . . . VII 295
— Il déclare son jugement aux parties, puis au conseil, et ne le rend public que quelques jours après, sans le revêtir d'aucunes formes. . . . . VII 299
— Désespoir et opiniâtreté de Mme la duchesse d'Orléans. . . . . VII 302
— Éclat des princes du sang sur la qualité de prince du sang prise avec eux par le duc du Maine, dans leur procès sur la succession de Monsieur le Prince. . XII 264
— Ils s'opposent au rang et honneurs de prince du sang et à l'habileté de succéder à la couronne donnée par Louis XIV à ses bâtards et à leur postérité masculine. . . . . XIII 117
— Le Régent défend également aux princes du sang et aux bâtards d'assister à la réception au Parlement du duc de Valentinois et, par la même raison, à celle du duc de Villars Brancas. . . . XIII 121 et 130
— Grande aigreur entre les princes du sang et les bâtards sur les mémoires publiés de part et d'autre. . . . . . . XIII 200
— Princes du sang pressent vivement leur jugement, que les bâtards tâchent de différer par toutes sortes de voies. . . XIII 289
— Six conseillers d'État nommés commissaires, et Saint-Contest, l'un d'eux, rapporteur à ce bureau, puis avec les commissaires en instruire(sic) le Régent seul, ensuite entrer tous six en un conseil de régence extraordinairement formé pour juger, et temps court fixé aux parties pour remettre leurs pièces et leurs papiers au rapporteur. . . . . XIII 413
— Formation d'un conseil de régence extra-

Princes et Princesses du sang.

    ordinaire pour juger cette affaire, les pairs étant parties pour revendiquer leur rang sur les bâtards. . . . . XIII 422
— Arrêt en forme d'édit, rendu en ce conseil extraordinaire de régence, enregistré au Parlement, qui prononce sur l'affaire des princes du sang et des bâtards, et adouci par le Régent en faveur des derniers; et aussitôt après adouci encore de sa seule autorité contre la teneur de l'édit, dont le duc et la duchesse du Maine ne demeurent pas moins enragés contre le Régent. Scandale du monde. . . . . XIII 423
— Malgré la décision et le règlement du feu Roi entre les femmes des princes du sang et les filles de Mme la duchesse d'Orléans, elle entreprend de faire signer à ses filles le contrat de mariage de Chalmazel avec sa première femme, sœur du maréchal d'Harcourt, avant les femmes des princes du sang. Elle est de nouveau condamnée par M. le duc d'Orléans, régent, qui confirme le jugement et le règlement du feu Roi en faveur des femmes des princes du sang. . . . . XIV 117
— Origine du débordement des finances du Roi sur les princes et les princesses du sang. . . . . XIV 405
— Officiers des princes du sang. Leur date. Usurpations. Richesses. . . . .

Prior. Quel. Sa disgrâce en Angleterre. Sa conduite. Sa mort. . . . . XVII 288

Prises en mer. . . . . IV 323
— Considérables sur les Anglois. . . . . . V 128

Prison de François Ier. Sa structure et sa

	Tomes.	Pages.
Prison de François Ier.		
rigueur dans le palais de Madrid...	XVIII	337
Prisons. Ouvertes, par le Régent, à ce qui n'est pas crime. Horreurs qui se trouvent.	XII	220
Prisonniers vigoureusement échappés de Pierre-Encise.	IV	272
Prix taxé des régiments d'infanterie.	X	337
Procédures et leurs suites, sur la découverte de la conspiration tramée en Franche-Comté, par les papiers de la cassette de Mercy, lors de sa défaite par le comte du Bourg, depuis maréchal de France.	VII	92
Procession de sainte Geneviève à Paris...	VI	408
Projet des Impériaux sur la Franche-Comté; conspiration en leur faveur; tout découvert par la défaite et la prise des papiers de Mercy par du Bourg.	VII	87
Promenades nocturnes au Cours à la mode.	X	244
Promotions d'officiers généraux. Promotions funestement introduites.	IV	411
— Confusion militaire.	XIV	362
— Autre d'officiers généraux.	XVI	206
— De cardinaux. Leur discussion.	XVI	369
Prononciation. Différence de notre prononciation du latin de celle de toutes les autres nations.	XVIII	344
Provane, envoyé du roi de Sicile à Paris. Concert entre Cellamare et lui, etc...	XIV	446
— Il traite d'impostures les dangereuses propositions pour la France faites à l'Empereur par le roi de Sicile. Proteste contre l'abandon de la Sicile, et menace la France dans Paris.	XV	67
— Il est de plus en plus alarmé.	XV	217
— Son embarras et celui de Cellamare. Bruits, jugements, raisonnements vagues, instances et menées inutiles.	XV	228

	Tomes.	Pages.
Provinces Unies. Leur frayeur de l'Empereur. Leurs vues. Leurs adresses...	XIII	64
— Leur attention pour l'Espagne dans les traités à faire avec la France et l'Angleterre.	XIII	162
— Leur sentiment sur l'arrêt de la personne du baron de Gœrtz. Leur situation.	XIII	322
Prusse. Le roi de Prusse à Clèves.	XIII	75
— Ses vues.	XIII	80
— Sa chétive conduite; il attire chez lui des ouvriers françois.	XIII	157
— Se lie aux ennemis du roi d'Angleterre.	XIII	321
— Ses plaintes et ses dépits contre le roi d'Angleterre.	XIV	43
— Est tenté, puis détourné, de venir en France. Ses vues; sa conduite.	XIV	59
— Liaison entre le Czar et lui; union et traité entre eux.	XIV	60
— Plaintes et cris du roi de Prusse.	XIV	77
— Il est soupçonné à Vienne et à Londres. Son caractère et sa conduite.	XIV	130
— Ses artifices auprès du Régent, pour la paix du Nord.	XIV	163
— Ses soupçons à l'égard de la France; il lui cache les propositions de Gœrtz, ministre de Suède; hasard à Paris qui les découvre.	XIV	164
— Réconcilié avec le roi d'Angleterre, il cherche à le tromper sur la paix du Nord. Il se plaint de la France, qui le contente.	XIV	179
— Ses projets à l'égard de la Suède; offres à cette couronne. Conduite du roi de Prusse et du Czar, auxquels la conduite de Gœrtz est suspecte. Chimères du roi de Prusse. Ses avis au Régent.	XIV	229
— Ses mouvements à divers égards. Son		

Prusse.	Tomes.	Pages.
caractère. Ses embarras.	XIV	268
— Est méprisé du roi d'Angleterre.	XIV	414
Pussort, oncle de Colbert, doyen du conseil, conseiller au conseil royal des finances. Quel. Sa mort.	I	395
Puységur. Va en Espagne. Son caractère; son état; ses précédents emplois.	IV	27
— Motifs qui le font envoyer en Espagne avec le duc de Berwick.	IV	79
— Revient à Versailles. Est envoyé en Flandres.	V	10
— Éclat entre le duc de Vendôme et lui. Il achève de perdre totalement Vendôme auprès du Roi.	VI	367
Puysieux. Sa famille. Va ambassadeur en Suisse. Son adresse le fait chevalier de l'ordre.	IV	191
— Puis conseiller d'État d'épée.	V	130
— Revient tout à fait de Suisse.	V	425
— Sa mort; sa dépouille. Son caractère. .	XVI	209
Puysieux, fils de son frère, épouse la fille de Souvré.	XVIII	443

Dans la lettre P { Noms propres. . . 99
Autres. 38
En tout 137

Quailus[1]	I	395
— Mme de Quailus. Quelle. Perd son mari. Est chassée.	IV	197
— Devient dévote.	IV	232
— Reçoit 6,000 livres d'augmentation de pension, à condition de quitter le P. de la Tour, général de l'Oratoire, son confesseur.	IV	232
— Rappelée à la cour, où elle est mieux que		

1. Dans les *Mémoires*, Saint-Simon écrit ordinairement Caylus.

Quailus.   Tomes. Pages.

    jamais et se moque de sa dévotion passée. (*Voir* t. VIII, p. 8.). . . . . . . IV 233
— Est une manière de personnage à la cour. . . . . V 125
— Abbé de Quailus, son beau-frère, est fait évêque d'Auxerre. . . . . IV 116
— Son autre beau-frère se retire en Espagne, pour s'être battu dans Paris avec le fils aîné du comte d'Auvergne, qui en est aussi perdu. . . . . I 395
    Absous et réhabilité pendant la régence, commence une grande fortune en Espagne. . . . . XII 397
    Obtient la Toison d'or. . . . . XIII 245
    Arrive peu à peu à être capitaine général de province, puis d'armée, grand d'Espagne, vice-roi du Mexique[1].XVIII 195

QUENOQUE (La). Rendue à discrétion. . . . . IX 375
QUESNE (Du). Brûle les magasins d'Aquilée. . . III 437
QUESNEL. Le célèbre P. Quesnel est arrêté en Flandres, et ses papiers pris; il s'échappe et se sauve en Hollande. . . . III 419
— Sa mort à Amsterdam. . . . . XVI 356

Quête. Affaire de la quête. . . . . IV 42
— Raison de s'être étendu sur cette affaire. IV 52

QUEUE (La) et sa femme, bâtarde, non reconnue, du Roi et d'une jardinière. Leur chétive fortune. . . . . IV 97

Queue. Mouvements étranges sur qui porteroit la queue de la fille de M. le duc d'Orléans, à ses fiançailles avec M. le duc de Berry. Facilité encore plus étrange de M. le duc d'Orléans. . . . VIII 24

Queues. Étranges aux obsèques de Monsieur et Madame la Dauphine à Saint-Denis.

---

1. Les *Mémoires* disent vice-roi du Pérou.

		Tomes.	Pages.
Quiros, ministre d'Espagne aux Pays-Bas. Sa fortune. Sa défection. Sa mort.		VI	233

Dans la lettre Q { Noms propres... 5
{ Autres... 4
En tout 9

		Tomes.	Pages.
Rablière (La). Quel. Sa mort.		IV	164
Rabutin. Aventure qui lui fit quitter la France. Sa grande fortune en Allemagne.		IV	268
Racine. Quel. Sa fortune. Sa funeste distraction. Sa mort.		II	193
Ravetot (Mme de). Quelle. Son caractère. Sa mort. Sa famille, celle de son mari.		VIII	134
Ragotzi, prince. Quel. Sa famille. Arrêté par ordre de l'empereur Léopold, et prisonnier à Neustadt.		III	21
— Se sauve de prison par l'adresse et la hardiesse de sa femme. (*Voir* t. IV, p. 189.).		IV	6
— Est élu prince de Transylvanie, et reçoit des subsides de la France.		IV	189
— Ses progrès en Hongrie.		IV	268
— Est proclamé prince de Transylvanie.		V	302
— Perd tout par le contre-coup de la bataille d'Hochstedt et vient en France.		IX	406
— Disgression sur sa manière d'être en France et à la cour. Son extraction. Sa famille. Sa fortune, celle de ses proches et des comtes Serini et Tekeli. Son traitement. Son caractère.		IX	407
— Obtient du Roi une augmentation de pension de 30,000 livres, et 40,000 livres de pensions à distribuer dans son parti.		X	185
— Sa vie pénitente au milieu du monde ; puis solitaire à la mort du Roi.		XIV	82

Ragotzi.
— Demandé par la Porte pour l'employer, il passe, à contre-temps, par mer en Turquie. Ce qu'il devient jusqu'à sa mort. XIV 119
— Entreprise sur lui sans effet. Les Impériaux lui enlèvent des officiers à Hambourg. . . . . XIV 153
— Nouveau complot des Impériaux pour se débarrasser de lui, inutile. . . . . . . XIV 158
— Entreprise sur sa vie, inutile. Des François à lui arrêtés à Staden. . . . . . . XIV 161
— Grandement traité, mais peu considéré, en Turquie. . . . . XV 233
— Sa femme, Hesse-Rhinfels, après bien des courses, vient en France et y meurt. . . . . XVIII 440
Ramillies (bataille de). . . . . IV 424
Rancé. Création personnelle d'un second lieutenant général des galères pour le chevalier de Rancé, frère du célèbre abbé de la Trappe, qui y [est] mort dès 1700, fort en sa considération. . . . . XVI 90
Rang de petite-fille de France fait et établi pour Mademoiselle, fille unique du premier mariage de Gaston, frère de Louis XIII, et de l'héritière de la branche royale de Montpensier, qui est demeuré établi à toujours . . . . I 42
— Intermédiaire inventé pour les bâtards de Louis XIV. (*Voir* Monaco, t. I, p. 291; Grands d'Espagne, t. IV, p. 155 ; Maine, t. VII, p. 309.). . . . . I 164
Rang de prince étranger. Son époque. . . . . VIII 72
Rapé des charges de l'ordre du Saint-Esprit. Ce que c'est. . . . . III 452
Rastadt (Paix de). . . . . X 134
Rature. (*Voir* Bouillon la Tour.). . . . . . . VIII 91
Ravignan. Quel. Bat un convoi en Flandres. VII 79 et VIII 53

Ravignan.　　　　　　　　　　　　　　Tomes.　Pages.
— Sa situation personnelle dans Bouchain, rendu la garnison prisonnière. Générosité des ennemis à son égard. . . . IX 111
RAZILLY. Quel. Sa fortune. . . . . VI 42
— Perd sa femme. . . . . VI 42
— Sa mort. . . . . IX 187
REBOURS. Quel. Fait intendant des finances. . II 234
Récapitulation. *Voir* Grandesses, t. IV, p. 112 et 159; Parlement, t. X, p. 394; Légistes, t. X, p. 456.
RECKEM, comte, abbé, etc. Sa mort. . . . . . XVI 336
Récompenses d'avance. . . . . VIII 37
— De la défense de Béthune. . . . . VIII 48
Réflexions sur les cardinaux françois. . . . II 347
— Sur les choix. . . . . V 379
— Sur le rang de prince étranger. . . . . . VIII 73
— Sommaires sur les renonciations. . . . . IX 451
— Sur les bâtards. . . . . X 232
— Sur le périls de former des monstres de grandeur. . . . . XI 49
— Sur le bonnet. . . . . XI 51
— Sur les vilains. . . . . VIII 174
— Sur la chute de la princesse des Ursins. XI 82
— Sur le Roi mourant qui songe à s'habiller. . . . . XI 403
— Sur les abyssales horreurs du duc de Noailles. . . . . XI 421
— Sur le gouvernement (du Régent), et sur celui à établir. . . . . XI 241
— Sur le feu Roi. . . . . XII 162
— Sur le pouvoir et sur le grand nombre en matière de religion. . . . . XII 230
— Sur les coadjutoreries régulières. . . . XII 270
— Sur les rapés et les vétérans de l'ordre. XII 421
— Sur le joug de Rome et du clergé. . . . XIII 77
— Sur une belle leçon sur Rome pour les bons et doctes serviteurs des rois. . . XIII 162

Réflexions. Tomes. Pages.
— Sur le pouvoir que l'Espagne a laissé
usurper à son clergé et au Pape. . . . XIII 213
— Sur le cardinalat. . . . . XIII 236
— Sur les cardinaux françois. . . . . VIII 77
— Sur le très-dangereux poison du cardinalat. . . . . XV 293
— Sur les entreprises de Rome. . . . . . . XIII 205
— Sur Rome dont les prétentions scellent
pour jamais, hors de sa communion,
les souverains hérétiques ou schismatiques avec tous leurs États. . . . . .
— Sur la délicatesse de Rome étrangement
erronée. XIV 247
— Sur son horrible délicatesse et le gentil
expédient de Clément XI sur la non-
résidence d'Alberoni en son évêché de
Malaga. . . . . , ... XIV 280
— Sur le Régent et l'énorme insolence que
lui fait Alberoni. . . . . XIII 208
— Sur la requête de la prétendue noblesse
au Parlement. . . . . XIII 416
— Sur l'audace de la domination angloise
sur le Régent. . . . . XIV 226
— Sur la fortune des favoris. . . . . XIV 397
— Sur ce qui vient d'être rapporté des
affaires étrangères. . . . . XV 298
— Sur ce que les premiers ministres, et
ceux qui sont assez puissants pour en
exercer le pouvoir dans leurs départements, sont nécessairement toujours
funestes aux États qu'ils gouvernent. XV 327
— Sur Stairs et Sutton, successivement
ambassadeurs d'Angleterre en France. XVII 113
— Sur un curieux conseil de régence lors
de la sortie de Law hors du royaume. XVII 173
— Sur la fortune et la fin du cardinal de
Mailly. XVII 272

| Réflexions. | Tomes. | Pages. |

— Sur les troubles de la paix du Nord... XVII 292
— Sur le mariage du Roi et la cabale opposée. XVII 305
— Sur la persévérante ambition du duc de
    Lauzun.................... XIX 189
Refonte et profit de la monnoie........ VIII 157
Réformes de troupes............. X 108 et 170
Refus illustre de l'ordre de la Hoguette,
    archevêque de Sens........... III 14
Règlement sur le luxe dans les armées; pas
    exécuté.................. V 189
REGNIER, abbé. Quel. Sa mort.......... X 71
Reine douairière d'Espagne........ XVII 336
— Son exil; son étrange logement; son
    triste état. Se ruine en présents et
    prostitue son rang, au passage à
    Bayonne des filles de M. le duc d'Or-
    léans.................... XVIII 245
Première femme de Philippe V. Son anni-
    versaire. Est toujours adorée en Espa-
    gne.................... XVIII 331
Seconde femme de Philippe V. Esquisse de
    cette reine................ XVII 350
— Sa jalousie d'être présente à toutes au-
    diences que le roi donne aux minis-
    tres étrangers et aux siens et à tous
    ses sujets et aux étrangers....... XVII 386
— Son manége................ XVII 394
— N'aime point les jésuites......... XVII 396
— Son goût et sa conduite. Hait les Espa-
    gnols et en est haïe, et l'un et l'autre
    ouvertement et publiquement.... XVIII 192
— Son plan en arrivant à Madrid et sa
    conduite................. XVIII 196
— Son étrange et continuelle contrainte. XVIII 202
    (*Voir* t. XVIII, p. 197 : PHILIPPE V et
    leur vie journalière.)
— Est toujours à quelque travail que le roi

Réflexions.   Tomes. Pages.

    fasse et à quelque audience qu'il donne. XVIII 205
— Difficulté, comme insurmontable, de la voir en particulier sans le roi, et de tout commerce d'affaires avec elle seule.................. XVIII 206
— Son éducation; ses sentiments pour sa famille, et pour son pays....... XVIII 209
— Son caractère; sa vie; ses vues; son art; son manége; sa conduite; son pouvoir; son ambition; sa contrainte. XVIII 211

    Nota. Ces trois articles des trois reines d'Espagne sont mal à propos transposés ici, et par méprise coupés des mêmes articles qui suivent Philippe V au mot Espagne, où il les faut reporter.

REINEVILLE, lieutenant des gardes du corps. Disparoît.................. II 184
— Est retrouvé................ IV 163
Remède, au Pérou, sûr pour la goutte et sans nul inconvénient............
REMIREMONT (Abbesse de). Obtient la pension de 12,000 livres qu'avoit Mme de Lislebonne, sa mère............. XVII 39
RÉMOND. Quel. Son état; son caractère. XII 368 et XVI 207
RENAULT, lieutenant général des armées navales, fort distingué. Sa fortune; ses actions; son caractère; sa mort. IV 267 et XVI 296
RENAUT et FLOTTE. Quels. Arrêtés en Espagne. VII 28
— Conduits et resserrés au château de Ségovie................... VIII 110
— Mis en liberté............... XI 110
— Attachés à M. le duc d'Orléans, mis en liberté.................. XI 110
RÉNEL (M. de). Épouse la sœur de Torcy. Sa mort................... III 51
Renonciations. Avis célèbre au conseil d'État d'Espagne sur les renonciations de l'infante Marie-Thérèse, épouse de

	Tomes.	Pages.
Renonciations.		
Louis XIV.	II	374
Renonciations. Exigées lors de la paix d'Utrecht par les alliés en la meilleure et plus authentique forme et la plus sûre pour empêcher à jamais la réunion sur la même tête, de monarchies de France et d'Espagne. Mesures sur ces formes. *Voir* les pièces[1] et le tome IX.		337 et 451
RENTI (Marquis de), lieutenant général. Quel. Sa mort et celle de sa sœur, la maréchale de Choiseul.	VIII	46
Reprise de la campagne de Flandres.	VII	94
REVEL. Quel. Se distingue fort à la journée de Crémone et en est fait chevalier de l'ordre.	III	238
— Épouse une sœur du duc de Tresmes. Sa mort.	V	344
REYNIE (La), conseiller d'État et lieutenant de police qui, le premier, a rendu cette place considérable. La quitte à Argenson.	I	394
— Candidat pour la place de chancelier.	II	219, 221
— Dispute le décanat du conseil à le Tellier, archevêque de Reims, et le perd.	IV	41
— Sa mort; sa fortune; son caractère et celui de son fils.	VI	397
REYNOLD, lieutenant général, colonel du régiment des gardes suisses. Sa mort.	XIX	60
RHIN. Tranquille.	VI	121
RHODES (M.). Mort de ce dernier mâle de l'ancienne maison Pot. Son caractère.	IV	445
RIBEIRE, conseiller d'État. Sa place donnée à la Bourdonnaye, son gendre.	IX	374
RIBEIRA (Comte de), ambassadeur de Portugal.		

1. Voyez tome I, p. 420, note 1.

Ribeira.   Tomes. Pages.
  Fait une entrée magnifique à Paris. . XI 389
[Richebourg. *Voyez* Risbourg.]
Richelieu (Duc de), père. Quel. (*Voir* t. I, p.155.)
— Perd sa seconde femme, qui étoit Acigné. II 99
— Épouse une Rouillé, veuve du maréchal
  de Noailles. . . . . III 247
— Se brouille avec elle et la quitte. . . . . X 117
— Marient le fils et la fille uniques qu'ils
  avoient eus de leur précédent mariage.
  Mort de cette jeune duchesse, sans en-
  fants. XIII 188
— Mort du duc de Richelieu. . . . . XI 123
— Fils, mis à la Bastille à la prière de son
  père et y demeure quelque temps. VIII 203
— Querelle et combat entre lui et le comte
  de Gacé. Procédures et jugement.
  Princes du sang. Bâtards; pairs; épées
  aux prisons. . . . . XII 428
Richelieu (Duc de). Quel. Fort mêlé dans la
  conspiration du duc et de la duchesse
  du Maine. . . . . XVI 231
— En est quitte pour un court séjour à la
  Bastille. . . . . XVI 302
Richelieu (Marquis de). Quel. Explication de
  sa prétention de succéder à la dignité
  de duc et pair d'Aiguillon, rejetée par
  le Roi. . . . . IV 202
Ricœur, premier apothicaire du roi d'Espagne.
  Son caractère. . . . . XVIII 148
Ricos-hombres. *Voir* ce que c'est. . . . . III 88
  (et aux Grands d'Espagne.)
Ricousse. Quel. Sa mort. . . . . VII 60
Rieux (Comte de). S'excuse au Régent de ses
  pratiques. Son caractère. . . . . XIV 301
Rigoville. Quel. Sa mort. . . . . IV 163
Rion. Quel. Aimé de Mme la duchesse de Berry,
  qui le fait lieutenant de ses gardes. . XII 341

Rion.	Tomes.	Pages.
— Son étrange conduite avec elle.	XVI	233
— Il l'épouse secrètement, conduit par le duc de Lauzun, oncle de sa mère et de la femme de Biron.	XVI	239
— Veut lui faire déclarer ce mariage. Est subitement envoyé servir dans l'armée du maréchal de Berwick, en Navarre.	XVI	260
— Son désespoir de la mort de Mme la duchesse de Berry; il s'en console.	XVI	290
— Revient à Paris et tombe dans l'obscurité pour toujours.	XVII	60
RIPERDA, ambassadeur d'Hollande en Espagne. Son inquiétude.	XIII	20
— Il découvre un changement dans le système d'Alberoni, et prévoit son dessein sur la Sicile.	XIV	45
— Est soupçonné d'être vendu à Alberoni ou de vouloir s'attacher au service d'Espagne.	XIV	149
— Son état et suite de sa vie.	XIV	169
— Est tout à Alberoni. Il tient d'étranges propos à l'abbé del Marco, ambassadeur de Sicile.	XIV	249
— Riperda, vendu à Alberoni, lui promet l'union du roi de Sicile au roi d'Espagne.	XIV	283
— Singulière aventure d'argent entre lui, Bubb et Alberoni.	XIV	283
— Est en dispute avec Alberoni sur un présent du roi d'Angleterre.	XIV	283
— Rappelé par ses maîtres, résolu depuis longtemps de revenir s'établir en Espagne.	XIV	429
RISBOURG[1] (M. de). Quel. Obtient le régiment des gardes wallones, etc.	XIII	135

1. Saint-Simon écrit tantôt *Risbourg*, tantôt *Richebourg*.

Risbourg.

(*Voir* aux Grands d'Espagne, t. XVIII, p. 78.)

Rivaroles. Quel. Sa mort. . . . . IV 99
Rivas. Sa triste situation à Madrid; ce qu'il y étoit; ce qu'il y fit pour le testament de Charles II. Sa disgrâce par la princesse des Ursins, etc. il s'appeloit Ubilla avant ce mince titre de marquis de Rivas. . . . . XVIII 190
Robecque. Passe au service d'Espagne. Épouse à Madrid la fille du comte de Solre, qui est faite dame du palais. . . . . X 75
— Obtient la Toison, la grandesse, le régiment des gardes wallones, et meurt presque aussitôt, sans enfants. . . . . XIII 135
— Son frère, au service de France, hérite de sa grandesse et obtient la Toison, quitte le nom de comte d'Esterres et prend celui de prince de Robecque. . XIII 135
— Épouse Mlle du Bellay. . . . . XIX 87
Robinet, jésuite, confesseur du roi d'Espagne. Sa générosité . . . . X 153
— Est chassé. Le P. d'Aubanton lui succède après avoir été chassé lui-même de la même place. Leur très-différent caractère. . . . . XI 110
— Renvoi et éloge du P. Robinet, qui se retire particulier pour toujours aux jésuites à Strasbourg. . . . . XVII 73
Roche (La). Quel . . . . II 479
— A l'estampille. . . . . III 471
— Sa fortune; son caractère. . . . . XVII 318
Rochefort. Comment devenu port. . . . . . . IV 267
Rochefort (Mme de). Quelle. Dame d'honneur de Mme la duchesse d'Orléans à son mariage. . . . . I 26
— Son fils fait menin de Monseigneur. . . I 343

	Tomes.	Pages.
Rochefort (Mlle de).		
— Sa mort sans alliance............	III	52
ROCHEFOUCAULD (Duc de la). (*Voir* t. I, p. 78, 308 et 424.)		
— Le Roi lui paye, par deux fois, ses dettes.		
— Perd son frère l'abbé de Marsillac; caractère de cet abbé............	II	39
— Obtient du Roi 42,000 livres d'augmentation de pension............	II	198
— Fait, à la chasse, une rude et dangereuse chute...............	III	280.
— Dispute sur le chapeau du Roi entre lui et le duc de Tresmes........	V	49
— Perd son oncle l'abbé de la Rochefoucauld. Caractère de cet abbé......	VI	183
— Fortune et caractère du duc de la Rochefoucauld. Il devient aveugle; sa singulière retraite..............	VI	377
— Sa libre générosité à l'égard du comte de Portland, ambassadeur d'Angleterre en France. (*Voir* t. VIII, p. 300, et 352.)..................	II	22
— Perd sa sœur Mlle de la Rochefoucauld; son caractère..............	IX	129
— Conduite des ducs de la Rochefoucauld dans leur famille; mort de plusieurs enfants.................	IX	399
— Leur jalousie, desirs, vains efforts pour le rang de prince étranger........	IX	402
— Duc de la Rochefoucauld obtient la distraction du duché vérifié de la Rocheguyon en faveur de son second petit-fils, qui, moyennant cette grâce inouïe et inventée pour les bâtards du Roi, devient duc de la Rocheguyon par la démission de son père, au préjudice de son aîné, fort réclamant, qui ne vouloit ni quitter ses bénéfices ni		

Rochefoucauld (Duc de la).

 prendre les ordres, ni renoncer à son aînesse, quelques instances extrêmes qu'il essuyât là-dessus, jusqu'à engager le Roi à lui parler, qui en fut fort content quoiqu'il n'y gagnât rien. Enfin, avec un bref du Pape, il prend l'épée en gardant ses bénéfices, va servir en Hongrie et mourir à Bude en 1717. (*Voir* t. X, p. 86.). . . . . IX 403
— Duc de la Rochefoucauld obtient une gratification du Roi de 400,000 livres. X 105
— Sa fortune; sa mort; son caractère. . . X 118
— Sa hardie générosité, vieux levain de Liancourt. Son extrême respect pour le duc et la duchesse de Liancourt. . X 126

ROCHEGUDE. Arrêté. . . . . IV 54

ROCHEGUYON (Duc de la), fils aîné du duc de la Rochefoucauld et survivancier de ses deux charges. (*Voir* t. VIII, p. 395; t. X, p. 86 et 145.)
— Quel à l'égard de la mort de Monseigneur. . . . . VIII 410
— Perd son fils aîné, abbé. . . . . IX 330
— Obtient, à la mort de son père, une pension du Roi de 12,000 livres. . . . . . X 128
— Quel à l'égard de M. le duc d'Orléans. XI 223
— En reçoit un prodigieux et fort étrange présent. . . . . XII 270
— Reçu au Parlement, un moment avant la séance du matin pour la régence; évite avec noblesse le piège que lui tendit l'audacieuse scélératesse du premier président de Mesmes. . . . . . XII 199
— Marie son fils, enfin devenu aîné, avec Mlle de Toiras. . . . . XI 150
— Obtient pour lui, de M. le duc d'Orléans, la survivance de la charge de grand

Rocheguyon (Duc de la). Tomes. Pages.

    maître de la garde-robe du Roi. . . . XVI   95
— Reçoit, de M. le duc d'Orléans, un présent de plus de 200,000 livres de pierreries de la garde-robe soi-disant du feu Roi. X   270

ROCHEPOT LA BERCHÈRE, gendre du chancelier Voysin, conseiller d'État et chancelier de M. le duc de Berry. Voysin a l'ombre de cette charge inconnue, comme celle de Monsieur l'avoit toujours été, hors des maisons de Monsieur. Voysin obtint que sa fille entrât dans les carrosses de Mme la duchesse de Bourgogne, mangeât avec elle et allât à Marly. VIII   163

ROHAN. Curiosités sur cette ancienne maison et ses grandes alliances. Juveigneurs ou cadets de cette maison, bien décidés n'avoir rien que d'entièrement pareil et commun avec tous les autres juveigneurs ou cadets nobles de Bretagne.. II   61

— Vicomtes de Rohan décidés alterner avec les comtes de Laval de la maison de Montfort, jusqu'à ce [que] ces derniers eussent la propriété du lieu de Vitré, laquelle eût emporté toute préséance. Le parlement de Paris s'expliqua bien nettement qu'il assistoit par égards, non par rang, aux obsèques de l'archevêque de Lyon, fils du maréchal de Gyé. (*Voir* LA GARNACHE, t. II, p. 67.). II   62

— Henri de Rohan, depuis chef des huguenots et des guerres civiles, fait duc et pair par Henri IV; épouse, deux ans après, la fille aînée du célèbre Max. de

	Tomes.	Pages.
Béthune, fait, deux ans après, duc et pair de Sully. Il maria son autre fille au marquis de Mirepoix. Le duc de Rohan avoit un frère et trois sœurs. Le frère fut Benjamin, sieur de Soubise, fait duc à brevet en 1626, fameux et infatigable rebelle, qui mourut sans alliance et fort obscur en Angleterre, après avoir fait cueillir à Louis XIII un de ses plus glorieux lauriers dans les îles de la Rochelle, où, malgré l'art et la nature, il le força et le chassa, en sorte qu'il n'osa depuis se montrer en France. Leurs trois sœurs : la seconde épousa un cadet de la maison palatine des Deux-Ponts; les deux autres ne furent point mariées. Quoique leur mère n'eût jamais été assise ni rien prétendu, le duc de Sully obtint pour elles, personnellement, un tabouret de grâce..................	II	69
— S. Aulais, cadet de la maison Chabot, ancienne et illustre, épouse la fille unique, héritière du duc de Rohan et de la fille du duc de Sully, qui en eut tous les biens et qui, par nouvelles lettres et rang nouveau, fut duc de Rohan, et lui et sa descendance, avec obligation d'en porter le nom et les armes. Enfants de ce mariage...	II	69

— Louis, puis Hercule de Rohan, frères et d'une autre branche que le gendre du duc de Sully, faits l'un après l'autre ducs et pairs de Montbazon. Famille d'Hercule. Marquis de Luynes, depuis connétable, épousa sa fille et obtint de Louis XIII de la faire asseoir, une

Rohan.		Tomes.	Pages.

seule fois, la veille de ses noces. Elle en eut un fils, dont viennent tous les Luynes, et se remaria au dernier fils du duc de Guise, tué à Blois, duc à brevet de Chevreuse, très-longtemps après fait pair, et c'est la célèbre duchesse de Chevreuse. M. de Luynes, son premier mari, fait duc et pair en l'épousant et chevalier de l'ordre, dernier décembre 1619, obtint dispense d'âge pour le prince de Guémené, frère de sa femme, et de le faire passer, dans cette promotion, le premier après les ducs, mais sans précéder les gentilshommes déjà reçus dans les promotions précédentes. De cette même promotion fut aussi Alex. de Rohan, marquis de Marigny, frère du duc de Montbazon, chevalier de l'ordre, et ce marquis de Marigny y passa le cinquante-cinquième parmi les gentilshommes, sans la moindre prétention. II 71
— Art et degrés qui, à la longue, procurèrent le tabouret à la princesse de Guémené, belle-sœur de Mme de Chevreuse. Autres tabourets de grâce accordés en même temps, tous ôtés à la réquisition de la noblesse jointe aux ducs en 1649, puis diversement rendus. M. de Soubise et ses deux femmes; la première debout toute sa vie; la seconde s'assit par sa beauté, qui fait son mari prince, etc., et en étend la grâce. Mmes de Guémené assises en 1678 et 1679, Mme de Montauban, qui l'escroque, à ce que disoit le Roi, en 1682. M. de Soubise et le comte d'Au-

Rohan.

vergne s'excluent de l'ordre en 1688. Colère du Roi, et fausseté insigne sur les registres de l'ordre. . . . . II 81
— Mme de Soubise, toujours belle, obtient un ordre du Roi qui fait donner les distinctions nouvelles des princes étrangers, en Sorbonne, à l'abbé son fils, qui étoit sur les bancs, qui fut depuis cardinal de Rohan, et obtint que les fiançailles du prince de Montauban, avec une fille du duc de Bouillon, se fissent dans le cabinet du Roi.'. . . . . II 88
— Mme de Soubise achète l'hôtel de Guise; l'abbé, son fils, aidé de l'autorité du Roi, passe plus qu'adroitement chanoine de Strasbourg. Ses progrès. . . II 306
- Obtient, de même, la coadjutorerie de ce grand évêché. . . . . II 314
— Son beau sacre. . . . . III 50
— Prince de Rohan, son frère, déjà survivancier du gouvernement de Champagne et Brie de son père, obtient, sur sa démission, la charge de capitaine des gens d'armes de la garde. Est le premier qui ait porté le nom de sa maison avec celui de prince. Aucun d'eux n'avoit porté le titre de prince avant son père, que MM. de Guémené, dont le premier fut Louis de Rohan, père des deux premiers ducs de Montbazon, en faveur duquel la terre de Montbazon fut érigée en comté et celle de Guémené en principauté ou princerie, telle que plusieurs autres en France, qui n'en ont que le nom sans rang ni distinction aucune. Telle étoit

Rohan.		Tomes.	Pages.
	aussi et est encore celle de Guémené.	IV	36
—	Ruse d'orgueil de M. de Soubise à la mort du maréchal duc de Duras, qui ne réussit pas.	IV	184
—	Mme de Soubise obtient du Roi 150,000 livres de gratification et la nomination publique de l'abbé de Soubise au cardinalat.	IV	442
—	Le Roi entretient dans son cabinet le prince de Rohan sur la bataille de Ramillies.	V	53
—	Procès intenté par le prince de Guémené au duc de Rohan, sur le nom et les armes de Rohan.	V	61
—	Matière de ce procès.	V	62
—	Cause ridicule de ce procès. Parti que le duc de Rohan devoit prendre.	V	65
—	Excuses formelles du Roi, en plein chapitre, pour la promotion de l'ordre de la fin de l'année 1688, de l'omission des trois seuls ducs ayant l'âge. Raison de l'aversion du Roi pour le duc de Rohan. Raison secrète qui roidit le duc de Rohan à soutenir le procès contre le prince de Guémené.	V	68
—	Éclat du procès. Conduite de Mme de Soubise, qui le fait évoquer devant le Roi.	V	71
—	Conseil curieux où le procès est jugé. .	V	72
—	Duc de Rohan le gagne entièrement, avec acclamation publique.	V	78
—	Licence des plaintes des Rohans, qui les réduit aux désaveux et aux excuses à Mgr le duc de Bourgogne et au duc de Beauvillier. Le Roi sauve le prince de Guémené d'un hommage en personne au duc de Rohan, qui l'accorde au		

Rohan. | Tomes. | Pages.

- Roi, pour cette seule fois être rendu par procureur. .... V 79
(*Voir* t. V, p. 80, la branche du Gué de l'Isle ou du Poulduc de la maison de Rohan.)
— Persécution violente des Rohans au P. Lobineau, bénédictin, sur son histoire de Bretagne, qu'ils lui font mutiler par force. .... V 83
— Caractère et industrie de Mme de Soubise. V 217
— Sa fin et sa mort. .... VI 249
— Entreprise de M. de Soubise rendue vaine. .... VI 251
— Prince de Rohan, quel à l'égard de la mort de Monseigneur. .... VIII 407
— Son frère, évêque de Strasbourg, fait cardinal. .... IX 316
Reçoit des mains du Roi la calotte rouge et le bonnet. .... IX 324
— Mort, conduite, fortune de M. de Soubise. Injure espagnole, qui ne se pardonne jamais en Espagne. .... IX 331
(*Voir* Tallart, t. IX, p. 446.)
— Cardinal de Rohan reçoit une audacieuse visite du P. Tellier. Caractère du cardinal de Rohan. Il doit tout au cardinal de Noailles. .... X 27
— Privilégé de la vie des cardinaux. Combat intérieur du cardinal de Rohan. Est entraîné par Tallart et par son frère au P. Tellier. .... X 30
— Est étrangement fait grand aumônier de France à la mort du cardinal de Janson. .... X 33
— Prince de Rohan marie son fils à la fille de la princesse d'Espinoy. .... X 311
— Est fait duc et pair, avec le fils de la prin-

cesse d'Espinoy. Ambition du solide que son père, sa mère, son frère et lui n'avoient jamais cachée, mais le tenant enfin, il fit ériger sa terre de Frontenay sous le nom de Rohan-Rohan, répétition de nom, jusqu'alors inconnue en France, pour lui servir de prétexte de continuer à porter le nom de prince de Rohan afin d'éviter cacophonie avec le Chabot, duc de Rohan. Cet élixir de vanité n'avoit encore paru que dans ce même prince de Guémené, dont on vient de parler. Les quatre ducs de Montbazon, ses pères, avoient tous quitté le nom de princes de Guémené pour celui de ducs de Montbazon lorsqu'ils l'étoient devenus. Le dernier de ceux-là, fou et enfermé dans une abbaye près de Liége, mort en 1699, n'avoit pu faire la démission de son duché au prince de Guémené, son fils. Ce fils avoit près de 50 ans lorsqu'il le perdit; il prétexta qu'il étoit trop vieux pour se débaptiser et garda son nom de prince de Guémené; le fils de ce dernier en a fait autant à sa mort, quoique tout jeune, et a pris le nom de prince de Guémené, interdit et fou, mais par la disposition du prince de Rohan, son beau-père, qui, sous le prétexte expliqué ci-dessus, en a usé de même. Ce sont les seuls ducs qui, jusqu'à présent, ont porté un autre titre, excepté la nouveauté des ducs maréchaux de France, dont il a été parlé dans l'article du maréchal de Duras, qui en est la première époque au ma-

Rohan.

— riage de son fils aîné. . . . . X 323
— Prince de Rohan reçu au Parlement avec le duc de Melun, donne le même jour un superbe festin. . . . . X 358
— Prince et cardinal de Rohan. Quels à l'égard de M. le duc d'Orléans. . . . . . XI 222
—· Prince de Rohan chargé de l'échange des princesses, futures épouses du Roi et du prince des Asturies. . . . . . . XVII 330
— Usurpation des Rohans à cet échange. XVIII 237
— Ruses, artifices, manéges du prince de Rohan inutiles auprès du marquis de Santa-Cruz, chargé de l'échange par l'Espagne, qui le force à céder dans l'acte d'échange toutes ses chimériques prétentions, dont j'ai la copie authentiquement légalisée en Espagne. XVIII 239
— Belle inconnue très-connue. . . . . XII 88
— Prince de Rohan ne pardonne pas aux Villeroys la rupture du mariage de sa fille avec leurs fils, et la marie au duc de la Meilleraye. . . . . XII 421
— Il reçoit, tout à la fois, de M. le duc d'Orléans, un brevet de retenue de 400,000 livres sur sa charge de capitaine des gens d'armes de la garde, et les survivances de cette charge et de son gouvernement de Champagne et de Brie, pour son fils, sans l'avoir demandé, et s'en rit. . . . . XIII 274
— Indignités des Rohans. . . . . XIX 49
— Cardinal de Rohan sacre l'abbé du Bois archevêque de Cambray. . . . . XVII 30
— Est étrangement et misérablement dupé par du Bois. . . . . XVII 221
— Son extrême sottise en partant de Rome, où il se fait moquer de lui. . . . . . XVIII 243

Rohan.

— Il a l'audace de hasarder l'Altesse dans ses certificats de profession de foi à MM. les duc de Chartres et comte de Charolois, les deux premiers chevaliers de l'ordre faits depuis qu'il étoit grand aumônier, et qui le furent au sacré à Reims; le Régent fit sur-le-champ déchirer les certificats, obligea le cardinal d'en donner deux autres sans Altesse, lui défendit d'oser le prendre jamais ce titre (*sic*) dans pas un des certificats qu'il donneroit à l'avenir aux chevaliers de l'ordre, fit écrire cette défense sur les registres de l'ordre, ce qui a été observé toujours depuis.................................. XIX 75

ROMAINS. (Roi des). Son mariage. Pourquoi on diffère d'en donner part au Roi..... II 196

ROME. Hardiesse inutile de cette cour à l'égard des bulles de Beauvais pour le frère du duc de Beauvillier.......... X 13

— Fortes brouilleries entre les cours de Rome et de Madrid................ XII 383

— Étranges pensées, prises à Rome, sur la triple alliance............... XIII 305

— Sa délicatesse étrangement erronée... XIV 274

— Son horrible délicatesse........... XIV 280

— Sa consternation, ses soumises et basses résolutions à l'égard de l'Empereur. . XIV 433

— Démêlé entre les cours de Rome et de Turin sur le tribunal dit *la Monarchia* en Sicile................. XII 447

— Fermeté suivie des cours de Lisbonne et de Turin force Rome à tout ce qui leur plait.....................

RONCÈRE (La), chevalier de l'ordre et chevalier d'honneur de Madame. Sa mort.... IV 36

	Tomes.	Pages.
RONQUILLO. Quel.	IV	240
— Gouverneur du conseil de Castille.	IV	327
— Exilé avec d'autres.	X	169
ROQUELAURE, duc à brevet. Insulté chez le grand écuyer à Versailles publiquement par le duc de Vendôme et le grand prieur, son frère.	I	229
— Battu et culbuté dans les lignes en Flandres en 1705. N'a pas servi depuis.	IV	288
— Tâche de se justifier auprès du Roi.	IV	329
— Sa femme le fait envoyer commander en chef en Languedoc.	IV	393
ROSE (Mlle), béate extraordinaire.	II	440
ROSE, secrétaire du cabinet du Roi ayant la plume. Quel.	II	422
— Lui et Monsieur le Prince.	II	423
— Lui et M. de Duras.	II	425
— Lui et les Portails.	II	426
ROSEL (chevalier du). Jolie action de lui.	V	14
— Lieutenant général fort distingué et fort estimé. Sa mort.	XIII	40
ROSEN. Son extraction; sa fortune; son caractère. Fait maréchal de France avec neuf autres.	III	380
— Sa sage retraite; sa belle fin; sa mort; sa belle-fille.	XI	158
ROSSIGNOL. Quel. Sa mort.	IV	317
ROTHELIN. Quel. Sa mort.		
— Chevalier, son frère, fort blessé, volontaire dans Aire assiégé.	VIII	53
— [Un autre frère] épouse Mlle de Claire.	XIII	99
ROTTEMBOURG. Quel. Sa mort.	XIII	41
ROUCY (Comte et comtesse de). Dame du palais de Mme la duchesse de Bourgogne.	I	346
ROUCY-ROYE la Rochefoucauld.	I	402
ROUCY, lieutenant général. Exclu de service depuis la bataille d'Hochstedt, admis		

Roucy.	Tomes.	Pages.
enfin à suivre volontaire en Flandres Monseigneur, qui n'y alla point. . . .	VI	300
— Quel à l'égard de la mort de Monseigneur..	VIII	410
— Caractère du mari et de la femme. . . .	XII	352
— Mort de la comtesse de Roucy.	XIII	192
— Grâces pécuniaires faites au comte de Roucy.	XIV	301
— Mort du comte de Roucy.	XVII	414
Rouen : *voir* Archevêque.	III	444
Rouillé.. Sa fortune. Quel. Conseiller d'État, directeur des finances.	III	53
— Maître du conseil des finances sous le duc de Noailles.	XII	271
— Quitte les finances avec une pension de 12,000 livres.	XIV	325
— Son frère, président en la chambre des comptes. Quel. De retour de son ambassade de Portugal.	IV	27
— Va secrètement en Hollande. Son caractère et ses emplois.	VI	301
(*Voir* aux pièces[1] toute sa négociation à Bodegrave; de Torcy avec lui à la Haye; d'Huxelles, abbé de Polignac et Mesnager à Gertruydemberg: des mêmes à Utrecht; et toute la négociation d'Angleterre, tant secrète qu'à la fin publique, qui amena forcément les alliés à la paix d'Utrecht, copiés (*sic*) sur les mémoires originaux de M. de Torcy communiqués et prêtés par lui à M. le duc de Saint-Simon.)		
— Rouillé de retour d'Hollande.	VI	415
— Sa mort; son caractère; sa famille. . .	IX	315
Roure (Marquise du). Aimée de Monseigneur,		

1. Voyez tome I, page 420, note 1.

Roure (Marquise du).

	Tomes.	Pages.
et fille du duc de la Force; chassée en Normandie.	I	180

Roure (Comte du). Obtient pour son fils, mari de la précédente, la survivance de son gouvernement du Pont Saint-Esprit, en vendant à la Fare sa lieutenance générale de Languedoc... XVI 95
— Curiosité sur la femme de ce comte du Roure, tante du cardinal de Polignac... XVII 70

Roye (Comte et comtesse). Aventure étrange qui les fait passer de Danemark en Angleterre... I 403
— M. de Roye, leur fils, lieutenant général des galères... III 431
— Épouse la fille de du Casse... IV 34
— Comte de Roye épouse la fille d'Huguet, conseiller au Parlement... X 312
— Sa mort... XI 85

Rubantel. Quel. Sa disgrâce; la porte dignement... I 386
— Sa mort... IV 253

Rubi, chef de la révolte des Catalans. Quel et ce qu'il est devenu... XI 148

Rue (La), jésuite, confesseur de Mme la duchesse de Bourgogne au lieu du jésuite le Comte, renvoyé... II 336
— Gêne étrange de la confession dans la famille royale... IV 258
— Conduite du P. de la Rue lorsque Madame la Dauphine, à sa mort, voulut un autre confesseur... IX 193
— Embarras du P. de la Rue, qui surprend le Roi étrangement du changement de confesseur... IX 231
— Est nommé par le Roi confesseur de M. le duc de Berry, et le P. Martineau,

	Tomes.	Pages.
Rue (La). qui l'étoit de Monseigneur le Dauphin, retenu pour l'être du jeune Dauphin.	IX	299
— P. de la Rue fait l'oraison funèbre de Madame la Dauphine, au service fait pour elle à la Sainte-Chapelle à Paris.	IX	304
Ruffec. Sa couverture, etc.	XVIII	78
Ruffé. Quel. Sous-gouverneur du Roi. Étrange licence en France. Sa dépouille.	XIX	59
Rupelmonde. Épouse une fille d'Alègre. Audace et caractère de sa femme. Extraction de Rupelmonde.	IV	234
— Il est tué devant Brihuega.	VIII	201
Ryswick (Paix de).	I	462

Dans la lettre R { Noms propres... 72
 Autres... 15

En tout... 187

Sablé. Quel. Sa mort.	VIII	45
Sabran (M*me* de). Quelle. Son bon mot au Régent.	XIV	353
Saccade du Vicaire. Coutume fort étrange sur les mariages en Espagne. Ce que c'est.	II	490
Sachewerell, docteur fameux en Angleterre, qui y causa bien du bruit. Sa mort.	XVII	209
Sacre du Roi Louis XV à Reims. Préparatifs du voyage.	XIX	61
— Désordre des séances et des cérémonies du sacre. Étranges nouveautés partout.	XIX	64
— Bâtards s'abstiennent du voyage de Reims.	XIX	64
(Voir ducs, t. XIX, p. 62, qui s'en abstiennent aussi.)		
— Cardinaux, conseillers d'État, maîtres des requêtes. Secrétaires du Roi.	XIX	65

Sacre du Roi.   Tomes. Pages.
- — Maréchal d'Estrées, non encore duc et pair.................. XIX 66
- — Secrétaires d'État............. XIX 66
- — Mépris outrageux de toute la noblesse, seigneurs et autres........... XIX 67
- — Mensonge et friponnerie qui fait porter la première offrande par le maréchal de Tallart, duc vérifié, non pair. ... XIX 67
- — Barons otages de la sainte ampoule. .. XIX 68
- — Peuple nécessairement dans la nef de l'église de Reims, dès le premier instant du sacre................ XIX 69
- — Trois évêques, non pairs suffragants de Reims, assis à la table des pairs ecclésiastiques vis-à-vis les trois comtes pairs...................... XIX 72
- — Table des ambassadeurs et du grand chambellan placées (*sic*) au-dessous de celle des pairs laïcs ; lourdise qui les fait placer dans la même pièce que celle du Roi et sous ses yeux. .... XIX 74
- — Confusion ridicule de la séance de la cérémonie de l'ordre du Saint-Esprit du lendemain du sacre, et les grands officiers de l'ordre couverts comme les chevaliers................ XIX 77
- — Princes du sang s'arrogent un de leurs principaux officiers près d'eux, à la cavalcade, où plus de confusion que jamais.................... XIX 77

Sagacité très-singulière d'une femme de chambre................. XVII 280

SAILLANT, lieutenant général et lieutenant colonel du régiment des gardes françoises. Fait commandant des trois évêchés................. IX 375
- — Sa mort.................. XIX 132

	Tomes.	Pages.
Saillant.		
— Mort et caractère de l'abbé, son frère. .	XIII	251
— Saillant, leur neveu, mis à la Bastille et peu après en liberté.	XVI	231
SAINCTOT, introducteur des ambassadeurs, fait deux lourdes sottises.	II	3
— Sa mort; son état; sa famille; son caractère; son insigne friponnerie. . .	X	43

[SAINT. Pour les noms propres composés qui commencent par ce mot, voir, à leur place alphabétique, les noms qui le suivent. Ainsi, pour *Saint-Simon*, voir à *Simon*.]

SAINTRAILLES. Son état; son caractère; sa mort.	VII	287
SALA. Son étrange fortune. Quel. Cardinal pourquoi *in petto*, pourquoi expectoré. Ce qu'il devint. Son extraction; son caractère.	IX	418
SALAZAR. Quel. Sa fortune. Sa réputation en Espagne.	XVIII	160
SALERNE, jésuite. Comment fait cardinal et évêque d'Olmutz.	XVI	378
SALLE (LA), chevalier de l'ordre. Tire deux fois le prix de sa charge de maître de la garde-robe du Roi.	IX	275
— Son extraction; son caractère; sa fortune; son mariage. Quelques anciennes et courtes anecdotes.	IX	369
SALM (Prince de). Sa fortune; sa mort. . . .	VIII	133
Saluts au Parlement.	X	436
SALVATIERRA (Comte de) : *voir* aux grands d'Espagne.	XVIII	104
SANDRICOURT. Son procédé; son mariage. . .	XII	313
SANTONA. Les François y brûlent trois vaisseaux espagnols prêts à être lancés à l'eau.	XVI	270
SANTEUIL, religieux de Saint-Victor à Paris, excellent poëte latin, etc. Sa mort. . .	I	467

	Tomes.	Pages.
SAPHORIN (SAINT-). Quel. Employé à Vienne par le Roi d'Angleterre. Son avis sur le traité à faire................	XIV	129
— Ses manéges et ses artifices auprès du Régent, de concert avec Stairs, ambassadeur d'Angleterre à Paris.....	XIV	156
— Artifices de Saint-Saphorin et de l'Angleterre, pour lier le Régent avec l'Empereur, et en tirer des subsides contre les rois d'Espagne et de Sicile.....	XIV	162
SARAGOSSE. Bataille où l'armée d'Espagne est défaite...................	VIII	114
— Sédition à Saragosse...........	IV	352
SARDAIGNE.....................	XVII	84
SARTINE. Quel..................	XVII	311
SASSENAGE. Quel. Épouse une fille du duc de Chevreuse, veuve, sans enfants, de Morstein..................	II	91
SAUMERY et sa femme. Quels. Demeure menin de M⁵ʳ le duc de Bourgogne, dont il avoit été sous-gouverneur.......	II	252
— Mort de son père. Leur extraction. Fortune et caractère de l'un et de l'autre.	VI	388
— Fortune et conduite de Saumery.....	X	296
— Son fils aîné envoyé près de l'électeur de Bavière...................	X	336
— Le père est fait sous-gouverneur du Roi. — En obtient l'inouïe survivance pour son fils revenu de Bavière..........	XVII	264
SAVARY, frère de l'évêque de Séez. Quel. Assassiné....................	II	200
SAVINE. Quel. Obtient une pension.......	XVI	267
SAVOIE. Négociation armée et paix entre la France et la Savoie. Ses conditions..	I	327
— Duc de Savoie, à la tête de l'armée du Roi, fait le siége de Valence et le lève par la neutralité d'Italie. Tout s'ac-		

Savoie. Tomes. Pages.

complit avec lui. Gouvon, son envoyé, va, le premier et le seul jusqu'alors des étrangers, à Marly............ I 371
— Droit du duc de Savoie à la couronne d'Angleterre. Ses plaintes sur l'établissement de la succession dans la ligne protestante............ III 6
— Duc de Savoie à la tête de l'armée du Roi en Italie. (*Voir* Espagne, t. III, p. 267.). III 74
— Son infidélité................ III 458
— Rupture avec lui. Ses troupes auxiliaires arrêtées et désarmées.......... IV 8
— Son expédition en Provence et à Toulon. V 305
— Mesures pour la défense de la Provence et de Toulon. Retraite du duc de Savoie. V 313
— Il prend Suse................ V 321
— Obtient de l'Empereur l'investiture du Montferrat................ VI 43
— Prend Exilles et Fenestrelle........ VI 151
— Obtient la Sicile, par la paix, avec le titre et le rang de roi. Il imite parfaitement le Roi sur ses bâtards......... X 104
— Passe en Sicile avec la reine, sa femme, et laisse à Turin son fils aîné régent avec un conseil............. X 113
— Voyage et retour de Sicile de cette cour. X 326
— Mort et caractère du prince de Piémont. XI 105

SAXE (Électeur de). Élu et couronné à Cracovie roi de Pologne.............. I 451
— Est reconnu roi de Pologne par le Roi. . II 96
— Voyage de l'électeur de Saxe, incognito, sous le nom de comte de Lusace. Vient à Paris, très-bien traité et distingué du Roi, sans prétentions, prend congé de lui à Marly, dans son cabinet ; voit Saint-Cyr, dont Mme de Maintenon lui fait les honneurs........ XI 137

Saxe (Électeur de).   Tomes. Pages.
- Va à Vienne, où il se déclare catholique. XIV 195
- Son mariage avec une archiduchesse Joséphine. . . . . XVI 207
- Comte de Saxe, son frère bâtard, entre au service de France, où il est incontinent fait maréchal de camp. . . . . . XVII 129

Scellés mis partout dans les maisons de Mme la duchesse de Berry, en présence de sa dame d'honneur, par la Vrillière, secrétaire d'État. . . . . XVI 287

Schaub. Quel. Ses propositions sur la Toscane fortement appuyées par les Anglois. Ses friponneries. . . . . XIV 447

Schomberg, duc en Angleterre et fils du maréchal. Son extraction; sa fortune; sa mort. . . . . XVI 275

Shrewsbury (Duc de), ambassadeur d'Angleterre et sa femme à la cour. Quelle cette femme et son caractère; elle change entièrement la coiffure des femmes, dont le Roi n'avoit pu venir à bout. . IX 427
- Leur audience de congé tout à fait insolite. . . . . X 72

Scotti (Marquis). Quel. Son état et son caractère. Sa fortune en Espagne. . . . . XVIII 210

Séance au Parlement pour les renonciations, aux bas siéges. Pairs absents et présents; tous avertis de la part du Roi de s'y trouver, par le grand maître des cérémonies. Nombre de pairs et de pairies. . . . . IX 455
- Entre-deux de séance. M. le duc de Berry et tous les pairs en séance aux hauts siéges. . . . . IX 460
- Séance aux hauts siéges. Deux petites aventures risibles. . . . . IX 461
- Levée de la séance et sa sortie. . . . . . IX 465

Séance au Parlement. | Tomes. | Pages.

— Ordre et forme de l'entrée et de la sortie de séance aux bas siéges et aux hauts siéges.................. X 411
(*Voir* Pair, t. X, p. 365; Présidents et Parlements, t. X, p. 371, 398, 404 et 426.)

Sébastien (Saint-). Pris par le duc de Berwick. XVI 270

Sebville, qui avoit été envoyé du Roi à Vienne. Son caractère. Sa mort............ IX 130

Séchelles. Quel. Fort attaché à le Blanc et à Belle-Isle; interrogé comme eux.... XIX 120

Secrétaires d'État. Usurpent, par violence, de n'écrire plus *Monseigneur* à la plupart de ceux à qui ils l'écrivoient, de se le faire écrire par tous les gens de qualité, non titrés, qui ne leur avoient jamais écrit que *Monsieur*, et de s'arroger un style égal ou supérieur avec tout le monde, ce qui n'avoit jamais été........................... II 179

— Leur moderne adresse, puis hardiesse à se décrasser de leur qualité essentielle de notaires publics et de secrétaires du Roi..............

— Époque du changement de style des secrétaires d'État et avec les secrétaires d'État.................. V 104

— Secrétaires d'État d'Espagne et des dépêches universelles........... II 460

— Usurpations très-suivies et très-attentives des secrétaires d'État...... VIII 453

— Quels à l'égard de M. le duc d'Orléans.. XI 224

— Charge de secrétaire d'État ayant le département des affaires étrangères, puis celle ayant celui de la guerre supprimées, rétablies après sans fonction........................ XII 424

Secrétaires d'État. Tomes. Pages.
— Premier exemple de mariage d'une fille de qualité avec un secrétaire d'État. . XIII 412
— Tout détail de troupes et de marine leur est rendu. Le duc du Maine ne conserve ceux de l'artillerie et des Suisses qu'en y travaillant chez le cardinal du Bois. . . . . XIX 109

SEDAN. Son état; ses seigneurs. Acheté par Édouard III de la Mark. . . . . .V 88
— Mouvant de Mouzon. Le fils du maréchal de Floranges se donne le premier le titre de prince de Sedan. . . . V 89

SÉGOVIE. Courtes remarques sur cette ville. . XVIII 405

SEGRAIS, poëte. Sa mort. . . . . III 17

SÉGUR. Son aventure et celle de l'abbesse de la Joye. Il achète, du maréchal de Tallart, le petit gouvernement du pays de Foix. Ses enfants. . . . . III 48
— Son fils est maître de la garde-robe de M. le duc d'Orléans; épouse sa bâtarde, non reconnue, et de la comédienne Desmares, avec la survivance du gouvernement de son père. . . . . XVI 96

SEIGNELAY, maître de la garde-robe du Roi. Épouse une fille de la princesse de Furstemberg. . . . . V 378
— Sa famille; sa mort; son caractère. . . . IX 275
— Son second fils[1], de même nom, épouse Mlle de Walsassine. . . . . XIII 289
— La perd. . . . . XVI 202
— Épouse une fille de Biron. . . . . XIII 289

SEISSAC (M. de). Ses aventures. Quel. Épouse une sœur du duc de Chevreuse. . . . II 36
— Sa mort. . . . . IV 252

SENECEY (Marquise de), dame d'honneur de la

---

1. Troisième fils dans les *Mémoires*.

	Tomes.	Pages.
Senecey. reine Anne d'Autriche. Sa famille. Sa disgrâce. Son retour. Son élévation et de ses enfants.	IV	15
Sépultures royales de l'Escurial.	XVII	434
SÉRIGNAN. Quel. Sa retraite de la cour. Sa mort.	XVII	238
Serments. Vilenie des serments chez le Roi.	V	378
— Explication sur les serments en Espagne. Les personnes qui n'en prêtent point, celles qui en prêtent et entre les mains de qui.	XVIII	139
SERMONETTA (Prince de) : *voir* aux GRANDS D'ES- PAGNE.	XVIII	58
SÉRON, médecin de Louvois. Son étrange mort, cinq mois après celle de ce ministre.	XII	38
SERRANT. Quel. Sa mort. Sa famille.	IX	90
SERVI, parmesan, premier médecin de la reine d'Espagne.	XIV	287
Service (Le) donné à M. et à Madame la Dau- phine par M. et Mme la duchesse de Berry.	VIII	298
Service militaire. Son changement par l'abolition du service de fief, et l'éta- blissement de la milice stipendiée.	X	366
SERVIEN, abbé. Sa famille. Ses aventures et sa conduite. Chassé plus d'une fois. Son caractère.	IX	336
— Sa fin et sa mort.	XIII	132
SESSA (Duc de) : *voir* aux GRANDS D'ESPAGNE.	XVIII	45
SÉVIGNÉ (Marquise de). Si connue par son es- prit et par ses lettres imprimées. Sa mort.	I	307
— Mort et caractère de Sévigné, son fils.	X	7
SEURRE (Curé de), ami de Mme Guyon. Brûlé à Dijon.	II	99
SÉZANNE[1], frère de père du maréchal d'Harcourt		

1. Saint-Simon écrit tantôt *Sézanne*, tantôt *Césane*.

Sézanne.

		Tomes.	Pages.
et frère de mère de la maréchale, sa femme. Obtient la Toison.		III	261
— Épouse la fille unique de Nesmond, lieutenant général des armées navales.		IV	274
— Sa mort; son caractère; sa famille. La Toison successivement donnée à deux fils du maréchal d'Harcourt, morts tout jeunes.		XI	124
Sforze (Duchesse). Sa famille; son état; son caractère. Courte disgression sur les Sforzes.		XI	192
Sicile donnée par la paix au duc de Savoie. Voyage de ce nouveau roi en Sicile. Il y mène la nouvelle reine, sa femme. Conduite de ce roi dans sa famille et avec son fils aîné. Rare mérite de ce jeune prince; sa mort causée par la jalousie et les duretés de son père, qui a tout le temps de s'en bien repentir.		XI	104
— Ce roi s'excuse au roi d'Angleterre d'avoir vu le Prétendant passant à Turin. Cause de ce ménagement.		XIII	323
— Démêlé entre les cours de Rome et de Turin sur le tribunal dit *la monarchie de Sicile*.		XIII	20
— Le roi de Sicile froidement traité par Alberoni.		XIII	331
— Ses angoisses d'être éconduit par l'Espagne.		XIII	339
- Il est inquiet; il desire d'être compris dans le traité projeté entre l'Espagne et la Hollande. Réponse d'Alberoni.		XIV	39
- Inquiétude pour la Sicile.		XIV	136
— Ses bassesses pour l'Angleterre.		XIV	182
— Soupçons sur le roi de Sicile, qui envoie le comte de Provane à Paris.		XIV	254

Sicile. | Tomes. | Pages.
— Son inquiétude. . . . . XIV 289
— Négociation secrète du roi de Sicile à Vienne. . . . . XV 54
— Son dangereux manége. Oppositions cruelles à son desir extrême d'obtenir une archiduchesse pour le prince de Piémont. . . . . XV 56
— Difficulté et conduite de la négociation du roi de Sicile à Vienne. . . . . . . XV 60
— Propositions du roi de Sicile à l'Empereur, dangereuses pour la France. . . XV 67
— Étrange caractère du roi de Sicile. . . . XV 75
— Ses efforts pour lier avec l'Empereur et en obtenir une archiduchesse pour le prince de Piémont. Conduite de la cour de Vienne. . . . . XV 84
— Manéges du roi de Sicile, dont Penterrieder profite. . . . . XV 94
— Ses bassesses pour l'Angleterre, qui le méprise et qui veut procurer la Sicile à l'Empereur. . . . . XV 95
— Plaintes malignes des Piémontois. . . . XV 97
— Le roi de Sicile rendu suspect en Espagne par Nancré. . . . . XV 99
— Embarras du roi de Sicile; ses vaines démarches et de ses ministres au dehors. XV 147
— Sa défiance de ceux qu'il envoie au dehors, leurs différents avis. . . . . . . XV 165
— Manéges à l'égard du roi de Sicile. . . . XV 214
— Duplicité du roi de Sicile. . . . . XV 232
— Soupçons mal fondés d'intelligence entre le roi d'Espagne et lui. . . . . . . XV 248
— Conduite du roi de Sicile avec l'ambassadeur d'Espagne à la nouvelle de la perte de Palerme par les Espagnols. Situation du roi de Sicile. . . . . XV 256
— Pratiques, situation et conduite du roi

Sicile.   Tomes. Pages.

 de Sicile sur la garantie. Lui et Albe-
 roni crus de concert et tous deux crus
 de rien partout. Triste état du roi de
 Sicile.................... XV 261
— Fautes en Sicile.............. XV 273
— Plaintes et défiances du roi de Sicile.. XV 287
— Mouvements partout causés par l'ex-
 pédition de Sicile............ XV 288
Signature solennelle du contrat de mariage
 du Roi et de l'infante par Leurs Majes-
 tés Catholiques.............. XVII 376
Sillery (Mme de). Quelle. Sa famille. Sa mort. II 27
Silly. Quel. Prisonnier à la bataille d'Hoch-
 stedt; Tallart, avec permission des
 Anglois, l'envoie rendre compte au
 Roi de cette bataille. Disgression sur
 Silly et sur sa catastrophe....... IV 132
— Il obtient une place dans le conseil du
 dedans du royaume, puis de conseiller
 d'État d'épée............... XIV 406
— Son impudence............... XVII 119
Simiane. Quel. Sa famille. Sa mort. Sa dépouille................... XIV 328
Simon (Le duc de Saint-), père. Origine première de sa fortune........... I 48
— Il procure à Mademoiselle, fille de Gaston, le rang et les distinctions qu'ont
 depuis cette époque les petits-fils et
 petites-filles de France........ I 42
— Et à la chancelière Séguier le tabouret
 de la toilette seulement, qui est demeuré tel aux chancelières de France
 depuis cette époque........... II 239
— Bonté et prévoyance de Louis XIII en
 lui donnant le gouvernement de Blaye.
 Son frère aîné à 35 ans, lui à 27, par
 dispense d'âge, chevaliers de l'ordre,

Simon (Le duc de Saint-).

tous deux à la Pentecôte 1633, et lui duc et pair en janvier 1635, et comment. | I | 49 |
— Son intimité avec Monsieur le Prince jusqu'à sa mort, et sa cause. Il fait, entre autres fortunes, celle de Bontemps, qui ne l'a jamais oublié, et de Nyert, qui ne s'en est jamais souvenu, ni leurs enfants. | I | 58 |
— Chavigny, secrétaire d'État, ses trahisons, son étrange mort. Le duc de Saint-Simon, qui avoit sauvé le cardinal de Richelieu à la journée des dupes, se retire à Blaye. Cause de cette retraite jusqu'à la mort du cardinal. Et cependant toujours employé et en faveur. | I | 64 |
— Scélératesse qui le prive de la charge de grand écuyer de France et qui la donne au comte d'Harcourt. | I | 65 |
— Premier mariage du duc de Saint-Simon. Sa fidélité à toute épreuve. | I | 69 |
— Contraste étrange de sa fidélité avec l'insigne et guisarde perfidie du comte d'Harcourt. Refus héroïque du duc de Saint-Simon. | I | 69 |
— Son combat contre M. de Vardes. | I | 76 |
— Il fait un étrange éclat sur un endroit des mémoires du duc de la Rochefoucauld. Son second mariage. | I | 78 |
— Sa gratitude extrême, jusqu'à sa mort, pour Louis-le-Juste, son bienfaiteur. | I | 80 |
— Sa mort. | I | 44 |

Simon (Le duc de Saint-), fils du précédent. Ses premières liaisons avec M. le duc de Chartres, puis d'Orléans et régent. | I | 3 |
— Fait sa première campagne, mousquetaire gris, au siége de Namur, formé

Simon (Le duc de Saint-).

	Tomes.	Pages.
par le Roi en personne.	I	5
— Le Roi lui donne une compagnie dans le régiment Royal-Roussillon cavalerie.	I	37
— Liaison avec la duchesse de Bracciano, célèbre depuis sous le nom de princesse des Ursins, qui a toujours duré [1].	I	235
— Le Roi lui donne les gouvernements de son père en apprenant sa mort. . . .	I	45
— Il se trouve à la bataille de Neerwinden et au siége de Charleroy.	I	99
— Obtient, en arrivant de cette campagne, l'agrément d'acheter le régiment de cavalerie du chevalier du Rosel. . . .	I	103
— Origine de son intime amitié avec le duc de Beauvillier jusqu'à sa mort. .	I	113
— Occasion de son intime amitié avec M. de Rancé, le saint et fameux abbé réformateur de la Trappe.	I	121
— Reprend, à la prière des ducs opposants à la prétention du maréchal duc de Luxembourg, l'opposition que son père y avoit faite avec eux.	I	122
— Ses mesures de déférences personnelles à l'égard du maréchal duc de Luxembourg.	I	141
— Fournit aux ducs opposants ses lettres d'État à lui signifier.	I	149
— Ses ménagements par Cavoye mal reçus du maréchal duc de Luxembourg ; ils se brouillent, avec éclat, jusqu'à sa mort.	I	152
— Obtient du Roi, les états des armées étant déjà faits, de changer son régiment de Flandres en Allemagne, pour ne pas servir sous le maréchal duc de Luxembourg.	I	180

1. Répété, avec un léger changement, p. 485.

Simon (Le duc de Saint-). Tomes. Pages.

— Sert, sur le Rhin, dans l'armée du maréchal duc de Lorges. . . . . I 182
— Origine de l'amitié particulière qui a toujours duré entre la duchesse de Bracciano et lui, si connue depuis sous le nom de princesse des Ursins. . I 235
— Causes de sa liaison avec le fils et survivancier de Pontchartrain, secrétaire d'État. . . . . I 236
— Trahison inutile du fils de Pontchartrain. Le duc de Saint-Simon épouse la fille aînée du maréchal de Lorges et fait la campagne dans son armée. . . . . I 239
— Mort de la marquise de Saint-Simon Uzès, veuve en premières noces de M. de Portes et mère de la première duchesse de Saint-Simon, veuve en secondes noces, sans enfants, du frère aîné du premier duc de Saint-Simon. I 245
— Il fait inutilement un projet d'écrit pour le Roi sur l'arrêt du Parlement rendu entre les ducs opposants au duc de Luxembourg et lui. . . . . I 317
— Il fait la campagne sur le Rhin dans l'armée du maréchal de Choiseul. Prévenances pour lui de ce successeur de M. le maréchal de Lorges, à qui sa santé ne permettoit plus de servir. . . I 325
— Revient de l'armée chargé d'une commission de confiance et de précaution du maréchal de Choiseul, duquel il demeure ami intime jusqu'à sa mort. I 364
— Naissance de sa fille. Noirceur étrange à son arrivée, qui ne réussit pas. . . I 364
— Il fait peindre de mémoire, par Rigault, M. de la Trappe à son insu, qui y réussit parfaitement. . . . . I 366

Simon (Le duc de Saint-).

— Fait la campagne sur le Rhin dans toute la confiance du maréchal de Choiseul, qui fut là dernière de la guerre que termina la paix de Ryswick. . . . . . I 435
— Complaisance pour lui des ducs de Chevreuse et de Beauvillier sur M. de la Trappe. . . . . II 56
— Aventure singulière et plaisante entre les ducs de Saint-Simon et de Charost sur M. de la Trappe. . . . . II 57
— Naissance du fils aîné du duc de Saint-Simon. . . . . II 96
— Liaison et amitié intime entre la duchesse de Saint-Simon et Mme de Pontchartrain, sa cousine germaine, qui a duré toujours. . . . . II 118
— Amitié intime entre le duc de Saint-Simon et Pontchartrain, depuis chancelier, qui la lui demande. Autre encore entre le duc de Saint-Simon et Godet, évêque de Chartres. Liaison particulière entre le duc de Saint-Simon et le Charmel. . . . . II 119
— Averti d'un noir artifice du grand écuyer et des Lorrains, le met au net le soir même avec le Roi. . . . . II 162
— Naissance de son 2^d fils. . . . . II 208
— Chamillart se lie étroitement avec lui [1]. III 364
— Il éprouve une bassesse et une noirceur étrange dans le duc de Gesvres. . . . II 268
— Sa liaison avec Desmarets. . . . . II 324
— Est reçu pair de France au Parlement. Piéges qu'il y évite. . . . . III 220
— Quitte le service, et pourquoi. . . . . . III 223
— Bagatelles qui caractérisent; bougeoir; repas à Trianon. . . . . III 227

1. Répété p. 487.

Simon (Le duc de Saint-)
- Époque de son intime liaison avec M. le duc d'Orléans. . . . . III 281
- Avances persévérantes vers lui du duc et de Mme la duchesse du Maine, toujours inutilement. . . . . III 284
- Chamillart lui demande instamment son amitié et se lie intimement avec lui jusqu'à sa mort. . . . . III 364
- Est intimement avec la maréchale et la duchesse de Villeroy, toutes deux, et de tout temps, fort mal ensemble; il les raccommode parfaitement et pour toujours. . . . . III 367
- Affaire de la quête. . . . . IV 42
- Colère du Roi contre les ducs, et plus contre lui que contre pas un. . . . . . IV 44
- Il force une audience du Roi dans son cabinet, et le laisse content de lui et de la chose; procure aux ducs tout ce qu'ils pouvoient desirer là-dessus. . . IV 46
- On lui fait une opération d'un tendon piqué en le saignant. Bonté du Roi peu ordinaire, avec qui Chamillart l'avoit raccommodé d'une nouvelle tracasserie. Avidité du comte de Marsan pour le gouvernement de Blaye fort mal reçue du Roi. . . . . IV 73
- Amitié et bons offices de la princesse des Ursins, lors triomphante à la cour, pour le duc et la duchesse de Saint-Simon. . . . . IV 242
- Liaison particulière du duc de Saint-Simon avec Mailly, archevêque d'Arles, depuis de Reims et cardinal et, par rapport à lui, avec le nonce Gualterio, depuis cardinal. . . . . IV 298
- Grand procès du duc de Saint-Simon

Simon (Le duc de Saint-).

avec la succession du feu duc de Brissac, son beau-frère, frère de la maréchale de Villeroy, mort fort endetté, sans enfants. Saint-Simon le hasarde sciemment pour faire Cossé duc de Brissac. Arrête des ducs qui s'y vouloient opposer, et lui procure la jonction des plus considérables, conduit son affaire, et Cossé est reçu au Parlement duc et pair de Brissac... IV 333
— Après ce service, le duc de Brissac reprend contre lui le procès de son cousin et de sa succession........ IV 336
— Ils vont à Rouen, où cette affaire est renvoyée au conseil. Singulière attention du Roi. Intimité jamais interrompue entre les ducs de Saint-Simon et d'Humières, l'une de ses parties; ingratitude et misère de Brissac. Course du duc de Saint-Simon à Marly. Service que lui rend la Vrillière...... IV 339
— Il gagne pleinement son procès. M. et Mme d'Hocqueville. Fortunes nées de ce procès.............. IV 342
— Il est choisi, à 30 ans, par le Roi seul pour l'ambassade de Rome, sans y avoir jamais pensé, ce qui, par l'événement, n'eut pas d'effet, parce qu'on n'y envoya personne, l'abbé de la Trémoille ayant enfin été fait cardinal et chargé des affaires. Conseil bien singulier, et bien glorieux pour la duchesse de Saint-Simon, à 27 ans, que le duc de Saint-Simon reçoit, sur cette ambassade, du duc de Beauvillier, du chancelier de Pontchartrain et de Chamillart, séparément, et sans concert... IV 356

Simon (Le duc de Saint-).

	Tomes.	Pages
— Situation du duc de Saint-Simon à la cour après ce choix............	IV	363
— Sa façon d'être avec M. le duc d'Orléans.	IV	456
— Promptitude incroyable avec laquelle il apprend les malheurs arrivés devant Turin...................	V	35
— Son éloignement pour le maréchal de Villeroy..................	V	138
— Procès du duc de Saint-Simon contre Mme de Lussan, le brouille avec Monsieur le Duc et Madame la Duchesse.	V	247
— Conversation du duc de Saint-Simon avec Desmarets, qui venoit d'être fait contrôleur des finances sur la démission de Chamillart.........	V	389
— Tentative d'un capitaine de vaisseau, mort lieutenant général, qui avoit pris le nom et armes de Rouvroy, d'être reconnu de même maison que le duc de Saint-Simon, avortée..........	V	426
— Conversation curieuse du duc de Saint-Simon avec le duc de Beauvillier sur la destination de Mgr le duc de Bourgogne pour l'armée de Flandres....	V	439
— Saint-Simon va se promener sur la Loire...................	VI	41
— Il parie, en présence de Chamillart, contre Cani, son fils et son survivancier, que Lille sera pris sans combat et sans secours.........	VI	129
— Bruit étrange de ce pari et ses suites curieuses..................	VI	131
— Le duc de Beauvillier arrête le duc de Saint-Simon à la cour..........	VI	162
— Calomnies grossières contre Saint-Simon.	VI	163
— Il est averti, en arrivant chez lui à la Ferté, par Godet, évêque de Chartres,		

Simon (Le duc de Saint-).

	Tomes.	Pages.
qu'on l'avoit mis fort mal auprès du Roi. Il revient tôt après à la cour. .	VI	190
— Il reçoit un extrême honneur de Monseigneur le duc de Bourgogne arrivant de l'armée, mettant pied à terre à Versailles.	VI	215
— Avances singulières du P. Tellier au duc de Saint-Simon.	VI	244
— Étrange histoire du duc de Mortemart avec le duc de Saint-Simon.	VI	252
— Friponnerie débitée sur Saint-Simon, bien démentie.	VI	283
— Rencontre très-singulière entre les ducs de Chevreuse et de Saint-Simon en même pensée. Origine des conseils, mal imités à la mort du Roi.	VI	288
— Saint-Simon avertit le duc de Beauvillier d'un péril imminent qu'il lui fait éviter.	VI	292
— Liaison intime du duc de Saint-Simon avec le maréchal de Boufflers.	VI	319
— Méchanceté atroce de Monsieur le Duc sur le duc de Saint-Simon absent. . .	VI	345
— Conversation du duc de Saint-Simon avec les ducs de Chevreuse et de Beauvillier sur les cabales, en particulier sur le maréchal de Boufflers, lequel il raccommode avec le duc de Chevreuse. Situation du duc de Saint-Simon entre les cabales.	VII	9
— Le chancelier de Pontchartrain oblige le duc de Saint-Simon de lui dire son avis juridique sur le crime de l'affaire d'Espagne imputé à M. le duc d'Orléans. Le chancelier en est frappé; tout tombe là-dessus incontinent, bruits, desseins.	VII	41

Simon (Le duc de Saint-). Tomes. Pages.

— Consultation singulière du chancelier et de la chancelière de Pontchartrain avec le duc de Saint-Simon. . . . . . . VII 46
— Mesures de retraite du duc de Saint-Simon en sa maison de la Ferté. Conversation particulière et curieuse de la duchesse de Saint-Simon sur la situation de son mari avec Mme la duchesse de Bourgogne. . . . . VII 49
— Causes de l'éloignement du Roi pour lui. Folle ambition d'O et de sa femme lui tournent à danger. . . . . VII 53
— Chamillart disgracié à la Ferté avec ses filles; il achète Courcelles. Le duc de Saint-Simon, qui avoit été avec lui dans toutes ses retraites, y mène la duchesse de Lorges. . . . . VII 145
— Raisons et résolution du duc de Saint-Simon à la retraite. Considérations qui y sont contraires. Retour de la Ferté et sa cause. Sage piége dressé au duc de Saint-Simon à Pontchartrain. . . . VII 148
— Passage à Versailles; lien qu'y jette à Saint-Simon le chancelier à ne pouvoir s'en débarrasser. Concours et conspirations d'amis; bontés de Mgr et de Mme la duchesse de Bourgogne, qui vouloient faire succéder la duchesse de Saint-Simon à la duchesse du Lude quand l'âge et les infirmités la forceroient de se retirer. Parti que le duc de Saint-Simon prend tout seul. Ses motifs de faire demander au Roi, par Maréchal, une audience. . . . . VII 155
— Besons, qu'il ne connoissoit comme point, le rencontrant chez le Roi, lui expose, comme à un serviteur intime

Simon (Le duc de Saint-).

de M. le duc d'Orléans, le péril imminent où la conduite de ce prince le jetoit pendant la longue absence du duc de Saint-Simon. Celui-ci se propose à l'instant, comme le remède unique, de faire rompre M. le duc d'Orléans avec Mme d'Argenton, et engage le maréchal à l'y aider. Caractère de Besons. VII 160
— Maréchal, premier chirurgien du Roi, en obtient une audience au duc de Saint-Simon. . . . . VII 164
— Première conversation avec M. le duc d'Orléans, à qui il propose de rompre avec Mme d'Argenton.. . . . . VII 167
— Reprise après l'interruption de la visite du premier jour de l'an 1710 de Mgr le duc de Bourgogne et de M. le duc de Berry à M. le duc d'Orléans. . . . . . . VII 172
— Saint-Simon mande Besons par un billet écrit sur le bureau du chancelier, à qui cela l'oblige de faire confidence du projet, qu'il approuve. Besons arrive; concert pris entre Saint-Simon et lui. Seconde conversation avec M. le duc d'Orléans, le maréchal en tiers. . VII 173
— Troisième conversation entre eux trois; succès entier, même sur Mme la duchesse d'Orléans.. . . . . VII 190
— Propos tête-à-tête entre Saint-Simon et Besons. Singularité surprenante qui engage Saint-Simon à un serment, puis à une étrange confidence au maréchal et à M. le duc d'Orléans. . . . VII 203
— Colloque entre Saint-Simon et Besons. VII 213
— Surprise extrême de la duchesse de Villeroy (amie intime de Mme la duchesse d'Orléans), à qui le duc de Saint-Simon

Simon (Le duc de SAINT-).

— apprend tout à coup la rupture. Leurs propos. . . . . VII 217
— Le Roi donne lui-même au duc de Saint-Simon l'heure de son audience. . . . . VII 220
— Besons, mandé par Mme la duchesse d'Orléans, fait ses premiers et vifs remerciements à Saint-Simon, qui ne la connoissoit point du tout, n'alloit chez elle qu'une apparition aux occasions rares, indispensables, et n'avoit aucun rapport avec elle. . . . . VII 221
— Audience du Roi au duc de Saint-Simon; succès entier de cette audience, non interrompu depuis. . . . . VII 224
— Vacarme étrange à la cour et dans le monde sur cette rupture; le duc de Saint-Simon passe pour l'avoir faite et, par une aventure singulière, est pleinement révélé. Mme d'Argenton et ses amis ne le lui pardonnent jamais. . . VII 237
— Liaison dès ce moment intime entre Mme la duchesse d'Orléans et le duc de Saint-Simon; il l'avoit raccommodée avec M. le duc d'Orléans, en faisant la rupture, lequel avoit exigé de lui de la voir. Sa première et très-singulière conversation avec elle. . . . . VII 238
— Efforts de Mme la duchesse d'Orléans inutiles auprès du duc de Saint-Simon pour le lier avec le duc et Mme la duchesse du Maine. . . . . VII 252
— Situation du duc et de la duchesse de Saint-Simon et de la duchesse de Lauzun, sa sœur, avec le duc et Mme la duchesse du Maine. . . . . VII 253
— Étrange aventure d'éclat, qui brouille à toujours la duchesse de Lauzun avec

Simon (Le duc de Saint-).   Tomes. Pages.

    Mme la duchesse du Maine, et ses suites ;
le duc et la duchesse de Saint-Simon
en profitent pour éviter toute liaison
avec le duc et Mme la duchesse du Maine.   VII   256
— Secret étrange et aveu curieux, sur l'abbé
de Polignac, du duc de Beauvillier au
duc de Saint-Simon..............   VII   267
— Conduite du duc de Saint-Simon avec
Madame la Duchesse...........   VII   308
— Mme de Maintenon et le duc du Maine se
servent adroitement du duc de Saint-
Simon, à son insu, pour arrêter le Roi
prêt à révoquer le rang qu'il venoit
de donner aux enfants du duc du
Maine pareil au sien, dont Mme la duchesse de Bourgogne fait demander
l'explication au duc de Saint-Simon.   VII   318
— Propos du duc du Maine au duc de
Saint-Simon...............   VII   321
— Il retourne à Marly bien avec le Roi.
Conversation entre le duc de Beauvillier et lui sur Mgr le duc de Bourgogne ; le duc de Beauvillier en exige de
lui un discours par écrit........   VII   338
— Discours sur Mgr le duc de Bourgogne,
15 mai 1710, adressé au duc de Beau-
villier par le duc de Saint-Simon à qui
il l'avoit absolument demandé.....   VII   340
— Causes de la partialité du duc de Saint-
Simon sur le mariage de M. le duc de
Berry..................   VII   380
— Fondement de sa détermination à for-
mer une cabale pour Mademoiselle, fille
de M. le duc d'Orléans et la forme...   VII   382
— Il fait la lettre de M. le duc d'Orléans, au
Roi pour ce mariage...........   VII   405
— Le force de la remettre au Roi......   VII   410

Simon (Le duc de Saint-). Tomes. Pages.

— Son succès. Le duc de Saint-Simon vainement attaqué par Mme la duchesse d'Orléans, pour faire la duchesse de Saint-Simon dame d'honneur de sa fille devenant duchesse de Berry.... VII 413
— Mesures du duc et de la duchesse de Saint-Simon pour l'éviter........ VII 415
— Audience particulière là-dessus de Mme la duchesse de Bourgogne à la duchesse de Saint-Simon......... VII 419 et 461
— Projet d'approcher M. et Mme la duchesse d'Orléans de Mlle Choin. Curieux tête-à-tête là-dessus, et sur la cour intérieure de Monseigneur, entre le duc de Saint-Simon et Bignon, intendant des finances.................. VII 427
— Le duc de Saint-Simon apprend la déclaration du mariage. Spectacle de Saint-Cloud............... VII 453
— Mme la duchesse d'Orléans fait inutilement une vive et dernière attaque au duc de Saint-Simon sur la place de dame d'honneur............. VII 458
— Consultation entre le Roi, Mme la duchesse de Bourgogne et Mme de Maintenon sur une dame d'honneur..... VII 463
— Bruit et mouvement à Marly sur la duchesse de Saint-Simon. Le chancelier change d'avis par l'état des choses et est d'avis d'accepter.......... VII 465
— Avis menaçants au duc et à la duchesse de Saint-Simon de leurs amis. Mme la duchesse de Bourgogne les fait avertir du péril du refus, et de venir à Versailles. Ils se résolvent par vive force à accepter. Conspiration de toutes les personnes royales à vouloir la du-

Simon (Le duc de Saint-).   Tomes. Pages.

chesse de Saint-Simon. Singulier dialogue bas entre M. le duc d'Orléans et le duc de Saint-Simon, marchants à deux pas devant le Roi qui alloit à la messe.................. VII 468
— Mme la duchesse de Bourgogne fait parler au duc de Saint-Simon sur le péril du refus. Droiture et bonté de cette princesse. Propos très-franc du duc de Saint-Simon sur la place de dame d'honneur à M. et à Mme la duchesse d'Orléans.................... VII 470
— Motifs de la volonté si déterminée de faire la duchesse de Saint-Simon dame d'honneur de la future duchesse de Berry.................. VIII 1
— Menées pour empêcher que cette place fût donnée à la duchesse de Saint-Simon, et leur inutilité singulière... VIII 5
— Le duc de Saint-Simon propose et conduit fort près du but Mme de Cheverny pour être dame d'atour. Quelle elle étoit. VIII 9
— Le maréchal de Boufflers arrête le duc de Saint-Simon sur le chemin de Versailles; l'alloit chercher à Paris; lui fait une exhortation avec menaces, pour accepter, avec tout l'air de mission du Roi.......... VIII 10
— Inquiétude du Roi d'être refusé par le duc de Saint-Simon en face; il lui parle dans son cabinet, puis y déclare la duchesse de Saint-Simon dame d'honneur de la future duchesse de Berry. Réception des personnes royales.................. VIII 13
— Le duc de Saint-Simon va chez Mme de Maintenon; son gentil compliment.

Simon (Le duc de Saint-).   Tomes.   Pages.

    Assaisonnements de la place de dame d'honneur. VIII   17
— Du Mont avertit le duc de Saint-Simon de la plus folle calomnie persuadée contre lui à Monseigneur; crédulité inconcevable de ce prince. VIII   145
— La duchesse de Saint-Simon s'adresse à Mme la duchesse de Bourgogne, qui détrompe pleinement Monseigneur. . VIII   152
— Le duc de Saint-Simon refuse la direcrection de l'affaire d'Espernon contre d'Antin, et en fait charger les ducs de Charost et d'Humières. VIII   184
— Il tire d'une inquiétude singulière le duc de Beauvillier à la réception au Parlement, sur sa démission, du duc de Saint-Aignan, son frère. VIII   197
— Embarras du duc de Saint-Simon à l'égard de Monseigneur et de sa cour intérieure. VIII   231
— Singulière conversation de Mme la duchesse d'Orléans, le soir de la mort de Monseigneur, avec le duc et la duchesse de Saint-Simon, chez eux. . . VIII   240
— Reprise de l'affaire d'Espernon; force prétentions semblables prêtes à éclore; leur impression sur les parties de l'affaire d'Espernon. VIII   313
— Ancien projet sur les duchés pairies fait en 1694. Perversité du premier président d'Harlay, qui le dressa. Le duc de Chevreuse, de concert avec d'Antin, gagne le chancelier de Pontchartrain pour un règlement sur ce modèle. Le chancelier en confie l'idée et l'ancien projet au duc de Saint-Simon. Raisons qui l'y font entrer sans

Simon (Le duc de Saint-).   Tomes. Pages.

en prévoir le funeste. Il y travaille seul avec le chancelier. . . . . VIII 316
— Ancien projet avec les notes du duc de Saint-Simon. . . . . VIII 319
— Grâce de substitution accordée lors au maréchal duc d'Harcourt en forme de règlement. Sagesse et franchise d'Harcourt avec Saint-Simon sur les bâtards. . . . . VIII 328
— Le duc de Saint-Simon joint le maréchal de Boufflers au maréchal d'Harcourt. Le secret, mais en général restreint, d'une part entre eux trois, de l'autre, aussi en général, entre le duc de Chevreuse et d'Antin, et sans communication d'une part à l'autre. Harcourt parle au Roi, et la chose s'enfourne. Chimères de Chevreuse et de Chaulnes. . . . . VIII 330
— Le duc de Beauvillier n'approuve pas les chimères; ne peut pourtant être admis au secret par le duc de Saint-Simon. Le secret de tout ce qui se fait demeure uniquement entre le chancelier et le duc de Saint-Simon. . . . VIII 335
— Trait de d'Antin, qui parle au Roi, du plus délié et raffiné courtisan. Le Roi suspend la plaidoirie sur la prétention d'Espernon, sur le point de la commencer. Discussion du projet de règlement entre le chancelier et le duc de Saint-Simon. Friponnerie ambitieuse et insigne du premier président d'Harlay. . . . . VIII 337
— Le duc de Saint-Simon fait comprendre les ducs vérifiés dans le règlement; l'amitié l'intéresse aux nouvelles let-

Simon (Le duc de Saint-).   Tomes. Pages.

tres pour Chaulnes ; le chancelier s'y
prête de bonne grâce. Saint-Simon l'y
soutient avec peine, dépité que devient le chancelier des sophismes du
duc de Chevreuse, qui vouloit toujours prouver sa chimère que Chaulnes
n'étoit pas éteint. Le chancelier travaille seul avec le Roi sur le règlement. Aversion du Roi pour les ducs,
et sa cause . . . . VIII 344

— Scélératesse du premier président d'Harlay dans cet ancien projet dressé par
lui sur le sacre et sur la propagation
des bâtards. . . . . VIII 348

— Le duc de Saint-Simon propose le foible
dédommagement de la double séance
des pairs démis. . . . . VIII 351

— Le règlement devoit porter décision de
la préséance prétendue par le duc de
Luxembourg sur les pairs y opposants,
et sur celle que les ducs de Saint-Simon et de la Rochefoucauld prétendoient réciproquement l'un sur l'autre, la Rochefoucauld comme érigé et
vérifié duc et pair avant Saint-Simon,
celui-ci comme reçu pair au Parlement
et ayant rendu la dignité complète
avant le premier duc de la Rochefoucauld. Le Roi, uniquement touché de
son autorité, le fut peu du mémoire
foncier du duc de Saint-Simon (que
le chancelier, qui l'en avertit, trouvoit
décisif), et vouloit décider en faveur
du duc de la Rochefoucauld. . . . . . VIII 352

— Chaulnes enfourné, le duc de Saint-Simon fait un mémoire portant uniquement sur l'autorité du Roi, sur lequel

Simon (Le duc de Saint-).

 le Roi change d'avis, et lui veut adjuger la préséance sur le duc de la Rochefoucauld. Défaut de foi et hommage dans la Rochefoucauld. Explication de la nécessité de cet acte... VIII 353

— Alternative autrefois ordonnée entre eux, par le Roi, en attendant le jugement, et commencée par la tirer au sort. Préjugés célèbres du Roi en faveur du duc de Saint-Simon. Singulier procédé lors entre les ducs de Saint-Simon et de la Rochefoucauld, et à la suite de la réception du premier au Parlement............... VIII 356

— Autre préjugé du Roi, tout récent, en faveur du duc de Saint-Simon. L'autorité du Roi lui est favorable..... VIII 360

— Enregistrement des lettres d'érection de la Rochefoucauld, fort sauvage. Lettre du duc de Saint-Simon au chancelier. VIII 361

— Deux lettres du chancelier au duc de Saint-Simon ; une du duc de Saint-Simon au chancelier........... VIII 363

— Éclaircissement sur quelques endroits des lettres du duc de Saint-Simon au chancelier. Anecdote curieuse de l'enregistrement des lettres d'érection de la Rochefoucauld............ VIII 370

— Courte et foncière explication de la question de préséance entre la première réception d'un pair au Parlement, et l'enregistrement d'une pairie. Nature de la dignité.............. VIII 377

— Ce qui, de tout temps, a fixé le rang d'ancienneté des pairs, l'a toujours fixé et le fixe encore aujourd'hui. Fausse et indécente difficulté de la

Simon (Le duc de Saint-).   Tomes. Pages.

— date de chaque réception tombée... VIII 379
— Dignité de duc et pair mixte de fief et d'office, et unique de ce genre. L'impétrant et sa postérité appelée et installée avec lui en la dignité de pair de France, à la différence de tout autre officier.................. VIII 382
— Reprise du règlement en forme d'édit. Lettre du duc de Saint-Simon au chancelier................ VIII 386
— Lettre du chancelier au duc de Saint-Simon ; il apprend du chancelier les articles résolus. Le duc de Saint-Simon confie au duc de Beauvillier, et au duc et à la duchesse de Chevreuse, que Chaulnes va être réérigé pour leur second fils. L'édit en gros s'avance. Mouvement des Matignons et des Rohans. Leur intérêt. Lettre du duc de Saint-Simon au chancelier... VIII 388
— Lettre du chancelier au duc de Saint-Simon. L'édit passé, le duc de Saint-Simon en apprend, par le chancelier, tous les articles tels qu'ils y sont. Double séance rejetée, Chaulnes différé après avoir été accordé. D'Antin, duc et pair par érection nouvelle d'Antin, non d'Espernon ; est reçu au Parlement. Il invite le duc de Saint-Simon, seul d'étranger, au repas ; le Roi se montre satisfait que le duc de Saint-Simon y ait été......... VIII 391
— Le duc de la Rocheguyon fait au chancelier des plaintes amères de l'article de l'édit qui adjuge au duc de Saint-Simon la préséance sur son père, et prétend y revenir ; cela le refroidit, lui

Simon (Le duc de SAINT-).

 et le duc de Villeroy, veuf alors, son beau-frère et son ami intime, pour toujours avec le duc de Saint-Simon. Fâcheux personnage sur l'édit du duc de Luxembourg, lors à Rouen, et pourquoi. VIII 395

— Duc et duchesse de Saint-Simon quels à l'égard de la mort de Monseigneur. . VIII 427

— Pontchartrain, secrétaire d'État, fils du chancelier, fait créer des capitaines garde-côtes, et leurs officiers, pour en abuser ; abuse aussi de l'amitié du duc de Saint-Simon et le trompe. Saint-Simon se brouille avec lui. . . . . . . VIII 450

— Le duc de Saint-Simon fait une sottise d'amitié; Pontchartrain lui rend une noire trahison. . . . . VIII 452

— Son étrange procédé. Il tâche de leurrer le duc de Saint-Simon par son commis d'Aubanton. . . . . VIII 454

— Impudence et embarras de Pontchartrain. Le chancelier, son père, soutient son vol fait à Saint-Simon. Peine et proposition des Pontchartrains ; conduite du duc de Saint-Simon avec eux. VIII 459

— Splendeur du duc de Beauvillier. Causes, outre l'amitié, de sa confiance entière au duc de Saint-Simon. Discussion de la cour entre eux deux seuls. Torcy. Desmarets. La Vrillière. Voysin. Pontchartrain père et fils. . . . . IX 1

— Le duc de Saint-Simon sauve Pontchartrain, actuellement perdu . . . . IX 14

— Conçoit le dessin d'une réconciliation sincère entre le duc de Beauvillier et le chancelier, de tout temps et con-

Simon (Le duc de Saint-).   Tomes. Pages.

— tinuellement brouillés au dernier point . . . . . , ... IX   17
— Singulier hasard sur le jansénisme. . .   IX   18
— Pontchartrain sauvé par le duc de Beauvillier, qui le vouloit perdre, et qui l'étoit.   IX   20
— Conversation entre le duc de Saint-Simon et Beringhem sur les Pontchartrains. Caractère du premier écuyer.   IX   21
— Union et concert le plus intime entre les ducs et les duchesses de Chevreuse, de Beauvillier et de Saint-Simon. . . .   IX   24
— Conduite du duc de Saint-Simon avec le Dauphin, et sa façon d'y être. . . .   IX   25
— Sentiment du duc de Saint-Simon sur le jansénisme, les jansénistes et les jésuites.   IX   26
— Situation personnelle de la duchesse de Saint-Simon à la cour. Précautions de la conduite du duc de Saint-Simon. Il sonde heureusement le Dauphin. .   IX   29
— Il a un court entretien avec le Dauphin, puis un long tête-à-tête avec lui ; dignités, gouvernement, ministère y sont traités.   IX   32
— Belles et justes espérances. Conférence entre les ducs de Beauvillier et de Saint-Simon. Celui-ci a un autre tête-à-tête avec le Dauphin. Dignité, princes étrangers, princes du sang et bâtards y sont traités ; secret de ces entretiens.   IX   36
— Belles paroles du Dauphin sur les bâtards. Conférence entre les ducs de Beauvillier et de Saint-Simon. . . . . :   IX   44
— Importance solide du duc de Beauvillier. Concert entier entre lui et le duc de

Simon (Le duc de Saint-). Tomes. Pages.

	Tomes.	Pages.
Saint-Simon. Contrariété d'avis entre eux sur la succession de Monseigneur.	IX	47
— Le duc de Saint-Simon voit souvent le Dauphin tête-à-tête.	IX	53
— Le Dauphin seul avec le duc de Saint-Simon surpris par la Dauphine seule. Situation du duc de Saint-Simon à son égard.	IX	54
— Mérite, sens et conseil de la duchesse de Saint-Simon extrêmement utiles à son mari. Aversion de Mme de Maintenon pour lui, sur quoi fondée.	IX	56
— Il travaille à unir M. le duc d'Orléans au Dauphin. Intérieur de la famille royale, et celui du duc de Saint-Simon avec elle.	XI	59
— Il donne un étrange avis à M. le duc d'Orléans, qui en fait un plus étrange usage. Le duc de Saint-Simon se fâche et se brouille, puis se laisse raccommoder avec lui. Depuis cette époque, il demeure pour toujours très-froidement avec Mme la duchesse de Berry.	IX	62
— Il travaille à unir M. le duc d'Orléans au Dauphin et au duc de Beauvillier, et il y réussit.	IX	67
— Mémoire des pertes de la dignité de duc et pair de France. (*Voir* aux pièces[1].)	IX	71
— Tête-à-tête du duc de Saint-Simon avec le Dauphin.	IX	73
— Discussion entre les ducs de Beauvillier et de Saint-Simon sur un prélat à proposer au Dauphin, pour travailler sous lui à l'affaire du cardinal de Noailles.	IX	76
— Le duc de Saint-Simon raccommode		

---

1. Voyez tome I, p. 420, note 1.

Simon (Le duc de Saint-).	Tomes.	Pages.
sincèrement et solidement le duc de Beauvillier et le chancelier........	IX	80
— Danger couru par le duc de Saint-Simon à la mort du maréchal de Boufflers..	IX	93
— Dessein du duc de Beauvillier et du Dauphin de faire le duc de Saint-Simon gouverneur de Mgr le duc de Bretagne................	IX	106
— Duc de Noailles, intérieurement perdu, se propose de lier avec le duc de Saint-Simon...............	IX	146
— Le duc de Saint-Simon se laisse entraîner à la liaison du duc de Noailles. Celui[-ci], brouillé avec M. et Mme la duchesse d'Orléans, prie le duc de Saint-Simon de le raccommoder avec eux; raisons qui portent Saint-Simon à le faire; il y réussit. Délicate mesure de Noailles................	IX	151
— Il confie, à sa manière, au duc de Saint-Simon la cause de son retour d'Espagne et sa situation. Vues de Noailles dans cette confidence. Il a un desir extrême de l'engager à le rapprocher du duc de Beauvillier, conséquemment du Dauphin; raisons qui y portent Saint-Simon; il y réussit.......	IX	155
— Liaison du duc de Saint-Simon avec le cardinal de Noailles, qui devient intime et la demeure jusqu'à sa mort...	IX	160
— Dernier tête-à-tête du duc de Saint-Simon avec le Dauphin, qui roule en grande partie sur l'affaire du cardinal de Noailles, que le Roi lui avoit renvoyée en total pour la finir. Grand mot du Dauphin au duc de Saint-Simon en faveur du cardinal de Noailles. Il		

Simon (Le duc de Saint-). Tomes. Pages.

ordonne au duc de Saint-Simon de s'instruire à fond sur les libertés de l'Église gallicane et sur l'affaire du cardinal de Noailles, et dit à Saint-Simon qu'il la veut finir définitivement avec lui. La malheureuse France perdit ce prince trois semaines au plus après cet entretien. . . . . IX 163

— Saint-Simon le voit pour la dernière fois, et le perd au même âge qu'avoit son père quand il eut le malheur de perdre Louis le Juste. . . . . IX 205

— Saint-Simon veut tout quitter à la mort du Dauphin et se retirer de la cour et du monde. Sa femme l'en empêche sagement. . . . . IX 209

— État du duc de Beauvillier. État du duc de Saint-Simon. . . . . IX 243

— La cassette du Dauphin met le duc de Saint-Simon dans un extrême danger. L'adresse du duc de Beauvillier l'en sauve. . . . . IX 245

— Le duc de Saint-Simon reste seul et unique, publiquement et en particulier à M. le duc d'Orléans, déserté et seul au milieu de la cour. Il veut faire faire le plus cruel affront au duc de la Feuillade; le duc Saint-Simon l'en empêche. . . . . IX 272

— Le duc de Saint-Simon va passer un mois ou cinq semaines à la Ferté; raisons de ce voyage. . . . . IX 304

— Mort du marquis de Saint-Simon, père de l'évêque comte de Noyon, puis de Metz. . . . . IX 334

— Formes des renonciations respectives du roi d'Espagne et des ducs de Berry et

Simon (Le duc de Saint-). Tomes. Pages.

d'Orléans aux couronnes de France et d'Espagne exigées par les alliés pour la paix, traitées entre les ducs de Beauvillier, de Chevreuse et de Saint-Simon, puis avec le duc de Noailles; ce dernier s'offre d'en faire un mémoire, le fait attendre longtemps, le fait faire, et le donne enfin pour sien. IX 341

— M. le duc de Berry, avec un si grand intérêt en la solidité de la renonciation du roi d'Espagne et de ses formes, n'ont (*sic*) néanmoins en cette affaire que le duc de Saint-Simon pour unique conseil.................. IX 343
(*Voir* le reste de cette page et aux pièces[1] le mémoire du duc de Saint-Simon.)

— Aux insistances du duc de Beauvillier, le duc de Saint-Simon fait un mémoire sur la forme à donner aux renonciations................. IX 345

— Division de sentiment sur un point de forme entre les ducs de Saint-Simon et de Noailles............. IX 347

— Le duc de Chevreuse leur propose d'en passer par l'avis du duc de Beauvillier, qui les assemble chez le duc de Chevreuse. Noailles gagne Chevreuse à son avis. Danger de la manière de raisonner de Chevreuse......... IX 349

— Le duc de Chevreuse d'abord, le duc de Saint-Simon après exposent leurs différentes raisons aux ducs de Beauvillier, Noailles, Charost et Humières, qui y avoient été admis. Le duc de Beau-

---

1. Voyez tome I, p. 420, note 1.

Simon (Le duc de Saint-).

villier se déclare pour l'avis de Saint-Simon et malmène Chevreuse, qui se rend, et Noailles aussi. Charost et Humières de l'avis de Saint-Simon . . IX 351
— Conférences sur les renonciations entre les ducs de Beauvillier et de Saint-Simon. Différence essentielle de validité entre celle du roi d'Espagne et celle des ducs de Berry et d'Orléans. Le Roi, plein de jalousie sur son autorité, non susceptible d'aucune autre forme que d'un enregistrement ordinaire. Peine là-dessus, et de plusieurs jours, du duc de Beauvillier, et sur ce que le duc de Saint-Simon lui représente en chaque conférence. . . IX 355
— Le duc de Beauvillier de plus en plus en peine, le duc de Saint-Simon lui propose une façon inouïe d'en sortir. . . IX 359
— Il s'anéantit au duc de Beauvillier. Puissants moyens des ducs de Berry et d'Orléans d'appuyer les formes justes et valides en leur faveur. . . . . IX 361
— Saint-Simon ramène les ducs de Berry et d'Orléans à laisser régler la forme des renonciations sans nulle résistance. . . . . IX 364
— Caractère, état et friponnerie de Nancré ; il ne tient pas à lui, et à Torcy par lui, de faire au duc de Saint-Simon une cruelle affaire auprès du Roi sur les renonciations. . . . . IX 365
— Règlement, en 25 articles, fait par le Roi, de l'avis du duc du Maine, père du comte d'Eu, nouveau gouverneur de Guyenne, entre les gouverneurs ou commandants en chef de Guyenne et

Simon (Le duc de Saint-). Tomes. Pages.

— les gouverneurs de Blaye, dont le duc de Saint-Simon gagne 24 articles des 25 contre le maréchal de Montrevel. . IX 433
— Ténébreuse noirceur de Pontchartrain, qui fait éclater le duc de Saint-Simon. La Chapelle: quel; le duc de Saint-Simon lui fait une étrange déclaration. IX 439
— Conversation étrange entre le duc de Saint-Simon et le chancelier. . . . . . IX 441
— Même conversation du duc de Saint-Simon avec la chancelière. La duchesse de Saint-Simon vainement attaquée; néanmoins l'intimité entière subsiste entre le chancelier, la chancelière, le duc et la duchesse de Saint-Simon. . . . . IX 443
— Renonciations. Réflexions sommaires. (*Voir* les pièces[1].) . . . . IX 451
— Pairs conviés de la part du Roi par le grand maître des cérémonies de se trouver au Parlement, etc. . . . . IX 453
— Embarras de M. le duc de Berry pour répondre au compliment du premier président, comment levé par la duchesse et le duc de Saint-Simon. . . . IX 454
— Places et cérémonies de la messe à la Sainte-Chapelle, où se trouvent les ducs de Saint-Simon et de Saint-Aignan, venus de Versailles dans le carrosse de M. le duc de Berry, avec lui et M. le duc d'Orléans. . . . . IX 455
— Le chancelier oblige le duc de Saint-Simon d'assister au remariage de son fils avec M{}^{lle} de Verderonne. . . . . . X 66
— Éclat près d'arriver entre les ducs de la

---

1. Voyez tome 1, p. 120, note 1.

Simon (Le duc de SAINT-).

- Rochefoucauld et de la Rocheguyon et le duc de Saint-Simon, arrêté par le duc de Noailles. . . . . X 86
- Singulière conversation entre le duc de Saint-Simon et le P. Tellier sur la constitution *Unigenitus* et la façon de la faire recevoir. . . . . X 93
- Étrange tête-à-tête entre le P. Tellier et le duc de Saint-Simon sur la constitution *Unigenitus*, qui jette le dernier en un *sproposito* énorme. . . . . X 97
- Surprise étrange des ducs de Chevreuse et de Saint-Simon chez le duc de la Rochefoucauld. . . . . X 123
- Le chancelier, tête-à-tête avec le Roi, lui rapporte l'affaire des ducs de Saint-Simon et de la Rochefoucauld, dont ce dernier avoit obtenu la révision depuis l'édit de règlement. Le Roi adjuge au duc de Saint-Simon la préséance partout sur le duc de la Rochefoucauld. . X 145
- La duchesse de Saint-Simon, par méprise du Roi, conduit à Saint-Denis et au Val-de-Grâce le corps et le cœur d'une fille posthume dont Mme la duchesse de Berry étoit accouchée avant terme. . . . . X 190
- Desir du président de Maisons de lier avec le duc de Saint-Simon; comment il y réussit. . . . . X 211
- Première entrevue entre eux deux fort singulière. Ensuite il fait venir de Marly le duc de Saint-Simon le trouver à Paris; lui apprend que les bâtards et leur postérité sont devenus princes du sang en plein et capables de succéder à la couronne. Scène fort singu-

Simon (Le duc de Saint-). Tomes. Pages.

lière chez Maisons, le duc de Noailles en tiers. . . . . X 212
— Compliment du duc de Saint-Simon le soir même aux bâtards. . . . . X 216
— Dernière marque de l'amitié et de la confiance du duc de Beauvillier pour le duc de Saint-Simon. . . . . X 271
— Situation du duc de Saint-Simon à la cour. Brutalité de Desmarets avec lui, qui est fatale à ce ministre. . . . . . . X 301
— Continuation de la situation à la cour du duc de Saint-Simon. . . . . X 303
— Le P. Tellier propose au duc de Saint-Simon d'être commissaire du Roi au concile national qu'on comptoit alors de faire tenir. Ignorance du P. Tellier; sa surprise du refus. . . . . X 329
— Grand témoignage du Roi sur le duc de Saint-Simon à l'occasion de M. le duc d'Orléans. . . . . X 339
— Le duc du Maine, devenu prince du sang, dit un mot du bonnet au duc de Saint-Simon, que celui-ci laisse tomber. XI 2
— M. le duc d'Orléans donne parole au duc de Saint-Simon d'être en tout favorable aux ducs sur le bonnet, et tient au delà de sa promesse. . . . . XI 8
— Précédentes avances du duc du Maine au duc de Saint-Simon et à d'autres ducs de plus en plus redoublées jusqu'à leur entraînement forcé dans l'affaire du bonnet. . . . . XI 8
— Le duc d'Aumont essaye de tonneler le duc de Saint-Simon sur la suite des présidents. . . . . XI 22
— Efforts et manége de Maisons pour persuader la suite des présidents au duc

Simon (Le duc de Saint-).

	Tomes.	Pages.
de Saint-Simon et à quelques autres ducs.	XI	27
— L'affaire du bonnet étrangement finie. Le duc de Saint-Simon visite le duc du Maine et lui tient les propos les plus durs.	XI	46
— Le duc de Saint-Simon obtient de M. le duc d'Orléans [de voir] deux fois la princesse des Ursins, chassée d'Espagne, disgraciée et abandonnée en France, une fois à son arrivée à Paris et une à son départ. Il passe huit heures de suite tête-à-tête avec elle.	XI	115
— Mᵐᵉ de Cottenfao meurt sans enfants, fort riche, et laisse tout son bien au duc de Saint-Simon. Il l'accepte et le rend tout de suite en entier à son mari, ni l'un ni l'autre ne lui en ayant jamais parlé ni rien fait entendre.	XI	126
— Coettenfao lui envoie furtivement pour 60,000 livres de vaisselle d'argent, fort belle et toute neuve, qu'il le force enfin d'accepter.	XI	129
— Entretien, curieux par ses suites, entre M. le duc d'Orléans et le duc de Saint-Simon sur la résolution prise par le Roi d'aller lui-même au Parlement y faire enregistrer la Constitution, mais sans effet, parce que le Roi ne fut pas en état d'y aller.	XI	155
— Le duc de Saint-Simon entretient furtivement la princesse des Ursins dans son carrosse, à Marly, où elle étoit venue un moment prendre congé du Roi. Par l'événement, il ne la revit plus.	XI	159
— Singulier manége du maréchal de Villeroy autour du duc de Saint-Simon.	XI	215

Simon (Le duc de Saint-). Tomes. Pages.
— Inquiétude et manége du P. Tellier à l'égard du duc de Saint-Simon..... XI 226
— Le duc de Saint-Simon propose à M. le duc d'Orléans les conseils et l'ordre à y établir.................. XI 246
— Établissement des conseils résolu. M. le duc d'Orléans et le duc de Saint-Simon discutent ensemble les chefs à donner à ces conseils et les matières suivantes : marine............. XI 251
— Finance, guerre, affaires ecclésiastiques, feuille des bénéfices, constitution................... XI 255
— Jésuites.................. XI 258
— P. Tellier, Rome et le nonce....... XI 260
— Évêques et leur assemblée actuelle. Commerce du clergé de France à Rome et à Paris avec le nonce.......... XI 264
— Affaires étrangères et du dedans du royaume................. XI 266
— Le duc de Saint-Simon refuse de choisir une place et obstinément l'administration des finances............ XI 267
— État forcé des finances. Banqueroute préférable à tout autre moyen..... XI 269
— Le duc de Saint-Simon persiste au refus des finances, malgré le chagrin plus que marqué de M. le duc d'Orléans.. XI 279
— Il lui propose le duc de Noailles pour les finances; résistance et débat là-dessus; M. le duc d'Orléans y consent à la fin.................. XI 279
— Le duc de Saint-Simon destiné au conseil de régence............. XI 281
— Précautions qu'il suggère à M. le duc d'Orléans. Résolution qu'il lui propose sur l'éducation du Roi futur, et le duc

Simon (Le duc de Saint-).

de Charost pour gouverneur, et Nesmond, archevêque d'Albi, pour précepteur, au cas que le Roi n'en eût pas disposé. . . . . XI 283
— Discussion entre M. le duc d'Orléans et le duc de Saint-Simon sur les membres du conseil de régence et sur l'exclusion des gens à écarter : le maréchal de Villeroy à conserver; le chancelier Voysin à chasser ; les sceaux à donner à Daguesseau père, conseiller d'État. XI 286
— Torcy, Desmarets et Pontchartrain à chasser. Le duc de Saint-Simon sauve à toute peine la Vrillière ; il y travailloit depuis longtemps; il lui procure une place unique et principale. . . . XI 288
— Discussion entre les deux mêmes de la composition et de la mécanique du conseil de régence. . . . . XI 291
— Le duc de Saint-Simon propose à M. le duc d'Orléans de convoquer, aussitôt après la mort du Roi, les états généraux, comme étant sans danger pour qui n'avoit rien géré, avantageux pour lui, utiles pour les finances. . . . . . XI 293
— Grand parti à tirer délicatement des états généraux sur les renonciations. XI 298
— Réflexion qu'il présente sur les états généraux par rapport aux finances. . XI 300
— Rien de répréhensible, par rapport au Roi, dans la conduite proposée sur les états généraux. . . . . XI 302
— Usage possible à faire des états généraux à l'égard du duc du Maine. . . . XI 304
— Mécanique à observer. . . . . XI 307
— Discussion entre les deux mêmes sur la manière d'établir la régence. Aveu cé-

Simon (Le duc de Saint-).

lèbre en pareil cas du Parlement séant, par la bouche du premier président la Vacquerie, au duc d'Orléans, depuis Louis XII, de l'entière incompétence de cette compagnie en toute matière d'État et de gouvernement. Ce prince s'y plaignoit amèrement de la régence de Charles VIII donnée à Mme de Beaujeu à son préjudice............ XI 316
— Deux uniques modernes exemples de régences faites au Parlement. Causes d'une telle nouveauté.......... XI 319
— Raisons de se passer du Parlement pour la régence de M. le duc d'Orléans, comme toujours avant ces deux derniers exemples................ XI 324
— Observation à l'occasion de la majorité de Charles IX et de l'interprétation de l'âge de la majorité des rois...... XI 327
— Mesures et conduite à tenir pour prendre la régence................. XI 328
— Mesure et conduite à tenir sur les dispositions du Roi indifférentes, et sur le traitement à faire à Mme de Maintenon. Prévoyances à avoir...... XI 333
— Survivances, brevets de retenue, charges à rembourser; raisons et moyens de le faire. Multiplication de récompenses à procurer................. XI 336
— Le duc de Saint-Simon propose à M. le duc d'Orléans une taxe non contraire à la convocation des états généraux, laquelle au contraire lui est favorable, et autres remboursements à faire peu à peu dans la suite........... XI 339
— De n'accorder jamais nulle grâce expectative et de remplir soudainement les

Simon (Le duc de Saint-). Tomes. Pages

— vacances. . . . . XI 343
— De réparer les grands chemins par les troupes. . . . . XI 344
— Détails avec mesure, défiances, tracasseries, etc. . . . . XI 345
— Extérieur du Roi fort utile et fort à imiter. . . . . XI 349
— Conduite personnelle. . . . . XI 350
— Curiosité très-embarrassante de Mme la duchesse d'Orléans. . . . . XI 357
— Maisons fait au duc de Saint-Simon une proposition énorme et folle, et ne se rebute point de la vouloir persuader à M. le duc d'Orléans et à lui. . . . . . XI 362
— Réflexion sur le but de Maisons. . . . . XI 370
— Le duc de Saint-Simon tire enfin le duc de Noailles d'inquiétude en lui apprenant sa très-désirée destination. Folles propositions qu'il lui fait. . . . . XI 376
— Sûr d'avoir les finances, il dégoûte, dans les trois derniers jours de la vie du Roi, des états généraux, et parvient à en empêcher la convocation. . . . . . . XI 380
— Mme la duchesse d'Orléans en crainte des pairs sur les bâtards pour la première séance au Parlement, après la mort du Roi, a recours au duc de Saint-Simon; il la rassure, et pourquoi; mais en lui déclarant que si les princes du sang les attaquent en quelque temps que ce soit, les pairs les attaqueront en même temps et à l'instant. . . . . . . XI 381
— Le duc de Saint-Simon obtient parole de M. le duc d'[Orléans] que la pension de Chamillart, de 60,000 livres, lui sera continuée en entier, et la permission de le lui mander. . . . . XI 389

Simon (Le duc de Saint-). — Tomes. Pages.
— Le duc de Noailles, seul d'abord, puis aidé du procureur général Daguesseau, propose au duc de Saint-Simon l'expulsion ridicule des jésuites hors du royaume. . . . . XI 389
— Retour de la duchesse de Saint-Simon des eaux de Forges à la cour. . . . . . XI 395
— Avis du duc de Saint-Simon à M. le duc d'Orléans sur sa conduite à tenir à la revue de la gendarmerie, que le Roi ne put faire et dont il chargea le duc du Maine, avec toute autorité, en sa place. XI 396
— Le duc de Saint-Simon se joue de Pontchartrain. . . . . XI 399
— Méprise Desmarets, qu'il fait chasser aussitôt après la mort du Roi. . . . . XI 401
— Abomination du duc de Noailles : il ose proposer au duc de Saint-Simon de le faire lui, Noailles, premier ministre. . XI 407
— Impute au duc de Saint-Simon la proposition inepte que lui-même fait et soutient contre toutes les raisons que le duc de Saint-Simon lui oppose. . . XI 415
— Continue de la lui imputer, quoique si fortement et persévéramment combattue par le duc de Saint-Simon, et soulève tout contre lui par ce noir artifice. . . . . XI 416
— Étrange embarras du duc de Noailles avec la duchesse de Saint-Simon. . . XI 417
— Le duc de Saint-Simon apprend la scélératesse du duc de Noailles. . . . . . XI 418
— Son ingratitude monstrueuse; son affreux et profond projet. . . . . XI 419
— Saint-Simon éclate sans mesure contre Noailles, qui plie les épaules, suit sa pointe parmi la noblesse. Cabale des

Simon (Le duc de Saint-). Tomes. Pages.

    ducs contre Saint-Simon. . . . . XI 421
— Le duc de Saint-Simon se raccommode avec le duc de Luxembourg. Caractère de ce duc. . . . . XI 424
— Suite de l'éclat. Bassesse et désespoir de Noailles; sa conduite avec le duc de Saint-Simon et de celui-ci avec lui. XI 424
— Noailles, depuis la mort de M. le duc d'Orléans, aussi infatigable qu'auparavant à adoucir le duc de Saint-Simon et avec aussi peu de succès. Le desir extrême d'un raccommodement, tel qu'il pût être, de lui et de tous les siens fait enfin le mariage du fils aîné du duc de Saint-Simon, en 1727, avec ses très-légères suites. . . . . XI 429
— Le Roi mort, on fut le lendemain matin au Parlement. Le duc de Saint-Simon y fait, de concert avec M. le duc d'Orléans et avec les pairs, une protestation solennelle, en leur nom, sur le bonnet, etc., et une sommation à M. le duc d'Orléans de décider ces choses sitôt que les affaires publiques seroient réglées, suivant les paroles réitérées qu'il leur en avoit données. . . . . XII 191
— Forte et indécente dispute, sur le codicille du Roi, entre M. le duc d'Orléans et le duc du Maine, en pleine séance; ils passent en la 4ᵉ chambre des enquêtes pour l'y continuer; le duc de la Force y va, sent M. le duc d'Orléans mollir, en avertit le duc de Saint-Simon resté en séance; il y va, fait rompre la conférence par M. le duc d'Orléans, rentrer en séance, la lever aussitôt et la remettre à l'après-dînée. XII 205

Simon (Le duc de Saint-).

— Le duc de Saint-Simon va manger un morceau en particulier au Palais-Royal avec M. le duc d'Orléans où les mesures se prennent, qui réussissent. Ils retournent au Parlement, où le codicille du Roi est entièrement abrogé sans que le duc du Maine ose à peine dire quelques mots entre ses dents. . XII 209

— Le duc de Saint-Simon fait déclarer le cardinal et le duc de Noailles, l'un chef du conseil de conscience avec la feuille des bénéfices, l'autre président du conseil des finances ; raisons de ce. XII 226

— Le duc et la duchesse de Saint-Simon ne veulent point loger à Luxembourg, donné à Mme la duchesse de Berry. . . XII 268

— Il obtient l'abbaye de Jumiéges pour l'abbé de Saint-Simon, depuis archevêque comte de Noyon, enfin de Metz, avec brevet de conservation de rang et honneurs de Noyon ; puis la survivance de ses deux gouvernements pour ses deux fils, voyant le Régent en donner à tout le monde. . . . . . XII 270

— Il se raccommode avec le maréchal de Villeroy, à l'issue du premier conseil de régence, où les rangs et séances avoient été réglées. . . . . XII 272

— Le maréchal de Besons, trompé et lié à des fripons, s'éloigne de plus en plus du duc de Saint-Simon, et ce dernier de lui après sa vaine et ridicule tentative de se faire un petit ministère à part des placets. . . . . XII 274

— Amelot, arrivant de Rome, conte au duc de Saint-Simon une rare et curieuse

Simon (Le duc de Saint-).

	Tomes.	Pages.
conversation entre le Pape et lui sur la Constitution..............	XII	275
— Suite et détail des finances, trop fort pour le duc de Saint-Simon, et trop vaste pour les raconter..........	XII	290
— Le premier écuyer parle au duc de Saint-Simon en faveur de sa femme et le presse de la vouloir bien recevoir. Caractère de Mme de Beringhen. Saint-Simon reçoit enfin sa visite...	XII	308
— Il se brouille pour toujours avec Sandricourt, sur l'indignité de ses procédés et de son mariage.............	XII	314
— Il veut se retirer de tout à la mort du Roi ; se laisse raccrocher, malgré lui, par M. le duc d'Orléans.........	XII	321
— Il fait mettre la comtesse de Poitiers par Mme la duchesse d'Orléans du nombre des dames qu'elle s'attache.......	XII	342
— Il fait chasser Pontchartrain et mettre en sa place son fils Maurepas encore tout jeune..................	XII	346
— Éclat entre le duc de Saint-Simon et le comte et la comtesse de Roucy, qui les brouille pour toujours.........	XII	356
— Le duc de Saint-Simon pare l'exil à Desmarets, consent à se raccommoder avec lui ; rare, franche et curieuse conversation entre eux deux dans le parc de la Ferté.................	XII	401
— Il est visité, sans cause ni prétexte, par le duc du Maine..............	XII	405
— Il visite après le duc et Mme la duchesse du Maine, qui lui tiennent des discours fort singuliers, mais fort polis..	XII	407
— Il refuse, puis félicite, l'abbé du Bois sur une place de conseiller d'État d'Église.	XII	410

Simon (Le duc de Saint-).   Tomes. Pages.
— Il fait donner voix à la Vrillière au conseil de régence..   XII   423
— Propose à M. et à Mme la duchesse d'Orléans le comte de Cheverny pour gouverneur de M. le duc de Chartres. . .   XII   434
— Propose à M. le duc d'Orléans, sur l'utile exemple de la maison d'Autriche, l'indissoluble et perpétuelle union de la France avec l'Espagne, comme le solide et véritable intérêt de l'État, dont la maison d'Autriche et les Anglois sont les ennemis naturels.   XII   459
— Le parti de la Constitution n'oublie rien pour gagner le duc de Saint-Simon jusqu'à lui proposer une tentation horrible..   XIII   30
— Conduite du duc de Noailles avec le duc de Saint-Simon et de celui-ci avec Noailles.   XIII   32
— Le maréchal de Montrevel, outré de quitter le commandement de Guyenne pour celui d'Alsace, s'en prend au duc de Saint-Simon, qui ne s'en soucie guère, mais qui n'y avoit aucune part..   XIII   45
— Le duc de Saint-Simon se dégoûte de parler à M. le duc d'Orléans de la conduite et des appuis du Parlement, lui en prédit le triste succès et demeure depuis là-dessus dans un entier silence.   XIII   48
— Il s'oppose fortement à la banque de Law tant en particulier avec M. le duc d'Orléans qu'en plein conseil de régence. Elle y passe et ensuite au Parlement.   XIII   50
— M. le duc d'Orléans exige absolument

Simon (Le duc de Saint-).   Tomes. Pages.

    du duc de Saint-Simon, et malgré lui, un commerce réglé, chez ce duc, une fois la semaine, avec Law, qui dure jusqu'à sa chute. Vues de Law à l'égard du duc de Saint-Simon...... XIII 52

— M. le duc d'Orléans, fortement tenté de rappeler les huguenots en France, en parle au duc de Saint-Simon, qui l'en détourne................. XIII 85

— Conduite du duc de Saint-Simon avec le Régent à l'égard du Parlement... XIII 106

— Il raccommode Coigny avec le Régent et le fait entrer au conseil de guerre. Coigny ne l'oublie jamais. Il alloit vendre sa charge de colonel général des dragons, tout quitter et se retirer en Normandie.............. XIII 114

— Le duc de Brancas, trompé par Canillac pour être fait pair, vient au duc de Saint-Simon par bricole. Son fils, sur qui la pairie devoit être mise, donne, devant témoins, toute assurance, sa foi, sa parole, son honneur, d'une condition raisonnable sans laquelle Saint-Simon ne vouloit pas agir; Brancas fils l'accepte ainsi; Saint-Simon obtient avec peine qu'il soit fait pair. Longtemps après il manque infâmement de parole et en jouit....... XIII 126

— Le duc de Saint-Simon se divertit à donner publiquement un grand dégoût à Noailles chez M. le duc d'Orléans.... XIII 133

— Il opine fortement, mais inutilement, contre l'abolition de Bonneval..... XIII 199

— Il prédit, en plein conseil de régence, après un long et curieux colloque, là même, avec l'ancien évêque de Troyes,

Simon (Le duc de Saint-).   Tomes. Pages.

que la Constitution poussera sa fortune jusqu'à devenir règle et article de foi. Troyes se récrie sur ce que cela est impossible. Saint-Simon prie le conseil de se souvenir de sa prédiction.................... XIII 246
— Dagnesseau, procureur général, lit au cardinal de Noailles, et au duc de Saint-Simon en tiers, un mémoire transcendant, fait par lui, pour montrer que la Constitution ne pouvoit être reçue................ XIII 248
— Le duc de Saint-Simon obtient l'abbaye d'Andecy pour une de ses belles-sœurs................... XIII 250
— Et une dans Senlis pour l'abbé de Fourilles................... XIII 251
— Conduite du duc de Saint-Simon avec le Régent et avec Daguesseau, procureur général, fait chancelier...... XIII 256
— Singulier entretien et convention encore plus singulière entre le Régent et le duc de Saint-Simon........... XIII 268
— Saint-Simon, peu d'avis de la triple alliance telle qu'alors, fait, en opinant, une cruelle malice au maréchal d'Huxelles et s'oppose de toute sa force, dans le même conseil de régence, mais en vain, à la proscription des jacobites en France...... XIII 270
— Il empêche la destruction de Marly sur le point d'être exécutée........ XIII 279
— Il obtient les grandes entrées, tôt après prodiguées, enfin supprimées. Explication des entrées............ XIII 283
— Il exhorte en vain le cardinal de Noailles de publier son appel, qui n'étoit

Simon (Le duc de Saint-). Tomes. Pages.

— plus ignoré, lui en prédit le succès et les tristes suites du délai. . . . . XIII 344
— Entretien tête-à-tête de M. le duc d'Orléans et du duc de Saint-Simon, seuls dans sa petite loge de l'Opéra où il l'avoit entraîné malgré lui, sur les appels et la Constitution. . . . . XIII 346
— Objection du grand nombre. Le duc de Noailles vend son oncle à sa fortune. . XIII 349
— Poids des personnes et des corps. . . . . XIII 354
— Conduite à tenir par le Régent. . . . . . XIII 356
— Raisons personnelles. . . . . XIII 358
— Conduite du duc de Saint-Simon avec le Régent sur l'affaire des princes du sang et des bâtards, et sur les mouvements de la prétendue noblesse. . . . XIII 396
— Conduite du duc de Saint-Simon dans le conseil de régence, où il fut défendu à la prétendue noblesse de s'assembler, etc., conduite à l'instant suivie par tous les ducs du conseil, et, un moment après, par les princes du sang et par les bâtards. . . . . XIII 400
— Conduite du duc de Saint-Simon à l'égard des mouvements causés par le jugement rendu contre la prétendue noblesse et entre les princes du sang et les bâtards. . . . . XIII 426
— Occasion de la pièce suivante faite et donnée par le duc de Saint-Simon à M. le duc d'Orléans, laquelle empêcha la convocation des états généraux, que le duc de Noailles avoit résolue. Raison d'insérer ici cette pièce. . . . . XIII 428
— Mémoire à Son Altesse Royale Mgr le duc d'Orléans, régent du royaume, sur une tenue d'états généraux. Projets d'é-

Simon (Le duc de Saint-). Tomes. Pages.

tats généraux fréquents de Mgr le Dauphin, père du Roi. . . . . XIII 430
— Le duc de Saint-Simon vouloit les états généraux à la mort du feu Roi. Embarras des finances, et subsidiairement de l'affaire des princes, motifs alors de vouloir les états généraux. Trait sur le duc de Noailles. . . . . . XIII 430
— Introduction à l'égard des finances. . . XIII 432
— État de la question. . . . . XIII 433
— Grande différence d'assembler d'abord les états généraux avant d'avoir touché à rien, ou après avoir tout entamé et fait tant d'opérations. . . . . XIII 434
— Trait sur le duc de Noailles. . . . . . . XIII 434
— Chambre de justice, mauvais moyen. . . XIII 435
— Timidité, artifice et malice du duc de Noailles à l'égard du duc de la Force très-nuisible aux affaires. . . . . XIII 435
— Banque de Law. . . . . XIII 436
— Ire partie. Inutilité des états. . . . . . . XIII 436
Malheur du dernier gouvernement. . XIII 437
Choc certain entre les fonciers et les rentiers. . . . . XIII 439
Ier ordre nécessairement divisé entre les fonciers et les rentiers, quoique bien plus favorable aux fonciers. . . . XIII 440
II^d ordre tout entier contraire aux rentiers. Éloge et triste état du II^d ordre. . XIII 440
IIIe ordre tout entier pour les rentiers. XIII 441
Choc entre les deux premiers ordres et le troisième sur les rentes, certain et dangereux. . . . . XIII 442
Pareil choc entre les provinces sur les rentes auxquelles le plus grand nombre sera contraire. . . . . XIII 444
Ce qu'il paroît de M. le duc d'Orléans. XIII 445

Simon (Le duc de Saint-).

	Tomes.	Pages.
Certitude du jugement par les états généraux sur l'affaire des princes. Ses motifs de la renvoyer aux états généraux, et de l'abus des vues de Son Altesse Royale à cet égard.	XIII	445
États généraux parfaitement inutiles pour le point des finances et pour celui de l'affaire des princes.	XIII	446
— II^{de} partie. Inconvénients des états généraux.	XIII	447
1. Rangs et compétences.	XIII	448
2. Autorité et prétentions.	XIII	448
3. Difficulté de conduite pour le Régent.	XIII	450
4. Danger et dégoût des promesses, sans succès effectif.	XIII	451
5. Fermeté nécessaire. Demandes des états.	XIII	453
6. Proposition des états. Nulle proportion de l'assemblée des états généraux à pas une autre	XIII	455
7. Deux moyens de réfréner les états généraux, mais pernicieux l'un et l'autre.	XIII	458
8. Refus.	XIII	460
9. Danger de formations de troubles.	XIII	461
10. Autorité royale à l'égard de l'affaire des princes.	XIII	461
— IIIe partie. 1er ordre. La constitution *Unigenitus*. Juridiction ecclésiastique.	XIII	465
II^d ordre voudra juger seul l'affaire des princes. Trait sur le mouvement de la prétendue noblesse et sur le rang de prince étranger.	XIII	469
Partialités et leurs suites.	XIII	472
Situation du II^d ordre, d'où naîtront des représentations et des propositions.	XIII	473

Simon (Le duc de Saint-).   Tomes. Pages.

Choc entre le II^d et le IIIe ordre inévitable sur le soulagement du II^d ordre. XIII 473
Mécontentement du militaire . . . . . XIII 473
IIIe ordre en ce qui le compose. . . . XIII 474
IIIe ordre en querelle, en division, en confusion intérieure, en laquelle le II^d ordre prendra parti, et commis avec le Ier et avec le IIIe ordre. . . . . XIII 474
Grande et totale différence de la tenue des états généraux à la mort du Roi, d'avec leur tenue à présent. . . . . XIII 476
Tiers état peu docile et dangereux en matière de finance. Péril de la banque de Law. . . . . XIII 477
Trait sur le duc de Noailles. . . . . . . XIII 478
Exemples qui doivent dissuader les états généraux. . . . . XIII 479
États généraux utiles, mais selon le temps et les circonstances. . . . . . XIII 480
— Courte récapitulation des inconvénients d'assembler les états généraux. . . . XIII 480
— Conclusion. Trait sur le duc de Noailles. XIII 481
— Fin du mémoire. . . . . XIII 482
— Vues personnelles du duc de Saint-Simon répandues dans ce mémoire. Il empêche les états généraux. . . . . . XIII 483
— M. le duc d'Orléans parle au duc de Saint-Simon d'un mémoire sur les finances annoncé par le duc de Noailles et d'un comité sur les finances; il le presse fortement, à deux reprises, d'en être, dont Saint-Simon s'excuse obstinément. . . . . XIV 3
— Il est bombardé au conseil de régence pour être de ce comité. Le duc de Saint-Simon allègue ses raisons, ses excuses, passe jusqu'aux protestations,

Simon (Le duc de Saint-).

 malgré lesquelles M. le duc d'Orléans le lui ordonne............ XIV 6
— Il fait acheter, pour le Roi, par le Régent, qui y résistoit fort, ce diamant, unique en tout, qui fut nommé le Régent.................... XIV 12
— Il propose à M. le duc d'Orléans de mettre le maréchal de Tessé auprès du Czar pendant son séjour à Paris. .... XIV 20
— Il va voir, chez d'Antin, le Czar tout à son aise, sans vouloir en être connu. . XIV 31
— Il traite étrangement le duc de Noailles, en plein con'' de régence, sur l'affaire de Cou. ,ntendant de Bordeaux. . ... XIV 88
— Il fait précéder le maréchal d'Estrées par le maréchal de Tallart, entrant enfin au conseil de régence, et, dans ce même conseil, tire le même Tallart d'un grand embarras................. XIV 93
— Sa conduite dans le comité des finances. XIV 103
— Il propose en particulier au chancelier, chez qui le comité se tenoit, la réforme de quelques troupes distinguées, avec les raisons et la manière de la faire; le chancelier l'approuve fort, mais elle demeure entre eux deux par la foiblesse du Régent. .... XIV 106
— Le duc de Saint-Simon achète, pour ses deux fils, deux régiments de cavalerie. XIV 123
— Il est chargé, malgré lui, d'un commerce avec Plénœuf, réfugié à Turin, sur le mariage d'une fille de M. le duc d'Orléans avec le prince de Piémont, et s'en décharge sur l'abbé du Bois aussitôt après son retour d'Angleterre.... : XIV 187
— Il sert bien et adroitement le duc de

Simon (Le duc de Saint-).

	Tomes.	Pages.
Boufflers dans l'affaire du pays de Lalleu.	XIV	199
— Reconnoissance des députés du pays de Lalleu pour le duc de Saint-Simon.	XIV	206
— La marquise d'Alègre entre avec le duc de Saint-Simon en mystérieux commerce, qui dure plus d'un an.	XIV	212
— Le duc de Noailles, agité de crainte sur sa place des finances, veut regagner le duc de Saint-Simon et se hasarde en un conseil de régence pour les finances de lui proposer de rétablir le temporel de la Trappe, ruiné, voulant rétablir celui de Septfonts.	XIV	295
— On fait manquer, à deux différentes fois, au duc de Saint-Simon la suppression de la gabelle. Tout bien impossible en France.	XIV	303
— Singulière colère et propos singuliers entre M. le duc d'Orléans et le duc de Saint-Simon sur les entreprises du Parlement dont ce prince lui parloit.	XIV	310
— Conduite du duc de Saint-Simon sur le trébuchement du duc de Noailles et du chancelier.	XIV	313
— Raisons qui déterminent le duc de Saint-Simon pour Argenson, à qui il fait donner les sceaux et les finances; il l'en avertit la veille et tâche de le capter en faveur du cardinal de Noailles.	XIV	316
— Politesse du nouveau garde des sceaux fort marquée pour le duc de Saint-Simon.	XIV	317
— M. le duc d'Orléans tâche inutilement par lui-même de vaincre le duc de Saint-Simon sur les avantages qu'il vouloit accorder en Champagne et en		

Simon (Le duc de Saint-).

traitement du Roi au duc de Lorraine, et par Saint-Contest, commissaire nommé pour faire le traité. M. le duc d'Orléans vient enfin à prier le duc de Saint-Simon de s'absenter du conseil de régence le jour que le traité de Lorraine y.seroit porté. Le duc de Saint-Simon y consent.	XIV	342
— Il lui en arrive de même lorsque le Régent accorda le traitement de *Majesté* au roi de Danemark, et celui de *Hautes Puissances* aux états généraux des Provinces-Unies.	XIV	345
— Bagatelles entre M. le duc d'Orléans et le duc de Saint-Simon.	XIV	348
— Conférence entre le cardinal de Noailles et Argenson, garde des sceaux, chez le duc de Saint-Simon, dont ce dernier demeure peu content.	XIV	357
— Sommes données par M. le duc d'Orléans aux abbayes de la Trappe et de Septfonts. Conduite du duc de Saint-Simon avec le duc de Noailles à cet égard, et avec l'abbé de Septfonts, avec lequel il lie une étroite amitié.	XIV	357
— Le duc de Saint-Simon tire M. le duc d'Orléans d'embarras en lui proposant de donner sur-le-champ l'archevêché de Cambray au cardinal de la Trémoille, et l'évêché de Bayeux, qu'avoit ce cardinal, à l'abbé de Lorraine.	XIV	361
— Il obtient un régiment d'infanterie pour le marquis de Saint-Simon, qui meurt trois mois après, et de le faire passer à son frère encore presque enfant.	XIV	362
— Le duc de Saint-Simon a pris tout ce qu'il rapporte des affaires étrangères		

Simon (Le duc de Saint-). Tomes. Pages.

— de ce que Torcy lui a communiqué. . XV 296
— Indique, sur l'affaire de la Constitution, des matériaux très-curieux par eux-mêmes et par leur exacte vérité. . . . XV 297
— Religion du duc de Saint-Simon sur les choses qu'il rapporte. . . . . XV 298
— Sarcasme par lequel le duc de Saint-Simon fait enfin dédommager le chapitre de Denain de ce qu'il a souffert par le combat de Denain. . . . . . . XV 334
— M. le duc d'Orléans force le duc de Saint-Simon à lui parler sur le Parlement. . XV 352
— Il envoie le duc de la Force, Fagon et Law conférer chez le duc de Saint-Simon. . . . . XV 353
— Le duc de Saint-Simon conseille à Law, dans son extrême mais raisonnable frayeur, de se retirer au Palais-Royal. Raisons de ce conseil, que Law suit à l'heure même. . . . . XV 355
— Le duc de Saint-Simon propose un lit de justice aux Tuileries ; pourquoi là plutôt qu'au Palais. Plan pris en cette conférence. . . . . XV 355
— Le Régent mande le duc de Saint-Simon, confère seul avec lui. Saint-Simon insiste à n'attaquer que le Parlement, et point tout à la fois le duc du Maine comme Monsieur le Duc le veut. . . . XV 359
— Conférence entre le Régent, le duc de Saint-Simon, le garde des sceaux, l'abbé du Bois et la Vrillière, à l'issue du long tête-à-tête entre M. le duc d'Orléans et le duc de Saint-Simon. . XV 360
— Monsieur le Duc survient; M. le duc d'Orléans va l'entretenir, appelle le duc de Saint-Simon en tiers, tandis

Simon (Le duc de Saint-).

— que les autres vont se promener dans la galerie des Coépel............ XV 363
— Propos entre eux trois avant la conférence recommencée et encore après qu'elle fut finie.............. XV 364
— Le duc de Saint-Simon, chargé de la mécanique, va chez Fontanieu, garde-meuble de la couronne, pour la construction très-secrète du lit de justice, le duc d'Aumont plus que très-suspect étant en année par qui il n'y avoit pas moyen de passer. Contre-temps chez Fontanieu, son effroi à la première ouverture, il fait après merveilles et très-fidèlement........ XV 365
— Monsieur le Duc écrit le lendemain matin au duc de Saint-Simon, lui demande un entretien dans la matinée chez lui ou à l'hôtel de Condé à son choix; Saint-Simon va sur-le-champ à l'hôtel de Condé.................. XV 368
— Long entretien tête-à-tête. Raisons de Monsieur le Duc pour ôter l'éducation du Roi au duc du Maine; raisons du duc de Saint-Simon pour ne la lui pas ôter alors.................. XV 369
— Monsieur le Duc propose au duc de Saint-Simon le dépouillement du duc du Maine; le duc de Saint-Simon s'y oppose de toutes ses forces, mais il vouloit pis à la mort du Roi; ses raisons.................... XV 371
— Dissertation entre eux sur le comte de Toulouse. Monsieur le Duc propose au duc de Saint-Simon la réduction des bâtards, si l'on veut, au rang de leurs pairies parmi les pairs......... XV 376

	Tomes.	Pages.

Simon (Le duc de Saint-).

— Il veut avoir l'éducation du Roi sans faire semblant de s'en soucier; raisons que le duc de Saint-Simon lui objecte. Discussion entre eux deux sur l'absence hors du royaume de M. le comte de Charolois. . . . . XV 379

— Monsieur le Duc sonde le duc de Saint-Simon sur la régence au cas que M. le duc d'Orléans vînt à manquer et sur les idées de Mme la duchesse d'Orléans de faire Monsieur son fils régent et le comte de Toulouse lieutenant général du royaume. Le duc de Saint-Simon rassure Monsieur le Duc sur ce que, le cas arrivant, la régence lui appartient. Monsieur le Duc lui déclare que son attachement pour M. le duc d'Orléans dépend de l'éducation du Roi. Conclusion de la très-longue conversation. . . . . XV 384

— Le duc de Saint-Simon donne chez lui, à Fontanieu, un nouvel éclaircissement sur la mécanique dont il étoit chargé. . . . . XV 389

— Contre-temps au Palais-Royal. Le duc de Saint-Simon rend compte à M. le duc d'Orléans de sa longue conversation avec Monsieur le Duc. . . . . . . XV 389

— Reproches de la part de Saint-Simon; aveux de celle du Régent. Lit de justice différé de trois jours. Le Régent tourne la conversation sur le Parlement; le duc de Saint-Simon lui reproche fortement ses fautes; le Régent en convient et avoue sa foiblesse et qu'il a été assiégé. . . . . XV 391

— Soupçons sur la tenue du lit de justice.

Simon (Le duc de Saint-). Tomes. Pages.

— Contre-temps qui font manquer au duc de Saint-Simon un rendez-vous avec Monsieur le Duc dans le jardin des Tuileries. . . . . XV 396
— M. le duc d'Orléans rend au duc de Saint-Simon sa conversation avec Monsieur le Duc, qui veut pour lui l'éducation du Roi et un établissement pour M. le comte de Charolois. . . . . XV 402
— Le duc de Saint-Simon renoue, pour le soir, le rendez-vous aux Tuileries. Dissertation dans ce jardin entre Monsieur le Duc et lui sur M. le comte de Charolois, sur le point d'Espagne, à l'égard de ce prince, et sur l'éducation du Roi qu'il veut avoir et l'ôter sur-le-champ au duc du Maine. . . . XV 405
— Monsieur le Duc charge obstinément le duc de Saint-Simon de la plus forte déclaration à M. le duc d'Orléans sur l'éducation du Roi de sa part. . . . . . . XV 406
— Monsieur le Duc convient, avec le duc de Saint-Simon, de la réduction des bâtards au rang de leurs pairies, au prochain lit de justice. Ils se donnent tous deux le même rendez-vous pour le lendemain. . . . . XV 409
— Le duc de Saint-Simon rend compte au Régent de sa conversation avec Monsieur le Duc. Hoquet du Régent pour le lit de justice sur l'élévation des hauts siéges égale à celle de la grand'chambre d'où naît un doute de la volonté d'un prétexte frivole pour ne le pas tenir. . XV 411
— Le Régent rend au duc de Saint-Simon une conversation bien considérable qu'il avoit eue avec le comte de Tou-

Simon (Le duc de Saint-).

louse. Probité de celui-ci, scélératesse
de son frère............... XV 413
— Le duc de Saint-Simon tâche à fortifier
M. le duc d'Orléans à ne pas toucher
au duc du Maine; propos entre eux
deux sur le rang; réflexions du duc
de Saint-Simon sur le rang...... XV 414
— Conférence chez le duc de la Force.
Sage prévoyance de Fagon et de
l'abbé du Bois............... XV 417
— Entretien entre Monsieur le Duc et le
duc de Saint-Simon dans le jardin
des Tuileries. Il veut l'éducation du
Roi plus fortement que jamais; le duc
de Saint-Simon lui fait, pour différer,
une proposition qu'il refuse, sur quoi
le duc de Saint-Simon le presse avec
la dernière force............ XV 418
— Outre l'honneur, suites funestes des
manquements de parole........ XV 419
— Le duc de Saint-Simon essaye de dé-
ranger l'opiniâtreté de Monsieur le
Duc sur l'éducation actuelle, par les
réflexions sur les embarras de la mécanique.................. XV 419
— Il presse vivement Monsieur le Duc, qui
demeure inébranlable; ses raisons.. XV 426
— Le duc de Saint-Simon le fait expliquer
sur la réduction des bâtards au rang
de leurs pairies: Monsieur le Duc y
consent; le duc de Saint-Simon ne s'en
contente pas; il veut que Monsieur le
Duc en fasse son affaire, comme de
l'éducation même, et le pousse fortement. Monsieur le Duc lui avoue la
trahison de Lassay........... XV 429
— Monsieur le Duc désire que le duc

Simon (Le duc de Saint-).

 de Saint-Simon voie les trois divers projets d'édit donnés par lui à M. le duc d'Orléans.............. XV 432
— Le duc de Saint-Simon lui déclare qu'il sait du Régent que la réduction des bâtards au rang de leurs pairies est en ses mains de lui Monsieur le Duc, et que le Régent la trouve juste. Le duc de Saint-Simon presse vivement Monsieur le Duc............. XV 433
— Monsieur le Duc donne sa parole au duc de Saint-Simon de la réduction des bâtards au rang de leurs pairies. . . . XV 435
— Le duc de Saint-Simon propose à Monsieur le Duc de conserver le rang sans changement au comte de Toulouse, par un rétablissement uniquement personnel; raisons du duc de Saint-Simon................ XV 436
— Monsieur le Duc consent enfin avec grand'peine à la proposition en faveur du comte de Toulouse et d'en faire dresser la déclaration. Le duc de Saint-Simon la veut dresser aussi, et pourquoi................ XV 439
— Raisonnement encore entre Monsieur le Duc et le duc de Saint-Simon sur la mécanique................ XV 440
— Monsieur le Duc renouvelle au duc de Saint-Simon sa parole de la réduction des bâtards au rang de leurs pairies. Dernier effort du duc de Saint-Simon pour le détourner de l'éducation et de toucher au duc du Maine...... XV 440
— Millain, secrétaire de Monsieur le Duc, apporte au duc de Saint-Simon les trois divers projets d'édits; lui con-

	Tomes.	Pages.

Simon (Le duc de Saint-).

firme la parole de Monsieur le Duc sur le rang; lui promet de revenir le lendemain matin. Satisfaction réciproque............... XV 442
— Le duc de Saint-Simon rend compte au Régent de sa conversation avec Monsieur le Duc; Son Altesse Royale déterminée à lui donner l'éducation. Le duc de Saint-Simon proteste avec force contre la résolution de toucher au duc du Maine quoique sa réduction au rang de ses pairies en dépendît. Mais quoi qu'il eût pu dire et faire dès le commencement de cette affaire, le parti étoit pris. Alors le duc de Saint-Simon demande très-vivement la réduction des bâtards au rang de leurs pairies; cavillations du Régent; Saint-Simon le force dans tous ses retranchements........ XV 443
— Il lui propose le rétablissement uniquement personnel du comte de Toulouse; il l'approuve. Reproches du duc de Saint-Simon au Régent..... XV 447
— Il lui propose les inconvénients mécaniques, les discute avec lui, l'exhorte à la fermeté.............. XV 449
— Avis peu apparent donné au duc de Saint-Simon d'un projet de finir la Régence; il le mande aussitôt à M. le duc d'Orléans.............. XV 450
— Monsieur le Duc vient chez le duc de Saint-Simon lui dire qu'il a demandé la réduction des bâtards au rang de leurs pairies et de l'ancienneté d'icelles parmi les autres pairies; vient aussi de la part du Régent pour s'é-

Simon (Le duc de Saint-).

	Tomes.	Pages.
claircir sur l'avis susdit..........	XV	450
— Le duc de Saint-Simon apprend chez lui au duc de la Force où en étoient les bâtards à l'égard des pairs, et le prie de dresser la déclaration en faveur du comte de Toulouse...........	XV	451
— Conférence de l'abbé du Bois et de Fagon avec le duc de Saint-Simon chez lui sur les inconvénients possibles et les remèdes, où Fagon s'avise sagement de remettre au samedi à arrêter les membres du Parlement, qui le devoient être le vendredi.........	XV	452
— Le duc de la Force et Millain chez le duc de Saint-Simon dès le matin, avec chacun sa déclaration en faveur du comte de Toulouse. Millain avertit le duc de Saint-Simon, de la part de Monsieur le Duc, que M. le duc d'Orléans en avoit chargé, de se trouver à huit heures du soir du même jour chez le Régent par la petite porte pour achever d'y concerter tout entre le Régent, Monsieur le Duc et le duc de Saint-Simon seuls pour le lendemain et d'y mener Millain......................	XV	454
— Le duc de Saint-Simon parle avec force à Millain sur la réduction des bâtards au rang d'ancienneté de leurs pairies et le charge de le dire à Monsieur le Duc mot pour mot. Le duc de Saint-Simon va au Palais-Royal le même matin...................	XV	454
— Contre-temps à la porte secrète de M. le duc d'Orléans. Le duc de Saint-Simon lui fait approuver le délai de 24 heures d'arrêter les membres du Parle-		

Simon (Le duc de Saint-) Tomes. Pages.
— ment désignés. . . . . XV 456
— Discussion entre eux deux seuls sur plusieurs inconvénients possibles dans l'exécution du lendemain. . . . . XV 457
— Monsieur le Duc survient en tiers. Le duc de Saint-Simon les prend tous deux à témoins de son avis et de sa conduite dans cette affaire ; il les exhorte à l'union et à la confiance réciproque. . . XV 458
— Il leur parle avec force de la réduction des bâtards à leur rang d'ancienneté de leurs pairies, mais comme n'en pouvant plus douter, et en ayant la parole de l'un et de l'autre ; ils l'avertissent de ne pas manquer au rendez-vous du même jour, à huit heures du soir, avec eux deux. . . . . XV 458
— Monsieur le Duc envoie, dans l'après-dînée, au duc de Saint-Simon, par Millain, la certitude de la réduction des bâtards au rang d'ancienneté de leurs pairies. Le duc de Saint-Simon engage Monsieur le Duc à s'en assurer de plus en plus. . . . . XV 460
— Conférence le même jour chez le duc de Saint-Simon entre lui, le duc de la Force, Fagon et l'abbé du Bois ; tout prévu et remédié autant que le possible. . . . . XV 461
— Conférence le même jour, à huit heures du soir, au Palais-Royal, entre M. le duc d'Orléans, Monsieur le Duc et le duc de Saint-Simon seuls, où, sur la fin, Millain fut appelé. Tout s'y résume pour le lendemain et les derniers partis y sont pris. Le duc de Saint-Simon, effrayé de trouver le Régent au lit

Simon (Le duc de Saint-).

	Tomes.	Pages.
avec un peu de fièvre, est rassuré par lui, qui proteste qu'en quelque état qu'il fût il ne manqueroit à rien le lendemain. Cette fièvre ne fut qu'une agitation de rien.	XV	462
— Solutions au cas de refus obstiné du Parlement à obéir.	XV	465
— Pairs de France de droit, officiers de la couronne de grâce, mais d'usage, ont seuls voix délibérative au lit de justice en matière d'État, les magistrats voix tout au plus consultative, le chancelier excepté comme officier de la couronne, et le garde des sceaux en son absence, parce qu'il tient sa place.	XV	466
— Avec la permission du Régent, le duc de Saint-Simon confie, le soir tout tard, au duc de Chaulnes les événements si prochains.	XV	469
— Discrétion de l'habit de Parlement du duc de Saint-Simon. Il fait avertir le matin le comte de Toulouse d'être sage et qu'il ne perdra pas un cheveu.	XV	472
— Il arrive aux Tuileries le vendredi, 26 août 1718, à huit heures du matin, heure indiquée pour le conseil de régence précédant le lit de justice. Ils y en trouvent tout l'appareil dressé subitement, secrètement, exactement.	XVI	2
— Il entre, sans le savoir, dans la chambre où étoient le garde des sceaux, la Vrillière et tout ce qui leur falloit, puis il entre dans le cabinet du conseil.	XVI	3
— Le Régent a envie de parler au comte de Toulouse, qui arrive en manteau; le duc de Saint-Simon tâche de l'en détourner.	XVI	7

Simon (Le duc de Saint-). Tomes. Pages.

— Le Régent ne peut s'en empêcher, et vient aussitôt après rendre au duc de Saint-Simon ce qui vient de se passer entre eux deux, et lui déclare qu'il a tout dit au comte de Toulouse, dont il est content et soulagé. . . . . XVI 9
— Pendant la lecture au conseil de la déclaration du Roi qui réduit les bâtards au rang de l'ancienneté de leurs pairies, le duc de Saint-Simon met devant lui, sur la table du conseil, la requête au Roi des pairs contre les bâtards, ouverte à l'endroit des signatures. . . . XVI 20
— On opine ce jour-là par la tête. Le duc de Saint-Simon, l'ancien et le premier des pairs de la régence, fait le remerciement, au nom de tous les pairs, de la justice qui leur est enfin rendue; s'abstient d'opiner dans leur cause et la sienne, sur quoi le Régent saute au maréchal d'Estrées, qui n'étoit alors ni duc ni pair, mais le premier du conseil après eux. . . . . XVI 24
— Le duc de Saint-Simon, le conseil levé, parle au maréchal de Tallart sur le maréchal de Villeroy. . . . . XVI 36
— Il propose inutilement au Régent d'écrire un mot à Mme la duchesse d'Orléans, sur la table du conseil, qui étoit levé. . . . . XVI 38
— Il entre au lit de justice et, suivant qu'il en étoit convenu avec le Régent, il confie, allant en place, l'affaire des bâtards à quelques pairs. . . . . XVI 44
— Il refuse d'une façon très-marquée, tant lui que les autres pairs, d'opiner sur l'affaire des bâtards, comme y étant

Simon (Le duc de Saint-).   Tomes. Pages.

  parties. . . . . XVI 54
— Il reçoit chez lui, arrivant du lit de justice, un étrange message de M. le duc d'Orléans, par le marquis de Biron. XVI 59
— Il va au Palais-Royal; vive et longue dispute entre M. le duc d'Orléans et lui, qui le force d'aller de sa part à Saint-Cloud annoncer à Mme la duchesse d'Orléans la chute de son frère. L'abbé du Bois l'interrompt par ses conjouissances et les nouvelles de l'abattement du Parlement; du Bois retiré, la dispute se reprend fortement; enfin raisonnements et ordres sur cet étrange voyage. . . . . XVI 60
— Prudence du duc de Saint-Simon confondue par celle d'un page; folie de Mme la duchesse d'Orléans sur sa bâtardise. On ignore à Saint-Cloud ce qui s'est passé au lit de justice. . . . XVI 64
— Le duc de Saint-Simon va chez Mme la duchesse d'Orléans, puis chez Madame, qui lui apprend la folle et impudente menace de Mme la duchesse du Maine à M. le duc d'Orléans. Mme la duchesse d'Orléans l'envoie prier de revenir chez elle; Madame le prie de retourner chez elle après. . . . . XVI 66
— Mme la duchesse d'Orléans dicte au duc de Saint-Simon la suite d'une lettre commencée de sa main à M. le duc d'Orléans, admirablement bien écrite; il achève avec elle et retourne chez Madame; Mme la duchesse d'Orléans envoie prier Madame de descendre chez elle; le duc de Saint-Simon des-

Simon (Le duc de Saint-). Tomes. Pages.

cend avec elle et entretient la duchesse Sforze.. . . . . XVI 71
— Il rend compte à M. le duc d'Orléans de son voyage de Saint-Cloud; conversation avec lui sur l'imminente arrivée de Mme la duchesse d'Orléans au Palais-Royal; de là le duc de Saint-Simon demeure brouillé avec Mme la duchesse d'Orléans. Misère de M. le duc d'Orléans. . . . . XVI 73
— Le duc de Saint-Simon va à l'hôtel de Condé, où tout lui rit. Mme de Laigle le presse inutilement de lier avec Madame la Duchesse. . . . . XVI 77
— Conversation entre le duc de Saint-Simon et Valincourt sur le comte de Toulouse et les bâtards. Valincourt revient aussitôt chez le duc de Saint-Simon lui faire les remerciements du comte de Toulouse, et l'assurer qu'il s'en tiendra à sa conservation. . . . . XVI 81
— Le comte de Toulouse et la duchesse Sforze blâment souvent et fortement Mme la duchesse d'Orléans de ne point voir le duc de Saint-Simon. . . . . . . XVI 82
— Raisons qui détournèrent le duc de Saint-Simon de penser lors à l'affaire du bonnet. . . . . XVI 87
— Le duc de Mortemart, premier gentilhomme de la chambre du Roi, piqué d'une querelle de charge avec le maréchal de Villeroy, où il n'avoit pas eu ce qu'il disputoit, envoie, pour la seconde fois, la démission de sa charge à M. le duc d'Orléans; le duc de Saint-Simon arrive fortuitement là-dessus et trouve M. le duc d'Orléans fort en

Simon (Le duc de Saint-).

    colère qui vouloit se servir de la démission et avoit envie de lui donner la charge; le duc de Saint-Simon, avec grand'peine, fait renvoyer la démission au duc de Mortemart, et, sans en parler à personne dans la crainte d'une nouvelle folie du duc de Mortemart, demande et obtient, deux jours après, sa survivance pour son fils aîné presque enfant, petit-fils du feu duc de Beauvillier, ce qui occasionne d'autres survivances. XVI   91

— Dédaigneuse franchise du duc de Saint-Simon avec le duc de Mortemart, avec qui il étoit mal depuis bien des années, qui le vint remercier, et qu'il n'a pas revu depuis. XVI   93

— Le duc de Saint-Simon, qui avoit fort soutenu le duc de Saint-Aignan, ambassadeur en Espagne, et lui avoit procuré plusieurs gratifications, le voyant près de revenir sur l'affaire de Cellamare, lui obtient, pour en arrivant, une place dans le conseil de régence; il étoit frère du feu duc de Beauvillier. XVI   117

— Conversation forte entre M. le duc d'Orléans et le duc de Saint-Simon sur ses subsides secrets contre l'Espagne, enfermés seuls dans sa petite loge à l'Opéra. XVI   121

— Conversation très-forte entre M. le duc d'Orléans et le duc de Saint-Simon, dans son grand cabinet, tête-à-tête, sur sa rupture avec l'Espagne. XVI   125

— Le duc de Saint-Simon, mal instruit de la grande affaire de la conspiration du

Simon (Le duc de Saint-).   Tomes. Pages.

  duc et de Mme la duchesse du Maine, etc.,
avec le prince de Cellamare, ambassadeur d'Espagne. Cause étrange de
cette ignorance. . . . . XVI 132
— Il apprend de M. le duc d'Orléans plusieurs choses de la conspiration de
Cellamare, du duc et de la duchesse
du Maine, et vaguement du projet. . . XVI 141
— Conseil secret au Palais-Royal, qui se réduit après à Monsieur le Duc et au
duc de Saint-Simon; le Régent leur
confie que le duc et la duchesse du
Maine sont des plus avant dans la
conspiration; il délibère avec eux sur
ce qu'il doit faire; tous trois concluent
à les faire arrêter, conduire le duc du
Maine en prison à Dourlens et la duchesse du Maine dans le château de
Dijon, tous deux bien gardés et resserrés; Monsieur le Duc dispute un
peu sur Dijon et se rend. . . . . XVI 148
— Conseil secret entre M. le duc d'Orléans,
Monsieur le Duc, le duc de Saint-Simon, l'abbé du Bois et le Blanc, où
tout est résolu pour le lendemain. . . XVI 153
— Le duc de Saint-Simon empêche le
grand prieur de Vendôme d'entrer au
conseil de régence, fort peu après son
retour. . . . . XVI 185
— Est forcé par le Régent de lui apporter
les Philippiques, que personne ne vouloit lui montrer. État de ce prince en
les lisant. . . . . XVI 199
— Le duc de Saint-Simon est instamment
prié par le maréchal de Villars de
passer chez lui, d'où il n'osoit sortir,
dans la frayeur d'être arrêté sur l'af-

Simon (Le duc de Saint-).

faire du duc du Maine et de Cellamare ; il prie le duc de Saint-Simon d'en parler au Régent; il le fait et tâche de rassurer le maréchal. . . . . XVI 212

— Le duc de Saint-Simon représente fortement à M. le duc d'Orléans, l'énormité de la conduite du duc du Maine à son égard, lors de son affaire d'Espagne à la mort du Dauphin et de la Dauphine, le testament et le codicille du Roi, en un mot, dans tous les temps et sans cesse, la grandeur de ses trois crimes d'État, la conduite de ses croupiers, le danger de la fausse politique de Son Altesse Royale, celui d'une continuelle impunité, la conduite à tenir à l'égard du duc et de la duchesse du Maine, de leurs enfants, et de leurs principaux complices. . . . . XVI 227

— Ne trouve dans le Régent que mollesse, foiblesse, misère, ensorcellement par l'abbé du Bois. Le duc de Saint-Simon cesse de parler du duc du Maine, etc., au Régent. . . . . XVI 230

— Conduite de la duchesse de Saint-Simon parmi les scandales de Mme la duchesse de Berry. . . . . XVI 232

— Le duc de Saint-Simon représente inutilement à M. le duc d'Orléans la nécessité et la facilité de mettre le premier guichet du Louvre vis-à-vis la rue Saint-Nicaise, et de même largeur, et les inconvénients, souvent dangereux, de ne le pas faire. Le Régent est arrêté tout court par la considération de Launay, orfèvre du Roi, et de son balancier qu'il auroit fallu changer de

Simon (Le duc de Saint-). Tomes. Pages.

logement : bagatelle indigne de tenir place ici, n'étoit que ces riens caractérisent souvent plus que les choses. XVI 251
— Le duc de Saint-Simon extrêmement pressé par M. le duc d'Orléans et par Law de recevoir ce qu'on appeloit lors du Mississipi, après quoi tout couroit, le refuse obstinément; mais il reçoit le payement d'anciens billets de l'Espagne.................. XVI 253
— M. le duc d'Orléans lui confie que Mme la duchesse de Berry veut absolument déclarer son mariage avec Rion. . . . XVI 260
— Conduite de la duchesse de Saint-Simon à l'égard de Mme la duchesse de Berry. XVI 278
— Conduite du duc de Saint-Simon à l'égard de Mme la duchesse de Berry. En sa dernière extrémité, il va à la Muette auprès de M. le duc d'Orléans; ce prince le charge de ses ordres sur tout ce qui devoit suivre cette mort. Saint-Simon empêche l'oraison funèbre, et toute cérémonie possible à éviter................ XVI 284
— Il obtient pour les dames de Mmes la duchesse de Berry, et pour sa première femme de chambre, la continuation de leurs appointements et de leurs logements.................. XVI 289
— Maladie longue et dangereuse de la duchesse de Saint-Simon, à Passy, qui séquestre près de trois mois le duc de Saint-Simon de Paris et de toute affaire et commerce. M. le duc d'Orléans leur fait prêter, par le Roi, le château neuf entier de Meudon, tout meublé. . XVI 290
— Il mène d'Allemans père et Renaut, lieu-

Simon (Le duc de Saint-).

 tenant général des armées navales lire à M. le duc d'Orléans un mémoire fait par d'Allemans sur la taille, qui fut trouvé fort bon, mais que messieurs des finances détournèrent. . . . . . . XVI 295
— Il procure à Pezé le gouvernement de la Muette. . . . . XVI 299
— Il empêche M. le duc d'Orléans de rembourser le Parlement avec des papiers de Law, dont il étoit fort pressé et tenté. (*Voir* aux pièces[1] le mémoire du duc de Saint-Simon là-dessus.). . . XVI 305
— Raisons secrètes du duc de Saint-Simon contre le remboursement du Parlement. . . . . XVI 309
— Le Régent en est de nouveau fort pressé et tenté, et en est de nouveau empêché par le même. . . . . XVI 311
— Il propose au Régent de former un conseil étroit en laissant subsister celui de Régence; l'abbé du Bois l'en empêche. . . . . XVI 341
— Il obtient pour Pezé le régiment du Roi infanterie. . . . . XVI 359
— Situation du duc de Saint-Simon avec Fleury, évêque de Fréjus, avant et depuis qu'il fut précepteur du Roi. . . . XVI 362
— Il lui propose une manière singulière, aisée, agréable et utile d'instruction pour le Roi, et reconnoît aussitôt qu'il ne veut lui en donner aucune. . . . . XVI 364
— Il s'engage à travailler à le faire cardinal. XVI 367
— M. le duc d'Orléans envoie chercher le duc de Saint-Simon à qui il apprend,

1. Voyez tome I, p. 420, note 1.

Simon (Le duc de Saint-). — Tomes. Pages.

fort en colère, que le Pape a fait *motu proprio* Mailly, archevêque de Reims, cardinal; il discute cette affaire avec lui et le Blanc; la Vrillière, mari de la nièce de l'archevêque, y survient (*voir* le reste article de MAILLY). . . . . XVI 387
— Conduite du duc de Saint-Simon là-dessus avec M. le duc d'Orléans. . . . . XVI 393
— Premier succès de l'archevêque par la double et mystérieuse friponnerie des abbés du Bois et de la Fare-Lopis, qui se trompent tous les deux au profit de l'archevêque, à l'insu du duc de Saint-Simon, qui est la dupe de leur manége. . . . . XVI 399
— Mailly, archevêque de Reims, obtient enfin la permission d'être cardinal. Le duc de Saint-Simon le conduit chez le Roi, qui lui met la calotte rouge sur la tête. . . . . XVI 400
— M. le duc d'Orléans veut chasser le maréchal de Villeroy et faire le duc de Saint-Simon gouverneur du Roi; il le lui confie; le duc refuse et lui persuade de laisser le maréchal en cette place. . . . . XVI 420
— Il obtient 12,000 livres d'augmentation d'appointements à son gouvernement de Senlis, qui n'en valoit que 3,000 livres. . . . . XVI 439
— Il fait inutilement les derniers efforts pour l'établissement d'un conseil étroit. . . . . XVI 440
— Il démasque, par le Régent, l'insigne et hardie friponnerie de l'abbé d'Auvergne à ses deux amis, le duc de Noirmonstiers et le cardinal de la Trémoille,

Simon (Le duc de Saint-).   Tomes. Pages.

son frère, pour lui escamoter son archevêché de Cambray, et rend ainsi le repos aux deux frères, qu'il ne connoissoit point, mais dont l'aîné s'étoit adressé à lui. XVI   446

— Il tire parole du Régent, même avec remerciement, qu'il n'ira point au sacre de l'abbé du Bois ; la nuit change cette résolution par une singulière aventure, encore plus pitoyablement curieuse. . XVII   25

— Il représente au Régent les raisons pressantes par rapport à la maison d'Horn de commuer la condamnation du comte d'Horn à la roue en celle d'être décapité, et l'en convainc tellement qu'il le remercie et lui en donne parole. Saint-Simon, qui s'en alloit le lendemain pour sept ou huit jours à la Ferté, lui témoigne sa crainte qu'on ne le fasse changer ; le Régent lui proteste que non et le rassure ; dès que le duc de Saint-Simon est parti, du Bois et Law le changent, et incontinent après le comte d'Horn est roué. XVII   46

— M. le duc d'Orléans apprend au duc de Saint-Simon que le premier président de Mesmes lui avoit demandé son agrément pour le mariage de sa fille aînée avec le duc de Lorges, beau-frère du duc de Saint-Simon, et fut témoin des premiers mouvements de Saint-Simon, qu'il ne contraignit pas. XVII   58

— Le Régent confie au duc de Saint-Simon, au maréchal d'Estrées et à un troisième, qu'il prit à part ensemble, l'arrêt qu'il donna quelques jours après, le 22 mai 1720, qui fit tant de fracas et

	Tomes.	Pages.

Simon (Le duc de Saint-).

qui, à la fin, culbuta Law et sa banque ; le maréchal d'Estrées lui en remontra le danger ; le duc de Saint-Simon insista plus fortement encore et plus librement, lui remontra le péril des suites et, pour lui-même, alla même jusqu'à les lui prédire. On en vit le triste succès, que le duc de Saint-Simon apprit à la Ferté, où il étoit [allé] passer quelques jours pendant la courte vacance des conseils. . . . . XVII 90

— A son retour, M. le duc d'Orléans, irrité du succès d'un arrêt conseillé et poursuivi par Argenton pour perdre Law, à qui il avoit persuadé que c'étoit son salut, résolut de le chasser et de donner les sceaux au duc de Saint-Simon, qui les refusa avec tant de persévérance que le Régent, ne sachant à qui les donner, envoya le chevalier de Conflans à Law essayer de ramener le chancelier sur Law et ses idées ; ils réussirent auprès d'un homme excédé de son exil à Fresnes ; ils l'amenèrent à Paris, et les sceaux lui furent rendus. XVII 92

— Le Régent confie au duc de Saint-Simon sa résolution prise d'ôter à Trudaine sa place de prévôt des marchands et de la donner à Châteauneuf ci-devant ambassadeur en Hollande, et de chasser le maréchal de Villeroy et de faire le duc de Saint-Simon gouverneur du Roi. Saint-Simon le refuse et s'oppose à ces deux changements avec tant de raisons et de force qu'il le persuade enfin de ne les point faire ; il tint parole sur le maréchal de Villeroy

Simon (Le duc de Saint-).

ne pouvant gagner sur le duc de Saint-Simon d'être gouverneur du Roi, mais le soir même Law et du Bois emportèrent le changement du prévôt des marchands. . . . . XVII 105
— Trudaine, informé mot à mot, et le maréchal de Villeroy aussi, sans qu'on puisse imaginer comment, de ce qui s'étoit passé sur eux entre le Régent et le duc de Saint-Simon, lui montrent des sentiments bien différents. Le chancelier de Pontchartrain, que le duc de Saint-Simon visitoit souvent dans sa retraite, le tance fortement de ses refus d'être gouverneur du Roi et ne se satisfait point de ses raisons. . XVII 109
— Conférence au Palais-Royal entre le Régent et le duc de Saint-Simon seul, outre leur tête-à-tête et travail ordinaire, sur les suites de ce triste arrêt et les mesures à prendre. . . . . XVII 116
— Il assiste au Palais-Royal à un conseil particulier plus étendu, pour y conclure ce qui avoit été résolu entre le Régent et le duc de Saint-Simon, que le chancelier gagne pour n'envoyer le Parlement qu'à Pontoise, au lieu de Blois. XVII 119
— Le duc de Saint-Simon arrivant de Meudon au Palais-Royal, trouve M. le duc d'Orléans donnant divers messages pour les pairs et les officiers de la couronne, qui lui dit qu'il l'attendoit avec impatience pour lui dire qu'il avoit été résolu de faire enregistrer le lendemain la constitution *Unigenitus* au grand conseil, lui, les princes du sang, autres pairs, et les officiers de la

couronne y séants, au refus du Parlement, et le prioit lui de ne s'y pas trouver. Le duc de Saint-Simon l'en remercia comme d'une grâce qui lui épargnoit le déplaisir d'opiner publiquement de toute sa force contre l'avis et la volonté de Son Altesse Royale, qui lui répondit qu'il s'y attendoit bien, et que c'étoit pour cela même qu'il le prioit de ne s'y pas trouver. Le duc de Saint-Simon lui représenta vainement l'insuffisance du grand conseil pour un pareil enregistrement, qui ne pouvoit être valable que fait au Parlement... XVII 130
— Il obtient l'abbaye de Saint-Étienne de Caen pour le cardinal de Mailly, et la survivance du gouvernement de Saintonge, Angoumois, etc., du duc d'Uzès, pour le comte de Crussol, son fils... XVII 149
— M. le duc d'Orléans veut, pour la troisième fois, chasser le maréchal de Villeroy et faire le duc de Saint-Simon gouverneur du Roi ; s'y associe Monsieur le Duc qui le desire autant que lui ; le combat dure plus d'un mois ; le duc de Saint-Simon tient ferme au refus et à ne pas ôter le maréchal ; leur propose le duc de Charost pour gouverneur du Roi, si, malgré ses raisons, le parti d'ôter le maréchal étoit pris. Faute de savoir qui faire gouverneur du Roi, le maréchal de Villeroy l'échappa encore ; sa misère là-dessus, car il le sut.......... XVII 181
— Longue et imposante conversation, prise du fond des choses, entre le Régent et le duc de Saint-Simon, qui ébranle

Simon (Le duc de Saint-).

    fortement du Bois............XVII 192
— Foiblesse étrange du Régent, qui conte tout à du Bois, lequel l'irrite contre Saint-Simon. Conversation là-dessus entre M. le duc d'Orléans et le duc de Saint-Simon. M. le duc d'Orléans demeure honteux, et défend à du Bois de lui jamais parler du duc de Saint-Simon, à qui du Bois ne le pardonne pas, non plus que son sacre......XVII 197
— Le Régent confie au duc de Saint-Simon seul, à l'insu de du Bois, dans le mois de juin 1721, le traité négocié par du Bois et fait des doubles mariages du Roi et du prince des Asturies plus de trois mois avant que personne s'en doutât; conversation importante et curieuse là-dessus entre le Régent et le duc de Saint-Simon........XVII 241
— Il y obtient l'ambassade d'Espagne pour faire son 2ᵈ fils grand d'Espagne, et l'abbaye de Saint-Amand de Rouen pour sa dernière belle-sœur......XVII 246
— Conduite réciproque entre le duc de Saint-Simon et du Bois fait cardinal. XVII 253
— Ce cardinal, informé enfin de l'ambassade du duc de Saint-Simon, le rapproche par Belle-Isle pour le tromper et lui nuire. Le duc le sent bien et ne peut l'éviter................XVII 256
— Joie du duc de Saint-Simon de n'être pas gouverneur du Roi, le voyant assez malade................XVII 260
— La conduite du cardinal du Bois avec le duc de Saint-Simon affranchit celui-ci des conditions de leur raccommodement................XVII 266

Simon (Le duc de Saint-). Tomes. Pages.

— Familiarité, liberté, confiance conservée depuis le lit de justice des Tuileries entre Monsieur le Duc et le duc de Saint-Simon. Conversation importante et très-curieuse entre eux deux. . . . XVII 267
— Raison particulière du duc de Saint-Simon de desirer que l'ancien évêque de Fréjus acceptât l'archevêché de Reims. . . . . XVII 276
— Le Régent agite avec le duc de Saint-Simon les mesures à prendre pour apprendre au Roi son mariage et le déclarer au conseil de régence. . . . . XVII 292
— Frauduleux procédé du cardinal du Bois avec le duc de Saint-Simon, qui est pour le ruiner et le faire échouer. . . XVII 307
— L'ambassade du duc de Saint-Simon déclarée; sa suite principale. . . . . . . XVII 309
— Il consulte utilement M. Amelot et les ducs de Saint-Aignan et Berwick. Utilité qu'il tire des ducs de Liria et de Veragua en Espagne; caractère de ces deux beaux-frères, fort unis. . . . . . XVII 312
— Son instruction; remarques sur icelle. . XVII 314
— Son utile liaison avec Laullez, ambassadeur d'Espagne à Paris. . . . . XVII 319
— Scélératesse du cardinal du Bois et foiblesse inconcevable du Régent dans les ordres nouveaux et verbaux que [le] duc en reçoit, malgré ses plus fortes représentations, sur les préséances inouïes, et les premières visites, contre tout usage. . . . . XVII 320
— Le duc de Saint-Simon ne veut point profiter de l'exemple du cordon bleu destiné au duc d'Ossone et de cette nouveauté en faveur de son ambas-

Simon (Le duc de Saint-).

    sade pour le mariage du prince des Asturies. Continuation de l'étrange procédé du cardinal du Bois à l'égard du duc de Saint-Simon (*voir* Orléans, même page). . . . . XVII 324
— Malice grossière du cardinal du Bois à l'égard du duc de Saint-Simon, suivie de la plus étrange impudence. . . . . XVII 327
— Le duc de Saint-Simon part de Paris le [23 octobre 1721] pour Madrid. Il rencontre en chemin le duc d'Ossone et confère avec lui; séjourne à Ruffec, à Blaye, à Bordeaux ; y fait politesse aux jurats, séjourne à Bayonne, y a audience de la reine douairière d'Espagne, qui le fait traiter à dîner. . . . . XVII 330
— Va voir Loyola assez près de sa route. . XVII 338
— Impatience de Leurs Majestés Catholiques de son arrivée, qui la pressent par divers courriers; il en arrive de nouveau trois l'un sur l'autre. Le duc de Saint-Simon laisse son fils aîné malade à Burgos, et poursuit son voyage sans s'arrêter. Cause rare de l'impatience de Leurs Majestés Catholiques. Députation et présents de vin de la province de Guipuscoa à Vittoria. . . . . XVII 340
— Basse et impertinente jalousie de Maulevrier, envoyé du Roi à Madrid, qui n'auroit pas eu le caractère d'ambassadeur sans le consentement du duc de Saint-Simon, qui le lui portoit. . . XVII 341
— Le duc de Saint-Simon arrive à Madrid le [21 novembre]; y est aussitôt visité par les plus grands, même par tous ceux à qui il devoit la première visite. . . . XVII 341

Simon (Le duc de Saint-). Tomes. Pages.

— Il fait sa première révérence à Leurs Majestés Catholiques et à la famille royale. . . . . XVII 343
— Conduite très-singulière et toute opposée des ducs de Popoli et de Giovenazzo (c'est Cellamare) avec lui. . . . . . . XVII 347
— Visite au marquis Grimaldo particulièrement chargé des affaires étrangères. Succès de cette visite. Il connoît parfaitement le cardinal du Bois. . . . . . XVII 347
— Le duc de Saint-Simon obtient, contre tout usage d'Espagne, que le roi et la reine consentent de signer eux-mêmes le contrat de mariage du Roi et de l'infante. Ils y veulent des témoins; le duc le conteste, s'y rend enfin avec des conditions. . . . . XVII 352
— Il signe les articles. Fait office à Laullez. . . . . XVII 358
— Son audience solennelle du roi d'Espagne pour la demande de l'infante. . . XVII 360
— De la reine d'Espagne et du prince des Asturies et des infants. . . . . XVII 366
— Conduite énorme de Maulevrier avec le duc de Saint-Simon, bien pourpensée, bien exécutée pour le jeter de guet-apens dans le plus fâcheux embarras sur les instruments du contrat de mariage, en pleine cérémonie de la signature. . . . . XVII 373
— Conduite du duc de Saint-Simon pour y précéder, comme il fit suivant ses ordres réitérés et précis, le nonce et le majordome major du roi, sans néanmoins les blesser. . . . . XVII 374
— Signature solennelle du contrat de mariage du Roi et de l'infante, où le duc

Simon (Le duc de Saint-).

    de Saint-Simon se maintient adroitement dans la place qu'il avoit prise. . XVII 376
- Difficulté poliment agitée sur la nécessité ou non d'un instrument en françois.. Maulevrier forcé de laisser voir toute sa séleratesse, de laquelle le duc de Saint-Simon se tire, avec tout avantage, sans montrer la sentir. . . . . . . XVII 378
- Autre honte de Maulevrier chez Grimaldo. Politesse de ce ministre. Facilité du roi d'Espagne pleine de bonté. Conduite du duc de Saint-Simon avec Maulevrier, et sa raison pour cette conduite. . . . . XVII 382
- Bontés de Leurs Majestés Catholiques pour le duc de Saint-Simon. Conclusion de son désistement de l'instrument françois. Avis important de l'amitié de Grimaldo au duc de Saint-Simon sur la jalousie de la reine d'être présente à toutes les audiences particulières. . . . . XVII 384 et 386
- Échappé avec tout avantage de tous les piéges du cardinal du Bois, le duc de Saint-Simon en aperçoit son dépit à travers toutes ses louanges. . . . . XVII 393
- Il a seul une audience particulière le lendemain de la signature; manége qu'y eut la reine. Service de Grimaldo. Office à Laullez. . . . . XVII 394
- Compliment singulier de la reine et bonté pour le duc de Saint-Simon; il consulte Grimaldo sur l'un et sur l'autre, et en reçoit un bon conseil. Confiance et amitié véritable entre ce ministre et ce duc. . . . . XVII 396
- Leurs Majestés Catholiques donnent une

Simon (Le duc de Saint-). Tomes. Pages.

longue audience au duc de Saint-Simon et à Maulevrier, le matin, dans leur lit ensemble, contre tout usage d'y être vus ensemble par personne que par Grimaldo pour y travailler le matin, lequel n'y étoit pas. . . . . . . XVII 403
— Départ de Leurs Majestés Catholiques pour Lerma. Ce même jour, le duc de Saint-Simon présenta la lettre du Roi à l'infante, que le cardinal du Bois avoit eu la malice de [ne] lui envoyer qu'alors, dont il se tira par la confidence qu'il en fit d'abord à Grimaldo. Le duc de Saint-Simon reçoit chez lui les compliments de la ville de Madrid. Il reçoit une lettre curieuse sur l'emploi de l'échange des princesses qu'il avoit fait, dès longtemps, donner au prince de Rohan et déclarer. . . . . . XVII 406
— Le duc de Saint-Simon prend, à cet égard, d'utiles précautions contre les chimères avec le marquis de Santa-Cruz, chargé de l'échange des princesses par le roi d'Espagne. . . . . XVII 409
— Conduite que le duc de Saint-Simon se proposa de tenir en Espagne. . . . . . XVII 418
— Omission de plusieures affaires et choses peu importantes. Étrange embarras où la malice du cardinal du Bois jette le duc de Saint-Simon. . . . . XVII 423
— Il va, par l'Escurial, joindre la cour à Lerma. . . . . XVII 431
— Petite scène et plaisante entre lui et un moine de l'Escurial, sur le genre de mort du malheureux don Carlos, fils de Philippe II. . . . . XVII 434
— Il tombe malade de la petite vérole en

Simon (Le duc de Saint-).

— arrivant en son quartier de Villahalmanzo, à demi-lieue de Lerma. . . . . XVII 436
— Hyghens, premier médecin du roi d'Espagne ne quitta pas le duc de Saint-Simon, par ordre exprès de Leurs Majestés Catholiques, pendant toute sa maladie, et, fort attaché au roi Jacques comme écossois qu'il étoit, engage le duc de Saint-Simon à conférer secrétement avec le duc d'Ormond. . . . XVIII 147
— Le duc de Saint-Simon visita à Madrid le marquis de Rivas, jadis Ubilla et secrétaire de la dépêche universelle sous Charles II, qui eut une part principale à son testament, qu'il écrivit, et que la princesse des Ursins avoit jeté dans la disgrâce et le néant où il est toujours depuis resté. . . . . . . XVIII 190
— Mesures du duc de Saint-Simon pour la grandesse et la Toison. . . . . XVIII 229
— Lettre de M. le duc d'Orléans au roi d'Espagne, faite par le cardinal du Bois, et de ce cardinal au marquis de Grimaldo sur la grandesse pour le duc de Saint-Simon, entortillée et d'une telle foiblesse que ce ministre ne voulut pas rendre celle de M. le duc d'Orléans au roi d'Espagne, ni lui parler de celle qu'il avoit reçue du cardinal du Bois (*voir* Rohan, t. XVIII, p. 238, sur Santa-Cruz). . . . . XVIII 234
— Avances singulières que le cardinal de Rohan fait de Rome au duc de Saint-Simon; leur motif. . . . . XVIII 243
— Il procure à la reine douairière d'Espagne un payement sur ce qui lui étoit dû. . . . . XVIII 246

Simon (Le duc de Saint-). Tomes. Pages.

— Il va faire la révérence à Leurs Majestés Catholiques à Lerma; matière de cette audience; conte singulièrement plaisant par où le roi d'Espagne la termina. . . . . XVIII 247

— Le duc de Saint-Simon va saluer Mlle de Montpensier à Cogollos, puis se trouve, le même jour, à son arrivée à Lerma. Il précède tranquillement le nonce à la chapelle, au mariage du prince des Asturies, le même jour, suivant ses ordres si positifs, mais sans faire semblant de rien. . . . . XVIII 251

— Au premier instant de la célébration achevée du mariage dans la chapelle, le duc de Saint-Simon est fait grand d'Espagne de la première classe, conjointement dès lors avec un de ses deux fils, à son choix, et l'aîné déclaré chevalier de l'ordre de la Toison d'or; à l'instant le duc de Saint-Simon choisit son second fils pour la grandesse, et reçoit les compliments de toute la cour. . . . . XVIII 254

— Il se propose, sans aucun ordre et contre tout exemple en Espagne, de rendre public le coucher des noces du prince et de la princesse des Asturies, et l'obtient. . . . . XVIII 256

— Bonté du roi d'Espagne pour le duc de Saint-Simon, et distinction sans exemple pour son fils aîné au bal; le duc, son père, s'en excuse et le renvoie comme convalescent, par ménagement pour les seigneurs espagnols et d'autres nations. Mesures qu'il prend pour éviter que le coucher public

Simon (Le duc de Saint-).

	Tomes.	Pages.
choque les espagnols.	XVIII	260
— Il précède encore le nonce à la Vélation, sans faire semblant de rien.	XVIII	264
— Sa conduite en France sur les grâces reçues en Espagne. Parrains de ses fils.	XVIII	271
— Princesse des Asturies fort incommodée en arrivant à Madrid. Le roi et la reine, fort en peine, commandent au duc de Saint-Simon de la voir tous les jours, contre tout usage d'Espagne. Ils lui confient les causes secrètes de leurs alarmes, sur lesquelles il les rassure.	XVIII	274
— Il prouve à M. le duc d'Orléans, qui venoit de donner le cordon bleu au duc d'Ossone, qu'il pouvoit et devoit le faire chevalier de l'ordre.	XVIII	279
— Il lui propose de donner sept ou huit colliers en général à l'Espagne lorsqu'il feroit la grande promotion, et un seul nommément à Grimaldo.	XVIII	282
— Fait office là-dessus au cardinal Gualterio, à qui le feu Roi avoit promis l'ordre que le cardinal Albane venoit de refuser (*voir* Chavigny, t. XVIII, p. 285 et suiv.).	XVIII	284
— Embarras du duc de Saint-Simon sur le silence obstiné du cardinal du Bois à Chavigny sur le passage de l'infant don Carlos en Italie.	XVIII	307
— Mesures qu'il prend en France et en Espagne pour empêcher ce passage; il y réussit.	XVIII	308
— Il mène Chavigny au marquis de Grimaldo et le présente après au roi et à la reine d'Espagne, desquels il est		

Simon (Le duc de Saint-).   Tomes. Pages.

— extrêmement mal reçu. XVIII   310
— Par ordres exprès et fort réitérés, il fait exclure le duc de Bournonville de l'ambassade de France à laquelle il avoit été publiquement nommé. . . XVIII   311
— Par ordres fort exprès, il tente vainement d'obtenir du roi d'Espagne de rendre l'honneur de ses bonnes grâces au maréchal de Berwick. XVIII   316
— Il tente en vain, de lui-même, d'obtenir la grandesse pour le duc de Saint-Aignan. XVIII   318
— Leurs Majestés Catholiques font entrer le duc de Saint-Simon dans leurs justes mécontentements de la princesse des Asturies, à laquelle il parle inutilement. Il représente plus d'une fois au roi et à la reine qu'ils la gâteront par bonté pour elle et par égards pour le duc d'Orléans, duquel il étoit en pouvoir de leur répondre, et que Leurs Majestés Catholiques se repentiroient un jour de leurs tolérances, ainsi qu'il arriva. XVIII   322
— Raisons qui font abstenir le duc de Saint-Simon de se trouver à l'Atoche, où Leurs Majestés Catholiques vont en cérémonie rendre grâces à Dieu des deux mariages. XVIII   331
— Il va voir Tolède et Aranjuez; causes de sa curiosité. XVIII   341
— Y est complimenté par une députation du chapitre de l'église de Tolède. . . XVIII   348
— Il obtient une expédition en forme de la célébration du mariage du prince et de la princesse des Asturies, dont il n'y avoit rien par écrit. XVIII   376
— Reçoit un courrier sur l'entrée des car-

Simon (Le duc de Saint-).

dinaux de Rohan et du Bois au conseil de régence, et la sortie des ducs, du chancelier et des maréchaux de France qui en étoient, avec une curieuse lettre là-dessus du cardinal du Bois. XVIII 382
— Et, par une lettre à part, ordre d'en informer le roi d'Espagne, sur-le-champ, quelque part qu'il soit. . . . . XVIII 383
— Artifice de la lettre du cardinal du Bois au duc de Saint-Simon; sa crainte de son retour; moyens qu'il tente pour le retenir en Espagne. . . . . XVIII 384
— Autres pareils dans la lettre plus étendue qu'il lui fait écrire, en même temps, par Belle-Isle. . . . . XVIII 392
— Remarques sur la lettre de Belle-Isle au duc de Saint-Simon. . . . . XVIII 394
— Il prend le parti d'aller à Balsaïm, où étoient lors Leurs Majestés Catholiques seules, de n'y dire que le fait et pas un mot des inventions du cardinal du Bois pour effrayer le Régent et l'irriter contre ceux qui étoient sortis du conseil de régence. Il a une conversation avec Grimaldo à Madrid, va à Balsaïm, y est froidement reçu d'abord, puis tout se réchauffe. . . . . XVIII 398
— Y a aussitôt une audience. . . . . . . XVIII 401
— Couche à Ségovie; vient dîner à Balsaïm, et suit Leurs Majestés Catholiques qui l'avoient invité la veille, à la Granja, tôt après nommé Saint-Ildephonse. . XVIII 404
— Répond aux lettres du cardinal du Bois et de Belle-Isle, y approuve la sortie du conseil. . . . . XVIII 413
— Bruit ridicule que fait courir son voyage à Balsaïm. . . . . XVIII 414

Simon (Le duc de Saint-). Tomes. Pages.
— Autres lettres curieuses du cardinal
du Bois au duc de Saint-Simon. . . XVIII 415
— Il prend ses audiences de congé; singularité unique de celle de la princesse
des Asturies. . . . . XVIII 418
— Il part de Madrid le [21 mars 1722]. Sa
route. . . . . XVIII 422
— Réponses curieuses du cardinal du Bois
et de Belle-Isle. Le cardinal dépêche
trois courriers au duc de Saint-Simon
pour presser son retour. . . . . XVIII 425
— Il se détourne pour aller à Marmande
trouver le duc de Berwick, qui commandoit en Guyenne; il lui avoit
demandé ce rendez-vous où il vint exprès de Montauban (*voir* BELLE-ISLE,
t. XVIII, p. 428). . . . . XVIII 427
— Le duc de Saint-Simon au Palais-Royal;
long entretien entre le Régent, le
cardinal du Bois et lui. N'y tâte point
de la friponnerie avec lequel le confessionnal du Roi est rendu aux jésuites;
en avertit le cardinal de Noailles, le
maréchal de Villeroy et l'évêque de
Fréjus; se tait partout ailleurs; fait la
révérence au Roi. . . . . XVIII 432
— Se démet de sa pairie à son fils aîné, et
lui donne les beaux diamants dont le
roi d'Espagne lui avoit fait présent, qui
lui avoient coûté 140,000 livres. Visite
exprès, pendant la première tenue du
conseil de régence, tous les ducs et les
maréchaux de France qui en étoient
sortis, et va tout de suite voir le chancelier exilé à Fresnes. . . . . XVIII 434
— Marie sa fille au prince de Chimay, et
au comte de Laval, longtemps depuis

Simon (Le duc de Saint-).

 maréchal de France, la sœur de l'abbé de Saint-Simon, depuis évêque comte de Noyon, puis de Metz, conservant le rang et les honneurs de son premier siége. . . . . XVIII 447

— S'oppose auprès de M. le duc d'Orléans à l'exil du duc de Noailles, inutilement à la fin. . . . . XVIII 451

— Se trouve fortuitement chez le Régent lorsque le cardinal du Bois y arrive hors de soi de la scène qu'il venoit d'essuyer du maréchal de Villeroy (*voir* DU BOIS, t. XVIII, p. 458); le Régent presse le duc de Saint-Simon de dire son avis, il opine à l'exil du maréchal de Villeroy. . . . . XVIII 462

— Conférence entre M. le duc d'Orléans, Monsieur le Duc et le duc de Saint-Simon, où il est convenu d'arrêter le maréchal de Villeroy, et de faire le duc de Charost gouverneur du Roi. . . . . XVIII 465

— Au sortir de la conférence, le Régent envoie le duc de Saint-Simon chez le cardinal du Bois concerter la mécanique pour arrêter le maréchal de Villeroy; il est surpris de la compagnie qu'il y trouve (*voir* BELLE-ISLE, t. XIX, p. 15 et suivantes). . . . . XVIII 472

— Conversation fort singulière, sur faire un premier ministre, entre M. le duc d'Orléans et le duc de Saint-Simon, qui n'en est pas d'avis. . . . . XIX 19

— Ennui domestique porte le Régent, par libertinage, à faire un premier ministre, à quoi le duc de Saint-Simon s'oppose fortement, combat cet ennui, lui propose l'exemple de feu M. le prince de

Simon (Le duc de Saint-).

	Tomes.	Pages.
Conti, gendre de feu Monsieur le Prince.	XIX	20
— Aveu sincère de M. le duc d'Orléans; le duc de Saint-Simon lui expose les considérations futures.	XIX	24
— Le cardinal du Bois bien connu de son maître; foiblesse incroyable de ce maître.	XIX	28
— Autre conversation entre M. le duc d'Orléans et le duc de Saint-Simon sur le même sujet, encore plus singulière et plus curieuse; le duc de Saint-Simon continue dans sa ferme opposition.	XIX	30
— Malheur des princes indiscrets et peu fidèles au secret. Le duc de Saint-Simon représente au Régent les exemples des premiers ministres en tout pays depuis Louis XI.	XIX.	33
— Quel est nécessairement un premier ministre.	XIX	39
— Quel le prince qui en fait un.	XIX	42
— Le cardinal du Bois envoie à Meudon dire au duc de Saint-Simon qu'il vient d'être déclaré premier ministre, lui veut persuader qu'il lui en a l'obligation, et le faire accroire au public.	XIX	47
— Le duc de Saint-Simon va le lendemain à Versailles, où il voit le cardinal du Bois chez M. le duc d'Orléans.	XIX	48

— M. le duc d'Orléans presse un peu le duc de Saint-Simon, et le cardinal du Bois n'oublie rien pour l'engager d'aller au sacre du Roi, au moins de ne pas empêcher les ducs d'y assister, enfin de ne pas du moins refuser de se trouver à Villers-Cotterets aux fêtes que M. le duc d'Orléans y devoit donner au Roi

Simon (Le duc de Saint-).   Tomes. Pages.

    revenant de Reims. Le duc de Saint-Simon, qui savoit en partie ce qui devoit se passer d'étrange au sacre, et qui n'avoit pu l'empêcher, se tint roide sur le voyage de Reims et sur celui de Villers-Cotterets, ne répondit rien sur les ducs (*voir* les D u c s), leur conseilla ce qu'ils firent et, pour lui, s'en alla à la Ferté. XIX   63

— Il y étoit lors de la mort du cardinal du Bois, et y resta quelque peu après; à son retour il retrouva M. le duc d'Orléans impatient de le voir et le même pour lui; il le reçoit comme auparavant, dans les mêmes tête-à-tête et la même confiance, comme avant l'entière domination du cardinal du Bois. . . . . XIX 151

— Il parle vainement à M. le duc d'Orléans sur sa santé. . . . . XIX 159

— Il avertit l'évêque de Fréjus de l'état menaçant de la santé de M. le duc d'Orléans (*voir* Fréjus). . . . . XIX 161

— Il apprend à Meudon la mort subite de M. le duc d'Orléans, moins de deux [heures] après l'avoir quitté à Versailles; il y va et apprend en arrivant que Monsieur le Duc est déclaré premier ministre; il prend avec lui, au lever du Roi, un rendez-vous nécessaire pour des papiers qui étoient dans le sac de M. le duc d'Orléans pour porter à son travail avec le Roi. . . . . . . XIX 202

— Conduite du duc de Saint-Simon à l'égard de Mme la duchesse d'Orléans et de M. le duc de Chartres; réception qu'il en reçoit. . . . . XIX 204

Simon (Le duc de Saint-). Tomes. Pages.
— Conversation tête-à-tête entre Monsieur le Duc et le duc de Saint-Simon dans son cabinet. . . . . XIX 205
— La duchesse de Saint-Simon va le lendemain à Versailles voir le Roi, Mme la duchesse d'Orléans, etc., sans y coucher; y reçoit une visite de l'évêque de Fréjus, puis de la Vrillière. Elle entrevoit que l'évêque de Fréjus ne desire pas le duc de Saint-Simon à la cour, et que l'autre l'y craint. Le duc de Saint-Simon confirmé dans la résolution dès longtemps prise, s'en va, avec la duchesse de Saint-Simon, se fixer à Paris. . . . . XIX 206

Situation de la cour rappelée. . . . . IV 65
Sobieski (Jean), célèbre roi de Pologne. Sa mort. . . . . I 326
Sobieska, femme du fils aîné du roi de Pologne précédent, mère de l'épouse du roi Jacques III d'Angleterre, retiré à Rome. Sa mort. . . . . XVIII 457
— Princes Constantin et Alexandre fils puînés du roi de Pologne J. Sobieski, quoique incognito en France, baisent la princesse, future duchesse de Bourgogne, laquelle dès lors en avoit le rang. . . . . I 384
S'en retournent sans avoir reçu le collier de l'ordre du Saint-Esprit, auquel ils avoient été nommés. . . . . I 429
Le reçoivent à Rome par les mains du prince de Monaco, ambassadeur de France. . . . .
— Mort à Rome du prince Alexandre Sobieski. . . . . X 343
Soissons Savoie (Mlles de), sœurs, et sœurs du

570 TABLE ALPHABÉTIQUE GÉNÉRALE

Soissons Savoie.   Tomes. Pages.

 comte de Soissons et du célèbre prince Eugène. Leur conduite à Paris. Ont défense de voir la princesse future duchesse de Bourgogne.......... I 376
— Sont exilées................ I 396
— Enlevées et conduites à la Bastille. Le comte de Soissons, leur frère, errant; il est tué devant Landau dans l'armée impériale. Son caractère; sa famille.. II 24
                   III 301
 Équipée de la comtesse sa veuve. Qui elle étoit................. V 343
— Mort et abrégé de la comtesse de Soissons Mancini, leur mère........ VI 184
Solferino (Duc de). Sa fortune : *voir* aux Grands d'Espagne............ XVIII 45
Solre (Comte de). Branche de la maison de Croy. Origine de cette maison.... X 75
— Branche de Solre sortie de celle de Chimay; évêque de Cambray, fait duc par l'Empereur, ce qui ne donne ni rang ni honneurs en France aux archevêques de Cambray............ X 75
— Chimère du fils aîné du comte de Solre. Branche d'Havrec sortie de celle de Solre.................... X 83
— Comte de Solre, chevalier de l'ordre parmi les gentilshommes en la grande promotion de 1688. Sa mort. Sans nulle prétention toute sa vie. Son fils depuis et sa belle-fille s'en figurent inutilement de toutes nouvelles.... XVI 161
Sommelier du Corps. Ce que c'est en Espagne..................... II 469
Sortilége curieux. (*Voir* les pièces [1].).... I 459
Soubise (Mme de). Obtient la survivance de la

1. Voyez tome I, p. 420, note 1.

Soubise (Mme de).   Tomes. Pages.
  charge de gouvernante des enfants de
  France de la duchesse de Ventadour,
  grand'mère de son mari (*voir* ce qui
  regarde Soubise à Rohan). XVII   264
Soulagement du palais en Espagne. IV   442
Sourches, prévôt de l'hôtel du Roi, se disant
  grand prévôt de France, obtient
  300,000 livres de brevet de retenue
  sur sa charge. Heudicourt fait sur lui
  et sur sa famille une chanson facé-
  cieuse, qui fait grand bruit.   IV   371
  — Il cède sa charge à son fils. X   246
Sourdis, chevalier de l'ordre et dernier Escou-
  bleau. Sa mort.   V   339
Sousternon. Quel. Perdu. VI   197
  — Sa mort. XVII   88
Souvré. Quel. Épouse Mlle de Rebénac (*voir*
  t. VIII, p. 174). II   36
Soyecourt. Quel. Rien moins que Soyecourt.
  Épouse Mlle de Fervaques [1]. XVI   442
Spaar, comte et depuis sénateur. Quel. Am-
  bassadeur de Suède en France. Son
  adresse à pomper Canillac et à en
  profiter. XIII   219
Spanheim. Quel. Sa mort. VIII   164
Spectacle singulier du siége de Compiègne. II   112
  — Chez Mme la duchesse de Bourgogne con-
  valescente. III   68
  — Spectacles recommencés [2] après la
  mort du Roi. XII   277
Spinola. Fait cardinal. XVI   369
Spire (Bataille de). Gagnée par le maréchal de
  Tallart.   IV   20
Stairs (Comte de), écossois, chevalier de l'or-

1. Dans le texte Soyecourt épouse Mlle de Feuquières.
2. Il y a un blanc dans le manuscrit.

Stairs.

dre de Saint-André et du Chardon d'Écosse, ambassadeur d'Angleterre à Paris. Son caractère............ XI 119
— Assiste, dans une lanterne, aux deux séances de la déclaration de la régence.................... XII 202
— Son caractère et ses menées........ XII 367
— Sa négociation pour la mutuelle garantie des successions aux couronnes de France et d'Angleterre. Le Régent y veut engager la Hollande. Stairs presse le Régent de faire arrêter le Prétendant, qui de Bar passoit caché pour s'aller embarquer en Bretagne.. XII 375
— Impudence de Stairs et de ses assassins, qui le manquent à Nonancourt. . . . XII 453
— Sa friponnerie. Haine des Anglois pour les François............... XIII 9
— Impostures de Stairs pour aigrir de plus en plus l'Angleterre contre la France. Soupçons réciproques des puissances principales............... XIII 14
— Étrange scélératesse de Stairs confondue par elle-même.............. XIII 20
— Ses nouvelles scélératesses. Intérêt du ministère anglois de toujours craindre la France pour tirer des subsides du Parlement............... XIII 25
— Scélératesse de Stairs et du nonce Bentivoglio.................... XIII 29
— Hardiesse et scélératesse de Stairs.... XIII 65
— Ses confidences à Penterrieder, secrétaire impérial, passant à Paris en allant à Londres............. XIII 74
— Son infâme manége............ XIII 75
— Ses horreurs................ XIII 79
— Sa mauvaise foi.............. XIII 85

Stairs. Tomes. Pages.
— Sa scélératesse................ XIII 163
— Il s'explique nettement sur l'escadre de
  la Méditerranée............. XV 25
— Sa scélératesse. Son insolente conduite...................... XV 139 et 181
— Sa fausse joie du succès du lit de justice
  des Tuileries................ XV 294
— Il fait enfin une brillante entrée. Ses
  vaines entreprises chez le Roi, et autres aussi vaines chez les princes du
  sang....................... XVI 201

STANHOPE. Stanhope, comte, secrétaire d'État
  d'Angleterre. Stanhope, colonel, son
  cousin, envoyé d'Angleterre à Madrid,
  et autre. Stanhope pendant la guerre
  de la succession d'Espagne, général
  des troupes auxiliaires angloises et
  hollandoises en Espagne.
— Le général emporte contre Staremberg
  de marcher à Madrid après la bataille
  de Saragosse................ VIII 115
— Son insolence à l'égard de Staremberg,
  qui se retire sous Tolède....... VIII 119
— Il est emporté et pris dans Brighuéla ou
  Brihuega................... VIII 124
— Est perdu et dépouillé de tous ses emplois...................... VIII 131
— Adresses du comte secrétaire d'État pour
  brouiller la France avec l'Espagne et
  pour gagner le roi de Sicile à son
  point...................... XIII 14
— Il propose nettement à Trivier, ministre
  de Sicile à Londres, de céder à l'Empereur la Sicile pour la Sardaigne... XIII 23
— Sa souplesse. Il emploie jusqu'aux menaces pour engager la Savoie contre
  la France. But et vues du comte. Sa

Stanhope. Tomes. Pages.

- souplesse.................. XIII 26
- Sa fausseté et sa friponnerie pour se défaire de Monteleon, ambassadeur d'Espagne à Londres, qu'il trouvoit trop clairvoyant.................. XIII 69
- Son adresse pour se défaire de Monteleon en Angleterre et pour gagner Alberoni, qui lui passe tout, et qui, aveuglé par sa souplesse, donne la carte blanche aux Anglois pour signer avec eux une alliance défensive........ XIII 155
- Le comte avertit Alberoni d'envoyer quelqu'un de confiance à Hanovre, veiller à ce qui s'y traite avec l'abbé du Bois.................. XIII 174
- Singulière et confidente conversation du comte avec Monteleon.......... XIII 333
- Le colonel Stanhope, son cousin, choisi en Angleterre pour aller en Espagne. XIV 154
- Objet de cet envoi, et de faire passer le colonel par Paris............ XIV 165
- Il arrive à Madrid (c'est le même que le duc de Saint-Simon y trouva et y laissa ambassadeur d'Angleterre) avec la qualité d'envoyé............. XIV 179
- Sa première audience d'Alberoni peu satisfaisante.................. XIV 220
- Manéges et adresses du comte....... XIV 449
- Son adresse pour amuser Monteleon... XV 21
- Le colonel pense juste sur l'opiniâtreté d'Alberoni.................. XV 102
- Le comte emploie, en ses réponses aux menaces de Monteleon, les artifices les plus odieux; lui donne enfin une réponse par écrit, dèvenue nécessaire à Monteleon.................. XV 160
- Fourberie du comte à Monteleon..... XV 163

Stanhope. Tomes. Pages.
— Fort entretien du colonel avec Alberoni, le colonel avertit tous les consuls anglois de retirer tous leurs effets et leurs négociants.............. XV 168
— Le comte à Paris, content du Régent, mécontent des Hollandois......... XV 185
— Faux et odieux discours du colonel à Alberoni................. XV 189
— Conduite du comte avec Provane, ministre de Sicile, à Paris.......... XV 256
— Le comte arrive à Madrid, n'est pas un moment la dupe des artificieux discours d'Alberoni.............. XV 290
— Il part de Madrid et passe à Paris, retournant à Londres........... XV 295
— Il passe trois semaines à Paris avant de repasser la mer............. XVI 101
— Le colonel à Paris............. XVII 1
— Mort du comte à Londres......... XVII 209

STANISLAS LECZINSKI, qui avoit été un moment roi de Pologne contre le roi Auguste électeur de Saxe, et qui, depuis la révolution arrivée par la bataille de Pultawa, n'avoit su se réfugier qu'aux Deux-Ponts qui appartenoient au roi de Suède, est tout près d'y être enlevé, essaye de quelques autres retraites dans les mêmes pays, est enfin reçu en asile à Weissembourg, dans la basse Alsace, appartenant au Roi....... XIV 98

STAREMBERG, comte. Célèbre par sa belle défense de Vienne assiégée par les Turcs, délivrée enfin par le fameux roi de Pologne J. Sobieski, qui les défit. Mort de Staremberg....... III 18

STAREMBERG, comte, neveu du précédent. Donné par l'Empereur à l'Archiduc, son fils,

Staremberg.   Tomes. Pages.
 pour conducteur en Espagne, chef de son conseil et de sa maison et général en chef de son armée, bat les quartiers du roi d'Espagne, qui se retire à Saragosse. VIII   111
— Défait l'armée d'Espagne à la bataille de Saragosse. VIII   113
— Quitte Tolède, en brûle le beau palais. . VIII   121
— Il tend un piége. VIII   123
— Perd, contre l'armée d'Espagne, la bataille de Villaviciosa. Se retire en Catalogne. VIII   125
— Demeure, avec l'archiduchesse, à Barcelone, après le départ de l'archiduc, élu Empereur, pour l'Allemagne, par l'Italie. IX   133
— Devenu ministre de conférence de l'Empereur, est le plus opposé à la future cession de la Toscane. XIV   409

STEINBOK, comte, général de l'armée suédoise. Bat celle de Danemark et brûle Altona. . IX   406
— Environné depuis par les Danois, se rend à eux prisonnier de guerre, lui et ses troupes. X   17

Stérilité des récits de cette année 1723; sa cause. XIX   88

STREF. Quel. Tué à l'attaque de l'île du Marquisat, près du fort Louis du Rhin.   V   13

STOPPA, communément appelé Stoub, colonel du régiment des gardes suisses. Lui et sa femme quels. Mort de Stoub. . .   II   427

Style. (*Voir* Roi, t. II, p. 196, et Secrétaires d'État, t. V, p. 105.)

SUÈDE. Mort étrange de Charles XI, roi de Suède. Sa tyrannie; son palais brûlé.   I   428
— Charles XII, son fils et successeur, défait le roi Auguste de Pologne, élec-

Suède.	Tomes.	Pages.

— teur de Saxe, y perd le duc d'Holstein-Gottorp, son beau frère. . . . . III 295
— Reconnoît Philippe V. . . . . III 12
— Victoire des Suédois. Généraux des armées. IV 398
— Le roi de Suède victorieux en Saxe, y dicte la paix au roi Auguste. Sa glorieuse situation. Sa lourde faute. . . . V 49
— Il humilie l'Empereur et passe en Russie. . . . . V 302
— Est défait à la bataille de Pultava par le Czar. Défait et fugitif, se sauve à Bender, etc. . . . . VII 117
— Il arrive de Turquie subitement à Stralsund. . . . . X 342
— Y est assiégé; il s'en échappe en Suède, la place prise. . . . . XII 466
— Affaires de Suède. . . . . XIII 175
— Intrigue des ambassadeurs de Suède en France, en Angleterre, à la Haye, entre eux, pour une révolution en faveur du Prétendant. . . . . XIII 219
— Menées et mesures des ministres suédois avec les jacobites. . . . . XIII 302
— Offres à la Suède de quelques puissances de la ligue du Nord. . . . . XIV 227
— Charles XII est tué devant [Fridericshall]. Prétendants à cette couronne. La sœur de Charles XII est élue à cette couronne, rendue élective, avec peu de pouvoir. Elle obtient bientôt après l'association au trône de son mari, fils aîné du landgrave de Hesse, mais avec force mesures contre le pouvoir et l'hérédité. . . . . XVI 180

Suisse (Affaires de). En deux mots. Renouvellement, très-mal à propos, de l'alliance de

SAINT-SIMON XX. 37

Suisse. | Tomes. | Pages.

France avec les seuls cantons catholiques.................... XI 108
SULLY. Mort de la duchesse de Sully Servien. . III 202
— Mort du duc de Sully, son fils aîné. . . . IX 394
— Mort de la duchesse de Sully Coislin, sans enfants, épouse du précédent. . . XVII 210
— Duc de Sully, son beau-frère, dit auparavant le chevalier de Sully, déclare son mariage avec la fille de la fameuse dévote, Mme Guyon, veuve, sans enfants, de Vaux, fils aîné du malheureux surintendant Foucquet. Leur caractère. . XVII 234
SULMONE (Prince de) : *voir* aux GRANDS D'ESPAGNE................... XVIII 59
SULPICE CRUSSOL (SAINT-). Épouse la fille du comte d'Estaing............ XI 125
SURCO (Del) et sa femme. Leur fortune; leur caractère................. XVIII 149
Surintendante de la maison de la Reine. Invention, occasion, époque, suite de cette charge............... IV 17
SURMIA (Prince de) : *voir* aux GRANDS D'ESPAGNE................... XVIII 59
SURVILLE (*voir* t. IV, p. 304 LA BARRE), à la Bastille................... IV 329
— Le Roi lui ôte son régiment d'infanterie et le donne à du Barail (*voir* LA BARRE, t. V, p. 53)............... IV 352
— Remis à flot par le maréchal de Boufflers, qui obtient de le mener à Lille..... VI 120
— Mis après dans Tournay, avec dix-huit bataillons................ VII 1
— Se rend et demeure perdu pour toujours.................. VII 78 et 80
— Sa mort................. XVII 49
SUTTON. Succède à Stairs à l'ambassade d'Angleterre en France.......... XVII 113

Dans la lettre S { Noms propres... 91
                    Autres...... 22

En tout 113

	Tomes.	Pages.
Tabatière. Très-singulièrement perdue (*voir* Dauphine).............	IX	191
Tableau (Ordre du). Invention et pernicieuse adresse de Louvois...........	XII	57
— Tableau de la cour intérieure d'Espagne.................	XVIII	295
Tables réformées à Marly, où le Roi ne nourrit plus les dames...........	VII	398
Tabouret de la chancelière (*voir* Saint-Simon, père)..................	II	238
Tailles. Embarras et projets sur les tailles..	XIV	302
Tailleurs au pharaon. Chassés de Paris...	IX	176
Tallart, ambassadeur en Angleterre pour le traité de partage de la future succession d'Espagne. Vient faire un tour à Fontainebleau...............	II	366
— Sa rage singulière et sur quoi......	II	402
— Est fait chevalier de l'ordre. Perd sa femme...................	III	17
— Est fait maréchal de France avec neuf autres. Son caractère..........	III	390
— Commande l'armée du Rhin sous Mgr le duc de Bourgogne...........	III	411
— Gagne sur les Impériaux la bataille de Spire...................	IV	20
— Prend Landau et sépare son armée...	IV	22
— Revient à la cour.............	IV	26
— Marie son fils aîné à la fille unique de Verdun, de même nom que lui. Commande l'armée du Rhin.........	IV	67
— Mène son armée en Bavière.......	IV	108
— Marche et disposition des armées. Est		

Tallart.

	Tomes.	Pages.
battu à la bataille d'Hochstedt et prisonnier des anglois; y perd son fils aîné.	IV	122
— Le Roi lui donne le gouvernement de Franche-Comté. Mot salé de M. le duc d'Orléans.	IV	187
— Passe avec le duc de Marlborough en Angleterre. Est envoyé en arrivant avec les principaux prisonniers à Nottingham.	IV	218
— Revient libre à la cour, à la paix d'Angleterre, sans s'y être mêlé de rien.	IX	128
— Est fait duc vérifié.	IX	276
— Son extraction abrégée. Marie son fils à une fille du prince de Rohan.	IX	445
— Le duc de Tallart, par la démission de son père, est fiancé avec la fille du prince de Rohan, dans le cabinet du Roi; cause de cet honneur.	IX	446
— Le maréchal de Tallart signe partout devant le prince de Rohan et au-dessus de lui, et le duc de Tallart au-dessus de sa fiancée. Abus faux d'une galanterie du Roi, dont les Rohans tâchent de tromper le monde.	IX	450
— Le maréchal de Tallart entraîne le cardinal de Rohan, malgré lui, au P. Tellier, sur la Constitution.	X	32
— Son fils obtient la survivance de son gouvernement.	XVII	85
— Est fait pair en la place de son père, que sa démission en exclut.	XI	108
— Maréchal de Tallart quel à l'égard de M. le duc d'Orléans.	XI	222
— Est du conseil de régence par le testament du Roi.	XII	250
— Sa rage de n'en pas être, et sa conduite.	XII	250

Tallart. Tomes. Pages
— Il entre enfin au conseil de régence.
Question de préséance en ce conseil
entre le maréchal d'Estrées et lui ;
Tallart la gagne ; son aventure en ce
même conseil. . . . . XIV 93
TALLEMANT. Quel. Sa mort. . . . . IX 330
TALMONT (Prince de). Épouse une fille de Bullion.
Surprend un tabouret. Disgression sur
la chimère de Naples, sur les trois
maisons de Laval, sur l'origine et la
nature des distinctions dont jouissent
les ducs de la Trémoille. . . . . V 349
TALON, avocat général célèbre, enfin président
à mortier. Sa mort et sa dépouille. . . II 27
TAMBONNEAU (La mère). Quelle. Sa famille ; sa
singularité ; sa mort. . . . . II 288
Tapis. Curiosités sur les tapis. . . . . XVI 109
Tapisserie. Mensonge d'une tapisserie du
Roi réformé. . . . . II 5
TARENTE (Prince de). Chimère de ce titre (*voir*
TALMONT, t. V, p. 349). Épouse Mlle de la
Fayette. . . . . IV 397
TASTE (LA). Quel. Sa mort. . . . . X 181
TAVARA (Marquis de) : *voir* aux GRANDS D'ES-
PAGNE. . . . . XVIII 109
TOWNSEND. Fait secrétaire d'État d'Angleterre.
Son caractère. . . . . XVII 209
Taxes d'Usuriers. . . . . XI 339
— Autres proposées non contraires à la
convocation des états généraux, au
contraire favorables. . . . . XI 339
Te Deum au pillage. . . . . XIII 134
— Impudence de leur prostitution. . . . . XVI 271
TÉKELI, le fameux comte. Sa mort. . . . . . . IV 323
TELLIER (LE), archevêque duc de Reims. Écrit,
par ordre du Roi, une lettre à chacun
des pairs pour les prier, de la part de

Tellier (Le).

	Tomes.	Pages.
Sa Majesté, de se trouver au Parlement, à l'enregistrement et à l'exécution de sa déclaration du rang intermédiaire en faveur de ses deux bâtards.	I	166
— Éclat et raccommodement entre ce prélat et les jésuites (*voir* ROHAN).........	II	1
— Mort de la chancelière, sa mère.....	II	145
— Trésor inutilement cherché dans sa maison, fouillée partout par ordre du Roi.................	II	175
— Même recherche et aussi exacte à Meudon et aussi inutile, où on avoit donné avis au Roi que Louvois avoit enfoui des trésors............	III	438
— L'archevêque préside à l'Assemblée du clergé tenue à Saint-Germain-en-Laye. Cède sa présidence à Noailles, archevêque de Paris, dès que ce dernier est fait cardinal...............	II	340
— Sa disgrâce et son raccommodement lors de la prise des papiers du P. Quesnel.	III	420
— Il gagne le décanat du conseil contre la Reynie.................	IV	41
— Sa mort; son testament; son caractère.	VII	281

TELLIER, jésuite. Sa rage de la condamnation faite à Rome des cérémonies chinoises soutenues par les jésuites, et de la disgrâce du P. le Comte en France pour le même sujet, qui étoit confesseur de Mme la duchesse de Bourgogne..... II 336
— Est confesseur du Roi à la mort du P. de la Chaise; manière dont ce choix fut fait.................. VI 240
— Singulier et juste pronostic de lui par Fagon la première fois qu'il le vit dans le cabinet du Roi......... VI 243
— Beau jeu du P. Tellier.......... VII 137

Tellier.	Tomes.	Pages.
— Projet du P. Tellier............	VII	440
— Nœud intime de la liaison du P. Tellier avec les ducs de Chevreuse et de Beauvillier. Quel sur le mariage de M. le duc de Berry................	VII	393
— Son art et son manége à l'égard des bénéfices...................	VIII	98
— Il persuade au Roi que tous les biens de ses sujets sont à lui............	VIII	138
— Son énorme projet (*voir* Jésuites, t. IX, p. 161; BOURGOGNE, t. IX, p. 163; ROHAN, t. X, p. 27)............	X	21
— Rome et le nonce Bentivoglio......	XI	145
— PP. Tellier et Doucin, jésuites, chassés de Paris...................	XII	392
— Exilé à la Flèche, où il meurt au bout de six mois.................XVI		203 et 205
Témoins du contrat de mariage du Roi et de l'infante................	XVII	380
Tempête fatale en Hollande.........	V	304
TEMPLE. Mort de [ce] célèbre chevalier anglois.	II	175
TENCIN, abbé, qui a fait depuis une si prodigieuse fortune. Disgression sur lui et sur sa sœur la religieuse; caractère de celle-ci; elle devient maîtresse de l'abbé du Bois..................	XVI	349
— Caractère de l'abbé Tencin. Il est admonesté en pleine audience de la grand'chambre par le premier président de Mesmes. L'abbé du Bois le fait partir, le lendemain de cet affront public, pour aller solliciter son chapeau à Rome...................	XVI	351
Tentative de la flotte ennemie sur Agde et sur le port de Cette, sans succès....	VIII	107
TÉRAT. Quel. Chancelier de M. le duc d'Orléans. Obtient le rapé de grand trésorier de		

584 TABLE ALPHABÉTIQUE GÉNÉRALE

Térat. Tomes. Pages.

l'ordre, que le financier Crosat, en considération de ses grandes avances, a la permission d'acheter de la succession de l'avocat général Chauvelin qui l'avoit................. XII 222
— Sa mort; son caractère.......... XVI 209
TERMES. Quel. Sa naissance; ses bassesses; son triste état à la cour; sa cruelle aventure. Sa mort.............. IV 62
TESSÉ, chevalier de l'ordre, lieutenant général et colonel général des dragons, servant dans l'armée d'Italie sous le maréchal Catinat, est proposé au Roi par ce maréchal, et accepté, pour traiter secrètement la paix et le mariage de Savoie; il les conclut et obtient la charge de premier écuyer de la future duchesse de Bourgogne......... I 327
— Marie ses deux filles à la Varenne, et à Maulevrier, fils du frère de feu M. Colbert, ministre secrétaire d'État, contrôleur général des finances.... I 491
— Va à Milan.................. II 413
— Son dépit; ses vues; sa liaison avec Vaudemont, gouverneur général du Milanois................... III 8
— Ses vues; son ingratitude pour Catinat. Obtient du Roi 50,000 livres de gratification................... III 73
— Est fait maréchal de France avec neuf autres. Son caractère...... III 371 et 387
— Va commander en Dauphiné....... IV 10
— Va à Chambéry. Est destiné à commander l'armée de Vaudemont. Propos du Roi à lui sur le duc de Vendôme bien remarquable............. IV 22
— Tessé en Italie. Sa bassesse. Vient en

Savoie.	IV	63
— Laisse, par basse complaisance, le duc de la Feuillade seul en chef en Dauphiné et en Savoie.	IV	104
— Est choisi pour succéder au maréchal de Berwick en Espagne.	IV	149
— Il mène singulièrement Maulevrier, son gendre, en Espagne. Ils passent à Toulouse pour y voir la princesse des Ursins exilée, mais dominante en Espagne.	IV	175
— Il est fait grand d'Espagne en arrivant à Madrid.	IV	177
— Échoue devant Gibraltar, et revient à Paris.	IV	267
— Marie son fils à la fille de Bouchu, conseiller d'État, héritière.	IV	330
— La fait asseoir en dupant les deux rois.	IV	394
— Fait le siége de Barcelone sous le roi d'Espagne.	IV	417
— Le lève ; revient à la cour.	IV	436
— Salue le Roi.	IV	440
— Va en Dauphiné, où il est malmené par le parlement de Grenoble ; puis en Italie.	V	134
— Va en Provence et à Toulon, dont le duc de Savoie veut faire le siége.	V	313
— Folie de Tessé et de Pontchartrain, qui s'écrivent d'une affaire si sérieuse en style de don Quichotte. Le fils de Tessé apporte au Roi la nouvelle de la retraite du duc de Savoie ; est fait maréchal de camp.	V	319
— Obtient un brevet de retenue sur sa charge, de 200,000 livres.	V	373
— Va plénipotentiaire en Italie et à Rome ; sa commission ; son départ.	VI	115

Tessé.	Tomes.	Pages.

— Son embarras et sa conduite à Rome, où il ne peut réussir à rien. Son retour. . VI 231
— Est demandé par l'Espagne pour faire le siége de Barcelone ; il n'y va pas. . X 149
— Il vend sa charge de général des galères a[u] chevalier d'Orléans. . . . . XIII 43
— Vie que menoit le maréchal de Tessé. Il est mis auprès du Czar pour le faire servir, l'accompagner et lui faire les honneurs pendant son séjour à Paris, et se met fort bien avec lui. . . . . . XIV 20
— Il commande tous les officiers et la maison du Roi servant le Czar. . . . . . . XIV 34
— Ses sourdes menées avec l'Espagne, et depuis avec la Russie; le Régent les lui reproche. . . . . XV 229
— Il obtient la charge de premier écuyer de la future Reine, avec la survivance pour son fils, et va enfin ambassadeur en Espagne. . . . . XIX 215

Testament de Louis XIV. (*Voir* Louis XIV, t. X, p. 264.)
— Lieu et précautions pour le dépôt du testament du Roi ; édit remarquable sur ce testament. . . . . X 264

Testu, abbé. Quel. Personnage singulier. Sa mort. Son caractère. . . . . IV 444

Thésut. Quel. Secrétaire des commandements de Monsieur, puis de M. le duc d'Orléans. Sa mort. L'abbé, son frère, obtient sa charge, puis une place de conseiller d'État d'Église, enfin la feuille des bénéfices. Extraction et caractère des deux frères. . . . . . . V 399

Thianges. Quel. Sa mort; son caractère. Disgression sur sa mère. . . . . V 376

Thun (Comte de). Défend Turin, d'où Mmes de

	Tomes.	Pages.
Thun. Savoie sortent et le duc de Savoie incontinent après.	V	2
Tiers État. Son époque. Voir toute cette page [du manuscrit] et la suivante.	X	466
TINGRY (Princesse de). Qui et quelle elle étoit. Sa singulière histoire et vie. Sa mort.	IV	446
Titolados. Ce que c'est en Espagne.	XVIII	153
Toison d'or. Prostitution inouïe de cet ordre en Espagne.	XVIII	370
— Chevaliers de cet ordre existants en avril 1722.	XVIII	132
— Rang, toujours quel, observé dans cet ordre.	XVIII	133
— Séance du Chapitre pour conférer l'ordre à un nouveau chevalier. Plan de la séance.	XVIII	356
— Indécence du défaut des habits de l'ordre et de la manière confuse des chevaliers d'accompagner le roi d'Espagne les jours de collier, qui sont fréquents.	XVIII	358
— Manière dont le roi d'Espagne prend toujours son collier. Lui et tous ceux qui sont chevaliers de la Toison et du Saint-Esprit ne portent jamais un collier sans l'autre.	XVIII	358
— Nulle marque de la Toison sur les grands officiers de cet ordre, en aucun temps, ni à leurs armes, quoique d'ailleurs pareils en tout à ceux du Saint-Esprit.	XVIII	359
— Rang d'où se prend dans l'ordre de la Toison. Le prince des Asturies, fils de Philippe V et mort roi par l'abdication de son père, est le premier infant qui ait obtenu la préséance.	XVIII	133 et 359
— Les chevaliers, grands d'Espagne et non		

Toison d'or.   Tomes. Pages.

- grands également, couverts au chapitre, et les grands officiers de l'ordre découverts. Différence très-marquée de la séance des chevaliers et de la leur.................... XVIII 359
— Préliminaires immédiats à la réception. XVIII 360
— Réception................ XVIII 362
— Épée du grand capitaine devenue celle de l'État; son usage dans les réceptions des chevaliers de la Toison; respects singuliers rendus à cette épée................... XVIII 364
— Accolade; imposition du collier; révérences; embrassades......... XVIII 366
— Cause du si petit nombre de chevaliers de la Toison d'Espagne......... XVIII 370
— Expédient nouveau qui rend enfin les ordres anciens et lucratifs d'Espagne compatibles avec ceux de la Toison, du Saint-Esprit, etc........... XVIII 371

Toisy. Singularité, mort, héritage de cette vieille et riche bourgeoise....... III 401

Tolède. L'archevêché de Tolède dignement donné à un simple curé devenu évêque d'un médiocre évêché....... XI 85
— Ville, palais, église de Tolède...... XVIII 350

Toulouse (Comte de). (*Voir* dans l'article du duc du Maine, son frère, tout ce qui regarde leur commune élévation en tout genre.) Est reçu au Parlement et installé à la table de marbre en qualité d'amiral de France, par le premier président d'Harlay.... I 218
— Il va à la mer................ III 270
— Revient à la cour.............. III 277
— Va à Toulon................. III 431
— Revient à la cour............. IV 25

Toulouse (Comte de).   Tomes. Pages.
- S'embarque, à Brest, avec le maréchal de Cœuvres............... IV 95
- Gagne, près de Malaga, une bataille navale................... IV 146
- Faute fatale malgré lui et le maréchal de Cœuvres.............. IV 147
- Le roi d'Espagne envoie la Toison au comte de Toulouse........... IV 177
- De retour à la cour et résolu de perdre Pontchartrain, est fléchi par sa femme. Caractère de Pontchartrain....... IV 195
- Suite de cette bonté funeste à l'État... IV 214 (*Voir* ARMENONVILLE, t. IV, p. 308.)
- Le comte de Toulouse va à Toulon.... IV 393
- Revient à la cour et sa flotte à Toulon.. IV 435
- Son caractère................ V 224
- Il ne peut arriver à la distinction d'être Monsieur le Comte tout court, quelque desir que le Roi en montre....... VI 352
- Étrange contre-temps qui lui arrive à la mort de Monsieur le Duc, son beau-frère................... VII 285
- Est attaqué de la pierre.......... IX 79
- Fort heureusement taillé par Maréchal; la galerie et le grand appartement de Versailles, fermés jusqu'à son entière guérison, au-dessous duquel étoit le sien..................... IX 129
- Il achète de la Vrillière sa maison à Paris..................... IX 376
- Il achète du nouveau duc de la Rochefoucauld la charge de grand veneur. X 128
- Son froid sur toutes ses élévations, etc. X 217
- Sa conversation avec le Régent fort considérable. Sa probité. Scélératesse de son frère................. XV 413
- Son entière conservation, mais unique-

Toulouse (Comte de). Tomes. Pages.

    ment personnelle, résolue. . . . . XV 433 et 447
- Il arrive en manteau dans le cabinet du conseil pour le conseil de régence et le lit de justice qui se devoit tenir aux Tuileries immédiatement après. . . . XVI 7
- Colloque entre lui et son frère, puis de lui avec le Régent, où il apprend de lui tout ce qui s'alloit faire ; après de lui avec son frère ; puis tous deux sortent du cabinet du conseil, comme le conseil s'alloit mettre en place, descendent dans l'appartement du duc du Maine et ne paroissent plus de toute cette cé[lè]bre journée. . . . . XVI 9
- Le rétablissement, uniquement personnel, du comte de Toulouse est lu et approuvé au conseil de régence, puis lu et enregistré au lit de justice. . . . . . XVI 52
- Il est sagement détourné par ses principaux domestiques de suivre la fortune de son frère. . . . . XVI 79
- Voit le Régent, et vient au conseil de régence. . . . . XVI 82
- Sa conduite excellente et nette lorsque son frère est arrêté. . . . . XVI 158
- Netteté de ses discours et de son procédé. . . . . XVI 177
- Épouse secrètement la marquise de Gondrin, sœur du duc de Noailles, veuve, avec deux fils, du fils aîné de d'Antin. . . . . XIX 95
- Déclare son mariage. . . . . XIX 216

TONNERRE, évêque comte de Noyon. Fait un trait cruel à Saint-Germain à l'archevêque de Paris Harlay. Se fait visiter par lui malgré lui.. . . . . I 206
- Autre trait de lui chez Monsieur le Prince

| Tonnerre (Comte de). | Tomes. | Pages. |

à l'archevêque d'Auch, de Suze. . . .
— Soutient, avec plaisant trait, le rang des
pairs ecclésiastiques, au lit de justice
et toujours au Parlement, contre les
cardinaux de Bouillon et Bonzi, d'où
les cardinaux ne sont jamais revenus.
— Fait, par ordre du Roi, de l'académie
françoise, où il est cruellement moqué
par l'abbé de Caumartin, qui en demeure .perdu. . . . . I 203
— Grande action de ce prélat à l'égard de
l'abbé de Caumartin. . . . . I 208
— Trait étrange de ce prélat avec la chancelière de Pontchartrain et sa belle-
fille. . . . .
— Modestie de son neveu à Meudon,
nommé évêque duc de Langres. . . . I 283
— Est fait commandeur de l'ordre. . . . . I 287
— Mort, état, misère du comte de Tonnerre, frère de l'évêque de Langres.
Son bon mot sur Monsieur et Madame.
Sa mort. . . . . IV 320
Son fils tue à la chasse, plus qu'équi-
voquement, le fils aîné d'Amelot, lors
ambassadeur en Espagne; conditions
que le Roi lui impose en lui accordant
sa grâce. . . . . V 336
Épouse la fille du comte de Blansac,
quoique à peu près imbécile. . . . . VI 190
— Mot hardi de bas courtisan de l'évêque
de Noyon au Roi, en plein dîner de Sa
Majesté à son petit couvert. . . . . .
— Trait bien plus ancien de lui chez le cardinal d'Estrées, au festin qu'il donna, à
la réception de son neveu au Parlement en qualité d'évêque duc de Laon,
dont le cardinal, son oncle, s'étoit dé-

Tonnerre (Évêque comte de Noyon).　　　　　　　Tomes.　Pages.

　　mis en sa faveur. . . . .　X　351
— Divers autres traits de l'évêque de
　　Noyon. Sa mort. Son caractère. . . . .　II　437

Torcy, fils de Croissy, ministre et secrétaire
　　d'État, ayant le département des affai-
　　res étrangères et président à mortier,
　　frère de Colbert, ministre, secrétaire
　　d'État et contrôleur général. Obtient la
　　survivance de secrétaire d'État de son
　　père en quittant l'un et l'autre la
　　charge de président à mortier et sa
　　survivance à Novion, petit-fils de No-
　　vion, premier président, expulsé de
　　cette place pour ses friponneries avé-
　　rées. . . . .　I　331
— Torcy, par l'expresse volonté du Roi,
　　épouse la fille de Pompone, rappelé,
　　dans le conseil d'État, à la mort de
　　Louvois. Perd son père bientôt après.
　　Fait, sous Pompone, sa charge de se-
　　crétaire d'État, ayant le département
　　des affaires étrangères. . . . .　I　332
— Bientôt après est fait ministre d'État. .　II　183
— A les postes à la mort de son beau-père,
　　qui les avoit eues à la retraite de Pelle-
　　tier, et celui-ci à la mort de Louvois.　II　256
— Torcy dispute avec les ambassadeurs
　　pour la marche de leurs carrosses à
　　leurs entrées; enfin celui du secrétaire
　　d'État des affaires étrangères ferme la
　　marche de tous. . . . .　II　280
— Vend à Saint-Pouange la charge de
　　grand trésorier de l'ordre, qu'il avoit
　　eue de son père, duquel ordre Saint-
　　Pouange étoit intendant, et obtient, à
　　la mort de Barbezieux, sa charge de
　　chancelier de l'ordre. . . . .　II　421

Torcy.		Tomes.	Pages.
—	Colère du Roi contre sa femme à Marly. (*Voir* t. VI, p. 303.)	V	328
—	Torcy à la Haye, pourquoi et comment.	VI	385
—	Revient à la cour.	VI	409
—	Quel à l'égard de la mort de Monseigneur.	VIII	414
—	Rendu suspect au Roi sur les affaires de la Constitution, qui ne passent plus par lui et dont Voysin s'empare.	X	21
—	Obtient une gratification de 150,000 livres[1] sur les postes, dont il étoit directeur.	X	105
—	Et 150,000 livres[2] d'augmentation de brevet de retenue sur ses charges.	X	337
—	Le secret de la poste le fait conserver par le Régent et mettre d'abord dans le conseil de régence.	XI	288
—	Il le fait surintendant des postes.	XII	404
—	Belle et véritable maxime bien propre à Torcy.	XV	262
—	Il obtient, pour sa sœur, l'abbaye de Maubuisson.	XVI	368
—	Forte imprudence de sa femme à l'égard de l'évêque de Fréjus, qu'il ne pardonne point.	XVII	254
—	Bon traitement fait à Torcy en cédant la surintendance des postes au cardinal du Bois.	XVII	327
—	Il obtient, pour son fils, la charge de capitaine des gardes de la porte du Roi.	XIX	164
—	Torcy et le duc de Saint-Simon, qui n'avoient jamais eu la moindre liaison et ne se connoissoient comme point, que le duc de Saint-Simon avoit même pressé M. le duc d'Orléans de ren-		

1. Dans le texte cent mille écus.
2. Dans le texte cinquante mille.

594 TABLE ALPHABÉTIQUE GÉNÉRALE

Torcy. . Tomes. Pages.

  voyer, à la mort du Roi, comme mal affectionné à Son Altesse Royale, se prennent d'estime et d'amitié réciproque en se voyant dans les premiers temps du conseil de régence, se lient peu à peu. L'estime, l'amitié, la confiance devient entière et intime (*sic*) entre eux, et durent telles jusqu'à la mort de Torcy. . . . . . . XII 246 et XVII 327

Torcy. Quel. Officier général et dans les chevaux légers de la garde. Sa mort. . . XVII 415

Torrecusa (Marquis de) (*voir* aux Grands d'Espagne). Caractère de son épouse. . . XVIII 78

Tortose. Pris par M. le duc d'Orléans, est manqué par les ennemis. . . . . IX 139

Toscane. Le grand-duc obtient de la cour de Vienne, et non d'aucune autre, les honneurs d'ambassadeurs de têtes couronnées pour les siens. . . . . . II 197

— Il mène sa famille à Livourne; y a dans le port une entrevue avec Philippe V qui le traite d'Altesse, et la grande princesse douairière sa tante, sœur de la dauphine de Bavière, avec une grande distinction. . . . . III 266

— Madame la grande-duchesse en apoplexie au Palais-Royal à Paris. . . . . IX 324

— Point de la succession de Toscane. . . . XIV. 151

— Le grand-duc et le duc de Parme envoient à Londres faire des représentations inutiles. . . . . XV 20

— Demandes bien mesurées du grand-duc. XV 26

— Desirs des Florentins de retourner en république, non sans quelque espérance. XV 26

— Mort, famille et caractère de Madame la grande-duchesse à Paris. . . . . . . XVII 264

— Mort du grand-duc, son mari, à Flo-

	Tomes.	Pages.
Toscane.		
rence. Sa famille; son caractère....	XIX	165
TOULON. Manqué par le duc de Savoie.....	V	314
TOUR (LA).........................	V	85
(*Voir* t. X, p. 43, et les articles d'Auvergne Bouillon, la Marck, Sedan, Évreux, Turenne, etc.)		
TOURNAY (*voir* t. VI, p. 409; t. VII, p. 1, 78, 80, et les articles de Mesgrigny et de Surville Albret).		
TOURNON, cardinal. Sa légation à la Chine; son succès. Sa mort; son corps rapporté à Rome.................	IX	92
TOUROUVRE (Chevalier de). Sa belle action en mer au voyage manqué d'Écosse...	V	415
TOURS. Mlle de Tours chassée de chez Mme la princesse de Conti, fille de Monsieur le Prince, par un ordre du Roi obtenu par les jésuites.............	VI	338
TOURVILLE, grand homme de mer, maréchal de France avec six autres. Quelques-unes de ses actions. Sa mort........	III	17
— Mort de sa femme............	V	344
TRACY. Quel. Sa catastrophe..........	IV	162
TRAHERBACH. Perdu................	IV	190
Traité de paix à Ryswick............	I	462
— De futur partage de la monarchie d'Espagne...................	II	320
— Pour la liberté des troupes du Roi revenant d'Italie, après la bataille de Turin.	V	208
— Traité entre la France et l'Angleterre. Traité de paix à Utrecht.......	X	3
— Traité entre la France, l'Empereur et l'Empire signé à Rastadt, puis à Baden.	X	134 et 313
— De la Barrière, signé à Anvers entre l'Empereur et les états généraux; soupçons qu'il cause favorables au prétendant................	XII	385

Traité. Tomes. Pages

— Traité fort avantageux aux Anglois, par lequel l'Espagne se désiste des articles ajoutés au traité d'Utrecht. . . . . . . XII 387
— Lenteurs de l'échange des ratifications du traité de Barrière, et du rétablissement des électeurs de Cologne et de Bavière. . . . . XIII 4
— Traité de Barrière conclu. . . . . XIII 10
— Ligue défensive signée entre l'Empereur et l'Angleterre, qui veulent y attirer la Hollande. . . . . XIII 71
— Traité de l'*Assiento*, ou traité des nègres, signé à Madrid avec l'Angleterre. . . . XIII 154
— Entre la France et l'Angleterre, signé à la Haye, qui effarouche les ministres de Suède. . . . . XIII 219
— Ce traité porté et passé au conseil de régence. . . . . XIII 270
— La triple alliance approuvée au conseil de régence. . . . . XIII 271
— Elle est signée à la Haye, ce qui déplaît tant à l'Empereur qu'il refuse d'y entrer. . . . . XIII 297
— Motif du traité de l'Angleterre avec la France et du desir de l'Empereur de la paix du Nord. . . . . XIII 300
— Étranges impressions prises à Rome sur la triple alliance. . . . . XIII 313
— L'Angleterre et la Hollande communiquent la triple alliance au roi d'Espagne. Soupçons politiques, et feinte indifférence de ce monarque. . . . . . XIII 324
— Union et traité entre le Czar et le roi de Prusse. . . . . XIV 62
— Conditions fondamentales proposées à l'Espagne pour la paix. . . . . XIV 233
— Traité entre la France et le duc de Lor-

Traité.	Tomes.	Pages.
raine, beau-frère du Régent, qui y obtient des énormités et tout ce qu'il veut, passe au conseil du Régent et s'enregistre au Parlement.	XIV	346
— État de la négociation à Londres pour traiter la paix entre l'Empereur et le roi d'Espagne.	XIV	407
— Deux difficultés principales.	XIV	409
— Point de la tranquillité de l'Italie pendant la négociation.	XIV	412
— Points sensibles à Vienne sur le traité.	XV	22
— Partage de la peau du lion avant qu'il soit tué.	XV	244
— Le traité entre la France, l'Angleterre et l'Empereur, signé à Londres.	XV	269
— Trêve ou paix conclue entre l'Empereur et la Porte.	XV	270
— Traité d'Angleterre, à son mot, avec l'Espagne forcée par l'abbé du Bois.	XVII	241
Translations d'archevêchés et d'évêchés.	XVIII 445 et XIX	155
Trappe (Abbés de la). Deviennent réguliers pour la conservation de la vie primitive de Saint-Bernard et de ses religieuses que M. de Rancé, abbé réformateur, y a établie.	I	281
— Amitié intime entre les ducs de Saint-Simon, père et fils et M. de la Trappe, abbé réformateur.	I	121
— Il est peint de mémoire à son insu et parfaitement ressemblant.	I	366
— Sa méprise au choix d'un abbé. Son insigne vertu.	II	122
— Changement d'abbé à la Trappe.	II	128
— Mort de l'abbé réformateur démis depuis longtemps (*voir* les pièces[1]).	II	363

1. Voyez tome I, page 420, note 1.

	Tomes.	Pages.
Tremblement de terre peu perceptible...	IX	131
TRÉMOILLE (Duc de LA). Origine des distinctions des ducs de la Trémoille.....	IV	397
— Mort de la duchesse de la Trémoille Crequy ; malheur des familles.......	V	292
— Le duc de la Trémoille, premier gentilhomme de la chambre, servant le Roi à son petit couvert public, lui apprend une action, arrivée en Flandres, que le Roi seul ignoroit; suite de cette aventure................	VI	198
— Mort et caractère du duc de la Trémoille ; sa charge est donnée à son fils.....	VI	396
— Mort de la duchesse de la Trémoille la Fayette.................	XIV	84
— Abbé de la Trémoille, auditeur de Rote.	IV	281
Chargé des affaires du Roi à Rome..	IV	355
Fait cardinal..............	IV	365
Dupé sur la constitution *Unigenitus*..	X	93
Évêque de Bayeux...........	XII	412
Et sur la promotion d'Alberoni.....	XIII	215
Transféré à l'archevêché de Cambray.	XIV	361
— Mort du jeune duc de la Trémoille; sa charge donnée à son fils........	XVI	337
— Mort du cardinal de la Trémoille à Rome.	XVI	444
TRESNEL. Quel. Épouse la fille du secrétaire d'État le Blanc. Curiosités sur les Jouvenel si plaisamment prétendus Ursins..................	XIV	10
TRESMES (Duc de). (*Voir* t. IV, p. 234; voir BERRY, t. X, p. 177; LA ROCHEFOUCAULD, t, XI, p. 34 ; BRETEUIL, t. II, p. 145.)		
— Obtient 400,000 livres de brevet de retenue sur sa charge.........	V	372
— Et un nouveau de cent mille écus....	IX	140
— Quel à l'égard de M. le duc d'Orléans..	XI	223
— A la dépouille de l'appartement du feu		

	Tomes.	Pages

Tresmes.

Roi, comme étant, à sa mort, premier gentilhomme de la chambre en année. XII 271
— Obtient 80,000 livres de gratification... XIV 195
— Obtient, pour son fils, la survivance de sa charge et celle de son gouvernement de Paris............ XIX 80
— Obtient une pension de 20,000 livres, au lieu du jeu qu'il faisoit tenir comme gouverneur de Paris, qui est supprimé. Le jeu est rétabli, et la pension lui demeure................. XVI 206

Trésoriers de l'extraordinaire des guerres, la Touane et [Saurion] font banqueroute. III 20

Tressan, évêque du Mans. Sa fortune; son caractère; sa mort; ses neveux..... IX 181
— L'abbé son neveu, quel. Premier aumônier de M. le duc d'Orléans. Fait évêque de Nantes, et transféré à l'archevêché de Rouen. Obtient la direction des économats............. XIX 157

Trêve publiée entre la France et l'Angleterre. IX 323

Trèves perdu................. IV 190
— Le frère du duc de Lorraine élu archevêque électeur de Trèves...... VIII 132
— Sa mort à Vienne........... VIII 172

Troisvilles, ordinairement dit Tréville. Sa vie; son caractère. Refusé par le Roi pour être de l'Académie françoise...... IV 100
— Abrégé de lui.............. VI 163

Troupes. Augmentation de troupes..... II 353
— Troupes françoises conduites dans le même instant dans les places espagnoles des Pays-Bas, y arrêtent et désarment les garnisons hollandoises que le Roi fait rendre bien mal à propos aux états généraux........... II 432
— Sédition des garnisons françoises sur le

	Tomes.	Pages.
Troupes. pain.	XI	157
— Forte augmentation de troupes.	XVI	299
— Approchées de Paris.	XVII	116
— Renvoyées.	XVII	127
TRUDAINE, conseiller d'État, prévôt des marchands. Son caractère.	XVII	104
— Remercié avant sa prévôté finie.	XVII	106
— Sa mort.	XVII	263
TURENNE (Maréchal de), grand capitaine, plus grand factieux. Son art; sa feinte modestie; son manteau de probité parmi ses infidélités et ses félonies.	I	44
— Le même.	V	101
— Change adroitement donné sur le titre de maréchal et de vicomte de Turenne. Se fait conserver, et aux siens, le Monseigneur des secrétaires d'État.	V	103
— Qualité de prince défendue par le Roi à Saint-Denis quand, par son ordre, le corps du maréchal de Turenne y fut porté; pourquoi sa famille, qui y a fait faire son tombeau, n'y a point voulu de nom ni d'épitaphe.	V	107
— Turenne, son père, dit le maréchal de Bouillon.	V	85
— Prince et princesse de Turenne. (*Voir* les articles d'ALBRET, AUVERGNE, BOUILLON, etc.)		
TURGOT, évêque de Séez, premier aumônier de M. le duc de Berry.	VIII	102
— Mort de M*me* Turgot, fille de Pelletier Sousy.	VIII	312
TURIN (Siége de). Projeté, publié, différé, exécuté, levé. (*Voir* LA FEUILLADE et ORLÉANS, t. IV, p. 420; t. V, p. 2 et 19.)		
TURMÉNIES. Quel. Son bon mot à Chantilly, puis à Monsieur le Duc sur ses ac-		

| Turménies. | Tomes. | Pages. |

tions. . . . . XVII 63
Tursis (Duc de). Quel : *voir* aux Grands d'Espa-
 gne. . . . . XVIII 46
— Vient à Marly faire un marché de ga-
 lères. . . . .
Thury. Quel. Sa mort; son caractère. . . . . XVII 263
Tyrol. Projet insensé du Tyrol; son triste suc-
 cès. . . . . III 433 et 436

Dans la lettre T { Noms propres. . . 58
{ Autres. 19
En tout 77

Vacquerie (La), premier président du parlement de Paris. Aveu célèbre de ce premier président, en pleine séance du
 Parlement, y présidant, de l'entière
 incompétence de cette compagnie de
 toute matière d'État et de gouvernement; il répondoit au duc d'Orléans,
 depuis roi Louis XII, qui se plaignoit
 au Parlement de la régence déférée, à
 son préjudice, à Mme de Beaujeu pendant la minorité de Charles VIII. . . . XI 319
Vaillac (Comte de). Son extraction; ses aventures; sa mort. . . . . V 293
Vaïni, prince soi-disant gentilhomme romain.
 Fait chevalier de l'ordre, et comment. II 13
— Vient de Rome recevoir le collier à Versailles et s'en retourne avec un beau
 présent du Roi. . . . . II 204
— Son affaire à Rome. . . . . II 407
Vaisselles de tout le monde portées à la
 monnoie ou à l'orfévre du Roi, par
 quelle aventure et à quelle occasion. . VI 442
— Le Roi et la famille royale en vermeil et
 en argent, les princes du sang en

602 TABLE ALPHABÉTIQUE GÉNÉRALE

	Tomes.	Pages.
Vaisselles. faïence.	VI	414
VALBELLE. Quel. Sa mort.	XIII	41
VALÉE (La), écuyer de la grande écurie et le premier homme de cheval de son temps. Sa mort.		
VALENTINOIS (Duchesse de). Quelle. Sa famille. Brouillée et retournée avec son mari. Son horrible calomnie pour se tirer de Monaco.	I	398
— Son gendre, duc de Valentinois par lettres nouvelles, est arrêté par l'affaire des princes du sang et des bâtards.	XII	399
Ses lettres nouvelles sont enfin enregistrées.	XIII	121
Il est reçu au Parlement, où le Régent empêche les princes du sang et les bâtards d'assister à cause de leur affaire.	XIII	121
VALERO (Marquis de), vice-roi du Mexique. Sa fortune; son caractère. (*Voir* aux GRANDS D'ESPAGNE.).	XI	114
VALERO Y LOSA. Mort et détails de ce célèbre curé de campagne, devenu sans s'en douter, par son mérite et ses services, évêque de Badajos, et, sans y songer, archevêque de Tolède avec l'applaudissement public.	XVII	72
VALERY (Mme de SAINT-). Quelle. Sa famille.	I	34
Valet de pied par qui le Roi écrit au duc de Montbazon, gouverneur de Paris, à sa campagne. Comment reçu.	IV	60
Valets de Louis XIV. Leur familiarité et leur crédit avec lui. Leur importance.	XII	76
VALLIER (SAINT-). Quel, et sa femme. Avoit été capitaine de la Porte. Sa mort.	II	213
VALLIÈRE (LA), cousin germain de Mme la princesse de Conti, fille du Roi, par sa mère, et menin de Monseigneur. Épouse une		

	Tomes.	Pages.
Vallière (La).		
fille du maréchal de Noailles.	II	91
— Faite dame du palais de Mme la duchesse de Bourgogne à la mort de Mme de Montgon, qui l'étoit.	V	119
— La Vallière obtient la charge de commissaire général de la cavalerie.	IV	144
Et 150,000 livres de brevet de retenue sur son gouvernement de Bourbonnois, qu'il avoit eu de son père.	VI	386
— Mort de la duchesse de la Vallière, carmélite dès 1664 et professe en 1665, au faubourg Saint-Jacques à Paris, sœur du père de la Vallière et mère de Mme la princesse de Conti, laquelle drape.	VIII	43
— La Vallière, quelle à l'égard de la mort de Monseigneur.	VIII	410
— Plaisant contraste de la Vallière.	IX	187
— Caractère de la duchesse de la Vallière, maîtresse de Louis XIV, depuis carmélite.	XII	4
— La Vallière obtient la survivance de son gouvernement de Bourbonnois pour son fils. Il est fait duc et pair.	XIX	94
Valincour, secrétaire de la marine. Choisi par le Roi pour travailler à son histoire en la place de feu Racine.	II	195
— Quel.	XV	479
Valladolid.	VIII	114 et 117
Valouse. Quel. Sa fortune.	III	471
— A Marly de la part du roi d'Espagne.	V	192
— Est fait premier écuyer du roi d'Espagne.	XI	112
— Son caractère et sa fortune.	XVII	318
Valsemé. Quel. Sa mort.	V	364
Van Holl, riche financier. Ce qu'il devint et son fils.	X	343
Vardes (Marquis de). Si connu par sa faveur		

Vardes.

	Tomes.	Pages.
et sa profonde disgrâce. Sa mort...	I	76
VARANGEVILLE (Mme de). Sa famille. Singularité avantageuse et rare............	IV	39
VARENNE (LA). Extraction, fortune, mort singulière de la Varenne d'Henri IV. Sa postérité..................	I	491
VARENNES, lieutenant général, commandant à Metz et pays Messin. Enlevé par un parti; rendu; déplacé de son emploi. Quel...................	III	277
VARILLAS. Si connu par ses ouvrages. Sa mort.	I	326
VASSÉ (Abbé de). Son caractère. Refuse l'évêché du Mans.................	IX	292
— Sa mort...................	XIII	40
VASSOR (LE). Si connu d'ailleurs et par son histoire de Louis XIII...........	II	350
VAUBAN, le premier ingénieur de son siècle, maréchal de France avec neuf autres...	III	379
— Sa générosité. Son amour de la patrie.	III	399
— Son livre de la dixme royale. Effet étrange de cet excellent livre. Sa mort. Origine de l'impôt du dixième.....	V	149
— Mort de l'abbé, son frère.........	XIII	370
VAUBECOURT, lieutenant général, tué en une échauffourée en Italie. Sa femme, quelle..................	IV	271
VAUBOURG (Mme de), sœur du chancelier Voysin, femme du frère de Desmarets, contrôleur général. Sa mort........	VIII	312
VAUBRUN, abbé. Quel. Sa famille. Exilé pourquoi. Son caractère...........	II	334
VAUDEMONT (Prince de). Échappe, avec son armée, au plus grand danger, et comment...................	I	261
— Sa fortune.................	I	492
— Sa position.................	III	61
— Sa conduite.......... III 436 et IV		22

DES MÉMOIRES DE SAINT-SIMON. 605

Vaudemont. Tomes. Pages.

— Son artificieuse flatterie. Son fils unique feld-maréchal des armées de l'Empereur servant en Italie. .... IV 64
Mort de ce fils sans alliance. ...... IV 103
— Vaudemont arrive à Paris et à la cour. Chambre de la ligue. Vaudemont et ses nièces, leur union, leur intérêt, leur cabale, leurs félonies, leur caractère, leur conduite. .... V 210
(*Voir* Espinoy, t. V, p. 213.)
— État, santé, famille, fortune, caractère de Vaudemont. Ses prétentions; ses artifices. .... V 227
— Il obtient, en arrivant, pour lui et pour sa femme, 180,000 livres de pensions de France et d'Espagne. .... V 231
— État de la seigneurie de Commercy. .. V 232
— Vaudemont obstinément refusé de l'ordre du Saint-Esprit; cause de ce refus. .... V 233
— Sa femme à Paris; à Marly et comment. Ses prétentions; son embarras; son caractère; sa prompte éclipse. Artifices et adroites entreprises de Vaudemont déconcertées. Sa conduite; ses ressources. .... V 237
— Raisons de s'être étendu sur ces tentatives. Souplesse de Vaudemont. Il obtient Commercy en souveraineté à vie, reversible, après lui, au duc de Lorraine, lequel lui donne en Lorraine la préséance, après ses enfants, sur toute la maison de Lorraine. L'un et l'autre demeure inutile en France, à Vaudemont. .... V 239
— Il abandonne enfin ses chimères. Demeure brouillé avec toute la maison

Vaudemont. Tomes. Pages.

    de Lorraine pour sa préséance sur elle en Lorraine. Scandale de la brillante figure de Vaudemont en France. Trahisons continuées de Vaudemont et de ses nièces. .... V 243
— Vaudemont souverain à vie de Commercy. .... V 376
— Sa ruse au secours de Vendôme. .... VI 115
— Voyage, plus que suspect, de Vaudemont et de Mlle de Lislebonne, sa nièce. Courte réflexion sur la conduite de nos rois avec la maison de Lorraine. . VII 92
    (*Voir* t. VII, p. 87.)
— Vaudemont et ses nièces, quels à l'égard de la mort de Monseigneur. .... VIII 403
— Mort de Mme de Vaudemont. Son caractère. .... X 245
— Vaudemont et ses nièces. Quels à l'égard de M. le duc d'Orléans. .... XI 222
— Vaudemont tombe malade à Paris de dépit de voir échouer l'érection de Nancy en évêché, sur quoi il étoit venu intriguer. .... XVI 304
— Se retire à Commercy. Sa mort. .... XIX 90
    (*Voir* aux Grands d'Espagne.)

Vaucuyon (La). Son extraction; sa fortune; son caractère; sa catastrophe. .... I 108

Vauréal, abbé. Son extraction. Quel. Achète la charge de maître de l'Oratoire du Roi de Valbelle, évêque de Saint-Omer. . . XVI 95

Vauvineux (Mme de). Sa famille. Sa mort. .... IV 274

Ubilla, secrétaire de la dépêche universelle qui eut grand'part au testament de Charles II. Philippe V le fait asseoir, contre la coutume, au conseil où il étoit et écrivoit à genoux. .... III 355
— Fait marquis de Rivas. .... III 355

Ubilla. Tomes. Pages.
— Chassé par la princesse des Ursins. (*Voir*
 Rivas.). . . . . XVIII 190
Vélation. Ce que c'est en Espagne. . . . . XVIII 264
Velleron. (*Voir* Mailly.). . . . . XVI 386
Vendôme (Duc de). A propos du procès de préséance du maréchal duc de Luxembourg, défendu par le duc de Vendôme avec les seize pairs opposants, il forme la prétention de la première ancienneté de Vendôme, désistée par ordre du Roi aussitôt que formée, d'où naît le rang intermédiaire des bâtards. . . . . I 162
— Duc de Vendôme mené par le duc du Maine chez tous les pairs et chez tous les principaux du Parlement; y est reçu comme le duc du Maine venoit de l'être, mais sans presque aucun pair séant. . . . . I 168
— Précède le duc d'Elbœuf à l'adoration de la croix. Sage adresse du duc de Beauvillier. . . . . I 235
— Parvient singulièrement au commandement de l'armée de Catalogne. . . . . I 248
— Bat la cavalerie ennemie. . . . .
— Prend Barcelone; est fait vice-roi de Catalogne. . . . . I 433
— Il ôte l'administration de ses affaires au grand prieur son frère, la donne à Crosat, que le Roi lui nomme. Va publiquement suer la vérole. . . . . . . II 198
— Revient à la cour défiguré et marqué; y reçoit grand accueil; complaisance du Roi singulière. . . . . II 430
— Succède au maréchal de Villeroy, pris à Crémone, au commandement de l'armée d'Italie; le roi d'Espagne y vient;

Vendôme (Duc de).

	Tomes.	Pages.
ils donnent le combat de Luzzara. . . .	III	288
— Le roi d'Espagne lui donne la Toison d'or.	III	292
— Il court, par son imprudence, fortune imminente d'être enlevé dans son logis dans son camp.	III	344
— Le Roi amusé par lui.	III	434
— Il est refusé du bâton de maréchal de France, et tente en vain de commander les maréchaux de France moins anciens lieutenants généraux que lui. (*Voir* TESSÉ.).	IV	23
— Sa conduite. Deux petites actions en Italie.	IV	63
— Ses manéges.	IV	102
— Prend Verceil.	IV	111
— Fait étrangement le siége de Vérue, qu'il prend à la fin.	IV	188
— Fascination du Roi pour lui. Il donne le combat de Cassan.	IV	293
— Vendôme grand courtisan.	IV	321
— Ses mœurs; son caractère; sa conduite.	IV	385
— Son voyage triomphant à la cour. . . .	IV	389
— Il refuse la patente de maréchal général des camps et armées de France telle que le maréchal de Turenne l'avoit eue.	IV	391
— Le Roi donne au duc de Vendôme un billet de sa main, par lequel il s'engage, mais pour l'Italie seulement, à le faire obéir par un maréchal de France, et à lui faire prendre l'ordre de lui.	IV	412
— Il est choisi pour commander l'armée de Flandres, au lieu du maréchal de Villeroy, qui venoit de perdre la bataille de Ramillies.	IV	432

Vendôme (Duc de). Tomes. Pages.

— Arrive à Versailles après n'avoir pu ou su rien dire du tout à M. le duc d'Orléans en Italie, qui y prenoit, en sa place, le commandement de l'armée...... V 7
— Part pour la Flandre, avec une lettre du Roi, pour commander tous les maréchaux de France, et pour leur donner l'ordre................ V 8
— Traitement entre lui et l'électeur de Bavière généralissime........... V 10
— Revient à la cour............ V 58
— Retourne en Flandres.......... V 135
— Sa dangereuse paresse à l'armée..... V 299
— Son ignorance et son opiniâtreté surprenante avec Bergheyck devant le Roi..................... V 407
— Secrète destination, puis déclarée, de Mgr le duc de Bourgogne pour commander l'armée de Flandres avec le duc de Vendôme sous lui, et le maréchal de Matignon sous Vendôme.... V 449
— Éclat et réflexions sur la nouveauté d'un maréchal de France sous le duc de Vendôme................. V 452
— Vendôme à Clichy. Le Roi lui envoie Bergheyck et Puységur; étrange réception qu'il leur fait.......... V 455
— Sa paresse et sa funeste opiniâtreté... VI 52
— Son insolence à Mgr le duc de Bourgogne. VI 57
— Paroles énormes et publiques de Vendôme à Mgr le duc de Bourgogne.... VI 57
— Conduite de la cabale de Vendôme.... VI 66
— Vigueur de la cabale de Vendôme.... VI 95
— Singulière adresse de Vendôme auprès de Mme la duchesse de Bourgogne... VI 98
(*Voir* VAUDEMONT, t. VI, p. 115.)
— Conduite de Vendôme........... VI 118

Vendôme (Duc de). Tomes. Pages.

— Sa sécurité; son opiniâtre lenteur à s'ébranler.................... VI 123
(*Voir* BERWICK et MATIGNON, t. VI, p. 124.)
— Son artificieuse et fatale opiniâtreté... VI 132
(*Voir* pages suivantes jusqu'à 150.)
— Fautes sur fautes de Vendôme...... VI 149
— Il assiége Leffinghem pour fermer les convois aux assiégeants Lille..... VI 160
(*Voir* BOUFFLERS, t. VI, p. 161.)
— Audace de Vendôme; son incroyable hardiesse; son mensonge prodigieux. VI 194
— Il reçoit ordre du Roi de séparer l'armée, et de revenir, malgré toutes ses instances et ses adresses pour demeurer en Flandres............. VI 200
— Son retour à la cour et sa réception... VI 210
— Il est exclu de servir. (*Voir* t. VI, p. 362.) VI 228
— Disgrâce du duc de Vendôme....... VI 366
— Éclat entre lui et Puységur, qui achève de le perdre................ VI 368
— Il s'expose et reçoit à Meudon[1] un affront public de Mme la duchesse de Bourgogne; il est exclu de Meudon, et l'étoit déjà de Marly............ VI 371 et 374
— Retiré à Anet et fort seul, il se fait demander par l'Espagne, et il est refusé. VI 377
— Contre-temps de Vendôme à Versailles. VII 160
— Est de nouveau demandé par l'Espagne. Il épouse fort tristement, à Sceaux chez le duc et la duchesse du Maine, Mlle d'Enghien, sa sœur......... VII 324
— Est encore demandé par l'Espagne.... VIII 109
— Il va enfin en Espagne; prend congé, très-froidement reçu à la cour; n'ose aller seul chez Mme la duchesse de

---

1. À *Marly* dans les *Mémoires*.

Vendôme (Duc de). | Tomes. | Pages.

Bourgogne; s'y fait mener par le duc du Maine, et en est très-mal reçu publiquement. .... VIII 111
— Il s'arrête à Bayonne avec le duc de Noailles; vont ensemble trouver le roi d'Espagne à Valladolid, où il s'étoit retiré après la perte de la bataille de Saragosse. .... VIII 114
— Vendôme l'accompagne à son armée. .. VIII 120
— Prend Brihuega; bat Staremberg à Villaviciosa. .... VIII 124
— Réflexions sur ces deux actions, et sur l'étrange conduite du duc de Vendôme. .... VIII 128
— Vains efforts de sa cabale. .... VIII 131
— Vendôme quel à l'égard de la mort de Monseigneur. .... VIII 403
— Obtient l'Altesse en Espagne et le traitement qu'y avoient les don Juans; explication de ce traitement, et de l'éclat qu'il fit. .... IX 290
— Mort du duc de Vendôme. .... IX 317
— Éclaircissement sur sa sépulture. .... IX 320

VENDÔME, grand prieur, frère du précédent. Querelle M. le prince de Conti; est mis à la Bastille; n'en sort que pour aller, conduit par le duc, son frère, chez M. le prince de Conti lui demander pardon en propres termes. .... II 95
— Il est refusé de servir, puis se raccroche. .... III 241
— Va servir sous Catinat en Italie. Veut remettre ses bénéfices; obtient du Roi une pension de 20,000 livres. ...... III 279
— Sert en Italie sous son frère. .... III 400
— Il y commande en chef une armée séparée. .... IV 64

Vendôme (grand prieur). Tomes. Pages.
— Sa conduite au combat de Cassan. . . . IV 294
— Sa disgrâce sans retour. . . . . IV 296
— Ses mœurs et son caractère. . . . . IV 392
— Retourne en Italie; va à Rome. . . . . . IV 413
— Il va à Gênes. . . . . V 58
— Revient en France, avec défense d'approcher de la cour et de Paris plus près que quarante lieues. . . . . V 451
— Est enlevé au retour par une espèce de partisan impérial, sans que le Roi s'en mette en peine. . . . . VIII 158
— Est à Soleure. . . . . VIII 444
— Vient demeurer à Lyon jusqu'à la mort du Roi. . . . . IX 132
— Rappelé d'exil par M. le duc d'Orléans. . XII 277
— Quelque temps après son retour (hors de place par oubli et mis après) il voulut entrer au conseil de régence. Le foible étrange que M. le duc d'Orléans avoit pour lui étoit tout près de céder à ses instances lorsque le duc de Saint-Simon découvrit cette menée et parla si fortement à M. le duc d'Orléans qu'il l'empêcha pour toujours. . . . . XVI 185
— Assiste hardiment en prince du sang, dont son frère et lui n'ont jamais eu le rang, aux cérémonies des jeudi et vendredi saints chez le Roi. . . . . . XIII 291
— Ses menées et celle de l'ambassadeur de Malte, frère de Mesmes premier président, pour exciter tous les chevaliers de Malte avec la prétendue noblesse. Les chevaliers de Malte reçoivent défenses de s'assembler, excepté uniquement pour les affaires de leur ordre. . XIII 379
— Le grand prieur se hasarde encore, mais pour la dernière fois, de servir à la

Vendôme (grand prieur).

	Tomes.	Pages.
Cène, et s'absente le lendemain de l'adoration de la croix.	XIV	384
— Ses bassesses à Law; sommes incroyables qu'il tire de lui et de M. le duc d'Orléans à plusieurs fois.	XVI	185 et 207
— Il vend le grand prieuré de France à M. le duc d'Orléans, qui le paye fort cher pour le chevalier d'Orléans, son bâtard reconnu, et tente après inutilement de se marier.	XVI	314

Vendôme (Duchesse de). Quelle. Sa mort. Adresses et ruses pour l'obscure garde de son corps sur même exemple de Mlle de Condé, sa sœur, ce qui n'a plus été tenté depuis. . . . . XIV 382

Vendôme (César, duc de), bâtard d'Henri IV, grand-père de ces deux derniers. Adresse de sa réception au Parlement.

Venise. Obtient du Roi, pour ses ambassadeurs, le traitement entier de ceux des têtes couronnées. . . . . II 143
(*Voir* Ottoboni, t. VII, p. 272; Espagne, t. II, p. 401; Emo, t. IX, p. 324.)
— Demeure neutre. . . . . III 7
— Se déclare pour l'Empereur; est fort mal avec la France et l'Espagne. . . XIV 53 et 167

Ventadour (Duchesse de). Quitte Madame. Ses vues. . . . . III 411
— Est gouvernante des enfants de France, en survivance de la maréchale de la Mothe, sa mère. . . . . IV 70
— Obtient des pensions du Roi, outre celles qu'elle avoit déjà. . . . . VI 229
— Quelle à l'égard de M. le duc d'Orléans. XI 223
— Elle reçoit de ce prince un présent de 180,000 livres en pierreries, en mettant le Roi entre les mains des hommes. . XIII 274

Ventadour (Duchesse de).   Tomes. Pages.

— Mort du duc de Ventadour, son mari. Quel il étoit. Extinction de son duché pairie................... XIV 122

Verac (M. de). Sa fortune............. IV 115

Veragua (Duc de), des cadets de Ferreira ou Cadaval................ II 376
(*Voir* aux Grands d'Espagne.)

— Emprisonné par Alberoni jusqu'à sa chute, puis chef du conseil de marine et de commerce pendant quelque temps................... XI 109

Vère (Marquis de la), frère du prince de Chimay. Quitte le service d'Espagne. Pourquoi. Vient en France, où il est fait d'abord lieutenant général..... XIII 13

Vérité étonnante................ V 290

Vergagne. Bien singulièrement grand d'Espagne, très-singulièrement fait depuis duc et pair de Nevers.......... XII 343

Versailles. Son origine............. XII 68

Verneuil (Duchesse de). Quelle. Sa famille. Conviée aux noces faites par le Roi, en espère [le rang] de princesse du sang. Ses carrosses toutefois exclus des entrées des ambassadeurs..... II 94

— Sa mort..................... IV 99

Vertamont, premier président du grand conseil, plus que mortifié à l'occasion de l'arrêt sur la coadjutorerie de Cluny................... III 403 et IV 272

— Obtient un rapé de l'ordre........ XII 421

— Et une pension du Roi, de 8,000 livres. XVI 119

Verteuil, frère du feu duc de la Rochefoucauld. Sa mort.................. XVIII 439

Verue assiégée étrangement par le duc de Vendôme.................. IV 188

— Action devant Verue............ IV 217

	Tomes.	Pages.

Verue.
— Communication de Verue à Crescentin enfin coupée. . . . . IV 261
— Verue rendu (*sic*) à discrétion. . . . . . IV 261

Verue (Comtesse de). Sa famille; ses singuliers malheurs. Maîtresse enfin du duc de Savoie et mère de la princesse de Carignan. Sa fuite enfin de Turin en France. Quelle. . . . . II 355
— Son mari : son malheur; sa famille; attaché au service de France; commissaire général de la cavalerie. . . . . . III 401
Sa mort. . . . . IV 144

Vervins. Assassiné et manqué. Son extraction; son caractère; singularité de sa fin. . IV 166

Vesugo. Poisson de mer excellent, le seul qui se mange à Madrid dans sa saison; vient de Bilbao. . . . . XVIII 345

Vétérans de l'ordre du Saint-Esprit. Ce que c'est. Leur nombre étrange et des rapés; excès de cet abus. . . . . XII 421

Vice-rois. Changés. . . . . III 193

Victoire (Abbé de la). Quel. Bon mot de lui sur les distractions du cardinal d'Estrées. X 350

Victoire Laisnet (Abbé de la), neveu de Laisnet, dont on a les mémoires. Cet abbé employé en Espagne par Monsieur le Prince. . . . .
— Quel. Ami du premier duc de Saint-Simon. Singularité étrange qu'il lui rapporta de Verrillon, écuyer de Monsieur le Prince à Chantilly et de M. le prince de Conti qui y étoit exilé, présageant la mort de Monsieur le Prince, lors en pleine santé, qui mourut, six semaines après, à Fontainebleau, où il alla sur la petite vérole de Madame la Duchesse.. . . . .

Victoire Laisnet.   Tomes. Pages.
— Mort de cet abbé à l'hôtel de Condé...
Vidame d'Amiens. Quel. Depuis fait duc et pair
    de Chaulnes. Épouse M{}^{lle} de Lavardin.   IV   56
— Ce que c'est que Vidame.........   X   79
Vidame de Chartres. Sa réception dans l'ordre
    de la Toison d'or par le roi d'Espa-
    gne.................. XVIII 355
— S'en retourne à Paris. Voit l'Escurial.
    Sottise des moines.......... XVIII 373
— Est duc et pair par ma démission.
    Prend le nom de duc de Ruffec... XVIII 434
Vienne. Affaires intérieures de cette cour.... XVI   345
Vienne érigé en archevêché............ XVII   221
Vienne (Comtesse de). Quelle. Sa famille; son
    caractère; sa mort...........   X   321
— Extraction, caractère, mort de son mari. XVI   443
Vienne (La), premier valet de chambre du Roi.   I   263
— Sa fortune; son caractère.........   I   499
— Sa famille; sa mort............ VIII 106
Vieuville (M{}^{me} de la). Secrètement choisie pour
    dame d'atour de M{}^{me} la duchesse de
    Berry.................... VIII   12
— Déclarée. Naissance et caractère de son
    mari et d'elle.............. VIII   20
— Bailli de la Vieuville, son beau-frère,
    ambassadeur de Malte après le bailli
    de Noailles................   IX   368
    Son caractère et sa mort........   X   321
— Mort de M{}^{me} de la Vieuville. M{}^{me} de Pons
    dame d'atour de M{}^{me} la duchesse de
    Berry en sa place............ XII   221
— La Vieuville se remarie pour la troi-
    sième fois............... XIII   41
Vilains. Réflexion sur eux.......... VIII 174
Villacerf. Quel. Son état; sa familiarité avec
    le Roi; ses emplois; sa famille; sa
    mort..................   II   241

Villacerf. Tomes. Pages.
— Mort de sa femme............... IX 298
— Son fils est premier maître d'hôtel de Mme la duchesse de Bourgogne. Épouse la sœur de Saint-Nectaire, laquelle est, à la fin, étrangement admise à la table et dans les carrosses de Mme la duchesse de Bourgogne.......... II 343
    Sa mort.................. XIII 56
VILLADARIAS. Commande l'armée du roi d'Espagne, sous lui, en Aragon....... VIII 109
VILLAFRANCA, marquis : *voir* aux GRANDS D'ESPAGNE................... XVIII 110
VILLAFRANCA, introducteur des ambassadeurs, tout différent du précédent...... XVIII 144
VILLAGARCIAS, un des quatre majordomes de semaine du roi d'Espagne, mort depuis vice-roi du Pérou[1]. Son caractère.................... XVIII 144
VILLAHALMANZO. Sa courte description...... XVII 425
VILLAROËL et MANRIQUEZ, lieutenants généraux arrêtés en Espagne pour l'affaire de M. le duc d'Orléans........... VII 36
VILLARS, père du maréchal. Son extraction; sa fortune................ I 24
— Pourquoi dit Orondat. Son caractère ; sa mort.................... II 28
— Famille, mort et caractère de sa femme. IV 446
VILLARS, leur fils aîné. Épouse la 2de fille de Mme de Varangeville, sœur de la femme du président de Maisons........ III 206
— Détaché par le maréchal Catinat pour passer le Rhin, il fait ses dispositions, et gagne la bataille de Friedlingue... III 317
— Est aussitôt après fait seul maréchal de France................... III 321

---

1. Dans le texte il y a *Mexique*.

Villars. Tomes. Pages.
— Son caractère............... III 322
— Il commande l'armée du Rhin et se donne force ridicules sur sa femme. . III 398
— Prend le fort de Kehl........... III 399
— Ses honteux et dommageables délais de passer en Bavière; il est jaloux; il veut y mener sa femme; le Roi ne le lui permet pas. Il joint enfin l'électeur de Bavière................ III 406
— Il fait d'abord demander par l'électeur de Bavière d'être fait duc et est refusé. III 431
— Il demande que sa femme aille le trouver et y échoue encore. Sa brouille avec l'électeur de Bavière. Vues et conduite pernicieuse de Villars, d'où naît le projet insensé et fatal du Tyrol. . . III 432
— Brouillé ouvertement avec l'électeur de Bavière.................. IV 11
— Il revient en France, bien muni..... IV 14
— Son retour à la cour............ IV 26
— Va commander en Languedoc contre les fanatiques. (*Voir* CAVALIER, t. IV, p. 101.).................. IV 72
— Rappelé de Languedoc.......... IV 205
— Est fait duc vérifié. Sa naissance..... IV 210
— Commande l'armée de la Moselle..... IV 259
— Son retour................. IV 329
— Commande l'armée d'Alsace....... IV 399
— Se rend maître de la Mutter et de la Lauter, prend Haguenau, délivre le fort Louis du Rhin............ IV 417
— Refuse d'aller commander l'armée d'Italie sous M. le duc d'Orléans...... V 1
— Quoique affoibli, prend l'île du Marquisat près du fort Louis du Rhin....... V 13
— Revient à la cour............. V 53
— Fait une belle campagne en Allemagne;

Villars.   Tomes. Pages.

— son pillage et son audace............ V 300
— Va commander en Dauphiné.... V 438 et 450
— Revient à la cour. Son dépit et sa morale................... VI 30
— Commande l'armée tantôt du Rhin, tantôt de la Moselle............ VI 151
— Revient à la cour................. VI 176
— Ses fanfaronnades................ VI 400
— Est fait pair de France pour avoir perdu la bataille de Malplaquet, et y avoir été fort blessé................. VII 108
(*Voir* MALPLAQUET, t. VII, p. 95 et 97; BOUFFLERS, t. VII, p. 83, 105, 261 et 263.)
— Maréchale de Villars. Son caractère; son accortise. Visite du Roi au maréchal de Villars, qui ne pouvoit sortir, pour travailler seul avec lui, puis à la maréchale de Villars dans son appartement à Versailles.................. VII 158
— Villars, à l'occasion du procès de préséance entre les ducs de Saint-Simon et de la Rochefoucauld, fait défendre par le Roi au maréchal d'Harcourt, fait pair depuis lui, de se faire recevoir au Parlement avant lui...... VII 264
— Villars se perd auprès du Roi, et s'y relève incontinent. (*Voir* MONTESQUIOU, t. VIII, p. 35.)............... VIII 33
— Obtient le gouvernement de Metz, et commande l'armée de Flandres.... VIII 46
— Sa ridicule aventure avec Heudicourt.. VIII 49
— Veut aller aux eaux pour sa blessure, et quitte l'armée de Flandres, dont Harcourt, mandé de celle du Rhin, qu'il commandoit, vient prendre le commandement................ VIII 52

Villars.

	Tomes.	Pages.
— Campagne de Villars en Flandres.....	IX	108
— Ses fautes énormes; son impudence. Il donne un démenti public au maréchal de Montesquiou, qui l'avale......	IX	109
— Fin de la campagne de Flandres. Villars assez bien reçu à la cour, et pourquoi.	IX	113
— Il commande l'armée de Flandres; gagne le combat de Denain, qu'il ne vouloit pas donner...........	IX	325
— Prend Douai et divers avantages......	IX	327
— Il perd son frère, qui étoit devenu, de chef d'escadre, lieutenant général des armées de terre. Son caractère.....	IX	330
— Obtient le gouvernement de Provence..	IX	375
— Et mille écus de pension à sa sœur de Vaugué.....................	IX	416
— S'excuse de servir, puis va commander l'armée du Rhin.............	X	17
— Est fait chevalier de la Toison d'or. Passe le Rhin après avoir pris Landau; investit Fribourg.............	X	73
— Le prend....................	X	106
— Confère, à deux reprises, avec le prince Eugène à Rastadt; y traitent et y concluent la paix...........	X	107

(*Voir* les pièces[1]; *voir* précédemment aussi les pièces de la négociation du même Villars, avant sa fortune envoyé du Roi à Vienne sur le traité de partage, communiquées en original par Torcy au duc de Saint-Simon, qui les a fait copier.)

— Conférences de Rastadt barbouillées. Étrange malhabileté de Villars; néanmoins il y signe, avec le prince Eugène,

---

1. Voyez tome I, p. 420, note 1.

Villars.   Tomes.   Pages.

— la paix avec l'Empereur et l'Empire,
  duquel l'Empereur se fit fort.   X   133
— Retour de Villars à la cour; le Roi lui
  donne les grandes entrées des premiers gentilshommes de la chambre
  et la survivance de son gouvernement
  de Provence pour son fils, encore enfant, enfin mille écus de pension au
  comte de Choiseul, son beau-frère. Il est
  reçu chevalier de la Toison d'or par
  M. le duc de Berry, et va premier ambassadeur plénipotentiaire à Baden
  signer la paix avec l'Empire, telle
  qu'elle avoit été arrêtée à Rastadt. . .   X   143
— Revient ensuite à la cour.   X   314
— Fait, à la mort du Roi, chef du conseil
  de guerre.   XII   234
— Obtient 6,000 livres de pension.   XIV   11
— Rapporte très-bien, contre son ordinaire,
  une affaire du conseil de guerre à la fin
  du conseil de régence qui précéda immédiatement le lit de justice des Tui-
  leries.   XVI   32
— Tombe dans une inquiétude et une
  frayeur extrême à la découverte de la
  conspiration du duc et de la duchesse
  du Maine; n'ose sortir de chez lui de
  peur d'être arrêté, et se se (*sic*) tient si
  peu assuré chez lui qu'il en tombe malade; emploie le duc de Saint-Simon
  auprès du Régent.   XVI   210
— Sa sœur, abbesse de Chelles, se démet
  de son abbaye à Mme d'Orléans, sa nouvelle religieuse, qui vouloit avoir cette
  abbaye. Mme de Villars se retire à Paris
  dans le couvent du Cherche-Midi avec
  12,000 livres de pension du Roi. Son

Villars. 　　　　　　　　　　　　　　　　Tomes. Pages.

　　　caractère.................. XVI   250
— Il est cruellement hué dans la place de
　　　Vendôme...................XVII   126
— Son fils épouse une fille du duc de
　　　Noailles................... XVII   251
— Il est fait grand d'Espagne, sans qu'on
　　　sache pourquoi ni comment...... XIX   130
— A la majorité au retour du Roi à Ver-
　　　sailles, il entre dans le nouveau con-
　　　seil d'État avec le cardinal du Bois.. XIX   213

Villena, marquis, duc d'Escalona (*voir* aux
　　　Grands d'Espagne), vice-roi de Cata-
　　　logne, puis de Naples, où il reçut Phi-
　　　lippe V............... XVIII 79 et 114
— Fait une belle action à Gaëte. Est traité
　　　indignement par les Impériaux....   V   322
— Est enfin échangé avec Stanhope, général
　　　en chef des Hollandois, et le duc de
　　　Bisaccia[1] avec le général Carpenter.. IX   329
— Sa naissance; ses emplois; ses actions;
　　　son caractère. Il donne impunément
　　　des coups de bâton au cardinal Albe-
　　　roni, dans la chambre du roi d'Es-
　　　pagne, en présence du roi et de la
　　　reine. Son éloge. Sa famille..... XVIII   80

Villeras. Quel. Sa mort............ VII   60

Villeroy (Maréchal duc de). Fait maréchal de
　　　France avec six autres..........   I   37
— Commande l'armée de Flandres sous le
　　　maréchal duc de Luxembourg.....   I   83
— Qui lui fait faire les siéges d'Huy et de
　　　Charleroy, qu'il prend......... I 86 et 100
— Il marie le duc de Villeroy, son fils aîné,
　　　à une sœur de Barbezieux et de la du-
　　　chesse de la Rocheguyon........   I   178

---

1. *Prince de Cellamare*, dans les *Mémoires*.

Villeroy. Tomes. Pages.

— Obtient, à la mort du maréchal duc de Luxembourg, sa charge de capitaine des gardes du corps, et le commandement en chef de l'armée de Flandres. I 223
— Vaudemont et son armée lui échappent, malgré lui, par la faute et pis du duc du Maine. Est habile et heureux courtisan. I 261
— On lui fait une opération qui le guérit de deux descentes........... II 143
— Obtient cent mille écus sur Lyon, où il est le maître.............. II 241
— Perd le chevalier de Villeroy son dernier fils, péri en faisant ses caravanes... II 294
— Est mandé de son armée de Flandres, pour aller commander celle d'Italie sous le duc de Savoie. Bon mot et cruel qu'il essuie du maréchal de Duras derrière le Roi à son souper...... III 65
— Il arrive en Italie............ III 73
— Il s'attire et essuie une étrange et publique mortification du duc de Savoie. Se trouve avec lui au combat de Chiari................ III 75
— Se brouille extrêmement avec Phélypeaux, ambassadeur du Roi auprès du duc de Savoie et lieutenant général servant dans l'armée.......... III 76
— Duc de Villeroy arrive à la cour apportant la nouvelle et le détail de l'affaire de Crémone.............. III 230
— Maréchal de Villeroy pris dans Crémone. III 233
— Est hautement protégé par le Roi, et traité en favori............ III 237
— Devient libre et sans rançon par le crédit du duc de Modène à Vienne et de la reine d'Angleterre, sa sœur, auprès de lui............... III 293 et 345

Villeroy.   Tomes. Pages.
— Revient brillant à la cour, après une dure captivité. Sa vaine et lourde méprise en dédaignant le salutaire conseil du chevalier de Lorraine. Il est déclaré général de l'armée de Flandres.   III   352
— Le Roi lui donne cent mille francs....   III   399
— Origine de la première fortune solide des Villeroys..............   III   447
— Maréchal de Villeroy demeure l'hiver à Bruxelles................   IV   15
— Fait des tours à la cour, retourne en Flandres................   IV   65
— Faute du maréchal de Villeroy......   IV   121
— Vient à la cour; retourne à Bruxelles..   IV   168
— Commande l'armée de Flandres sous l'électeur de Bavière...........   IV   259
— Sa fatuité................   IV   271
— Son retour à la cour...........   IV   329
— Obtient encore du Roi cent mille écus sur Lyon; son pouvoir dans cette ville.   IV   370
— Il part pour la Flandre avec ordre de combattre, non avant, mais dès que Marsin, venant de vers le Rhin, l'aura joint; se pique; n'attend point Marsin; choisit mal son terrain; ses dispositions; n'avertit point à temps l'électeur de Bavière. Perd la bataille de Ramillies, et la tête entièrement pour ses suites................   IV   422
— Bontés du Roi pour Villeroy excessives; folie de Villeroy encore plus excessive..................   IV   430
— Est rappelé et tombe en disgrâce....   IV   434
— Arrive à Paris, puis à Versailles, sans avoir vu le duc de Vendôme, son successeur. Ne voit point Chamillart; approfondit sa disgrâce..........   V   8

Villeroy. | Tomes. | Pages.
— Duc de Villeroy exclu de servir; curieuse anecdote.................. V 136
— Rage du maréchal de Villeroy; ses artifices..................... V 136
— Foiblesse du Roi pour lui, et pour ses ministres.................. V 141
— Cause intime de l'extrême haine du maréchal de Villeroy pour Chamillart. Peu de sens du maréchal....... V 142
— Il obtient aisément du Roi de céder au duc de Villeroy sa charge de capitaine des gardes du corps........... V 374
— Mouvements sourds du maréchal de Villeroy................... VI 101
— Duchesse de Villeroy intime de Mme la duchesse d'Orléans et fort avant dans la faveur de Mme la duchesse de Bourgogne....................... VI 107
— Caractère de la duchesse de Villeroy et ses chemins................ VI 108
— Mort et caractère de la maréchale de Villeroy.................. VI 169
— Mort et caractère de la duchesse de Villeroy.................... VIII 310
— Maréchal et duc de Villeroy, quels à l'égard de la mort de Monseigneur.. VIII 410
— Duc de Villeroy obtient du Roi 9,000 livres de pension................ IX 89
— Maréchal de Villeroy tout à coup raccommodé avec le Roi et tout à coup favori. Comment............ IX 248
— Se déchaîne, entre autres principaux, contre M. le duc d'Orléans....... IX 264
— Obtient, pour le duc de Villeroy, la survivance de son gouvernement de Lyon, etc. et les lieutenances générales et de Roi pour ses petits-fils...... IX 375

Villeroy.

— Est admis aux musiques et aux particuliers chez Mme de Maintenon, où le Roi n'admet personne. Vues sur lui. . . IX 398
— Va à Lyon, à l'occasion d'une légère sédition dans la ville. . . . . X 187
— Est fait chef du conseil royal des finances par la mort du duc de Beauvillier ; et l'abbé son fils, archevêque de Lyon et commandant en chef dans la ville et dans tout le gouvernement comme l'étoit l'archevêque, son grand-oncle. . . . . X 304
— Le maréchal de Villeroy arrive de Lyon à Fontainebleau ; est aussitôt fait ministre d'État. . . . . X 313
— Est de tout avec le Roi, jusqu'à sa mort, avec Mme de Maintenon, le duc du Maine et le chancelier Voysin ; nommé du conseil de régence par le testament du Roi et gouverneur du Roi, son successeur, sous la surintendance de l'éducation donnée au duc du Maine. . . XI 218
— Caractère du maréchal de Villeroy. . . . XI 218
— Lui et le duc, son fils, quels à l'égard de M. le duc d'Orléans. . . . . XI 221, 223
— Nécessité néanmoins de conserver le maréchal. . . . . XI 287
— Sa courte joie de la séance du matin au Parlement sur la régence. . . . . . . XII 210
— Il rompt avec éclat le mariage de son petit-fils aîné avec une fille du prince de Rohan, et le marie avec la fille aînée du duc de Luxembourg. . . . . XII 421
— Prétend, comme gouverneur du Roi, ôter le service aux grands officiers, et le perd. . . . . XIII 199
— Entre en pleine fonction de gouverneur

Villeroy.

du Roi, qui est mis entre les mains
des hommes. . . . . XIII 274
— Est en querelle avec le duc de Mortemart, premier gentilhomme de la
chambre en année, sur leurs fonctions; éclats du duc de Mortemart, qui
est condamné sur deux disputes l'une
après l'autre. . . . . XIV 190
— M. le duc d'Orléans prodigue vainement
les plus grands égards et les grâces au
maréchal de Villeroy, qui se met en
tête de lui faire contre en tout, et
d'être le duc de Beaufort de cette minorité. . . . . XV 349
— Il refuse la prolongation du don expiré
de 50,000 livres de rente sur Lyon, et
en fait parade; son motif; sa conduite; explication de ce qu'il n'y perd
rien. . . . . XIV 192
— Il donne un grand dîner au duc de
Lorraine. . . . . XIV 334
— Sa fureur et ses menées, en unisson du
duc et de la duchesse du Maine et du
Parlement. . . . . XV 347
— Découverte fortuite d'assemblées secrètes chez le maréchal de Villeroy. . . . XV 404
— Ses frayeurs et ses misères; nécessité
pourtant de ne lui pas toucher. . . . XV 415
— Il se plaint, en deux mots, mais pleins
d'action, au conseil de régence qui précéda immédiatement le lit de justice
des Tuileries, du renversement des des
(*sic*) dispositions du feu Roi, et du malheur du duc du Maine; le maréchal reçoit un coup de tonnerre pour réponse,
et demeure muet et fort épouvanté. . XVI 29
— Son inquiétude à la découverte de la

Villeroy.

conspiration du duc et de la duchesse du Maine....................	XVI	211
— Ses fatuités auprès du Roi à la fête de l'hôtel de ville...............	XVI	273
— Il hait sans cause l'abbé du Bois, qui l'accable de respects et de prévenance, et hait aussi fort ingratement M. le duc d'Orléans................	XVI	415
— Son étrange conduite. Il est visité par les harangères dans une attaque de goutte....................	XVII	110
— Fait au duc de Saint-Simon et à Torcy une noire perfidie.............	XVII	226
— Sa conduite plus qu'étrange.........	XVII	229
— Son abominable et publique instruction au Roi...................	XVII	261
— Sa singulière fatuité...........	XVIII	455
— Il fait au cardinal du Bois une énorme et folle sortie..............	XVIII	461
— Résolution enfin arrêtée de le chasser.	XVIII	465
— Il se prend au piége qui lui est tendu.	XIX	1
— Est arrêté, et tout de suite conduit à Villeroy...................	XIX	4
— Ses fureurs; ses désespoirs. Il dévoile la cause de la courte fuite de l'évêque de Fréjus; se déchaîne contre lui et contre le duc de Charost, gouverneur du Roi en sa place................	XIX	9
— Est exilé à Lyon, mais avec toutes les fonctions de gouverneur de la ville et de la province. Crayon léger du maréchal de Villeroy............	XIX	12
VILLETANEUSE (Mme de). Quelle. Sa mort.....	VI	221
VILLETTE, lieutenant général des armées navales, cousin germain de Mme de Maintenon. Quel. Sa mort..........	V	369
Vins. Détestablement faits en Espagne; ex-		

Vins. Tomes. Pages.

cellemment bien chez les seigneurs. XVIII 263
VIRVILLE (M. de). Sa famille. Son caractère. Ses
    emplois. Sa mort............ IV 307
VISCONTI (Comte, marquis) : *voir* les deux aux
    GRANDS D'ESPAGNE......... XVIII 82 et 105
Visites du Roi, de la Reine, des filles de
    France, etc. Époque de leur cessation. IV 56
    (*Voir* MAINTENON, t. III, p. 37; ANGLE-
    TERRE, t. III, p. 191; Princes du
    sang, t. V, p. 366; t. VI, p. 342; t. VII,
    p. 205; Bâtards, t. VIII, p. 304;
    BOURGOGNE, t. VIII, p. 307; CHAMIL-
    LART, t. V, p. 115.)
VITTEMENT, recteur de l'Université. Fait une
    admirable harangue au Roi sur la
    paix; son effet très-singulier...... X 36
— En est choisi, par le Roi, pour être sous-
    précepteur du Roi, son successeur... XIII 42
— Refuse une abbaye. Sa sainte retraite
    un peu avant la fin de l'éducation du
    Roi. Sa curieuse mais inintelligible
    déclaration sur le règne, sans bornes
    et sans épines, de l'ancien évêque de
    Fréjus................. XVI 257
VIVONNE (Maréchale duchesse de). Sa famille;
    ses singularités; son caractère; sa
    mort................. VI 268
VOYSIN, intendant de Hainaut, conseiller
    d'État. Candidat pour la place de
    chancelier.............. II 222
— Sa femme; quelle. Leur fortune; leur
    caractère. Secrétaire d'État à la place
    de Chamillart............ VI 441
— Fait ministre d'État. Est rudement ré-
    primandé par le Roi......... VI 450
— Quel lui et sa femme à l'égard de la mort
    de Monseigneur........... VIII 414

Voysin.

— Est substitué à Torcy pour les affaires de la Constitution et du cardinal de Noailles. Se dévoue au P. Tellier et consorts. .... X 21
— Mort et caractère de sa femme. ...... X 163
— Est fait chancelier et garde des sceaux à la retraite très-volontaire du chancelier de Pontchartrain, et conserve sa charge de secrétaire d'État. .... X 203
— Est le grand confident et artisan des derniers prodiges d'élévation des bâtards, et du testament et du codicille du Roi. X 256
— Va prendre sa place de chancelier au Parlement. .... XI 107
— Obtient, sur le non-complet des troupes, une gratification du Roi de 600,000 livres. .... XI 154
— Il pare la résolution prise de le chasser à la mort du Roi, par le maréchal de Villeroy, qui tire parole de la foiblesse de M. le duc d'Orléans de le conserver dans ses fonctions, moyennant promesse de lui de se démettre de sa charge de secrétaire d'État, quelques mois après; ce qu'il exécute avec peine, en recevant 400,000 livres d'Armenonville, conseiller d'État, pour cette charge. .... XII 222 et 425
— A le rapé de greffier de l'ordre à la vente que la Vrillière, secrétaire d'État, fait de cette charge à Lamoignon, président à mortier. .... XII 421
— Mort subite du chancelier Voysin. ... XIII 253

Vols. Deux fort étranges faits au Roi. .... II 202

Voyages des généraux d'armée. .... VIII 439

VRILLIÈRE (LA), secrétaire d'État. Obtient, à la mort de son père Châteauneuf, ses

Vrillière (La). | Tomes. | Pages.

— charges de secrétaire d'État et de greffier de l'ordre, en épousant la fille aînée de la comtesse de Mailly........ II 328
— Leurs fiançailles et leur mariage..... II 343
— Obtient un brevet de retenue de 400,000 livres sur sa charge de secrétaire d'État. IV 100
— Mme de la Vrillière. Quelle......... IV 171
— La Vrillière. Quel à la mort de Monseigneur.................. VIII 414
— Comment conservé et augmenté à la mort du Roi. Son caractère; ses fonctions; il est au conseil de régence sans voix......... XI 290 et XII 248
— Obtient voix au conseil de régence... XII 423
— Est bien courtisan............. XVI 37
— Usurpe, en l'absence du duc du Maine, gouverneur de Languedoc, lors en prison et son fils aîné et survivancier en exil à Eu, de présenter au Roi les députés des États de Languedoc, en présence de Maillebois, lieutenant général de la province.......... XVI 300
— Obtient la survivance de secrétaire d'État pour son fils............... XIX 95
— Ose travailler vainement à se faire duc et pair par une singulière intrigue.. XIX 120
— Son ingratitude............,.. XIX 206

Ursins (Princesse des). Ses premières aventures. Ses voyages. Quitte, à la mort de son second mari, le nom de duchesse de Bracciano. Pourquoi prend celui de princesse des Ursins......... II 31
— Sa maison; sa famille; son caractère; le Roi la choisit pour être camereramayor de la reine d'Espagne..... III 78
— Part de Rome pour la joindre en chemin; elle évite de passer à Turin;

Ursins (Princesse des).   Tomes.   Pages.
 pourquoi.................... III   81
— Elle s'empare de la reine d'Espagne. . . III   458
— Et gagne les deux rois............ III   460
— Artifice de retraite en Italie demandée
 par elle-même............... III   466
— Elle s'empare du gouvernement. . . III 461 et 467
— Et règne pleinement............ III   471
— Avança préférablement les étrangers,
 surtout se défit de tous ceux qui
 avoient eu part au testament de Charles II et se rendit seule maîtresse de
 toutes les affaires et les grâces..... III   471
— Sa disgrâce en France. Ordre à elle de
 partir aussitôt et de se retirer en Italie. Détail raccourci de son gouvernement...................... IV   76
— Son étrange joug sur l'abbé d'Estrées,
 ambassadeur de France, et son plus
 que surprenant abus.......... IV   81
— Elle intercepte et apostille de sa main
 une lettre de l'abbé d'Estrées au Roi.. IV   81
— Est chassée. Son courage; ses mesures. IV   86
— Son départ vers Bayonne......... IV   88
— Refusée d'aller à Versailles, obtient d'aller à Toulouse au lieu d'aller droit en
 Italie..................... IV   92
— Voit en chemin le duc de Gramont allant
 en Espagne ambassadeur au lieu de
 l'abbé d'Estrées.............. IV   107
— Visitée à Toulouse par le maréchal de
 Tessé et par Maulevrier, son gendre,
 allants en Espagne; est par eux fort
 informée, les instruit à son tour, lie
 étroitement avec eux.......... IV   176
— Adresse étrange, en sa faveur, de la reine
 d'Espagne, du duc d'Harcourt, de
 Mme de Maintenon............ IV   222

Ursins (Princesse des). Tomes. Pages.
— Princesse des Ursins obtient permission de venir à la cour; se réunit par Harcourt au chancelier et à Pontchartrain, son fils; attente à la cour de la princesse des Ursins. Sa politique..... IV 224
— Arrive à Paris, puis à Versailles...... IV 227
— Triomphe éclatant de la princesse des Ursins, assurée de retourner en Espagne.................. IV 240
— Elle est tentée de demeurer en France; se résoud enfin de retourner en Espagne.................. IV 264
— Prend congé; diffère encore un mois. Fait son frère aîné aveugle duc vérifié, l'autre cardinal, malgré Rome et le Pape; obtient encore d'autres grâces. IV 277
— Sa prétention à Rome de draper de son mari en violet la brouille pour toujours avec le cardinal de Bouillon... IV 282
— Époque et cause de sa haine implacable et de celle de Mme de Maintenon pour M. le duc d'Orléans.......... IV 44
— Princesse des Ursins, régnant plus absolument et plus à découvert que jamais en Espagne depuis son retour, fait un léger semblant de quitter........ VIII 108
— Elle forme et avance le projet d'une souveraineté pour elle, et de l'usage qu'elle en fera. Se fait bâtir, sans y paroître, une demeure superbe près d'Amboise; sort de cette demeure, qui se nomma Chanteloup, et de la souveraineté................. IX 116
— Elle se fait donner l'Altesse, et en même temps au duc de Vendôme, avec les traitements qu'avoient eus les deux bâtards don Juans. Explication de

Ursins (Princesse des).   Tomes. Pages.

ces traitements, et de l'éclat qu'ils firent.................... IX 188
— Elle va en pompe aux eaux de Bagnères. IX 375
(*Voir* les pièces[1] sur la souveraineté avortée de la princesse des Ursins, et sur les bassesses de son ambassadeur Bournonville.)............... X 2
— Décadence de la princesse des Ursins dans l'esprit du Roi et de Mme de Maintenon................... X 149
— Se conserve, après la mort de la reine d'Espagne, plus puissante que jamais. X 151
— Elle se fait déclarer gouvernante des infants. Ses mesures pour se glisser en la place de la feue reine; se hâte de faire le mariage du roi d'Espagne avec la princesse de Parme; ses raisons pour cela.................. X 152
— Alarme qu'elle prend du voyage subit du marquis de Brancas en France; elle y dépêche brusquement le cardinal del Giudice.................. X 155
— Il échappe au Roi un mot inintelligible sur la princesse des Ursins. Il résoud entièrement sa perte; il force l'Espagne à signer la paix sans plus parler de souveraineté pour la princesse des Ursins................... X 188
— Inutile repentir de la princesse des Ursins du mariage de Parme..... X 311
— Chute de la princesse des Ursins.... XI 75
— Arrive à Paris; essuie toutes sortes de dégoûts.................. XI 114
— Son court et triste voyage à Versailles. Obtient 40,000 livres de rentes via-

1. Voyez tome I, p. 420, note 1.

Ursins (Princesse des). Tomes. Pages.

— gères, au lieu de sa pension de 20,000 livres. . . . . XI 117
— Prend congé du Roi à Marly, sans y arrêter. . . . . XI 159
— Son incertitude où fixer sa demeure; se hâte de gagner Lyon puis Chambéry sur l'extrémité du Roi. S'établit à Gênes, enfin à Rome. Sa vie à Rome jusqu'à sa mort. . . . . XI 161
— S'attache à Rome, faute de mieux, à gouverner la petite cour du roi et de la reine d'Angleterre. . . . . XI 162
— Elle y est [peu] considérée, et payée exactement de l'Espagne. . . . . XI 163
— Extinction par elle des conseils où le roi d'Espagne se trouvoit, des étiquettes et de toutes fonctions au palais des charges principales, renferme le roi et la reine sans tenir aucune cour, sans se quitter, sans être accessibles, ce qui a toujours duré depuis après elle. XVIII 218
— Sa mort. . . . . XIX 81

WALPOLE, ministre du cabinet du roi Georges d'Angleterre. Sa perfidie; son adresse. XV 324
— Est fait premier commissaire de la trésorerie d'Angleterre. . . . . XVII 226

WALSTEIN, ambassadeur de l'Empereur en Portugal. Pris en mer, retournant en Allemagne, amené en France. . . . . III 424
— Mis et renvoyé en liberté. . . . . IV 71

WARTIGNY. Quel, etc. (*Voir* BOULIGNEUX, t. IV, p. 200; cardinal de BOUILLON, t. X, p. 43.)

WELEZ, ministre de l'Empereur. Il lui donne des avis envenimés et faux contre la France. Sa scélératesse. . . . . XIV 161

WEISSEMBOURG. Les ennemis y canonnent inu-

	Tomes.	Pages.
Weissembourg.		
tilement nos lignes.	IX	329
Wismar rendu.	XIII	64
Wolckra, ministre de l'Empereur à Londres, rappelé à Vienne.	XIV	155
Uzeda (Duc d'), beau-frère du duc de Medina Cœli, ambassadeur d'Espagne à Rome à la mort de Charles II. Fait chevalier du Saint-Esprit à la chute de son beau-frère, qui est arrêté et conduit à Bayonne, quitte de soi-même le caractère d'ambassadeur, renvoie le collier du Saint-Esprit, passe dans le parti de l'Empereur, en reçoit la Toison ; vit et meurt obscur, méprisé, misérable : *voir* aux Grands d'Espagne.	XVIII	49

Dans les lettres U, V { Noms propres. . . 83
{ Autres. 12

En tout 95

Yolet. Comment fait maréchal de camp treize ou quatorze ans après avoir vendu son régiment et quitté le service pour n'avoir pas été fait brigadier. Quel.	XIV	402

Dans la lettre Y. Nom propre. . . 1

Zell Desmiers Olbreuse. Françoise, duchesse douairière de Zell. Sa fortune. Sa mort.	XVIII	441
Zinzendorf (Comte de), envoyé de l'empereur Léopold en France, longtemps depuis chancelier de la cour et ministre de conférence. Contre-temps fort étrange pour lui, qui retarde son audience d'une heure.	II	217

Zinzendorf.   Tomes.   Pages.

— Il mange une fois à Meudon, avec Monseigneur, où les seigneurs qu'il y menoit avoient l'honneur de manger à sa table. .... II 354

ZONDODARI, grand maître de Malte. Sa mort. Frère du cardinal Zondodari. .... XVIII 457

ZUNIGA, frère du duc de Bejar. Apporte au Roi, de la part du roi d'Espagne, le détail de la bataille de Villaviciosa. .... VIII 130

ZURBECK, lieutenant général suisse. Quel. Sa mort. .... X 164

ZURLAUBEN, lieutenant général. Suisse. Quel. Sa mort. .... IV 129

Dans la lettre Z { Noms propres... 7
                       Autres....... »

En tout   7

Total..... { Noms propres... 1,964
              Autres....... 1,513

En tout 3,477

FIN DE LA TABLE DES MÉMOIRES DE SAINT-SIMON.

www.ingramcontent.com/pod-product-compliance
Lightning Source LLC
Chambersburg PA
CBHW071153230426
43668CB00009B/943